Alan Baddeley, 1935 geboren, M. A. an der Princeton University, USA, und Promotion an der Cambridge University. Baddeley, Direktor des Instituts für angewandte Psychologie der Universität Cambridge, ist Autor zahlreicher Bücher und Aufsätze über das Gedächtnis.

Vollständige Taschenbuchausgabe 1988
© 1986 Droemersche Verlagsanstalt Th. Knaur Nachf., München
Das Werk einschließlich aller seiner Teile ist urheberrechtlich geschützt
Jede Verwertung außerhalb der engen Grenzen des Urheberrechts-
gesetzes ist ohne Zustimmung des Verlages unzulässig und strafbar.
Das gilt insbesondere für Vervielfältigungen, Übersetzungen,
Mikroverfilmungen und die Einspeicherung und Verarbeitung
in elektronischen Systemen.
Titel der Originalausgabe »Your Memory«
© 1982 by Multimedia Publications (UK) Ltd.
Umschlaggestaltung Graupner + Partner
Druck und Bindung Appl, Wemding
Printed in Germany   5   4   3   2   1
ISBN 3-426-03892-7

# Alan Baddeley:
# So denkt der Mensch

Unser Gedächtnis und wie es funktioniert

Aus dem Englischen von Evelyn Linke und Karin Wirth

Für Roland, Gavin und Barty

# Inhalt

# Einführung

Jeder Mensch besitzt in seinem Gehirn ein System für Klassifikation, Speicherung und Abruf von Informationen, das in bezug auf Fassungsvermögen, Flexibilität und Schnelligkeit den besten Computer übertrifft. Dieses System ist aber gleichzeitig so begrenzt und unzuverlässig, daß es sich nicht lange genug an eine neunstellige Telefonnummer zu erinnern vermag, um sie fehlerfrei wählen zu können. Wie ist es möglich, daß das menschliche Gedächtnis so leistungsfähig und doch so unzuverlässig ist? Hier stellt sich die Frage: Was ist das Gedächtnis eigentlich? Wir sagen, daß wir ein gutes oder ein schlechtes Gedächtnis haben, daß jemand »sein Gedächtnis verloren hat«, wir sprechen von Gedächtnistraining. Derartige Formulierungen besagen, daß das Gedächtnis eine einzige Einheit ist - etwas, das gut oder schlecht sein kann, das man verloren und möglicherweise wiedergefunden hat, etwas, das man wie einen Muskel trainieren kann, der erschlafft, wenn er nicht genügend benützt wird. Wir werden sehen: All diese gängigen Vorstellungen sind irrig.

Das menschliche Gedächtnis ist keine einfache eigenständige Einheit, sondern ein Verband von aufeinander einwirkenden Systemen, deren Gemeinsamkeit in der Aufgabe liegt, Informationen zu speichern und wieder hervorzurufen. Ein Gedächtnisverlust ist keineswegs die Folge eines gleichzeitigen Zusammenbruchs all dieser Systeme; wenn es so wäre, würde der betreffende Mensch nur noch eine biologische Hülle sein. Das Gedächtnis kann jedoch auf vielerlei Art und Weise versagen, und diese vielen verschiedenen Ursachen können uns Aufschluß darüber geben, wie ein normales Gedächtnis funktioniert. Gewiß, wir können die Leistungsfähigkeit unserer Gedächtnissysteme verbessern, aber dazu sind die Entwicklung und Anwendung bestimmter Strategien erforderlich. Die Vorbedingung sind umfangreiche Übungen und harte Arbeit, aber harte Arbeit allein ohne die praktische Anwendung der Strategien wird kaum einen Erfolg bringen.

Das Gedächtnis ist ein grundlegendes Wesensmerkmal des Menschen. Im Laufe seiner Evolution findet jeder Organismus einen Weg, um sich seiner Umwelt anzupassen. Trotz ihrer Vielfalt kann man die Anpassung in zwei weitgefaßte Klassen einteilen. In der ersten wird der Organismus vorprogrammiert, so daß er bereits bei der Geburt alle Instinkte und das Rüstzeug besitzt, die er für ein leistungsfähiges und wirksames Funktionieren benötigt; er braucht also so gut wie keine Lernprozesse durchzumachen. Das ist natürlich eine sehr erfolgreiche Art der Anpassung, die es einer Unzahl von Organismen - von Pflanzen, Bakterien und Insekten bis zu »einfachen«

Wirbeltieren – ermöglicht hat, über Jahrmillionen hinweg zu gedeihen. Solche Organismen besitzen eine »eingebaute« Methode der Anpassung und haben daher nur ein minimales Bedürfnis, ein Gedächtnis zu entwickeln oder zu lernen. Die zweite Klasse umfaßt Organismen, die sich den jeweiligen Gegebenheiten anpassen können. Das heißt, daß sie in weit geringerem Maße vorprogrammiert sind, so daß ihnen überlassen bleibt, ihr Verhalten je nach den Umweltbedingungen zu modifizieren. Die Folge ist eine erheblich größere Komplexität und Wandlungsfähigkeit des Verhaltens. Gleichzeitig ist ein größeres Gehirn erforderlich, da das Überleben weitgehend von der Fähigkeit des Lernens und Sicherinnerns abhängt. Das beste Beispiel für diese Form der Evolution ist der Mensch. Seine Fähigkeit, zu lernen und sich zu erinnern, hat es ihm ermöglicht, Werkzeuge, die Sprache und schließlich Technologien zu entwickeln, die sein Vermögen, immer mehr Informationen zu speichern und weiterzugeben, durch die Erfindung der Schrift und schließlich durch Film und Fernsehen enorm gesteigert haben; all diese Mittel kann man als eine Verlängerung des Gedächtnisses betrachten. Ohne das Gedächtnis des einzelnen wäre der Reichtum an Informationen, der in den Bibliotheken unserer Welt lagert, unbegreiflich. Die Fähigkeit des Lernens und Sicherinnerns, die ja die Entwicklung der Sprache möglich gemacht hat, ist vielleicht unser entscheidendstes Merkmal.

Das vorliegende Buch soll Ihnen einen Eindruck dessen vermitteln, was wir heute über das menschliche Gedächtnis wissen. Ich nenne es einen »Leitfaden«; denn es hat das gleiche Ziel wie ein Reiseführer, der den Leser durch ein Land leiten soll. Es wurde den interessierten Laien, nicht für den Fachmann geschrieben, und es versucht, Informationen über ein Gebiet zu liefern, das ich als ebenso faszinierend wie wichtig betrach-

te. Ein guter Reiseführer sollte zuverlässige und aktuelle Informationen über die markantesten und wichtigsten Merkmale eines Landes geben – zum Beispiel Großstädte, Straßen- und Eisenbahnnetze und Häfen –, einen geschichtlichen Abriß und ein paar Stichwörter über wirtschaftliche und kulturelle Hintergründe. Aber außer diesen allgemeinen Aspekten sollte er auch etwas vom Wesen des Landes vermitteln, sich also nicht nur mit den Autobahnen, sondern auch mit interessanten Nebenstraßen, nicht nur mit Großstädten, sondern auch mit malerischen Dörfern, nicht nur mit der Geschichte, sondern auch mit Sagen und Legenden befassen. Genauso will dieses Buch sowohl Informationen über die zentralen und wichtigen Merkmale des menschlichen Gedächtnisses als auch über einige der interessanteren Seitenwege dieses Gebiets liefern. Man kann wohl sagen, daß das menschliche Gedächtnis ein Land ist, das wir in gewisser Weise alle kennen. Ich hoffe jedoch, Sie davon überzeugen zu können, daß es unendlich komplexer, vielschichtiger und faszinierender ist, als die meisten von uns meinen.

Dieser Leitfaden über das menschliche Gedächtnis befaßt sich fast ausschließlich mit der Psychologie des Gedächtnisses, aber ebenso, wie ein Reiseführer zum Beispiel einige Erläuterungen über die Geologie eines Gebietes gibt, werden wir gelegentlich das Thema der Physiologie des Gedächtnisses streifen. Aber obwohl die physiologische Basis des Lernens und Sicherinnerns ein eigenständiges und faszinierendes Gebiet ist, bin ich persönlich der Meinung, daß es beim gegenwärtigen Stand der Forschung nur sehr wenig zum psychologischen Verständnis des Gedächtnisses beitragen kann.

Ich habe den Verdacht, daß die meisten Reiseführer hauptsächlich aus dem Gedächtnis geschrieben worden sind, und das trifft auch auf dieses Buch zu, aber

Auf der Tafel:

Gesucht: 7% von 84 DM

100% ≙ 84 DM
1% ≙ 0,84 DM
7% ≙ 0,84 DM · 7 = 5,88 DM

7% von 84 ...

*»Bildung ist das, was übrigbleibt, wenn man vergessen hat, was man gelernt hatte.«* (B. F. Skinner)

natürlich wurden die hier gemachten Aussagen nach der Beendigung des Manuskripts nochmals überprüft. Vor einigen Jahren hatte ich vor, einen kurzen Überblick über das menschliche Gedächtnis zu schreiben, doch bevor ich damit anfing, las ich alle verfügbaren Informationen nochmals durch. Das Ergebnis war, daß ich fünf Jahre später statt eines zweckmäßig zusammengestellten Überblicks ein Fachbuch in der Hand hielt. Bei der Arbeit an dem vorliegenden Werk dagegen nutzte ich die großartige Abstraktionsfähigkeit des Gedächtnisses, das aus einer Masse von Einzelheiten das Wichtige aussortieren kann. Diese Methode hat es mir ermöglicht, das Buch in einer erheblich kürzeren Zeit als fünf Jahre fertigzustellen. Da das Gedächtnis aber weitgehend persönlichen Einflüssen unterworfen ist, möchte ich abschließend ein paar Worte darüber sagen, was mich dazu bewogen hat, dieses Buch zu schreiben.

Ich hatte zwei Ziele vor Augen. Das erste war, anderen Menschen etwas von meiner eigenen Begeisterung für dieses faszinierende Thema zu vermitteln und einen größeren Personenkreis an den Ergebnissen der in den letzten Jahren intensiv betriebenen Forschung über das menschliche Gedächtnis teilhaben zu lassen. Als Experimentalpsychologe, der einen großen Teil seines Lebens dem Studium des Gedächtnisses gewidmet hat, bin ich natürlich ein Enthusiast. Aber wie ich mich kenne, wäre ich vermutlich genauso begeistert von meiner Arbeit gewesen, wenn ich mich in den letzten 20 Jahren mit dem Liebesleben des australischen Wombat befaßt hätte! Mich hat die Tatsache ermutigt, daß Freunde und Kollegen, die keine professionellen Psychologen sind, von der Funktion des menschlichen Gedächtnisses fasziniert sind. Der Mensch ist am Menschen, also an sich selbst, interessiert, und ein überaus wichtiger Bestandteil seines Selbst ist das Gedächtnis. Ich hoffe, daß dieses Buch Ihnen hilft, sich der enormen Leistungsfähigkeit und auch der Grenzen Ihres Gedächtnisses bewußt zu werden, und Sie ermutigt, seine Stärken voll auszunützen und sich gleichzeitig vor seinen Schwächen zu schützen.

Das zweite Ziel ergibt sich aus dem Umstand, daß meine Aufgabe als Vertreter der angewandten Psychologie darin besteht, mein Wissen hilfreich in Problembereichen einzusetzen. Was diese Aufgabe so attraktiv macht, ist, daß ich mit vielen Menschen aus den verschiedensten Berufen zusammenarbeiten kann, vom Postboten bis zum Soldaten, vom Gehirnchirurgen bis zum Tiefseetaucher. Aber dabei wird auch offenbar, wie viele Fragestellungen es gibt und wie unzulänglich die Kommunikation zwischen der Person, die das Problem hat, und dem Wissenschaftler, der bei der Lösung helfen könnte, in den meisten Fällen ist. Das ist besonders frustrierend, wenn die Antwort bereits bekannt ist, aber auf Grund der mangelhaften Kommunikation ignoriert wird.

Es ist ferner mein Bestreben, die Erkenntnisse der allgemeinen Psychologie so weit wie möglich zum Tragen zu brin-

gen. Um das zu erreichen, muß ich so viele Menschen wie möglich informieren. Wenn wir eine Erkenntnis gewonnen haben, die für die Allgemeinheit wichtig ist, werde ich mich deshalb stets bemühen, dieses neue Wissen so zu verbreiten, daß man es sich als »gesunden Menschenverstand« zu eigen macht. Ich glaube, daß uns dies in einigen Aspekten der Ergonomie geglückt ist. Wenn heute eine Firma ein Auto produzieren würde, bei dem das Lenkrad die Tachometeranzeige verdeckte, würden die Motorsportjournalisten, für die ja der ergonomische Entwurf von Automobilen mit Recht als ein Gebiet gilt, auf dem Kommentare angebracht sind, sofort auf einen so ins Auge fallenden Fehler hinweisen und ein verdecktes Armaturenbrett als einen Widerspruch gegen den gesunden Menschenverstand bezeichnen. Als Forscher im Bereich der angewandten Psychologie, der sich unter anderem mit dem menschlichen Gedächtnis befaßt, habe ich natürlich die Nebenabsicht, mit diesem Buch zu versuchen, einige der in den letzten 20 Jahren gewonnenen Erkenntnisse etwas mehr in die Nähe dessen zu rücken, was als gesunder Menschenverstand akzeptiert wird. Aber das eigentliche Ziel des Buches ist der Versuch, Ihnen die faszinierenden und wichtigen Entdeckungen mitzuteilen, welche die Psychologen über jenes feine und leistungsfähige, aber fehlbare System gemacht haben, das wir Gedächtnis nennen.

Es war unvermeidlich, daß ich mich beim Schreiben dieses Buches auf die Arbeit anderer Autoren gestützt habe. Zu den Werken, die mir eine große Hilfe waren, zählt in erster Linie Ian Hunters verdientermaßen wohlbekanntes Buch *Memory*[1], das einige besonders interessante Aspekte des menschlichen Gedächtnisses behandelt. Ich fand die Fallbeispiele und die Informationen über mnemonische Systeme höchst anregend, und obwohl das Buch in mancher Hinsicht überholt ist, da es vor über 20 Jahren veröffentlicht wurde, ist es immer noch lesenswert. *Cognitive Psychology* von Robert Solso[2] ist ein gut geschriebener und nützlicher Überblick über moderne Tendenzen auf diesem Gebiet. John Bransfords Publikation *Human Cognition*[3] hat mir bei der Ausarbeitung des Kapitels über das semantische Gedächtnis sehr geholfen, und das Kapitel über Augenzeugenberichte ist in hohem Maße von Elizabeth Loftus' hervorragendem Buch *Eyewitness Testimony*[4] beeinflußt worden. In vielen meiner Aussagen über Aspekte des menschlichen Gedächtnisses finden sich Spuren der genannten Werke und natürlich auch meines früher erschienenen Fachbuches *Die Psychologie des Gedächtnisses*[5].*

* Die anderen hier erwähnten Werke sind nicht in deutscher Sprache erschienen (Anm. d. Übers.).

# 1. Was ist das Gedächtnis?

Das Gedächtnis ist die Fähigkeit, Informationen zu speichern und abzurufen. Ohne Gedächtnis könnten wir weder sehen noch hören oder denken. Wir hätten keine Sprache, um unsere Anliegen auszudrücken, und wir wären uns nicht einmal unserer persönlichen Identität bewußt. Kurzum, ohne das Gedächtnis wären wir nur biologische Hüllen und in intellektueller Hinsicht tot. Das mag paradox klingen, da man immer wieder von Leuten hört, die das Gedächtnis verloren haben, aber trotz dieses Defekts durchaus wahrnehmungsfähig sind und denken und sprechen können. Wie ist das möglich, wenn sie ihr Gedächtnis verloren haben? Die Erklärung ist einfach. Im Gegensatz zu Herz oder Leber ist das menschliche Gedächtnis keine organische Einzelfunktion. Es besteht aus vielen komplexen und untereinander verbundenen Systemen, die verschiedenen Zwecken dienen und sich sehr unterschiedlich verhalten. Die einzige Funktion, die all diese Systeme gemein haben, ist die Speicherung von Informationen für den zukünftigen Gebrauch. Wenn man also sagt, daß jeder Mensch ein Gedächtnis hat, ist das ungenau: Der Mensch hat viele Gedächtnisse. Folglich ist bei jemandem, der angeblich das Gedächtnis verloren hat, in einem oder mehreren dieser Systeme eine Fehlfunktion eingetreten. Würden alle Systeme versagen, wäre der Betreffende auf jeden Fall bewußtlos, wahrscheinlich sogar tot.

## Wie viele Arten von Gedächtnis gibt es?

Die nächste Frage ist: Wie viele Gedächtnisse hat der Mensch? Wie auf die meisten Fragen über das menschliche Gedächtnis gibt es auch hier keine einfache Antwort. Sobald wir beginnen, das menschliche Gedächtnissystem in Kategorien einzuteilen, betreten wir das Reich der Theorie, und auf diesem Gebiet gibt es keine endgültigen Antworten, sondern nur solche, die eine vollständigere und befriedigendere Interpretation der zur Verfügung stehenden Aussagen liefern. Damit will ich natürlich nicht sagen, daß alle folgenden Ausführungen nichts anderes ausdrücken als eine persönliche Meinung. Der größte Teil dessen, was ich in diesem Buch beschreibe, sind nachgewiesene Erkenntnisse über das menschliche Gedächtnis. Beweise dieser Art halten jede Theorie im Zaum, während die Theorien ihrerseits uns die Richtung zeigen, in der wir nach weiteren Beweisen suchen müssen.

*Linke Seite:*
*Die Phrenologen gingen davon aus, daß das Gedächtnis und andere geistige Funktionen genau lokalisierbar seien. Heute wissen wir jedoch, daß keine Gehirnregion für das Gedächtnis allein zuständig ist.*

# Die Struktur des menschlichen Gedächtnisses

Ich gehe davon aus, daß man das menschliche Gedächtnis in drei breitgefaßte Hauptsysteme einteilen kann. Diese Systeme stehen miteinander in Wechselbeziehung, und jedes kann in Untersysteme aufgeteilt werden. Die drei Hauptsysteme tragen die Bezeichnungen *Langzeitgedächtnis, Kurzzeitgedächtnis* und *sensorisches Gedächtnis.* Sie lassen sich in folgender Form darstellen:

*Informationsfluß durch das Gedächtnissystem. (Nach Atkinson und Shiffrin, 1971)*

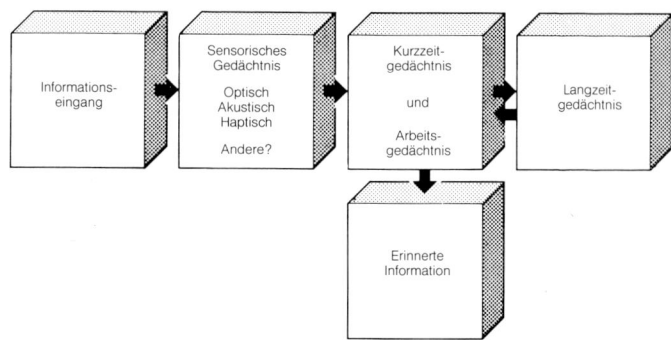

Informations-
eingang

Sensorisches
Gedächtnis

Optisch
Akustisch
Haptisch

Andere?

Kurzzeit-
gedächtnis

und

Arbeits-
gedächtnis

Langzeit-
gedächtnis

Erinnerte
Information

Die obige Darstellung ist natürlich kein realistisches Modell. Ich will keineswegs behaupten, daß es im menschlichen Kopf drei getrennte physiologische Strukturen gibt, die die drei Aspekte des Gedächtnisses repräsentieren. Ich möchte lediglich darauf hinweisen, daß die drei Gedächtnistypen sich in bestimmten und wichtigen Punkten voneinander unterscheiden und daß es dem Verständnis dient, wenn man sie in der Form von einzelnen Kästchen darstellt. Diese ebenso einleuchtende wie einfache Methode wird allerdings von manchen Psychologen mißverstanden, die sie als »die Theorie der Schachteln im Kopf« oder als »Boxologie« bezeichnen, als ob ein Wissenschaftler, der eine Theorie auf diese Art und Weise darstellt, tatsächlich annehmen würde, der Kopf beherberge eine Reihe von physiologisch getrennten Komponenten, die die einzelnen Gedächtnistypen voneinander abgrenzen.

Eine Theorie ist einer Landkarte vergleichbar; auch die beste und nützlichste Karte ist nicht immer eine exakte und realistische Wiedergabe des betreffenden Gebiets. Betrachten wir einmal die allgemein übliche schematische Darstellung des U-Bahnnetzes einer Großstadt. Sie gibt eine Zusammenfassung der wichtigsten Informationen. Die wirklichen Gegebenheiten werden völlig außer acht gelassen, aber gerade deshalb ist sie für den Benutzer um so zweckmäßiger. In gewisser Hinsicht kann man eine wissenschaftliche Theorie mit einem schematisierten U-Bahnnetz vergleichen: Sie stellt bestimmte Aspekte unserer Welt in vereinfachter Form dar. Eine Theorie soll nicht wörtlich genommen werden. Sie nur abzulehnen, weil ihr Konzept in der Form von beschrifteten Kästchen dargestellt wird, ist genauso unvernünftig, als wenn man ein schematisiertes Liniennetz kritisiert, weil die Farben der eingezeichneten Linien nicht mit den Farben der Züge, die sie befahren, übereinstimmen.

Wenn wir nicht genau wissen, ob das menschliche Gedächtnis ein, zwei oder drei Systeme enthält, wie kann man dann vernünftig darüber schreiben? Nun, zum Glück zeigt ein Vergleich der Ansichten von Psychologen meiner Richtung mit denen der Forscher, die für ein einziges, in sich geschlossenes Gedächtnissystem plädieren, daß wir in viel mehr Punkten übereinstimmen als gegenteiliger Meinung sind. Natürlich sind es die gegensätzlichen Standpunkte, über die wir am heftigsten diskutieren, und das könnte leicht den Eindruck erwecken, daß wir nichts miteinander gemein haben. Richtiger wäre es, zu sagen, daß wir darüber

disputieren, wie die Vielzahl der Beweise, die beide Seiten anerkennen, zu interpretieren ist. Jede der verwendeten Einteilungen in Kategorien ist bis zu einem gewissen Grad willkürlich und wird nur so lange beibehalten, wie sie uns hilft, unser Wissen anzuwenden, und uns zu neuen Erkenntnissen und Entdeckungen führt. Wenn ein bestimmter Gedankengang sich kontinuierlich als erfolgbringend erweist, ein anderer hingegen nicht, wird sich ersterer im Laufe der Zeit durchsetzen, während der zweite aufgegeben wird. Aber solche Veränderungen geschehen für gewöhnlich nicht plötzlich und als Folge einer einzigen Untersuchung, sondern entwickeln sich allmählich in dem Maße, wie sich stichhaltige Beweise für die eine oder andere Meinung anhäufen, so daß sie sich auf eine solidere Grundlage stützen können oder noch interessantere Ausblicke eröffnen.

*Wissenschaftliche Theorien sind Landkarten oder Stadtplänen vergleichbar: Sie erleichtern es, bestimmte Sachverhalte zu verstehen. Ihre Nützlichkeit hängt von akzeptierten Annahmen ab.*

## Das Langzeitgedächtnis

Von den obengenannten drei Arten des Gedächtnisses ist das Langzeitgedächtnis dasjenige, das am ehesten dem entspricht, was der Laie sich unter dem Gedächtnis vorstellt. Es ist der Speicher, in dem Informationen über lange Zeiträu-

me hinweg aufbewahrt werden. Wie wir noch sehen werden, herrscht in weiten Kreisen die Ansicht vor, daß ins Gedächtnis aufgenommene Informationen niemals gelöscht, sondern im Laufe der Zeit nur immer weniger zugänglich wer-

*Dieselbe Szenerie - unterschiedliche Erinnerungsbilder. Keine zwei Menschen haben dieselbe Sache in der gleichen Weise in Erinnerung.*

*Der Abakus, eine chinesische Rechentafel, unterstützt das Arbeitsgedächtnis. Kürzlich wurde nachgewiesen, daß jemand, der Erfahrung darin hat, mit dem Abakus genauso schnell rechnen kann wie andere Leute mit einem Taschenrechner. Besonders Begabte können sogar auf das konkrete Hilfsmittel verzichten und statt dessen mit einem imaginären Abakus rechnen!*

den. Man nimmt an, daß die Erinnerung an den eigenen Namen, an die Sprache, an den Ort, wo man als Kind lebte, oder daran, wo man vor einem Jahr oder auch nur vor fünf Minuten war, vom Langzeitgedächtnis abhängt. Im Gegensatz zum sensorischen und Kurzzeitgedächtnis, wo die Speicherung nur eine Nebenfunktion anderer Aspekte des Systems ist, dient das Langzeitgedächtnis in der Hauptsache der Aufbewahrung von Informationen.

Für den Experimentalpsychologen bezieht sich der Begriff »Langzeitgedächtnis« auf Informationen, die dauerhaft genug gespeichert werden, um für eine Zeitspanne, die länger ist als *ein paar Sekunden,* zugänglich zu sein. Der Grund dafür ist, daß sich das Gedächtnis, wenn es nach einer oder zwei Minuten getestet wird, weitestgehend genauso verhält, als wenn man es nach einem oder zwei Tagen oder Jahren prüft.

Ganz anders sieht es aus, wenn das Langzeitgedächtnis nach einer oder zwei Sekunden oder Millisekunden getestet wird. Ist das Langzeitgedächtnis ein in sich geschlossenes System? Darüber bestehen immer noch Meinungsverschiedenheiten, allerdings pflegt man heute mindestens zwei verschiedene Typen zu unterscheiden.

## Das episodische und das semantische Langzeitgedächtnis

Der kanadische Psychologe Endel Tulving[1] hat vor einigen Jahren eine zweckmäßige Aufteilung des Langzeitgedächtnisses in zwei Typen eingeführt: das *episodische Gedächtnis,* das heißt die Erinnerung an bestimmte Vorgänge, beispielsweise, daß man heute morgen gefrühstückt hat, und das *semantische Gedächtnis,* das im wesentlichen universelles Wissen betrifft. Die Bedeutung eines Wortes, die chemische Formel für Kochsalz oder den Namen der Hauptstadt Frankreichs zu kennen sind Beispiele für das semantische Gedächtnis. Zweifellos bestehen Unterschiede sowohl in bezug auf spezifische persönliche Erinnerungen an bestimmte Ereignisse als auch in bezug auf das universelle Wissen, das ja meist im Laufe von vielen Jahren erworben wird. Ob diese beiden Gedächtnistypen getrennte Systeme oder verschiedene Aspekte eines einzigen Systems darstellen, ist noch ungeklärt. Auf jeden Fall ist diese Aufteilung praktisch und zweckmäßig und ermöglicht es mir, das semantische Gedächtnis in einem gesonderten Kapitel zu behandeln.

## Das Langzeit-Perzeptionsgedächtnis (Wahrnehmung und Verarbeitung von Reizen)

*»Was er damit wohl bezweckt?« Zum Abschätzen alternativer Strategien braucht man das Arbeitsgedächtnis.*

Die Forschung über das menschliche Gedächtnis hat sich weitgehend verbaler Methoden bedient, denn das Wort kann leicht präsentiert und die Antwort der Testperson ebenso leicht registriert und bewertet werden. In jüngster Zeit hat sich den Forschern immer wieder die Frage gestellt, ob das Gedächtnis für verbales Material charakteristisch für das gesamte Gedächtnis ist und ob insbesondere die Erinnerung an nichtverbalisierbare sensorische Erfahrungen von ganz anderen Gedächtnissystemen abhängt. Zweifellos können wir uns an den Geruch von Käse oder brennendem Gummi oder an das Geräusch der Meeresbrandung erinnern, ohne daß wir diese Erfahrungen verbal beschreiben müssen. Gibt es getrennte akustische und optische Gedächtnissysteme, oder existiert nur ein allumfassendes Gedächtnissystem, das fähig ist, alle unsere Erfahrungen zu kodieren? Wenn letzteres zutrifft, dann ist das verbale Lernen zum großen Teil nur insofern verbal, als das Material verbal präsentiert wird und die Gegenseite verbal reagiert; was gespeichert wird, ist die Erfahrung, die durch das verbale Material wieder hervorgerufen wird. Zum Glück sind die allgemeinen Regeln für das Lernen von verbalem Material zumindest im weiten Sinne auch auf die Erinnerung an Bilder oder Geräusche anwendbar, so daß die in den folgenden Kapiteln aufgestellten generellen Schlußfolgerungen sehr wahrscheinlich ihre Gültigkeit behalten, wobei es keine Rolle spielt, ob wir das Langzeitgedächtnis als eine Einheit, eine Zweiheit oder eine Vielheit betrachten.

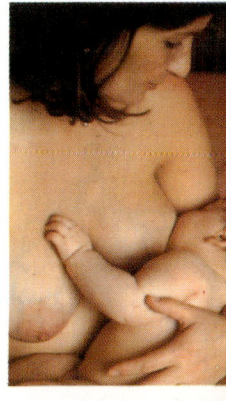

*Der Geruch der Geborgenheit. Aus jüngeren Studien über Pheromone (»Soziohormone«) geht hervor, daß Körpergerüche in unserem Leben eine subtilere und positivere Rolle spielen, als die Deodorantwerbung uns glauben machen will.*

## Das Kurzzeitgedächtnis

Wenn Sie den Sinn eines Satzes begreifen wollen, müssen Sie sich so lange an den Satzanfang erinnern, bis Sie das Ende gehört haben. Ohne ein Gedächtnis für Wörter und ihre Anordnung gäbe es keine verständliche Sprache.
Ein Beispiel: Ich fordere Sie auf, $23 \times 7$ im Kopf zu multiplizieren. Schauen Sie von der Buchseite weg, und tun Sie es. Um die Antwort zu finden, müssen Sie sich zuerst an die Zahlen erinnern, dann müssen Sie 20 mit 7 multiplizieren und sich merken, daß das Ergebnis 140 lautet. Als nächstes multiplizieren Sie 3 mit 7 und behalten die Zahl 21 ebenfalls im Gedächtnis. Anschließend müssen Sie sich die Zahlen 140 und 21 ins Bewußtsein zurückrufen und sie addieren. Dadurch erhalten Sie die Zahl 161 als endgültige Antwort. Diese Vorgänge erfordern mehrere kurzzeitige Speicherungen von Zahlen, die präzise und im richtigen Zeitpunkt erinnert werden müssen. Nach Erhalt des Ergebnisses ist es nicht mehr erforderlich, weitere Informationen zurückzurufen - beispielsweise, welche Zahl als erste mit 7 multipliziert wurde -, und nach einigen ähnlichen Rechenaufgaben werden Sie sich wohl kaum noch an die ersten Informationen erinnern.
Zum Verständnis sowohl des gesprochenen Wortes als auch eines Rechenvorgangs müssen also kurzzeitig Informationen gespeichert werden, damit eine andere Aufgabe - in diesen Fällen Begreifen und Rechnen - bewältigt werden kann. Sobald das geschehen ist, werden die gespeicherten Informationen nicht mehr benötigt. Das System oder, besser gesagt, der Satz von Systemen, der eine kurzzeitige Speicherung von unwichtigen Informationen ermöglicht, wird Kurzzeitgedächtnis genannt.
In welcher Hinsicht unterscheidet sich das System des Kurzzeitgedächtnisses drastisch vom Langzeitgedächtnis? Auch hier gehen die Meinungen erheblich auseinander. Die eine Ansicht besagt, daß das Kurzzeitgedächtnis zum gleichen System gehört wie das Langzeitgedächtnis, aber unter speziellen Bedingungen gebraucht wird, die nur in geringem Umfang zu einer Langzeitspeicherung führen. Die alternative Ansicht, der ich mich anschließe, läuft darauf hinaus, daß das Langzeit- und das Kurzzeitgedächtnis getrennte Systeme sind, die jedoch in enger Zusammenarbeit funktionieren. Außerdem bin ich persönlich der Meinung, daß das Kurzzeitsystem kein einzelnes System, sondern eine komplexe Kette von aufeinander einwirkenden Untersystemen darstellt.

*Wie gut ist Ihr Gedächtnis für Geschmacksrichtungen? Läuft Ihnen schon das Wasser im Munde zusammen?*

# Das sensorische Gedächtnis

Wenn Sie sich einen Film anschauen, glauben Sie zusammenhängende Szenen zu sehen, in denen sich Menschen allem Anschein nach völlig normal bewegen. Was Ihren Augen jedoch in Wirklichkeit vorgeführt wird, ist eine Serie von Einzelfotografien, zwischen die kurze Perioden der Dunkelheit eingestreut sind. Damit wir den Eindruck einer fortlaufenden Abfolge erhalten, muß das visuelle System jedes Einzelbild bis zur Ankunft des nächsten speichern und alle Bilder dann so zusammenfügen, daß sie uns wie eine einzige Szene mit einer kontinuierlichen Bewegung erscheinen. Der für diese Aufgabe verantwortliche optische Speicher ist ein Glied in einer ganzen Kette von sensorischen Gedächtnissystemen, die es uns ermöglichen, die Umwelt wahrzunehmen.

Sogar im optischen Gedächtnis gibt es wahrscheinlich eine Vielzahl von Komponenten, die visuelle Informationen kurzzeitig speichern können. Wenn Sie in einem dunklen Zimmer das glühende Ende einer Zigarette hin und her bewegen, werden Sie feststellen, daß dies eine Leuchtspur hinterläßt, mit der man lesbare Wörter in die Luft zeichnen kann. Schon 1740 machte sich der schwedische Forscher Segner diesen Effekt zunutze, um zu messen, wie lange die Spur eines visuellen Eindrucks im Gedächtnis verweilt. Zu diesem Zweck befestigte er ein glühendes Stück Kohle an einem rotierenden Rad. Wenn das Rad sich schnell drehte, konnte er einen vollständigen Kreis wahrnehmen, da die am Anfang der Drehung entstandene Spur immer noch leuchtete, wenn das Kohlestück am Startpunkt anlangte. Bei einer langsamen Drehung war nur das Teilstück eines Kreises zu sehen, weil die Spur des ersten Abschnitts verblaßt war, bis die Kohle wieder den Ausgangspunkt erreicht hatte. Indem er eine Ge-

schwindigkeit anwendete, mit der gerade noch ein vollständiger Kreis zustande kam, und dann die Zeit für eine Umdrehung maß, konnte Segner die Dauer dieser kurzen sensorischen Speicherung etwa berechnen. Er schätzte sie auf ungefähr eine Zehntelsekunde.

Die Verweildauer der optischen Wahrnehmung kann noch einfacher demonstriert werden. Spreizen Sie die Finger einer Hand, und bewegen Sie sie vor Ihren Augen hin und her. Tun Sie es zuerst ganz langsam, und Sie werden feststellen, daß der Hintergrund instabil ist und sich stückweise zu bewegen scheint. Jetzt wiederholen Sie den Vorgang sehr schnell. Nun kommt Ihnen der Hintergrund normal vor, höchstens ein bißchen verwischt. Bei der schnellen Bewegung wird die Szene nur ganz kurz unterbrochen, so daß die Information, die Ihr Auge aufnimmt, sich erneuern kann, bevor sie verblaßt.

Das optische Gedächtnis - auch *ikonisches Gedächtnis* genannt - besteht aus mindestens zwei, wahrscheinlich aber mehr Komponenten. Die erste ist von der Netzhaut des Auges abhängig und wird vor allem von der Helligkeit des Reizes beeinflußt. Die zweite wird an einem bestimmten Punkt des Gehirns aktiv, nachdem die von beiden Augen aufgenommene Information koordiniert worden ist. Diese Komponente reagiert viel empfindlicher auf die Struktur des Objekts als auf die Helligkeit und repräsentiert ein System, das bei der Erkennung der Form eine Rolle spielt.

Eine analoge Serie von sensorischen Gedächtnisprozessen spielt sich beim Hören ab. Wenn ich in einer Zimmerecke ein extrem kurzes, klickendes Geräusch produzieren würde, könnten Sie sofort bestimmen, aus welcher Richtung es gekommen ist. Diese Fähigkeit beruht darauf, daß Sie sich bei der Peilung den

*Das Auge »erinnert sich«. Die rotierende Wunderkerze hinterläßt eine Leuchtspur, so daß ein einzelner Lichtpunkt als Kreis wahrgenommen werden kann.*

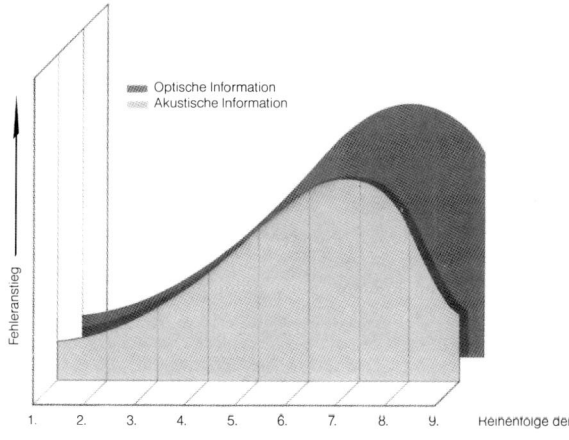

Fehleranstieg

1.　2.　3.　4.　5.　6.　7.　8.　9.　Reihenfolge der Testpunkte

*Das sensorische Gedächtnis behält akustische Informationen länger als optische. Das erklärt, warum man sich an die letzten Wörter in einer Reihe von Wörtern besser erinnert, wenn man sie gehört als wenn man sie gelesen hat.*

winzigen Unterschied zwischen der Ankunftszeit des Klickens an jedem Ohr zunutze machen, also eine ähnliche Arbeit ausführen wie ein Sonar. Um jedoch die geringfügige Zeitdifferenz auswerten zu können, muß ein System vorhanden sein, welches das erste Klicken bis zur Ankunft des zweiten speichert. Obwohl es sich hier nicht um ein Gedächtnissystem im üblichen Sinn handelt, dient es doch zweifellos der Speicherung und dem Wiedererinnern von Informationen, so daß man es zu Recht als ein sehr kurzzeitiges sensorisches Gedächtnissystem bezeichnen kann.

Das folgende Beispiel demonstriert, daß es auch ein beständigeres akustisches Gedächtnissystem gibt. Stellen Sie sich vor, daß ich Ihnen eine Reihe von neunstelligen Telefonnummern vorsage. Wahrscheinlich würden Sie von jeder Nummer die meisten Zahlen korrekt wiederholen, aber Sie würden ein paar Fehler machen. Nun präsentiere ich Ihnen die gleichen Nummern optisch, aber immer nur in einzelnen Zahlen. Sie würden feststellen, daß Sie viel mehr Fehler machen, besonders im letzten Abschnitt

der Reihe. Das obige Diagramm zeigt ein typisches Fehlermuster für neunstellige Zahlen, die sowohl optisch als auch akustisch präsentiert worden sind. Je höher die Kurve steigt, desto größer ist die Zahl der Fehler.

Was an der graphischen Darstellung am meisten ins Auge fällt, ist die Diskrepanz zwischen den beiden Präsentationsmethoden beim letzten Testpunkt. Akustisch präsentiert, wird er fast immer richtig wiedergegeben, aber bei der optischen Methode häufen sich die Fehler. Die Erklärung dafür ist, daß bei einer gesprochenen Folge der letzte Testpunkt aus einem kurzzeitigen akustischen Gedächtnis hervorgerufen werden kann. Dieses System wird manchmal *echoisches Gedächtnis* genannt, weil man es mit einem Echo vergleichen kann, das noch verweilt, nachdem der Testpunkt gesprochen worden ist. Der Echoeffekt beschränkt sich auf einen, höchstens zwei Testpunkte. Folglich kann es getilgt werden, indem man unmittelbar nach dem letzten Testpunkt irgend etwas Belangloses sagt. Dann ist das echoische Gedächtnis mit dem belanglosen Nach-

*Das haptische (den Tastsinn betreffende) Gedächtnis. Berufsmusiker, die zahlreiche Stücke auswendig spielen müssen, verlassen sich dabei sowohl auf frühere Sinneseindrücke, die über die Finger aufgenommen wurden, als auch auf das räumlich-visuelle und das akustische Gedächtnis.*

satz statt mit der letzten Nummer ausgefüllt. Wenn ich Ihnen also eine Zahlenfolge vorsage und Sie dann sofort auffordere: »Erinnern!«, würde das den Vorteil des letzten Testpunkts zunichte machen. Das System, das bei dieser Art von echoischem Gedächtnis aktiv wird, scheint vornehmlich auf die Sprache zu reagieren, da seine Leistung schon durch einen einfachen und bedeutungslosen gesprochenen Laut, beispielsweise ein *bah*, unterbrochen wird, während ein reiner Ton von gleicher Lautstärke und Dauer keine derartige Wirkung ausübt. An eine gesprochene Zahlenfolge erinnert man sich besser als an eine optisch dargebotene, weil das akustische sensorische Gedächtnis allem Anschein nach beständiger ist als das visuelle.

Das akustische sensorische Gedächtnis beschränkt sich aber nicht nur auf gesprochene Laute. Ein Beispiel: Sie haben den Verdacht, daß der Motor Ihres Wagens einen Defekt hat, und lauschen beim Fahren aufmerksam. Was Sie versuchen, wahrzunehmen, ist ein sich wiederholender Ton inmitten des relativ willkürlichen Motorengeräuschs. Damit Sie eine solche Wiederholung wahrnehmen können, müssen Sie fähig sein, die Gesamtheit der Geräusche lange genug zu speichern, um feststellen zu können, daß ein bestimmter Laut sich wiederholt. Dieser Effekt lieferte eine Möglichkeit für die Erforschung des akustischen Gedächtnisses: Für eine Testperson wird ein Band mit einer Probe von willkürlich fluktuierenden Geräuschen abgespielt. Dann wird die Dauer der Probe systematisch verändert. Wenn also die Probe eine halbe Sekunde dauern würde, müßte die Testperson Merkmale wahrnehmen, die jede halbe Sekunde wiederkehren. Um dazu fähig zu sein, braucht die Testperson ein akustisches Gedächtnissystem, das zumindest eine halbe Sekunde lang Geräusche speichern kann. Würde man die Probe nur jede volle Sekunde wiederholen, wäre ein beständigerer Gedächtnisspeicher erforderlich, um die rhythmischen Schwankungen entdecken zu können. Die Ergebnisse dieses Versuchs zeigten, daß Testpersonen unterschiedliche Fähigkeiten haben, im allgemeinen aber Wiederholungen wahrnehmen, die in Abständen von bis zu drei Sekunden erfolgten, was auf die Existenz eines akustischen Gedächtnissystems schließen läßt, dessen Beständigkeit zumindest dieser Zeitspanne entspricht.

Wir haben uns hier nur sehr kurz mit dem sensorischen Gedächtnis befaßt; und trotzdem werden wir uns diesem Thema nicht mehr zuwenden. Es ist zwar ein wichtiger Bestandteil unserer Gedächtnissysteme, doch dürfte es wohl das beste sein, wenn man es als einen Bestandteil der Reizwahrnehmung und -verarbeitung betrachtet. Eine gründlichere Diskussion würde eine viel mehr ins einzelne gehende Analyse des Wahrnehmungsvermögens erfordern, als sie im Rahmen dieses Buches möglich ist.

# Die physiologische Basis des Gedächtnisses

Viele Laien und sogar einige Psychologen sind der Meinung, daß psychologische Theorien darauf hinzielen, eine physiologische Erklärung für psychologische Tatsachen zu liefern. Den Weg zu diesem Ziel sehen die Anhänger dieser Auffassung, die auch *Reduktionismus* genannt wird, als eine kontinuierliche Kette von Erklärungen, die sich von der Psychologie bis zur Physiologie erstreckt. Physiologische Befunde sollen mit Begriffen der Biochemie erklärt werden, für deren Erkenntnisse es wiederum biophysikalische Erklärungen geben soll. Und das Ende der Kette sind schließlich die subatomaren Partikel, die der Physiker untersucht.

Nehmen wir an, ich wäre ein Architekt, der alles über die St.-Pauls-Kathedrale in London wissen möchte. Ich könnte meine Nachforschungen auf verschiedenen Ebenen durchführen. Ich könnte mich nach der Geschichte der Kathedrale und nach den Gründen für ihren Bau nach dem Großen Brand erkundigen. Ich könnte Fragen über den Stil stellen und auch darüber, inwieweit ihr Erbauer, Christopher Wren, von der klassischen Architektur beeinflußt wurde. Ich könnte fragen, welche Funktion die Kathedrale hat, und ich könnte mich über Einzelheiten des Baumaterials informieren lassen. Der Standpunkt, die Erforschung des Gedächtnisses müsse mit dem Studium seiner biochemischen Prozesse beginnen, wäre vergleichbar dem Rat an jemanden, der an der St.-Pauls-Kathedrale interessiert ist, als erstes die Atomstruktur der Ziegel- und Mauersteine zu untersuchen. Natürlich wäre eine solche Untersuchung durchaus sachbezogen, denn bei einer ungeeigneten Atomstruktur der Ziegelsteine wäre die Kathedrale längst in sich zusammengestürzt. Aber selbst wenn einem alles über die Atomstruktur der Ziegelsteine bekannt wäre, bedeutet das keineswegs, daß man etwas über die Kathedrale weiß. Andererseits kann man sehr viel über die Kathedrale wissen, auch wenn man nichts über die chemisch-physikalischen Eigenschaften von Ziegelsteinen weiß.

Natürlich setzt die Struktur des Materials dem Architekten gewisse Grenzen, und sie kann unbestreitbar einen großen Einfluß auf die Errichtung eines Bauwerks haben. Ebenso könnten im Prinzip bestimmte Aspekte des menschlichen Gedächtnisses wesentlich von physiologischen oder biochemischen Faktoren beeinflußt werden. Aber es hat sich gezeigt, daß viele der in den letzten Jahren erhobenen Behauptungen, denen zufolge man die molekulare Grundlage des Gedächtnisses erklären könne, voreilig waren. Die Neurochemie des Gedächt-

*Fledermäuse orientieren sich in erster Linie an Hand von Schallwellen (Echolot-Prinzip), weniger an Hand von optischen Informationen, was wahrscheinlich daran liegt, daß ihr akustisches ihrem visuellen Gedächtnis überlegen ist.*

*Der erfolgreiche Umgang mit dem Stethoskop setzt ein Gedächtnis für Rhythmen voraus.*

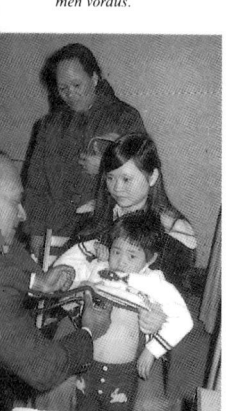

*Dieser Automechaniker lauscht auf Geräusche, die auf eine Störung hinweisen.*

nisses erweist sich als viel komplexer, als man früher vermutete. Zweifellos werden auf diesem Gebiet ständig Fortschritte gemacht, und eines Tages wird es wohl auch zu einer fruchtbaren Zusammenarbeit zwischen der Experimentalpsychologie und der Neurochemie kommen. Zur Zeit greifen diese Gebiete jedoch nur wenig ineinander über, weshalb ich es guten Gewissens unterlasse, hier näher auf die biochemische Basis des Gedächtnisses einzugehen.

## Wie der Psychologe das Gedächtnis erforscht

Wenn die Erforschung des Gedächtnisses nicht auf einer Untersuchung seiner physikalischen oder biochemischen Merkmale beruht, wie kann der Psychologe dann zu Erkenntnissen gelangen? Fragt er die Leute einfach, wie sie sich an bestimmte Dinge erinnern? Im allgemeinen wählt er diesen Weg nicht. Es wäre zwar unklug, die Aussagen über die Art und Weise, wie jemand lernt oder sich erinnert, zu ignorieren, doch hat die Erfahrung gezeigt, daß derartige Informationen unzuverlässiges Beweismaterial liefern.

Ein Beispiel dafür ist das optische Vorstellungsvermögen. Auf diesem Gebiet führte Sir Francis Galton[2] im vorigen Jahrhundert eine klassische Studie durch. Er schrieb an eine Reihe prominenter Männer und bat sie, genau zu beschreiben, wie ihr Frühstückstisch an jenem Morgen ausgesehen hatte, an dem sie diese ungewöhnliche Aufforderung erhielten. Er bat sie, ausführlich über die Reichhaltigkeit, die Einzelheiten und die Deutlichkeit des Bildes zu berichten, das sie sich ins Gedächtnis zurückriefen. Es ergaben sich enorme Unterschiede. Einige der Angeschriebenen berichteten, ihr Vorstellungsbild sei fast so deutlich wie der wirkliche Anblick, andere erinnerten sich an nichts. Spätere Untersuchungen haben bestätigt, daß es in der Deutlichkeit des Vorstellungsbildes immer enorme individuelle Unterschiede gibt. Aber alle Versuche, zwischen diesen Unterschieden und der Gedächtniskapazität des einzelnen eine Beziehung herzustellen, haben keine verwertbaren Ergebnisse gezeitigt. Sir Frederick Bartlett[3] führte eine Untersuchung durch, in der Testpersonen sich an eine Geschichte erinnern sollten, und stellte fest, daß diejenigen Probanden, die glaubten, ein gutes visuelles Vorstellungsvermögen zu besitzen, zwar im allgemeinen selbstsicherer waren als Personen ohne diese Gabe, daß ihre Erinnerung jedoch keineswegs akkurater war. In einer viele Jahre später von den Amerikanern di Vesta, Ingersoll und Sunshine[4] durchgeführten Studie wurde die Beziehung zwischen der behaupteten Kraft des Vorstellungsvermögens und den Ergebnissen aus anderen Tests untersucht. Es zeigte sich, daß die Gedächtnisleistung in keinerlei Beziehung zur Deutlichkeit des Vorstellungsbildes stand. Und obwohl große Unterschiede im visuellen Vorstellungsvermögen existieren, sagen diese sehr wenig über die Funktionsweise des menschlichen Gehirns aus.

Wenn also die Beurteilung des eigenen Gedächtnisses so unzuverlässig ist, wie kann man dann das Gedächtnis erforschen? Nun, das geschieht, indem man Testpersonen verschiedene Gedächtnisaufgaben stellt und bewertet, wie gut oder schlecht sie bewältigt werden. Manche Versuche richten sich nach der unterschiedlichen Gedächtnisleistung der Befragten, aber meistens bilden die Schwierigkeiten, die Menschen haben, wenn sie sich an bestimmte Arten von Material erinnern sollen, die Bewertungsgrundlage. Wenn ich Ihnen eine Reihe von Konso-

*Der Junge lernt, von den Lippen abzulesen. Ein Tauber muß lernen, das, was er bei anderen sieht, mit seinen eigenen Mund- und Kehlkopfbewegungen in Verbindung zu bringen.*

nanten vorsage, zum Beispiel *l, r, p, f, q, h,* und Sie auffordere, sie zu wiederholen, würden Sie wahrscheinlich die meisten richtig angeben, aber die vereinzelten Fehler wären sehr aufschlußreich. Am häufigsten würden Sie *p* durch *b* oder *f* durch *s* ersetzen. Die Falschangaben ähneln in Klang und Aussprache den richtigen Testpunkten, und ich würde daraus schließen - wie Conrad und Hull[5] es taten -, daß Sie sich gesprochene Laute besser einprägen als visuelle Eindrücke, also eher das akustische als das optische Gedächtnis aktivieren, wenn Sie versuchen, sich an verbale Informationen zu erinnern.

Ein anderer Weg zur Erforschung des menschlichen Gedächtnisses ist eine

Methode, die »selektive Interferenz« genannt wird. Ich könnte zum Beispiel den folgenden Versuch machen: Im allgemeinen merkt man sich eine Adresse oder Telefonnummer, indem man diese für sich selbst wiederholt. Ich möchte nun herausfinden, ob die Erinnerungsfähigkeit gemindert wird, wenn ich eine solche Wiederholung verhindere. Versu-

spielt. Selbst wenn man sich an optisch präsentierte Bilder oder an Handlungen beziehungsweise Geschehnisse erinnert, besteht eine ausgeprägte Tendenz, andere Aspekte des Gedächtnisses durch die Verbalisierung zu ersetzen, wodurch eine ursprüngliche rein visuelle Aufgabe in eine kombinierte visuelle und verbale Aufgabe umgewandelt wird. Der zweite

*Eine Leiterplatte. Die zirka elf Millionen Nervenzellen im menschlichen Gehirn und ihre Verbindungen kann man sich als noch weitaus komplexere, dreidimensionale Leiterplatte vorstellen.*

chen Sie es selbst: Fordern Sie jemanden auf, irgendein bezugloses Wort laut zu sagen, beispielsweise *der,* während er versucht, sich eine Telefonnummer einzuprägen und niederzuschreiben, und Sie werden sehen, daß seine Leistung stark absinkt.

Die folgenden Kapitel befassen sich mit vielen verschiedenen Aspekten der Gedächtnisleistung, aber der Schwerpunkt liegt auf dem Gedächtnis für verbale Informationen. Dafür gibt es zwei Gründe. Erstens besteht kein Zweifel daran, daß die verbale Kodierung im menschlichen Gedächtnis eine überaus wichtige Rolle

Grund für die Vorherrschaft des verbalen Materials beruht auf praktischen Erwägungen. Für gewöhnlich ist es viel leichter, verbales Material auszuwählen und zu kontrollieren, als optische, haptische oder akustische Reize zu verwenden. Nehmen wir an, daß jemand die Wirkung der Gewohnheit des von ihm benützten Materials untersuchen will. Es gibt Angaben über die Häufigkeit, mit der jedes Wort einer Sprache benützt wird, so daß es sehr einfach ist, die Variable der Gewohnheit quantitativ festzulegen. Ebenso gibt es Informationen über das Alter, in dem der Mensch erstmals mit bestimmten Wörtern in Berührung kommt, über Wörter, die optische Vorstellungen hervorrufen können und so weiter, so daß also verbales Material bei experimentellen Untersuchungen mit Abstand am leichtesten eingesetzt werden kann.

Ein weiterer Vorteil, Wörter und Buchstaben als Testmaterial zu verwenden, liegt darin, daß sie gesprochen oder geschrieben präsentiert und in jeder der beiden Formen in Erinnerung gerufen werden können. Bei optischem Material müssen wir uns dagegen auf eine einzige Methode der Darbietung beschränken, und ebenso kann die Erinnerung nur an Hand des Wiedererkennens getestet werden.

Die folgenden Kapitel zeigen deutlich, daß Psychologen, die sich mit der Gedächtnisforschung befassen, ungefähr in der gleichen Lage sind wie jemand, der versucht, die Funktionsweise einer Maschine zu begreifen, ohne in ihr Inneres blicken zu können. Sie haben daher nur die Möglichkeit, die Aufgaben zu verändern, die von der Maschine vollbracht werden sollen, und sorgfältig zu beobachten, wie die Maschine sich unter den verschiedenen Bedingungen verhält. Diese Methode erfordert viel Geduld und Einfallsreichtum, kann aber zu wichtigen Erkenntnissen führen. Ich hoffe, Sie werden sich meiner Meinung anschließen, nachdem Sie dieses Buch gelesen haben.

# Wie gut ist Ihr Gedächtnis?

Die nachstehende Übung zur Selbstbewertung (Selbst-Rating) deckt eher Fehlleistungen als Erfolge des Gedächtnisses auf; sie kann Sie auf Schwachstellen Ihres Gedächtnisses aufmerksam machen, sagt Ihnen jedoch nicht, wie brillant Sie auf anderen Gebieten sein mögen. Aber ich habe sie hier eingefügt, weil sie demonstriert, auf welche Art und Weise der Wissenschaftler jene Aspekte des Gedächtnisses erforscht, die für den Alltag wichtig sind.

Eine Selbstbewertungsskala ist natürlich subjektiv. Um die Fragen beantworten zu können, müssen Sie fähig sein, sich daran zu erinnern, daß Sie vergessen haben, sich an etwas Bestimmtes zu erinnern! Sie ist auch in anderer Hinsicht subjektiv: Wenn Sie ein wohlgeordnetes Leben führen und Ihre Aktivitäten so organisieren, daß Ihr Gedächtnis nicht sehr gefordert wird, werden Sie nur ein geringfügiges Gedächtnisversagen feststellen. Das bedeutet jedoch nicht, daß Sie auf den Gebieten, die in diesem Buch diskutiert werden, nun ebenfalls ein gutes oder schlechtes Gedächtnis haben. Ältere Leute berichten zum Beispiel häufig über ein geringeres Gedächtnisversagen als jüngere, obwohl objektive Beweise darüber vorliegen, daß die Gedächtnisleistung mit dem Alter abnimmt. Das liegt nicht nur daran, daß bei älteren Menschen der Alltag routinemäßiger verläuft, sondern auch daß sie mehr Gedächtnisstützen, wie Tagebücher oder Notizbücher, verwenden.

Die nachfolgende Übung führt einige der Fehlleistungen auf, wie sie bei jedem Menschen von Zeit zu Zeit vorkommen. Manche sind häufig, andere sehr selten. Wie oft treten Sie bei Ihnen auf? Tragen Sie die entsprechende Zahl in die Kästchen neben jeder Frage ein.

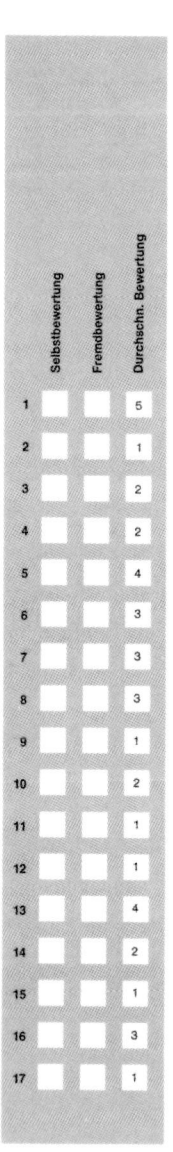

**Bewertungsskala**

1 = in den letzten sechs Monaten nicht einmal
2 = in den letzten sechs Monaten ungefähr einmal
3 = in den letzten sechs Monaten mehr als einmal, jedoch seltener als einmal im Monat
4 = ungefähr einmal pro Monat
5 = mehr als einmal pro Monat, jedoch seltener als einmal pro Woche
6 = ungefähr einmal pro Woche
7 = mehr als einmal pro Woche, jedoch seltener als einmal pro Tag
8 = ungefähr einmal pro Tag
9 = mehr als einmal pro Tag

1. Sie vergessen, wo Sie etwas hingelegt haben. Sie verlieren Gegenstände in der Wohnung oder im Haus.
2. Sie erkennen Orte nicht wieder, wo Sie laut Aussage anderer schon öfters gewesen sind.
3. Sie finden es schwierig, einer Fernsehsendung zu folgen.
4. Sie vergessen eine Änderung in Ihrer Alltagsroutine: irgend etwas wird woanders aufbewahrt oder geschieht zu einem anderen Zeitpunkt. Sie folgen irrtümlich ihrer bisherigen Routine.
5. Sie müssen nachprüfen, ob Sie etwas erledigt haben, das Sie sich vorgenommen hatten.
6. Sie vergessen, wann etwas geschehen ist, zum Beispiel, ob es gestern oder vergangene Woche war.
7. Sie vergessen, etwas mitzunehmen, oder Sie lassen etwas liegen und müssen zurückgehen, um es zu holen.
8. Sie vergessen, daß man Ihnen gestern oder vor ein paar Tagen etwas gesagt hat, und müssen vielleicht daran erinnert werden.
9. Sie beginnen etwas zu lesen (ein Buch, einen Zeitungsartikel, eine Illustrierte), ohne sich daran zu erinnern, daß Sie es schon einmal gelesen haben.
10. Sie merken nicht, daß Sie vom Thema abgekommen sind und belangloses Zeug reden.
11. Sie erkennen nahe Verwandte oder Bekannte, die Sie oft sehen, nicht auf den ersten Blick.
12. Sie finden es schwierig, sich eine neue Fertigkeit anzueignen, beispielsweise ein neues Spiel zu lernen oder ein neues Gerät zu bedienen, nachdem Sie ein- oder zweimal geübt haben.
13. Ihnen liegt ein Wort »auf der Zunge«. Sie wissen, was es ist, können es jedoch nicht finden.
14. Sie vergessen völlig, etwas zu tun, das Sie versprochen oder geplant hatten.
15. Sie vergessen wichtige Einzelheiten von Aktivitäten oder Geschehnissen des Vortags.
16. Sie vergessen im Gespräch, was Sie gerade gesagt haben, und fragen vielleicht: »Was sagte ich soeben?«
17. Sie sind nicht fähig, dem Inhalt eines Artikels in einer Zeitung oder Illustrierten zu folgen; Sie verlieren den Faden.

18. Sie vergessen, jemandem etwas Wichtiges zu sagen, ihm eine Botschaft auszurichten oder ihn an etwas zu erinnern.
19. Sie vergessen wichtige persönliche Daten, zum Beispiel Ihr Geburtsdatum oder Ihre Anschrift.
20. Sie bringen Einzelheiten von dem, was Ihnen jemand erzählt hat, durcheinander.
21. Sie erzählen jemandem eine Geschichte oder einen Witz, den Sie ihm schon einmal erzählt haben.
22. Sie vergessen Einzelheiten von Dingen, die Sie regelmäßig tun, zum Beispiel bestimmte Arbeitsvorgänge oder deren zeitlichen Ablauf.
23. Sie stellen fest, daß Ihnen die Gesichter von berühmten Leuten im Fernsehen oder auf Fotos fremd vorkommen.
24. Sie vergessen, wo Dinge normalerweise aufbewahrt werden, oder suchen sie am falschen Ort.
25. a) Auf einer Fahrt oder Wanderung durch eine Gegend oder in einem Gebäude, wo Sie schon oft waren, verirren Sie sich oder schlagen die falsche Richtung ein.
b) Auf einer Fahrt oder Wanderung durch eine Gegend oder in einem Gebäude, wo Sie erst ein- oder zweimal waren, verirren Sie sich oder schlagen die falsche Richtung ein.
26. Sie führen eine Routinetätigkeit versehentlich zweimal aus, zum Beispiel geben Sie zweimal Tee in die Kanne oder kämmen sich das Haar, obgleich Sie es gerade getan haben.
27. Sie wiederholen, was Sie gerade zu jemandem gesagt haben, oder fragen ihn zweimal dasselbe.

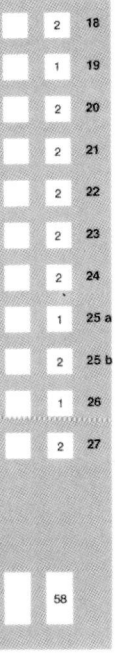

| | | | |
|---|---|---|---|
| | | 2 | **18** |
| | | 1 | **19** |
| | | 2 | **20** |
| | | 2 | **21** |
| | | 2 | **22** |
| | | 2 | **23** |
| | | 2 | **24** |
| | | 1 | **25 a** |
| | | 2 | **25 b** |
| | | 1 | **26** |
| | | 2 | **27** |

**Gesamt**     58

Um einen objektiveren Eindruck von Ihrer Gedächtnisleistung im Alltag zu gewinnen, bitten Sie nun einen guten Freund oder noch besser jemanden, der mit Ihnen zusammenlebt, ebenfalls die Qualität ihres Gedächtnisses zu bewerten. Dann vergleichen Sie seine und Ihre Bewertungen. Sie können Ihr Selbst-Rating auch mit den Ratings vergleichen, die Harris und Sunderland in einem Versuch erhielten, der vom *Applied Psychology Unit* in Cambridge mit Testpersonen beiderlei Geschlechts und aller Altersgruppen durchgeführt wurde. Eine Gesamtsumme von 27–58 bedeutet, daß Sie ein gutes Gedächtnis haben, von 59–116 ist es durchschnittlich, von 117–243 unterdurchschnittlich.*

Machen Sie sich jedoch keine Sorgen, wenn Ihr Ergebnis unter dem Durchschnitt liegt. Das bedeutet vielleicht nur, daß Sie ein sehr geschäftiges Leben führen, das erhebliche Anforderungen an Ihr Gedächtnis stellt. Statistisch gesehen ist die Zahl der Fehlleistungen um so höher, je größer die Zahl der Situationen ist, in denen ein Gedächtnisversagen auftreten kann.

\* Diese Werte sind nicht unbedingt repräsentativ für die Gesamtbevölkerung.

# 2. Die Entwicklung des Gedächtnisses: Lernen

Die wissenschaftliche Untersuchung des Gedächtnisses begann um 1875, als der deutsche Psychologe Hermann Ebbinghaus auf die revolutionäre Idee kam, daß man das Gedächtnis experimentell erforschen könne. Das bedeutete den Bruch mit einer 2000 Jahre alten Tradition, nach der die Erforschung des Gedächtnisses einzig und allein Aufgabe des Philosophen und nicht des Wissenschaftlers sei. Ebbinghaus argumentierte, daß die Philosophen zwar mit einer Vielzahl von möglichen Interpretationen des Gedächtnisses aufwarten könnten, aber keinen Hinweis dafür geliefert hätten, welche dieser Theorien das Gedächtnis am besten erklären könne. Sein Ziel war es, objektive Beweise über die Funktion des Gedächtnisses zusammenzutragen.

Ebbinghaus entschied, daß man die komplexe Frage des menschlichen Gedächtnisses nur dadurch anpacken könne, indem man das Problem vereinfachte. Er testete nur eine einzige Person, nämlich sich selbst. Und da er untersuchen wollte, wie neue Informationen gelernt werden, gleichzeitig aber die Wirkung von früherem Wissen auf ein Minimum zu begrenzen trachtete, erfand er völlig neues Lernmaterial. Es bestand aus sinnlosen Silben, wortähnlichen Konsonant-Vokal-Konsonant-Folgen von der Art *WUX, CAZ, BIJ* und *ZOL,* die zwar aussprechbar waren, aber keinen Sinn ergaben. Er lehrte sich Folgen

solcher Silben, indem er sie schnell und laut aufsagte und genau registrierte, wie viele Wiederholungen erforderlich waren, um jede Liste zu lernen oder wiederzulernen, wenn er sie nach Ablauf einer bestimmten Zeit vergessen hatte. Während des Lernvorgangs vermied er sorgfältig jede Assoziation mit wirklichen Wörtern, die sich anbot. Die Durchgänge fanden jeweils zur gleichen Zeit und unter sorgfältig kontrollierten Bedingungen statt. Bei »zu großen Veränderungen im äußeren oder inneren Leben« wurden die Tests abgebrochen. Obwohl oder vielleicht gerade weil Ebbinghaus so wenig versprechendes Material benützte, konnte er demonstrieren, daß es möglich war, das Gedächtnis wissenschaftlich zu erforschen. In der kurzen Zeit von zwei Jahren hatte er einige der elementaren Merkmale des menschlichen Gedächtnisses aufgezeigt.[1]

Wenn man ein System für die Speicherung von Informationen bewerten will, stellen sich drei grundlegende Fragen: Wie schnell können Informationen in das System eingegeben werden, wieviel Informationen können gespeichert werden, wie schnell gehen Informationen verloren? Das menschliche Gedächtnis besitzt ein enormes Leistungsvermögen, deshalb konzentrierte sich Ebbinghaus darauf, die Schnelligkeit der Eingabe und, wie in Kapitel 4 diskutiert, des Informationsverlusts zu untersuchen.

*Hermann Ebbinghaus (1850-1909) war der erste Psychologe, der das Gedächtnis experimentell untersuchte. Er verwendete dazu sinnlose Silben, die er als »einheitlich zusammenhanglos« kategorisierte.*

*Linke Seite:*
*In Vaters Fußstapfen. Jungen zeigen bei Aufgaben, die räumliches Vorstellungsvermögen erfordern, im allgemeinen etwas bessere Leistungen als Mädchen. Es ist allerdings umstritten, ob diese Tatsache auf angeborene Unterschiede oder gesellschaftliche Konventionen oder auf beides zurückzuführen ist.*

# Die Lerngeschwindigkeit

Überlegen Sie einmal, wie schnell Informationen im Gedächtnis registriert werden können. Wenn Sie doppelt soviel Zeit für das Lernen aufwenden, erinnern Sie sich dann an doppelt so viele Informationen? Oder gibt es hier etwa eine Art Gesetz des abnehmenden Ertrags, wonach jeder neue Lerndurchgang etwas weniger einbringt als der vorige? Aber vielleicht ist das Gegenteil der Fall: Je mehr man gelernt hat, desto größer ist die Wahrscheinlichkeit, daß in der Art eines Schneeballeffekts neue Informationen hinzukommen. Zur Untersuchung dieser Frage bediente sich Ebbinghaus einer sehr einfachen Methode, indem er ein paar Listen mit je 16 sinnlosen Silben aufstellte. An einem bestimmten Tag nahm er sich eine neue Liste vor, die er noch nicht gelernt hatte, und wie-

derholte sie mit einer Geschwindigkeit von 2½ Silben pro Sekunde 8, 16, 24, 32, 42, 53 oder 64mal. 24 Stunden später prüfte er nach, wieviel er von der Liste behalten hatte, indem er zählte, wie oft er sie wiederholen mußte, bis er sie auswendig konnte. Damit Sie einen ungefähren Eindruck von diesem Experiment bekommen, lesen Sie die folgende Liste von sinnlosen Silben möglichst schnell viermal hintereinander: *JIH, BAZ, FUB, YOX, SUJ, XIR, DAX, LEQ, VUM, PID, KEL, WAB, TUV, ZOG, GEK, HIW.*
Die nachstehende graphische Darstellung gibt die von Ebbinghaus gewonnenen Ergebnisse wieder und demonstriert eine direkte Beziehung zwischen der Zahl der Lerndurchgänge am ersten Tag und dem Umfang des am zweiten Tag im

*Ebbinghaus entdeckte, daß zwischen der Menge des Gelernten und dem Zeitaufwand für das Lernen eine recht einfache Beziehung besteht. Die hier dargestellte Lernkurve ist das Ergebnis eines seiner frühen Versuche.*

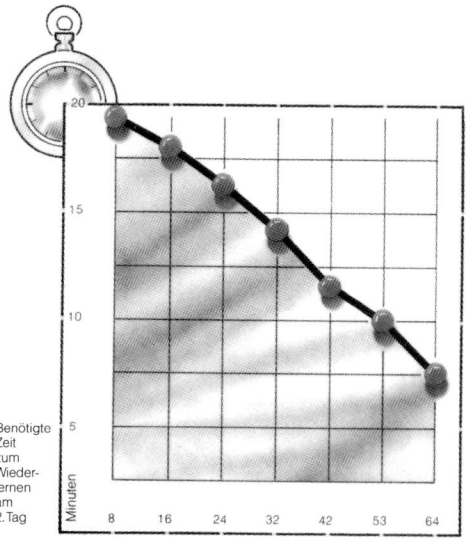

Benötigte Zeit zum Wiederlernen am 2. Tag

Minuten

8    16    24    32    42    53    64

Anzahl der Wiederholungen am 1. Tag

Gedächtnis behaltenen Materials. Wir erkennen, daß beim Lernprozeß weder abnehmende Erträge noch ein Schneeballeffekt im Spiel sind; er unterliegt vielmehr der einfachen Regel, daß die Menge des Gelernten von der für das Lernen aufgewendeten Zeit abhängt. Verdoppelt man die Lernzeit, verdoppelt sich auch die Menge der gespeicherten Informationen. Kurz gesagt, beim Lernen bekommt man, was man bezahlt. Diese Beziehung wurde in den rund 100 Jahren, die seit Ebbinghaus' Entdeckung vergangen sind, eingehend erforscht und wird die *Gesamtzeit-Hypothese* genannt. Sie bildet die Grundlage für alles menschliche Lernen. Die Verallgemeinerung, daß »man kriegt, wofür man zahlt«, ist vermutlich eine ganz vernünftige Faustregel, wenn man einkaufen geht. Es ist jedoch unwahrscheinlich, daß die Anhänger dieser Regel der Ansicht sind, das einzige, worüber sie sich Sorgen machen müßten, wäre die Höhe des Betrags, den sie ausgeben können. Innerhalb dieses weitgefaßten Rahmens gibt es gute und schlechte Käufe, Dinge, die den Ladenpreis nicht wert sind, und günstige Gelegenheiten. Ähnlich ist es beim Lernen. Obwohl zwischen Übung und behaltener Informationsmenge eine generelle Beziehung besteht, gibt es Mittel und Wege, wie man für die aufgewendete Zeit einen höheren Wert bekommt. Der Rest dieses Kapitels befaßt sich mit den Möglichkeiten, die sich anbieten, um die Gesamtzeit-Hypothese zu überlisten.

## Verteilte Übung: wenig und oft

Bei näherer Betrachtung der Ebbinghausschen Lernkurve und unter Berücksichtigung der Übungszeit am ersten Tag wird Ihnen auffallen, daß die Gesamtzeit für das Lernen in Wirklichkeit nicht konstant ist, sondern daß die am ersten Tag aufgewendete Zeit oft in einem Mißverhältnis zu der für das Wiederlernen am zweiten Tag benötigten Zeit steht, wie das folgende Beispiel demonstriert: 64 Lerndurchgänge am ersten Tag dauern zirka 7½ Minuten; die gleiche Zeit braucht man, um die Liste am zweiten Tag vollständig zu lernen, das ergibt also insgesamt 15 Minuten. Bei nur acht Durchgängen am ersten Tag (ungefähr

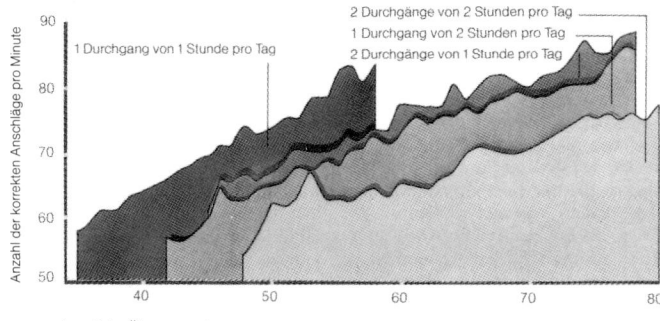

*Unterschiedliche Lerngeschwindigkeiten beim Maschineschreiben mit vier verschiedenen Trainingsmethoden. (Nach Baddeley und Longman, 1978)*

*Die herkömmliche Art, Briefe zu sortieren. Hierbei wird die Zahl der Sortiervorgänge durch die Armlänge des Sortierers begrenzt. Als in diesem Bereich automatisiert wurde, mußten britische Postangestellte maschineschreiben lernen.*

*Neugier. Sie mag zwar manchen in eine gefährliche Lage bringen, stellt aber im allgemeinen einen ausgezeichneten Lernanreiz dar.*

eine Minute) braucht man dagegen am zweiten Tag fast 20 Minuten zum Lernen der Liste. Eine völlig gleiche Verteilung der Durchgänge auf beide Tage erbrachte also ein besseres Lernergebnis als eine massierte Übung am zweiten Tag. Dieses sehr häufig beobachtete Phänomen ist der sogenannte *Effekt der verteilten Übung.* Er besagt ganz einfach, daß es besser ist, die Lerndurchgänge über einen gewissen Zeitraum zu verteilen, als sie in einen einzigen Lernblock zusammenzufassen. Soweit es das Lernen betrifft, ist wenig und oft eine ausgezeichnete Richtlinie.

Das erwies sich vor einigen Jahren, als ein paar Kollegen und ich vom britischen Postministerium beauftragt wurden, ein Programm auszuarbeiten, nach dem eine möglichst große Zahl von Postbeamten maschineschreiben lernen sollte.[2] Damals wurden die Postleitzahlen eingeführt, und der Briefsortierer mußte den Kode auf einer Tastatur eintippen, die der einer Schreibmaschine ähnelte. Die Postämter standen vor der Wahl, die Postbeamten für einen Intensivkurs an der Schreibmaschine aus ihrer regulären Arbeit herauszunehmen oder Ausbildung und reguläre Arbeit zu kombinieren, indem die Leute jeden Tag eine

kurze Übungszeit absolvierten. Wir hatten vier geeignet erscheinende Ausbildungspläne: einen Intensivkurs von zweimal zwei Übungsstunden pro Tag, zwei Zwischenformen mit entweder einer zweistündigen Übung oder zwei einstündigen Übungen pro Tag sowie die Methode der kleinen Schritte mit einer einstündigen Übung pro Tag. Wir teilten die ausgewählten Leute in vier Gruppen ein und begannen mit dem Training. Die graphische Darstellung auf Seite 31 zeigt, wie schnell die vier Gruppen das Tippen lernten. Die Ausgangspunkte der Kurven geben die Zeit wieder, in der die Beamten die Anordnung der Tasten gelernt hatten.

Natürlich hatte das jeweilige Trainingsprogramm einen erheblichen Einfluß darauf, wie lange es dauerte, bis die Leute die Tastatur gelernt hatten, und wie schnell sie anschließend Fortschritte machten. Die Schüler, die nur eine Stunde pro Tag übten, benötigten für das Lernen der Tastatur weniger Trainingsstunden und machten schnellere Fortschritte als diejenigen, die zwei Stunden pro Tag lernten, und diese wiederum lernten schneller als die Gruppe mit vier Übungsstunden pro Tag. Es zeigte sich, daß die Gruppe mit einer Stunde pro

Tag in 55 Stunden genausoviel gelernt hatte wie die Gruppe mit vier Stunden pro Tag in 80 Stunden. Außerdem machten die Teilnehmer der ersten Gruppe schnellere Fortschritte, und als sie nach ein paar Monaten ohne praktische Übung geprüft wurden, erwies sich, daß sie ihre neue Fertigkeit besser behalten hatten als die Gruppe mit vier Stunden pro Tag.

Der soeben beschriebene Effekt besagt also im wesentlichen, daß jeden Tag ein bißchen zu lernen die beste Methode ist. Aber wie sieht es aus, wenn die Übung über noch kürzere Zeitintervalle verteilt wird? In den letzten Jahren hat die sogenannte *Mikro-Verteilung der Durchgänge* lebhaftes Interesse erregt. Stellen Sie sich vor, daß Sie französische Vokabeln lernen wollen, die aus der folgenden Wörterliste bestehen: *der Stall – l'écurie; das Pferd – le cheval; das Gras – l'herbe; die Kirche – l'église.*

Wird ein bestimmter Testpunkt zweimal präsentiert, erinnern Sie sich dann an ihn besser, wenn die Präsentation zweimal schnell hintereinander oder mit einem längeren zeitlichen Abstand dazwischen geschieht? Hier können wir glücklicherweise mit einer klaren Antwort aufwarten: Die zeitlich getrennte Präsentierung fördert die Erinnerung. Dieser Regel zufolge sollten wir die ganze Liste durchgehen, bevor der erste Testpunkt dargeboten und geprüft wird, weil auf diese Weise das Zeitintervall zwischen Präsentierung und Wiederholung so lang wie möglich sein würde. Unglücklicherweise ist das Leben aber nicht so einfach, denn es ist erwiesen, daß es das Gedächtnis viel besser stärkt, wenn man sich aus eigener Kraft an eine Vokabel erinnert, als wenn sie einem geliefert wird. Die Folgerungen aus dieser Tatsache stehen im direkten Gegensatz zum Effekt der verteilten Übung. Je eher der Testpunkt geprüft wird, desto wahrscheinlicher ist es, daß man sich korrekt daran erinnert, was wiederum die Wahrscheinlichkeit ver-

größert, daß er fester im Gedächtnis verankert wird. Dieses Dilemma kann durch die Anwendung einer flexiblen Strategie gelöst werden, nach der ein neuer Testpunkt bereits nach kurzer Zeit erstmals geprüft wird. In dem Maße, wie der Testpunkt besser im Gedächtnis bleibt, wird das Zeitintervall schrittweise verlängert. Das Ziel dieser Übungsmethode ist, jeden Testpunkt im größtmöglichen Zeitabstand, der noch eine zuverlässige Erinnerung gestattet, zu prüfen. Die Lernfolge für die genannten Vokabeln könnte also wie folgt aussehen:

| Lehrer | Lerner |
|---|---|
| *der Stall – l'écurie* | |
| *der Stall?* | *l'écurie* |
| *das Pferd – le cheval* | |
| *das Pferd?* | *le cheval* |
| *der Stall?* | *l'écurie* |
| *das Pferd?* | *le cheval* |
| *das Gras – l'herbe* | |
| *das Gras?* | *l'herbe* |
| *der Stall?* | *l'écurie* |
| *das Pferd?* | *le cheval* |
| *das Gras?* | *l'herbe* |
| *die Kirche – l'église* | |
| *die Kirche?* | *l'église* |
| *das Gras?* | *l'herbe* |
| *die Kirche?* | *l'église* |
| *der Stall?* | *l'écurie* |
| *das Gras?* | *l'herbe* |
| *das Pferd?* | *le cheval* |

Wird ein Testpunkt nicht richtig wiedergegeben, sollte er in einem kürzeren Abstand erneut präsentiert werden. Ich habe diese von Tom Landauer und Robert Bjork[3] entwickelte Methode benützt, um meinem Sohn französische Vokabeln beizubringen, und kann daher bezeugen, daß sie erfolgreich ist und überdies die Fehlerquote beim Lernen so niedrig hält, daß der Lerner nicht allzuschnell den Mut verliert.

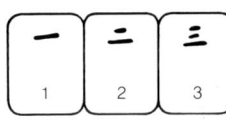

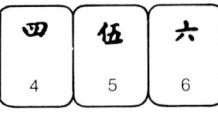

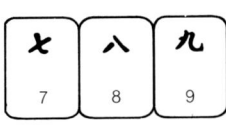

*Lernen Sie, mehrstellige Zahlen auf chinesisch zu schreiben. Versuchen Sie sich die verschiedenen Schriftzeichen mit Hilfe der links an Hand der französischen Vokabeln illustrierten Technik der »Intervall-Präsentation« einzuprägen.*

# Motivation zum Lernen

Ein wichtiger Faktor, über den wir bisher noch nicht gesprochen haben, ist die Motivation. Das mag seltsam anmuten, da bei den meisten Versuchen über das Lernverhalten von Tieren die Motivation eine überragende Rolle spielt. Der Grund dafür liegt wahrscheinlich darin, daß Belohnung und Bestrafung die einzigen Mittel sind, mit denen der Experimentator sicherstellen kann, daß das Tier sich den Versuchsbedingungen anpaßt und zeigt, was es gelernt hat. Zum Glück sind menschliche Versuchsobjekte im allgemeinen kooperativer. Die meisten geben sich bei Gedächtnisaufgaben große Mühe, sei es, weil sie den Experimentator zufriedenstellen wollen, sei es, um sich selbst zu bestätigen, daß sie ein gutes Gedächtnis haben, vielleicht aber auch nur, weil es einfach Spaß macht, eine gute Leistung zu erbringen. Wenn Testpersonen sich voll auf eine Aufgabe konzentrieren, ist die Motivation von untergeordneter Bedeutung.

Der schwedische Psychologe Lars Gören Nilsson[4] mußte jedoch erfahren, daß seine Probanden diese Aussage nicht ohne weiteres akzeptieren wollten. Um ihre Richtigkeit zu beweisen, führte er den folgenden Versuch durch: Drei Studentengruppen mußten unter verschiedenen Bedingungen Listen von Wörtern lernen.

In der ersten Gruppe wurde auf die Teilnehmer keinerlei Druck ausgeübt, eine gute Leistung zu erbringen; man sagte ihnen nur, daß es sich um ein Gedächtnisexperiment handele. In der zweiten Gruppe erhielten die Studenten während der Lernperiode keine motivierenden Impulse, aber zu Beginn der Prüfung teilte man ihnen mit, daß derjenige, der sich an die meisten Wörter erinnerte, als Preis Bargeld bekommen würde. Die dritte Gruppe wurde schon vor Beginn der Lernperiode über diesen Preis informiert. Die Lernleistung der drei Gruppen zeigte keine Unterschiede. In einem späteren Versuch wurde auch der soziale Wettbewerb als Antrieb für die Motivation einbezogen. Das Ergebnis war das gleiche: Das Motivationsniveau hatte keinen Einfluß auf die Lernleistung.

Kann man daraus schließen, daß die Motivation für das Lernen unerheblich ist? Jeder Lehrer wird Ihnen sagen, daß es keinesfalls so ist. Der Motivationseffekt ist jedoch indirekt; er bestimmt, wieviel Zeit für das Material, das gelernt werden soll, aufgewendet wird, und das wiederum beeinflußt die Menge des Gelernten. Wenn ich Sie auffordern würde, eine Wörterliste mit zehn Tiernamen und zehn Blumennamen zu lernen, und Ihnen einen Pfennig für jeden Tiernamen

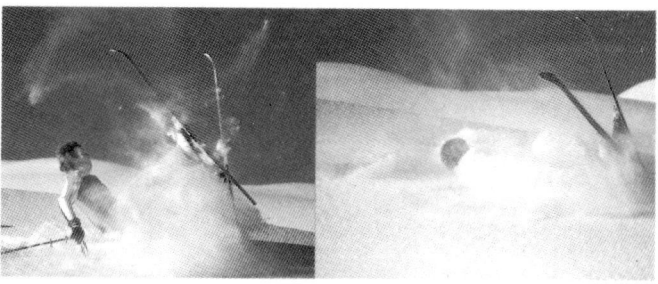

*Übung macht den Meister. Manchmal jedenfalls.*

und fünf Mark für jeden Blumennamen verspräche, an den Sie sich richtig erinnern, würden Sie sich zweifellos an mehr Blumen- als Tiernamen erinnern. Die Erklärung ist einfach: Sie würden mehr Zeit für die Blumennamen aufwenden. Wenn ich für das Präsentieren der Blumennamen mehr Zeit aufgewendet hätte als für die der Tiernamen, wäre das Resultat dasselbe.

In der Schule beeinflußt die Motivation sicherlich die Lernqualität, weil sie die Intensität der Aufmerksamkeit bestimmt, die das Schulkind dem Unterrichtsstoff widmet; wenn es sich dafür interessiert, wird es seine ganze Aufmerksamkeit darauf konzentrieren, ist es dagegen gelangweilt, wird es einen Teil der Zeit an andere, ihm wichtiger erscheinende Dinge denken.

## Wiederholung und Lernen

Wenn beim Lernen nicht unbedingt eine Motivation vorhanden sein muß, was ist dann wichtig? Einige Theorien über das Lernen besagen, daß nichts anderes erforderlich ist, als das Lernmaterial zu wiederholen. Diese Ansicht hätte vermutlich den Erziehern in der Viktorianischen Zeit gefallen, die ja so großen Wert auf das Auswendiglernen legten. Kürzlich durchgeführte Versuche lassen jedoch die Vermutung zu, daß durch mechanische Wiederholungen, ohne daß der Lerner versucht, das Material selbst in ein System zu bringen, der Lernerfolg nicht gewährleistet wird. Meine Kollegin Debra Bekerian und ich haben diese Frage im Zusammenhang mit einer großangelegten Informationskampagne untersucht.[5]

Vor einigen Jahren mußte auf Grund einer neuen internationalen Vereinbarung zwischen mehreren europäischen Rundfunkstationen die BBC einige Sendefrequenzen ändern. Um die Öffentlichkeit davon zu unterrichten und sie an diese Änderungen zu gewöhnen, leitete die BBC eine massive Werbekampagne ein. Über einen Zeitraum von zwei Monaten wurden Rundfunksendungen in regelmäßigen Abständen durch detaillierte Informationen über die neuen Frequenzen unterbrochen, und diese eingeschobenen Ankündigungen wurden durch Slogans und Erkennungsmelodien ergänzt.

Wir beschlossen, die Wirksamkeit dieser Kampagne durch eine Befragung von 50 Personen aus dem Kreis unserer Testpersonen zu untersuchen. Es handelte sich bei diesen Leuten um Freiwillige, die sich dem *Applied Psychology Unit* in Cambridge für Untersuchungen über verschiedene Funktionen - Gedächtnis, Wahrnehmung und Gehör - zur Verfügung stellten. In unserem Fall waren die meisten Probanden Hausfrauen aus Cambridge. Wir fragten sie, wieviel Zeit sie damit verbrachten, den einzelnen Kanälen zuzuhören, und auf Grund ihrer Aussagen und der Information der BBC über die Anzahl der Ankündigungen schätzten wir, daß die meisten Testpersonen die Bekanntmachung über die neuen Frequenzen weit über tausendmal gehört hatten. Wir forderten sie auf, das, woran sie sich erinnerten, durch Aufschreiben der Frequenzzahlen und durch Markierung an einem Modell, das einer Senderwahlskala glich, wiederzugeben. Wieviel hatten unsere Testpersonen gelernt? Es war der BBC gelungen, die bevorstehende Veränderung allgemein bekanntzumachen, da praktisch alle darüber Bescheid wußten. Auch das Datum der Veränderung war den meisten geläufig und wurde von 84 Prozent der Befragten richtig angegeben. Aber mit der Erinnerung an Einzelheiten der neuen Frequenzen sah es traurig aus. Nur

*Bloßes Wiederholen ist nicht unbedingt die beste Lernmethode.*

*»Pack den Tiger in den Tank« - eine der erfolgreichsten Werbekampagnen aller Zeiten. In diesem Fall führte wiederholte Präsentation zum Ziel, das heißt zum erwünschten Kaufverhalten. Was macht einen guten Werbeslogan aus?*

25 Prozent unternahmen den Versuch, die Zahlen hinzuschreiben. An die Markierung am Modell wagten sich mehr Leute heran, aber die meisten Versuche waren kaum besser, als man es bei einer reinen Raterei hätte erwarten können. Warum waren die Leistungen so schlecht? Zirka 1000 Lerndurchgänge sollten doch sicherlich genügen, um sich eine numerische Information einzuprägen? Es gibt jedoch gute Gründe, die dieser Annahme widersprechen. Die bloße Wiederholung einer Information gewährleistet nicht, daß man sich gut an sie erinnert. Ausschlaggebend ist die Art und Weise, wie der Lerner eine Information verarbeitet. Ein weiterer Grund für den Verdacht, daß die Kampagne ein Fehlschlag sein würde, ergibt sich daraus, daß die Leute der Bekanntmachung einfach keine Aufmerksamkeit schenkten. Die allererste Ankündigung beschrieb ein Ereignis, das erst in zwei Monaten eintrat und das daher zumindest vorläufig ignoriert werden konnte. Am Ende der zwei Monate war die Botschaft so monoton und langweilig geworden, daß man sie automatisch ignorierte. Viele Beweise sprechen dafür, daß akustische Botschaften, die wir zu ignorieren versuchen, nur wenig Eindruck im Gedächtnis hinterlassen. Und schließlich war die Kampagne auf der Annahme aufgebaut, daß die Hörer ihre Geräte nach der neuen Frequenz des Senders einstellten. War diese Annahme irrig, dann konnte ihnen die Änderung der Frequenz kaum etwas bedeuten, ebenso wie in einem Wetterbericht die Angaben der Temperatur in Fahrenheit für jemanden, der an die Einteilung nach Celsius gewöhnt ist, wenig Sinn ergibt. Wir stellten fest, daß dieser Punkt tatsächlich ei-

ne Rolle spielte, da unsere Testpersonen über die Frequenzen der Sender, die sie jeden Tag einstellten, kaum besser Bescheid wußten. Wahrscheinlich hielten sie sich an optische Reize, beispielsweise an die Markierungen auf der Skala. Zum Glück informierte die BBC zusätzlich zu der Bekanntmachungskampagne, die immerhin 500 000 Pfund gekostet hatte, jeden Haushalt per Postwurfsendung, der Aufkleber beigefügt waren, über die neuen Frequenzen. Als wir kurz nach dem Inkrafttreten der Neuerung in einer zweiten Befragung nachfaßten, stellten wir fest, daß für die meisten Leute die Aufkleber die Rettung gewesen waren. 70 Prozent der Teilnehmer an der zweiten Befragung hatten es sehr schwierig gefunden, die neuen Frequenzen zu lernen, aber sie bewältigten dieses Problem, indem sie abwarteten, bis die Änderung eingetreten war, die neue Wellenlänge suchten und sie mit dem Aufkleber markierten, den die BBC klugerweise geliefert hatte.

Welche Schlußfolgerungen können wir aus diesem Experiment ziehen? Wir können sagen, daß eine massive Werbung für die Übermittlung schwieriger Informationen nicht sonderlich geeignet ist. Wenn man zum Beispiel erreichen will, daß der Hörer sich an den Slogan »Das weißeste Weiß meines Lebens« erinnert, ist es durchaus möglich, daß ihm diese Botschaft im Gedächtnis bleibt, da man sie ihm tausendmal vorgespielt hat. Ob er sie glaubt, sei allerdings dahingestellt. Bei ständiger Wiederholung von komplexen Informationen, die nicht in das gewohnte Denkmuster passen, ist der Endeffekt im großen und ganzen ein Minimum an Gelerntem und ein Maximum an Frustration.

## Bedeutung und Gedächtnis

Wie die Ergebnisse der BBC-Untersuchung zeigen, ist der kritische Faktor, der

darüber entscheidet, ob etwas gelernt und behalten wird, die Bedeutung, die das Objekt für den Lerner hat. Ebbinghaus bemühte sich, die komplizierende Wirkung des Sinnhaften zu vermeiden, indem er sein sinnloses Material möglichst schnell herunterrasselte und sich strikt weigerte, irgendeine sinnvolle Assoziation herzustellen. Wahrscheinlich hatte er recht, wenn er glaubte, daß er bei seinen Erinnerungsexperimenten die Rolle des Sinnhaften zumindest reduziert hatte. Seine Nachfolger waren jedoch nicht so sehr darauf bedacht, ihre Testpersonen davon abzuhalten, von dem, was sie in dem jeweiligen Lernmaterial an Sinnhaftem entdeckten, Gebrauch zu machen. Wenn Sie ein wenig über die am Anfang dieses Kapitels aufgeführte Liste von sinnlosen Silben nachdenken, werden Sie sicherlich feststellen, daß sie, obwohl sie speziell wegen ihres Mangels an sinnhaftem Inhalt ausgewählt wurden, doch Assoziationen erzeugen.

In den dreißiger Jahren hat man zahlreiche sinnlose Silben nach ihrem Potential, sinnhafte Assoziationen hervorzurufen, klassifiziert. Es konnte nachgewiesen werden, daß die Wahrscheinlichkeit, eine Silbe dieser Art zu lernen, um so größer war, je mehr Aussicht bestand, daß sie das Reizsignal für eine Assoziation war.

Man kann argumentieren, daß nur sehr wenig von dem Material, das wir im Alltagsleben lernen, sinnlos ist und daß ein Gedächtnis für Sinnloses von begrenztem Wert ist. Deshalb war man in den letzten Jahren stärker daran interessiert,

bei der Gedächtnisforschung Wörter statt sinnlose Silben zu benützen. Es dürfte klar sein, daß nicht alle Wörter gleich mühelos im Gedächtnis bleiben. An Wörter, die sich auf konkrete Objekte beziehen, von denen der Memorierer sich eine optische Vorstellung bilden kann, pflegt man sich besser zu erinnern als an abstrakte Wörter, für die man nur schwer ein Vorstellungsbild finden kann. Machen Sie mit den folgenden zwei Listen selbst einen Versuch:

**Liste A:** *Tugend, Geschichte, Schweigen, Leben, Hoffnung, Wert, Mathematik, Meinungsverschiedenheit, Idee.*

**Liste B:** *Kirche, Bettler, Teppich, Arm, Hut, Teekanne, Drache, Kanone, Apfel.*

Jetzt zählen Sie, an wie viele Wörter von jeder Liste Sie sich erinnern können. Den meisten Leuten bleiben die Wörter der Liste B besser im Gedächtnis als die abstrakten Begriffe der Liste A. Obwohl die Listen Wörter anführen, die an sich sehr bedeutungsvoll sind, enthalten sie als Ganzes keinen sinnhaften Inhalt, da sie nur eine Aufzählung von willkürlich ausgewählten Begriffen darstellen. Dementsprechend sind sie viel weniger sinnhaft als die Reihe der folgenden Wörter: *groß, grau, Elefanten, angsterfüllt, durch, lodernd, Flammen, zertrampelt, wehrlos, Hasen.* Zweifellos würde man sich an diese Liste viel leichter erinnern als an die willkürliche Folge von gegenständlichen Wörtern der Liste B.

*Ein Sprachlabor. Angesichts zunehmender internationaler Verkehrs- und Nachrichtenverbindungen müssen immer mehr Menschen eine Fremdsprache lernen. Im Sprachlabor kann der Schüler das Lerntempo selbst bestimmen.*

## Lernen und Voraussagbarkeit

Worin liegt der Unterschied zwischen Sätzen und unzusammenhängenden Folgen von Wörtern? Ein offensichtlicher Unterschied beruht darauf, daß zwischen den Wörtern eines Satzes starke Beziehungen bestehen, was bei einer reinen Aufzählung nicht der Fall ist. Die englische Sprache zum Beispiel ist durch ihre Struktur in hohem Maße eingeengt beziehungsweise vorbestimmt; in den fünfziger Jahren wurden Untersuchungen durchgeführt, um den Grad dieses

*Die auf diesen beiden Seiten abgebildeten botanischen Nonsenszeichnungen des Dichters und Humoristen Edward Lear sind folgendermaßen betitelt:* Shebootia utilis *(Nützlicher Frauenstiefel),* Piggiawiggia pyramidalis *(Pyramidenförmige Schweinedolde),* Manypeeplia upsidownia *(Vielblättriges Hängemännchen),* Bottleforkia spoonifolia *(Flaschengabeliges Löffelblatt). Wären doch alle botanischen Namen so einprägsam!*

Eingeengtseins zu messen und zu erklären. Die theoretische Grundlage dieser Sprachanalyse lieferte die *Informationstheorie,* eine statistische Methode zur Erfassung einer Sprache. Für die Psychologie gewann sie dadurch an Bedeutung, daß sie die wichtige Rolle der *Redundanz* (gleichbedeutend mit Vorhersagbarkeit) hervorhob. Eine Sprache ist in dem Sinn redundant, daß aufeinanderfolgende Wörter nicht gleich wahrscheinlich und nicht unabhängig voneinander sind. Adjektive pflegen Substantiven vorauszugehen, auf Pronomen folgen Verben. Das Thema der Information engt die Wortwahl weiter ein. Diese Vorbestimmtheit spiegelt sich in der Tendenz eines jeden Wortes in einem Satz wider, auf der Grundlage der es umgebenden Wörter vorhersagbar zu sein. Wenn ich Ihnen bei einem Ratespiel einen Satz präsentieren und Sie auffordern würde, das nächste Wort zu raten, würde Ihnen das nicht schwerfallen.

Bei einem solchen Ratespiel kann man Folgen von Wörtern produzieren, die mehr oder minder der Umgangssprache entsprechen. Ein Beispiel: Ich nenne Ihnen das Wort *die,* und Sie sollen einen Satz bilden, in den es eingebaut ist. Sie sagen: »Die Katzen saßen auf der Matte.« Ich gebe nun das Wort *Katzen* an eine zweite Person weiter, die den Satz »Katzen fangen Mäuse« produziert. *Fangen* wird an die nächste Person weitergegeben und erbringt den Satz: »Wenn Sie sich nicht vorsehen, fangen Sie sich einen Schnupfen.« *Einen* geht an eine weitere Person: »Ich habe einen roten Hut.« Fügen wir diese Wörter aneinander, ergibt sich die Folge »Die Katzen fangen einen« und so weiter. Gäbe ich Ihnen statt eines Wortes zwei Wörter, würde die Botschaft vorbestimmter sein und mehr der Umgangssprache ähneln. Bei vier oder fünf Wörtern würde sich eine Folge ergeben, die sehr vorbestimmt ist. Mit dieser Methode kann man Wortpassagen entwickeln,

die von willkürlichen Selektionen aus einem Wörterbuch reichen bis hin zu Wörtern, die nach ihrer Häufigkeit im Sprachgebrauch ausgewählt werden, und zu Passagen, in denen sich die Beziehung der Wörter untereinander über ziemlich lange Folgen erstreckt, was ein wesentlich höheres Maß an Vorbestimmtheit bewirkt. Nachstehend folgen einige Beispiele von Passagen dieser Art, die in den sechziger Jahren von Studenten der Universität Sussex entwickelt wurden.[6]

**1. Ebene**

Granatäpfel mundvoll handhaben Mann Superheld vielleicht Nilpferd erstaunlich Sex gelagert Tannenzapfen plausibel glücklich zwinkern unterschätzt Sonne stutzig Gelenk Bart lila Axolotl lüstern ausgeflippt erschöpft

**2. Ebene**

würde das obwohl Kinder mögen prima Szene eins für Goldköpfchen trägt wie Werwolf Jungfrauen zehn kitzelt haarige Nüstern flattern wollüstig nachschleppen Walrösser Stoßzähne emanzipiert Suffragetten leiden kleine Sümpfe sikkern Überschwemmung Höhepunkt kam listig vollendet

**3. Ebene**

wurde hoffnungslos und Hosianna in der Höhe zermürben vernichten Menschen ist prima Dampf ablassen ausgeflippt leider enden hysterisch Schaumbad kichern hysterisch unter kärglich bevölkerten Ödland sich zuspitzen in Unglück unwiederbringlich anstößig und besänftigt

**4. Ebene**

durch ihr Beispiel unvorhersehbare Risiken Demütigung für Xerxes während er herumkroch scheußlich inmitten verwesendem Unrat war abstoßend aufgehäuft seitlich neben aufgeblähten widernatürlichen Erdwürmern lag still schimmelnd in ätzenden verfaulten Gedanken Henriette wurde ohnmächtig vor Aufregung.

Je mehr eine solche Passage an die normale Sprache angenähert ist, desto mehr Wörter werden von den Testpersonen richtig wiederholt. Auch andere Aufgaben werden von der Redundanz beeinflußt. Beim Durchlesen der einzelnen Passagen haben Sie sicher festgestellt, daß Sie weniger Zeit brauchten, um die Annäherungen der höheren Ebene zu lesen als die der niedrigen, und beim Abtippen wäre das ebenso.

Auch bei laufenden Texten kann der Grad der Redundanz oder Vorhersehbarkeit deutliche Unterschiede aufweisen. Eine Methode zur Beurteilung der Lesbarkeit ist die *Cloze-Technik*.[7] Dabei wird einer Gruppe von Testpersonen ein Text vorgelegt, in dem jedes fünfte Wort ausgelassen worden ist. Ihre Aufgabe besteht darin, die fehlenden Wörter zu erraten. Versuchen Sie es mit den beiden folgenden Texten selbst:

*Majas Augen strahlten vor .... Es hatte ihr noch ... gesagt, daß etwas an ... schön sei. Sie wurde ... übermütig und nahm rasch ... ein Klümpchen Honig. »Es ... eine ausgezeichnete Qualität«, sagte .... »Bitte, nehmen Sie nur ...«, sagte Peppi, erstaunt über ... Appetit seines Gastes, »es ... Rosenhonig erster Ernte. Man ... sich etwas in acht ..., damit man sich nicht ... Magen verdirbt. Es ist ... noch Tau da, wenn ... vielleicht Durst verspüren.« – »Vielen ...«, sagte Maja. »Ich möchte ... fliegen, wenn Sie erlauben.« ... Käfer lachte.*

(Aus: Waldemar Bonsels, *Die Biene Maja und ihre Abenteuer*)

*Ottilie fühlte dies alles ... rein, daß sie sichs ... entschieden wirklich dachte und ... selbst dabei gar nicht .... Unter diesem klaren Himmel, ... diesem hellen Sonnenschein, ward ... ihr auf einmal klar, ... ihre Liebe, um sich ... vollenden,*

*völlig uneigennützig werden ...; ja in manchen Augenblicken ... sie diese Höhe schon ... zu haben. Sie wünschte ... das Wohl ihres Freundes, ... glaubte sich fähig, ihm ... entsagen, sogar ihn niemals ..., wenn sie ihn nur ... wisse. Aber ganz entschieden ... sie für sich, niemals ... andern anzugehören.*

(Aus: Johann Wolfgang von Goethe, *Die Wahlverwandtschaften*)

Im ersten Text fehlen die Wörter *Glück, niemand, ihr, ganz, noch, ist, sie, noch, den, ist, muß, nehmen, den, auch, Sie, Dank, nun, der;* im zweiten wurden die folgenden ausgelassen: *so, als, sich, empfand, bei, es, daß, zu, müsse, glaubte, erreicht, nur, sie, zu, wiederzusehen, glücklich, war, einem.* Die meisten Leute finden den Kinderbuchtext natürlich vorhersagbarer und füllen erheblich mehr Lücken aus. Auf Grund der nach der Cloze-Technik gemessenen Redundanz kann man die Lesbarkeit des Materials und seine Merkbarkeit ziemlich sicher vorhersagen. Je mehr Redundanz und Vorhersagbarkeit ein Prosatext hat, desto leichter kann man ihn sich merken.

Wir haben die ursprünglichen Ebbinghausschen Versuche, die sich auf das Lernen von sinnlosem Material unter streng kontrollierten Bedingungen beschränkten, jetzt ein gutes Stück hinter uns gelassen. Trotz der Verwendung von so wenig versprechendem Material machte Ebbinghaus die ungeheuer wichtige Entdeckung, daß das menschliche Gedächtnis systematisch und objektiv erforscht werden kann. Durch den Verzicht auf einen sinnhaften Inhalt ließ er jedoch das unberücksichtigt, was wahrscheinlich das bedeutsamste Merkmal des menschlichen Gedächtnisses ist. Die wichtige Rolle des Sinnhaften war das Hauptanliegen von Sir Frederick Bartlett, des zweiten großen Pioniers in der Erforschung des menschlichen Gedächtnisses, mit dessen Werk wir uns im nächsten Kapitel befassen werden.

# 3. Organisieren und erinnern

In den vergangenen 100 Jahren ist die psychologische Forschung auf dem Gebiet des menschlichen Gedächtnisses von zwei unterschiedlichen Richtungen geprägt worden. Die eine wurzelt in der Arbeit von Ebbinghaus, der besonderen Nachdruck auf die sorgfältige Messung einer vereinfachten Gedächtnisaufgabe unter rigoros kontrollierten Bedingungen legte. Der Vorteil dieser Verfahrensweise ist, daß sie das Problem, das überaus komplexe und subtile System des menschlichen Gedächtnisses zu begreifen, auf eine Serie von Unterproblemen von übersehbarer Größe reduziert. Das war für den Beginn der empirischen Erforschung des Gedächtnisses von grundlegender Bedeutung und ist auch heute noch ein wichtiger Faktor in der wissenschaftlichen Forschung auf diesem Gebiet. Wenn wir nicht bereit wären, uns dabei auf Fragen, die leicht umgrenzt und kontrolliert werden können, zu konzentrieren, würden wir wohl kaum Fortschritte machen. Allerdings ist mit dieser Methode die Gefahr gekoppelt, daß wir gerade diejenigen Aspekte des menschlichen Gedächtnisses, die am wichtigsten und charakteristischsten sind, in unseren Untersuchungen nicht berücksichtigen. Selbst wenn wir alles begreifen würden, was mit dem Erinnern von Listen sinnloser Silben zusammenhängt, könnte man zu bedenken geben, daß wir dann immer noch sehr wenig über die Funktionsweise des menschlichen Gedächtnisses außerhalb des Labors wüßten. Und das war der Blickpunkt, der für Sir Frederick Bartlett, den Begründer der zweiten bedeutenden Forschungsrichtung, ausschlaggebend war.

In seinem 1932 veröffentlichten Buch *Remembering*[1] griff Bartlett die Ebbinghaussche Methode der Gedächtniserforschung an, die zu diesem Zeitpunkt eine fünfzigjährige Vormachtstellung in der Psychologie hinter sich hatte. Bartlett behauptete, daß das Studium des Erlernens von sinnlosen Silben lediglich über Wiederholungsgewohnheiten Aufschluß gebe; durch den Ausschluß des Sinnhaften habe Ebbinghaus auch das wichtigste und charakteristischste Merkmal des menschlichen Gedächtnisses unbeachtet gelassen.

Bartletts Attacke gegen die Tradition der sinnlosen Silben bestand darin, daß er sinnhaftes und inhaltsreiches Material verwendete, das unter relativ realistischen Bedingungen gelernt und in Erinnerung gerufen wurde. Er forderte seine Testpersonen auf, sich an Bilder und Geschichten zu erinnern, von denen die nachstehende Indianergeschichte ein bekanntes Beispiel geworden ist[2]:

## Der Geisterkrieg

*Eines Nachts gingen zwei junge Männer aus Egulac zum Fluß, um Robben zu jagen, und während sie dort waren, wurde es*

42

Sir Frederick Bartlett (1886–1969) verfolgte einen anderen Ansatz als Ebbinghaus: Er befaßte sich in erster Linie damit, wie das Gedächtnis sinnvolles Material verarbeitet, und führte seine Untersuchungen nicht unter Laborbedingungen durch.

Rechte Seite:
Ein gutes Beispiel dafür, wie das Unbekannte eine Veränderung zum Vertrauten hin erfährt. Dies kann sowohl mit Bildmaterial als auch mit Texten geschehen. Ohne Zweifel bestimmte der Titel der Originalzeichnung, Portrait d'homme (Porträt eines Mannes), die Richtung der Veränderung. (Aus Bartlett: Remembering, 1932)

neblig und still. Dann hörten sie Kriegsgeschrei und dachten: Vielleicht ist das ein Kriegszug. Sie flohen ans Ufer und versteckten sich hinter einem Baumstamm. Jetzt glitten Kanus heran, und sie hörten das Geräusch von Paddeln und sahen, daß ein Kanu zu ihnen heranfuhr. In dem Kanu saßen fünf Männer. Sie sagten: »Hallo! Wir möchten euch mitnehmen. Wir fahren flußaufwärts, um gegen die Leute dort Krieg zu führen. Was haltet ihr davon?«
Einer der beiden jungen Männer sagte: »Ich habe keine Pfeile.«
»Pfeile liegen im Kanu«, erwiderten sie.
»Ich will nicht mitkommen. Vielleicht werde ich getötet. Meine Familie weiß nicht, wo ich hingegangen bin. Aber du«, wandte er sich an den anderen, »könntest mit ihnen gehen.«
So fuhr einer der jungen Männer mit, während der andere nach Hause zurückkehrte.
Und die Krieger fuhren flußaufwärts bis zu einer Siedlung auf der anderen Seite von Kalama. Die Leute kamen zum Fluß, und der Kampf begann. Viele wurden getötet. Nach einiger Zeit hörte der junge Mann, wie einer der Krieger sagte: »Schnell, laßt uns nach Hause fahren. Dieser Indianer hier ist verwundet worden.« Da dachte er: Oh, sie sind Geister. Er fühlte sich nicht krank, aber sie sagten, daß er von einer Kugel getroffen worden sei.
So fuhren die Kanus nach Egulac zurück, und der junge Mann ging an Land und zu seinem Haus, und er machte ein Feuer. Und er erzählte es allen und sagte:
»So hört denn, ich begleitete die Geister, und wir zogen in den Kampf. Viele von den unsrigen wurden getötet, und viele von denen, die uns angriffen, wurden getötet.
Sie sagten, ich sei verwundet, aber ich fühle mich nicht krank.«
Er erzählte alles, dann schwieg er. Als die Sonne aufging, fiel er zu Boden. Etwas Schwarzes quoll aus seinem Mund. Sein

Gesicht verzerrte sich. Die Leute sprangen auf und schrien. Er war tot.

Schließen Sie jetzt das Buch und versuchen Sie, sich so genau wie möglich an die Geschichte zu erinnern.

Jede Testperson gab den Text in der für sie charakteristischen Art und Weise wieder, doch konnte Bartlett einige Übereinstimmungen feststellen. Der erinnerte Text war stets kürzer, verständlicher und mehr der persönlichen Einstellung des Probanden angepaßt. Das wird bei einem Material wie Der Geisterkrieg besonders deutlich, denn einige Merkmale der indianischen Geschichte waren mit europäischen Erwartungen unvereinbar. Daher wurde der übernatürliche Aspekt der Geschichte oft weggelassen. Unbegreifliche Merkmale wurden manchmal rationalisiert, damit sie in die Erwartungen des Erinnerers hineinpaßten. So wurde »Etwas Schwarzes quoll aus seinem Mund« umgewandelt in »Schaum trat vor seinen Mund«. Es kommt häufig vor, daß der Erinnerer sich bestimmte Merkmale eines Textes auswählt und an diesen ein ganze Geschichte verankert. Im Geisterkrieg diente die Sterbeszene oft diesem Zweck. Auch Einzelheiten wurden verändert, damit sie mehr dem Gewohnten entsprachen, beispielsweise schrieben manche von »Booten« statt von »Kanus«.
Bartlett beobachtete, daß die Testperson sich bei der Wiedergabe eines Textes als erstes die eigene Einstellung ins Gedächtnis ruft: »Die Erinnerung ist dann eine Konstruktion, die weitgehend auf der Grundlage dieser Einstellung errichtet wird, und sie erweckt den allgemeinen Eindruck, daß sie eine Rechtfertigung dieser Einstellung ist.« Kurz gesagt, das, woran man sich erinnert, wird zum Teil von der eigenen emotionalen Festlegung und von der Reaktion auf das Ereignis bestimmt. In einem kontrollierten Versuch spielt das vielleicht keine

große Rolle, aber im Alltag kann es die Erinnerung entscheidend beeinflussen. Wenn man zum Beispiel zwei in einen Streit verwickelte Leute auffordert, die Gründe für ihre Auseinandersetzung anzugeben, oder wenn man die Anhänger zweier gegnerischer Sportmannschaften über ihre Eindrücke von einem Spiel befragt, erhält man meist zwei verschiedene Versionen.

Die klassische Studie über diesen Effekt wurde von zwei amerikanischen Sozialpsychologen[3] nach einem ziemlich brutalen Footballspiel zwischen den Studentenmannschaften von Dartmouth und Princeton durchgeführt. Princeton hatte eine besonders erfolgreiche Spielzeit hinter sich, und einer der Spieler, Kazmaier, war sogar Titelbild des Nachrichtenmagazins *Time* gewesen. Schon wenige Minuten nach dem Anpfiff kam es zu Gewalttätigkeiten; die Spieler von Dartmouth konzentrierten sich auf Kazmaier, der zu Beginn des zweiten Viertels mit einem Nasenbeinbruch das Spielfeld verließ. Im dritten Viertel erlitt ein Dartmouth-Spieler einen Beinbruch, und auf beiden Seiten gab es Tätlichkeiten, Wutausbrüche und Verletzungen. Nachstehend folgen die in den Zeitungen von Dartmouth und Princeton veröffentlichten Berichte über das Spiel. Man kann unschwer erraten, von welcher Seite die Artikel geschrieben wurden:

*Der Berichterstatter hat noch nie ein so abstoßendes »Sport«-Spektakel gesehen. Beide Mannschaften trugen ihr Teil dazu bei, aber die Hauptschuld muß Dartmouth angelastet werden. Princeton, zweifellos die bessere Mannschaft, hatte keinen Grund, gegen Dartmouth brutal vorzugehen. Wenn man die Sache rational betrachtet, sehen wir keine Veranlassung, warum die Indians absichtlich Dick Kazmaier oder irgend-*

*einen anderen Princeton-Spieler zum Krüppel schlagen sollten. Aber die Psychologie von Dartmouth als solche ist ja auch nicht rational.*

*Das Spiel Dartmouth gegen Princeton war das beste Beispiel für eine besonders schmutzige Art von Football. Dick Kazmaier wurde schon kurz nach Beginn des Spiels verletzt. ... Nach diesem Vorfall trichterte (der Trainer) seinen Spielern das alte Wort »Aug um Auge, Zahn um Zahn« ein. Diese Aufmunterung war nicht vergebens. Gene Howard und Jim Millar (von Dartmouth) wurden verletzt. Beide waren zum Zuspielen zurückgegangen, hatten zugespielt und standen jetzt ungeschützt im hinteren Feld. Ergebnis: eine Beinwunde, ein gebrochenes Bein. Das Spiel war hart und geriet im dritten Viertel etwas außer Rand und Band. Die meisten Strafen wegen Foulspiel wurden aber gegen Princeton gegeben.*

Zeitungsberichte sind natürlich niemals unparteiisch, ja spiegeln oft nicht einmal die tatsächliche Meinung des Verfassers wider. Die Experimentatoren beschlossen daher, Studenten aus Dartmouth und Princeton einen Film über das Spiel vorzuführen, und forderten sie auf, so objektiv wie möglich zu sein und alle Regelverstöße zu notieren und diese als »leicht« oder »schwer« einzustufen. Die beiden Gruppen waren sich über die Zahl der von Princeton begangenen Regelwidrigkeiten in etwa einig; die Princeton-Gruppe gab im Mittel 4,2, die Dartmouth-Gruppe 4,4 Verstöße an. Bei den Verstößen durch Dartmouth gab es jedoch einen deutlichen Unterschied; die Dartmouth-Gruppe kam auf einen Mittelwert von 4,3, die Princeton-Gruppe auf 9,8. Beiden Gruppen erschienen die von der gegnerischen Mannschaft be-

44

gangenen Fouls schwerer als die von der eigenen Seite begangenen.

Wenn die Wahrnehmung und Erinnerung eines Zuschauers bei einem Footballspiel so verzerrt sein kann, was kann man dann von dem Augenzeugen eines Verbrechens erwarten, dessen Aussage vielleicht für den Urteilsspruch entscheidend ist? Wie genau kann er sich an das Ereignis erinnern, und in welchem Ausmaß wird seine Erinnerung von seiner Einstellung zum Beschuldigten und zu der Tat bestimmt? Auf diese wichtige

Frage werden wir in Kapitel 8 näher eingehen.

Der Kernpunkt von Bartletts Methode ist, daß sie unsere Bemühungen betont, dem, was wir beobachten, und dem, was wir uns von dieser Erfahrung in Erinnerung rufen, einen Sinn zu geben. Das kann natürlich zu Fehlschlüssen führen, aber die Tatsache, daß wir in einer Welt leben, die bestimmten Gesetzen folgt und weitgehend strukturiert ist, macht diese Strategie zu einer nützlichen Technik.

## Die Rolle der Organisation

*Anatoli Karpow, der langjährige russische Weltmeister, denkt über seinen nächsten Zug nach. Bis jetzt gibt es noch kein Computerprogramm, das die 20 besten Schachspieler der Welt schlagen kann. Die Stärke des Computers ist zwar ein perfektes Gedächtnis, aber bislang verfügen die Spitzenspieler noch über die bessere Strategie. Wie lange wohl noch?*

Es ist nicht ungewöhnlich, daß manche Schachmeister nicht nur simultan gegen eine große Zahl von Amateuren spielen,

sondern dabei auch noch die Augen verbunden haben. Das erfordert eine erstaunliche Gedächtnisleistung, denn der

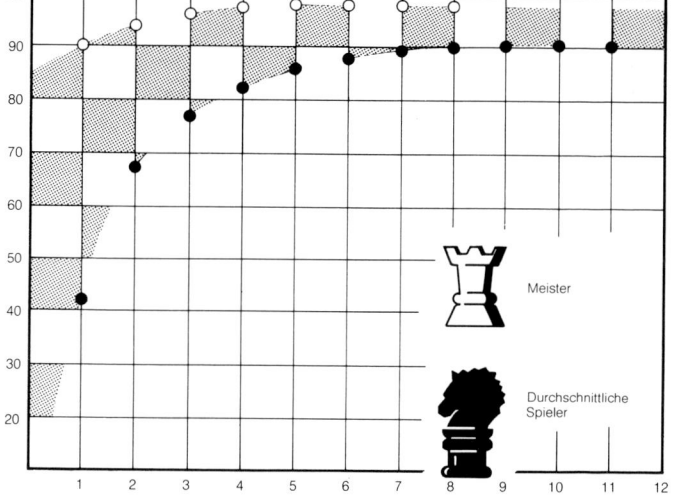

Prozentsatz der Schach-
figuren, deren Position
richtig erinnert wurde

Meister

Durchschnittliche
Spieler

Anzahl der Präsentationen

*Nach einem einzigen fünf Sekunden dauernden Blick auf ein in Gang befindliches Spiel kann sich ein Schachmeister an die Position von 90 Prozent der Figuren erinnern. Ein durchschnittlicher Spieler benötigt acht Blicke, um dieses Niveau zu erreichen. (Nach de Groot, 1966)*

Meister muß gleichzeitig und präzise mit vielen komplexen und sich ständig verändernden Mustern der Spielfiguren Schritt halten. Vor etwa 20 Jahren beschloß der holländische Psychologe Adriaan de Groot[4], das Gedächtnis von Schachmeistern zu untersuchen, indem er ihre Leistung mit der von durchschnittlichen Clubspielern verglich. In einem Versuch wählte er eine Aufstellung aus einem früheren Turnier. Die Spieler durften das Brett jeweils fünf Sekunden lang betrachten, und nach jedem Blick mußten sie versuchen, die Aufstellung auf einem anderen Brett zu kopieren. Das Diagramm auf Seite 44 zeigt die Leistung der beiden Gruppen. Die Meister stellten nach einem einzigen Fünf-Sekunden-Blick 90 Prozent der Figuren korrekt auf, die schwächeren Spieler hingegen nur 40 Prozent; sie benötigten acht Blicke, um die Erstleistung der Meister zu erreichen. Die Ergebnisse aus diesem und anderen Experimenten führten de Groot zu der Schlußfolgerung, daß die Meister deshalb im Vorteil waren, weil sie die Fähigkeit besaßen, das Schachbrett als eine organisierte Ganzheit wahrzunehmen, statt es als eine Sammlung von einzelnen Figuren zu betrachten.

Ähnliche Effekte kann man beobachten, wenn erstklassige Bridgespieler sich an ein Blatt erinnern sollen, oder wenn man Elektronikfachleuten ein Schaltsystem zeigt und sie auffordert, es aus dem Gedächtnis nachzuzeichnen. In jedem der hier angeführten Fälle ist der Experte fähig, das Material zu einem sinnvollen und gesetzmäßigen Muster zu arrangieren. Die Grundlage für diese Leistung ist der reiche Erfahrungsschatz, über den der Experte verfügt.

Umfangreiche Versuche haben gezeigt, welche wichtige Rolle die Organisation des Materials beim Erinnerungsprozeß spielt. In einigen dieser Experimente wurde die Erinnerung an relativ unstrukturiertes Material mit der Erinnerung an Material mit inhärenter Struktur verglichen. Versuchen Sie, sich an die Wörter in den beiden folgenden Kästchen zu erinnern. Lesen Sie das Material mit gleichbleibender Geschwindigkeit zweimal durch, dann sehen Sie weg und schreiben alle Wörter auf, an die Sie sich erinnern, wobei die Reihenfolge gleichgültig ist.

*Geordnete Speicherung erleichtert den Abruf.*

*Das Memory-Spiel. Viele Spiele erfordern sowohl ein gutes Gedächtnis als auch Geschicklichkeit. Bei diesem wird nur das Gedächtnis beansprucht.*

| | Minerale | | | |
|---|---|---|---|---|
| Metalle | | | Steine | |
| selten | häufig vorkommende | Legierungen | Edelsteine | Baumaterial |
| *Platin* | *Aluminium* | *Bronze* | *Saphir* | *Kalkstein* |
| *Silber* | *Kupfer* | *Stahl* | *Smaragd* | *Granit* |
| *Gold* | *Blei* | *Messing* | *Diamant* | *Marmor* |
| | *Eisen* | | *Rubin* | |

*Kiefer Ulme Stiefmütterchen Garten wild Banyan Pflanzen Rittersporn Koniferen Löwenzahn Rotholz Palme Esche Veilchen Gänseblümchen tropisch Kastanie Blumen Fichte Lupine Butterblume Bäume laubwechselnd Mango Weide Rose*

Die meisten Leute können sich an die Wörter, die nach ihrer Beziehung zueinander arrangiert sind, viel besser erinnern als an die anderen, obwohl es durchaus möglich ist, die Wörter der zweiten Liste genauso zueinander zu arrangieren wie jene der ersten.

Bei einem anderen Versuchsmodell verwendet man Material, das nicht in einer bestimmten Weise strukturiert wurde, und fordert den Probanden auf, es irgendwie zu ordnen. Das könnte zum Beispiel so aussehen: Die Testperson soll versuchen, die Wörter in einer Liste zu einer Geschichte zu verbinden. Die auf Seite 37 aufgeführte Liste B könnte wie folgt ausgearbeitet werden: »Neben der *Kirche* saß ein *Bettler* auf einem *Teppich*. Unter einen verkrüppelten *Arm* hatte er einen staubigen schwarzen *Hut* geschoben. Die gesunde Hand streckte er nach Geld aus, das er in eine alte *Teekanne* steckte, die mit einem Wappen dekoriert war, welches eine von zwei *Kanonen* flankierten *Drachen* zeigte. Außer den paar Münzen, die er erbettelt hatte, befand sich auch ein *Apfel* in der *Teekanne*.« Sind die Wörter durch eine Geschichte verbunden, ist das eine gute Gedächtnisstütze, aber noch besser ist es, wenn man selbst eine Geschichte erfindet, also das Material selbst organisiert.

Machen Sie mit den folgenden Wörtern einen Versuch: *Baum, Pfeil, Kuchen, Schloß, Kutsche, Prinzessin, Bettgestell, Schuh, Muskete, Stern.*

Haben Sie diese Aufgabe bewältigt? Dann wollen wir uns jetzt mit einer der gebräuchlichsten Methoden für das Ordnen von Material befassen, mit der *optischen Vorstellung.* Nehmen wir an, Sie wollen die beiden beziehungslosen Wörter *Hase* und *Kirchturm* miteinander verknüpfen, so daß Ihnen jeweils das eine Wort einfällt, wenn das andere genannt wird. Eine gute Strategie, um das zu erreichen, wäre die Vorstellung, daß zwischen Hase und Kirchturm irgendeine Wechselwirkung besteht. Sie könnten sich zum Beispiel vorstellen, daß der Hase auf der Kirchturmspitze sitzt. Es ist unwesentlich, wie unwahrscheinlich oder komisch das Vorstellungsbild ist, wichtig ist nur, daß die beiden Komponenten eine Wechselwirkung entwickeln, damit ein einziges, in sich geschlossenes Vorstellungsbild entsteht. Es würde wenig nützen, wenn Sie sich den Hasen und den Kirchturm nebeneinander vorstellen. Sobald Sie ein interaktives Vorstellungsbild geschaffen haben, werden Sie feststellen, daß jedes Wort ein Reiz ist, der die Erinnerung an das andere auslöst.

*Ein magisches Quadrat. In welcher Richtung man die Zahlen auch addiert, die Summe ist immer 15. Es gibt mindestens ein halbes Dutzend Möglichkeiten, sich die richtige Anordnung der Zahlen einzuprägen. Können Sie eine davon herausfinden?*

| eins | = *Heinz* |
| zwei | = *Geweih* |
| drei | = *Brei* |
| vier | = *Bier* |
| fünf | = *Strümpf* |
| sechs | = *Klecks* |
| sieben | = *Rüben* |
| acht | = *Tracht* |
| neune | = *Scheune* |
| zehn | = *Seen* |

## Optisches Vorstellungsvermögen

Sicherlich haben Sie in den Kleinanzeigen von Illustrierten oder bei der Durchsicht von Taschenbuchständern Hinweise auf Methoden gelesen, mit deren Hilfe Sie Ihr Gedächtnis verbessern können. Bei Gedächtnistrainingskursen dieser Art werden mehrere Techniken eingesetzt, aber das optische Vorstellungsvermögen spielt praktisch immer eine wichtige Rolle. Ein beliebtes mnemonisches System besteht darin, daß Sie lernen, sich in der richtigen Reihenfolge an Sequenzen von zehn untereinander beziehungslosen Wörtern zu erinnern. Voraussetzung ist, daß Sie sich zuerst an zehn Ankerwörter erinnern. Da sich jedes davon mit einer der Zahlen von 1 bis 10 reimt, ist das keine schwierige Aufgabe. Versuchen Sie es selbst an Hand des nebenstehenden Kästchens. Haben Sie das gelernt, dann können wir weitermachen. Nehmen wir an, daß Sie sich an die folgenden Wörter erinnern sollen: *Schlachtschiff, Schwein, Stuhl,*

*Schaf, Schloß, Teppich, Gras, Strand, Milchmädchen, Fernglas.*

Nehmen Sie das erste Ankerwort, *Heinz* (reimt sich mit eins), und stellen Sie sich einen Mann namens Heinz vor, der in irgendeiner Wechselbeziehung zu einem *Schlachtschiff* steht, zum Beispiel ein Matrose mit dem Namen Heinz auf dem Mützenband, der breitbeinig auf einem Schlachtschiff herumstolziert. Das nächste Ankerwort, *Geweih*, soll mit dem Wort *Schwein* assoziiert werden; das Vorstellungsbild könnte ein Schwein mit einem großen Hirschgeweih auf dem Kopf sein. Jetzt kommen *Brei* und *Stuhl:* Ein Stuhl, auf dem ein kleines Kind Brei verschmiert. *Bier* und *Schaf:* Ein Schaf, das mit dem Kopf gegen ein Bierfaß stößt. *Strumpf* und *Schloß:* Ein junger Mann schleicht auf Strümpfen um ein Schloß, um seine Liebste zu sehen. *Klecks* und *Teppich:* Ein großer roter Klecks auf einem knallgrünen Teppich. *Rüben* und *Gras:* Mitten aus dem Gras wächst eine riesige Rübe. *Tracht* und *Strand:* Ein Mann in Lederhosen und Hut mit Gamsbart geht einen Strand entlang. *Scheune* und *Milchmädchen:* Ein Milchmädchen mit einer großen Kanne geht in eine Scheune hinein. *Seen* und *Fernglas:* Von einem Hügel betrachtet ein Wanderer durch ein Fernglas drei Seen.

Nachdem Ihnen diese optischen Vorstellungen präsentiert worden sind, sollte es Ihnen keine Mühe machen, sich an die zehn Wörter richtig zu erinnern. Sollte es Ihnen jedoch nicht geglückt sein, liegt das möglicherweise daran, daß die Wirkung viel besser ist, wenn man seine eigenen Vorstellungsbilder entwickelt, statt sie von jemand anderem zu übernehmen. Falls Sie das nicht so ganz glauben, versuchen Sie, die obengenannten zehn Ankerwörter mit den folgenden zehn Wörtern zu assoziieren: *Sattel, Kugel, Tisch, Zigarre, Pfeiler, Fenster, Strauß, Armbrust, Jacke, Wolke.* Und jetzt testen Sie sich selbst.

Es gibt noch andere Mnemotechniken, die sich auf das Vorstellungsvermögen stützen. Die bekannteste dürfte wohl die Technik der örtlichen Zuordnung sein. Dabei stellt man sich Objekte, an die man sich erinnern will, an einem spezifischen Ort vor, zum Beispiel in einem bestimmten Teil eines Zimmers oder an bestimmten Stellen auf einem Weg durch eine Stadt. Wir werden uns mit dieser Technik später noch einmal befassen.

# Übernormales Vorstellungsvermögen

Wenn man über das Thema der geistigen Vorstellungskraft spricht, muß man unbedingt den russischen Gedächtniskünstler Schereschewski erwähnen, dessen überragendes Gedächtnis in hohem Maße von seinem Vorstellungsvermögen abhing. Dieser erstaunliche Mann wurde mehrere Jahre von dem russischen Psychologen A. R. Luria beobachtet, der über ihn das faszinierende Buch *The Mind of a Mnemonist* schrieb.[5] Schereschewski, der ursprünglich Reporter war, fiel seinem Redakteur auf, da er bei den Einsatzbesprechungen niemals Notizen machte, auch wenn die Instruktionen und Daten noch so kompliziert waren. Trotzdem konnte er alles, was man ihm gesagt hatte, Wort für Wort wiederholen, eine Leistung, die er als selbstverständlich betrachtete. Der Redakteur hingegen hielt es für ungewöhnlich und schickte ihn zu Luria, der ihm Gedächtnisaufgaben mit ständig steigendem Schwierigkeitsgrad stellte. Anscheinend kannte er die Speicherfähigkeit seines Gedächtnisses keine Grenzen – Listen von über 100 Digitalzahlen, lange Folgen von sinnlosen Silben, Gedichte in fremden

Sprachen, komplexe Zahlen oder komplizierte Formeln: er konnte dieses Material nicht nur fehlerfrei, sondern sogar rückwärts wiederholen, und es erwies sich, daß er sich Jahre später ohne Schwierigkeiten daran erinnern konnte. Was war das Geheimnis von Schereschewskis verblüffendem Gedächtnis? Es stellte sich heraus, daß er ein ganz ungewöhnliches Vorstellungsvermögen hatte. Er konnte nicht nur schnell und mühelos eine Fülle von optischen Vorstellungen erschaffen, sondern besaß auch eine erstaunliche Fähigkeit für Synästhesie. Mit diesem Wort bezeichnet man den Umstand, daß gleichzeitig mit einem Reiz aus einem Sinnesgebiet automatisch Vorstellungsbilder aus einem anderen auftreten. Ein leichter Grad von Synästhesie findet sich bei den meisten Menschen; so besteht zum Beispiel die Neigung, hohe, klare Töne mit leuchtenden Farben und tiefe Töne mit gedeckten Farben zu assoziieren. Es kommt auch häufig vor, daß Wochentage mit bestimmten Farben in Verbindung gebracht werden. Aber für gewöhnlich ist die Tendenz, daß eine Modalität in die andere übergreift, schwach ausgeprägt und von geringer praktischer Bedeutung. Bei Schereschewski hingegen hatte der Prozeß des Übergreifens ein schier enormes Ausmaß. Wurde ihm zum Beispiel ein Ton mit einer Frequenz von 2000 Hz präsentiert, sagte er: »Das sieht aus wie ein Feuerwerk mit einem rosaroten Schimmer.« Oder: »Der Farbstreifen fühlt sich rauh und unangenehm an und hat einen scheußlichen Geschmack – ähnlich wie Essigbrühe –, man könnte sich daran die Hand verletzen.« Während eines Gesprächs mit einem Kollegen von Luria sagte er: »Was für eine bröckelige, gelbe Stimme Sie haben!« Für ihn hatten Zahlen Farben und Formen: »Eins ist eine spitze Zahl – das hat nichts damit zu tun, wie man sie schreibt, sondern weil sie irgendwie fest und komplett ist. Die Zwei ist flacher, rechteckig,

*Der russische Neuropsychologe Alexander Romanowitsch Luria schrieb den klassischen Bericht über das erstaunliche Erinnerungsvermögen des Gedächtniskünstlers Schereschewski.*

von weißlicher Farbe, manchmal fast grau.« Zahlen ähnelten auch Menschen, wobei die Eins »ein stolzer, schöngewachsener Mann« war und die Zwei »eine feurige Frau«. Alles Material, das man ihm zum Erinnern präsentierte, wurde sofort auf diese überaus reichhaltige und anschauliche Art und Weise verschlüsselt. Ganz allgemein kann man sagen, daß selbst das trockenste und phantasieloseste Material eine lebhafte Erfahrung produzierte, die nicht nur optisch, sondern auch durch das Hören von Tönen, durch das Berührungsgefühl und durch Gerüche zum Ausdruck kam. Schereschewski wurde schließlich ein professioneller Gedächtniskünstler und demonstrierte sein außergewöhnliches Erinnerungsvermögen einem stets begeisterten Publikum. Er ergänzte seine erstaunliche Synästhesie durch andere Mnemotechniken, zu denen auch die Vorstellungsbilder von Objekten gehörten, die auf einem ihm vertrauten Weg lagen, und für die er dann Geschichten konstruierte, um sie in Beziehung zueinander zu bringen. Sein Geschick, eine Geschichte zu erfinden, wird in der Methode sichtbar, mit der er eine komplexe sinnlose Formel anpackte, von der hier ein Teil wiedergegeben wird:

$$N \cdot \sqrt{d^2 \cdot x \frac{85.}{vx}} \sqrt{\frac{276^2 \cdot 86x.}{n^2 v \cdot \pi 264}} \, n^2 b$$

Er schuf um die einzelnen Komponenten der Formel die folgende Geschichte: »Neumann (N) kam heraus und stocherte mit seinem Stock herum (.). Er betrachtete einen vertrockneten Baum, der ihn an eine Wurzel ($\sqrt{\ }$) erinnerte, und dachte: Kein Wunder, daß dieser Baum verdorrt ist und seine Wurzeln bloßliegen, schließlich stand er schon hier, als ich diese Häuser baute, diese beiden hier ($d^2$), und stocherte abermals mit seinem Stock (.). Er sagte: ›Die Häuser sind alt, man sollte ein Kreuz (x) auf ihnen errichten.‹ Das bedeutete eine große Rendite

Burgunder, Claret, Chianti, Champagner und Loirewein. Fünf Flaschen für fünf verschiedene Weinsorten. Prägen Sie sich die Flaschenformen ein (wenn möglich auch die Geschmacksrichtungen).

seines ursprünglichen Kapitals; er hatte 85 000 Rubel (85) in den Bau investiert. Das Dach schließt das Gebäude ab ( – ), und unten steht ein Mann und spielt auf einer Harmonika (das vx). Er steht nahe beim Postamt, und an der Ecke liegt ein großer Stein (.), der verhindert, daß Karren gegen die Hausecke krachen...« Diese bizarre und langatmige Geschichte ermöglichte es ihm, sich nicht nur damals fehlerfrei an die Formel zu erinnern, sondern auch noch 15 Jahre später, als der Test wiederholt wurde!

Obwohl Schereschewski natürlich von dieser ungewöhnlichen Synästhesie profitierte, bereitete sie ihm auch Probleme. Wenn beispielsweise jemand hustete, während das Material, an das er sich erinnern sollte, vorgelesen wurde, hinterließ der Husten in seinem Gedächtnis die Spur eines verschwommenen Flecks oder eines Dampfwölkchens, das die Erinnerung stören konnte. Die Synästhesie konnte ihm außerdem Schwierigkeiten bereiten, wenn er sich an Material erinnerte, das ihm vorgesprochen worden war, weil schon ein kleiner Unterschied in der Modulation der Stimme des Sprechers sein Vorstellungsbild völlig zu verändern vermochte, und das konnte ihn daran hindern, sogar relativ einfache Texte zu begreifen. »Jedes Wort ruft Vorstellungen hervor; sie kollidieren, und

die Folge ist ein Chaos. Ich kann mir unter alldem nichts vorstellen. Und dann ist da noch Ihre Stimme... noch ein verwischter Fleck... dann ist alles wirr.« Seine enorme Fähigkeit zur Assoziation erschwerte auch das Lesen. Er beschrieb den Versuch, das Textstück »Die Arbeit wurde normal aufgenommen« zu verstehen, wie folgt: »Was *Arbeit* betrifft, so sehe ich, daß eine Arbeit im Gange ist... da ist eine Fabrik... aber da ist das Wort *normal*. Was ich sehe, ist eine stramme, rotbäckige Frau, eine *normale* Frau... Dann der Ausdruck *wurde aufgenommen*. Wer? Was soll das alles? Da ist Industrie... da ist eine Fabrik, und diese normale Frau – aber wie paßt das alles zusammen? Wieviel muß ich erst loswerden, nur um den einfachen Sinn des Ganzen zu begreifen!«

Schereschewski hatte als professioneller Gedächtniskünstler großen Erfolg. Aber es fiel ihm sehr schwer, etwas zu vergessen, und als Folge davon war sein Gedächtnis mit allen möglichen Informationen vollgestopft, an die er sich nicht erinnern wollte. Schließlich fand er eine sehr einfache Lösung dieses Problems. Er stellte sich vor, die Information, die er vergessen wollte, wäre auf eine schwarze Tafel geschrieben. Und dann sah er sich, wie er selbst sie wegwischte. So komisch es klingt – diese Methode funktionierte.

# 4. Vergessen: Informationsverlust

Was haben Sie gestern gemacht? Was haben Sie heute vor einer Woche gemacht? Und vor einem Jahr? Vor zehn Jahren? Was immer der Grund sein mag, es ist höchst unwahrscheinlich, daß Sie sich an viel von dem erinnern, was Sie an einem bestimmten Tag vor zehn Jahren gemacht haben. Sie haben es vermutlich vergessen. Wenn wir verstehen wollen, was unser Gedächtnis ist, müssen wir nicht nur wissen, wie Informationen hineingelangen, sondern wir müssen die Faktoren kennen, die für das Vergessen von Informationen verantwortlich sind.

## Die Vergessenskurve

Auch auf diesem Gebiet führte Ebbinghaus[1] das klassische Experiment durch, indem er Listen mit sinnlosen Silben verwendete. Dieser Forscher, der sich mit so viel Hingabe seiner Arbeit widmete, hatte 169 Listen von jeweils 13 sinnlosen Silben gelernt, die er nach Zeitintervallen, die sich zwischen 21 Minuten und 31 Tagen bewegten, aufs neue lernte. Jedesmal stellte er fest, daß er einiges vergessen hatte, und er benützte die Länge der Zeit, die er benötigte, um die Liste wieder zu lernen, als Maßstab für die Menge des vergessenen Materials, wobei er eine direkte Beziehung beobachten konnte.

Wie erinnerlich, ist die Beziehung zwischen Lernen und Erinnern mehr oder minder linear (s. S. 30 f.), und man kann den Speicher des Langzeitgedächtnisses mit einer Badewanne vergleichen, in die mit konstanter Geschwindigkeit Wasser einläuft. Aber wie kommt das Vergessen zustande? Ist es einfach so, als ob man einen Stöpsel herauszieht, was einen konstant verlaufenden Verlust bewirkt, oder ist die Beziehung nicht ganz so geradlinig? Das Diagramm auf Seite 52 illustriert die von Ebbinghaus gewonnenen Ergebnisse. Das Vergessen erfolgt zuerst schnell, wird jedoch allmählich langsamer. Die Geschwindigkeit ist logarithmisch, nicht linear. Ebenso wie Ebbinghaus' andere Erkenntnisse hat auch diese Funktion nichts von ihrer Gültigkeit verloren, und es konnte nachgewiesen werden, daß sie innerhalb eines weiten Bereichs von Lernmaterial und Lernbedingungen anwendbar ist. Man kann die Beziehung auch mit Hilfe des Jostschen Gesetzes beschreiben, das seinen Namen einem Psychologen des vorigen Jahrhunderts verdankt. Es besagt, daß, wenn man in einem bestimmten Zeitpunkt über zwei gleich starke Erfahrungsinhalte verfügt, man den zuerst gelernten langsamer vergißt.

*Linke Seite:*
*Gegenwärtige Eindrücke sind kraftvoll und mit zahlreichen Gefühlen verbunden. Aber vielen Menschen fällt es schwer, ihre Erinnerungsbilder mit räumlicher Tiefe, Ton und Farbe auszustatten.*

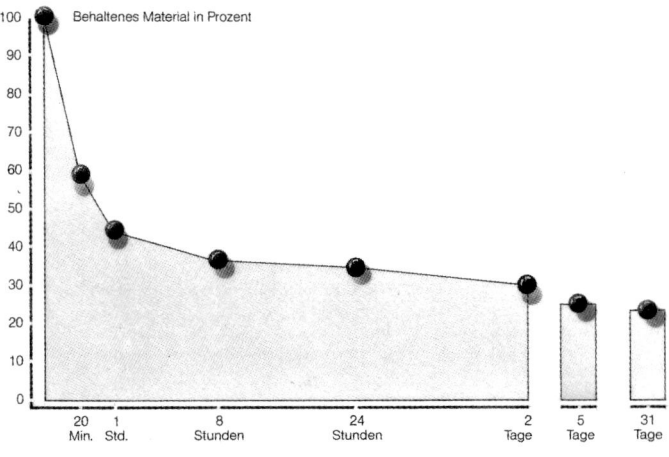

Diese eindrucksvolle Kurve zeigt das Ergebnis eines Selbstversuchs über das Vergessen, den Ebbinghaus durchführte. Seine Erkenntnis, daß der Informationsverlust zuerst sehr hoch ist und nachher abflacht, gilt für viele Arten von gelernten Inhalten.

Behaltenes Material in Prozent

Zeit zwischen den Durchgängen

## Erinnerung an Ereignisse

In den meisten Untersuchungen über das Vergessen wurde nach der Methode von Ebbinghaus sehr eng begrenztes Material, beispielsweise Listen von sinnlosen Silben oder beziehungslosen Wörtern, verwendet. Nur selten wurde die Erinnerung über Intervalle von einem Monat hinaus getestet. Was geschieht nun, wenn realistischeres Material über längere Zeiträume hinweg geprüft wird?

Die Antwort auf diese Frage wirft ein beträchtliches Problem auf. Denken Sie an meine Frage, was Sie vor zehn Jahren gemacht haben. Angenommen, Sie geben mir eine Antwort darauf, wie kann ich wissen, ob diese der Wahrheit entspricht oder nicht? Es ist sehr unwahrscheinlich, daß ich Informationen erhalte, um den Wahrheitsgehalt prüfen zu können. Wie kann man also dieses Problem bewältigen? Eine Möglichkeit besteht darin, die Testpersonen nach Ereignissen zu befra-

gen, die so bekannt waren, daß man damit rechnen kann, daß praktisch jeder davon gehört hatte. Ein Experiment dieser Art wurde von Warrington und Sanders[2] durchgeführt. Sie wählten Ereignisse der letzten 30 Jahre aus, die Schlagzeilen gemacht hatten. Die Versuchspersonen mußten diese Ereignisse entweder wiedererkennen oder sich an sie erinnern. Da der Originalfragebogen noch zu klinischen Zwecken verwendet wird, werde ich nicht daraus zitieren, sondern Beispiele aus einem entsprechenden Fragebogen für das Jahr 1973 anführen, den Muriel Woodhead[3] entworfen hat. Testen Sie Ihr Erinnerungsvermögen (Seite 53). Die richtigen Antworten finden Sie auf Seite 55.

Die Ergebnisse zeigten, daß öffentliche Ereignisse zwar zu einem beträchtlichen Teil vergessen werden, daß jedoch entgegen der weitverbreiteten Annahme junge

**Fragebogen zu Ereignissen des Jahres 1973**

1. In welchem europäischen Land wurde wegen der Ölkrise ein Sonntagsfahrverbot eingeführt?
2. Von welcher Epidemie wurde Neapel heimgesucht?
3. Vor der Küste welchen Landes saß drei Tage lang ein Mini-U-Boot fest?
4. Was geschah im Regierungsgebäude von Bermuda?
5. Was war die Belagerung von Wounded Knee?
6. Welches europäische Land schaffte die Monarchie ab?
7. Welches Flugzeug stürzte bei der Flugschau von Paris ab?
8. In welchem südamerikanischen Land ereignete sich ein starkes Erdbeben?
9. In welches Amt folgte Gerald Ford Spiro Agnew nach?
10. Welche Länder waren am Kabeljau-Krieg beteiligt?
11. Wer erhielt den Friedensnobelpreis?
12. Was war Kohoutek?
13. Welches folgenreiche Ereignis fand in Chile statt?
14. Welches Familienmitglied folgte König Gustav von Schweden auf dem Thron nach?
15. In welchem nördlichen Land wurde bei einem Vulkanausbruch eine Kleinstadt verschüttet?
16. Welche Aktivität Frankreichs führte zu weltweiten Protesten?
17. Was geschah mit der Pietà-Skulptur von Michelangelo?
18. Welcher spanische Maler starb?
19. Welchen Rekord brach Skylab?
20. Welche Länder waren am Oktober-Krieg beteiligt?

Leute sich besser an kürzlich stattgefundene wie auch an länger zurückliegende Geschehnisse erinnern können als ältere Menschen. Zu ähnlichen Ergebnissen gelangte Squire[4] in den USA. Er verwendete als Testmaterial die Namen der Gewinner traditioneller amerikanischer Pferderennen und die Titel von Fernsehserien, die nur ein Jahr lang liefen.

Die Vergessenskurven, die wir bisher erwähnt haben, beziehen sich nur auf die Erinnerung von relativ flüchtig gelerntem Material. Wie aber sieht es bei Informationen aus, die viel gründlicher gelernt wurden? In diesem Zusammenhang führten die Amerikaner Bahrick, Bahrick und Wittlinger[5] ein faszinierendes Experiment durch. Sie nahmen mit 392 High-School-Absolventen Verbindung auf und prüften ihre Erinnerung an die Namen und Gesichter von ehemaligen Klassenkameraden. Es zeigte sich, daß die Fähigkeit, in einer Reihe von Namen und Gesichtern ein bestimmtes Gesicht wiederzuerkennen oder sich an einen Namen zu erinnern, sowie die Fähigkeit, einem Gesicht einen Namen oder umgekehrt zuzuordnen, über 30 Jahre auf einem erstaunlich hohen Niveau geblieben war.

Obwohl die Erinnerung an weit zurückliegende Ereignisse im allgemeinen lückenhaft ist, steht außer Zweifel, daß man sich an manche Geschehnisse sehr deut-

*Was geschah wann wo?*
*Können Sie genaue Anga-*
*ben über den Vorfall ma-*
*chen, wenn Sie die beiden*
*Fotos betrachten?*

lich erinnern kann, insbesondere, wenn es sich um ungewöhnliche oder lebhafte Erfahrungen handelt. Ein besonders gutes Beispiel hierfür erbrachte eine Befragung[6] in einem Fischerdorf in East Anglia. Im Juni 1901 war der folgende Zeitungsartikel erschienen:

### Unerklärliche Tragödie in Winterton
### Leichenfund in den Dünen

*Am Dienstag abend wurde in den Dünen von Winterton, einem großen Fischerdorf 13 Kilometer nördlich von Yarmouth, ein grausiger Fund gemacht. Ein Fischer ging mit seinem Hund und einem Herrn aus Yarmouth an den Klippen entlang, als sie plötzlich die Leiche eines Mannes entdeckten, die an einem hoch in den Dünen in den Sand getriebenen Pfahl hing und teilweise mit Sand bedeckt war. Die Leiche hing an einem dicken Strick, der säuberlich an dem Pfahl befestigt war, den der Verstorbene vor seinem Tod allem Anschein nach mit eigener Hand in den Sand hineingebohrt hatte. Das Gesicht war nicht mehr erkennbar und von einer pilzartigen Masse überzogen. An Hand der ·Kleidung wird vermutet, daß es sich um einen Fischer namens Gislam handelt, der seit fünf Wochen verschwunden war und von dem man angenommen hatte, daß er entweder ertrunken oder zur See gegangen sei. Auf diese Weise konnte die Leiche identifiziert werden. Der Leichenfundort ist ein wilder und einsamer Platz, der von den Leuten aus Winterton nur selten aufgesucht wird, und der Tote wäre wahrscheinlich unentdeckt geblieben, wenn der Hund seinen Herrn nicht darauf aufmerksam gemacht hätte ...*

Am nächsten Tag fand die gerichtliche Untersuchung statt, und die Lokalpresse berichtete wie folgt darüber:

*Die gerichtliche Untersuchung wurde Mittwoch nachmittag von Mr. Chasten, dem Untersuchungsrichter und amtlichen Leichenbeschauer, als Vertreter des Freibezirks des Herzogs von Norfolk abgehalten ...*

*Als erster Zeuge wurde der Schwager des Verstorbenen, Albert Robert George, aufgerufen, ebenfalls Fischer in Winterton. Er sagte aus, der Verstorbene sei 36 Jahre alt gewesen. Er habe sich manchmal sehr merkwürdig benommen, und der Zeuge war sich nicht sicher, ob er bei diesen Gelegenheiten für seine Handlungen voll verantwortlich gewesen war. Er hatte ihn am 8. Mai zum letzten Mal lebend gesehen, und zwar in der Nähe seines Hauses. Der Verstorbene umarmte damals seinen dreijährigen Sohn Stanley, sagte »Lebe wohl« und ging weg. Der Zeuge hatte angenommen, daß er auf einem Schiff angeheuert hatte. Seines Wissens war nichts vorgefallen, das den Schwager aus dem Gleichgewicht hätte bringen können.*

*Die Witwe des Verstorbenen, Susannah Boulton Gislam, stimmte mit der Aussage des ersten Zeugen, ihres Bruders, überein. Sie erklärte, daß ihr verstorbener Mann eine Lebensversicherung abgeschlossen hatte. Es war zwischen ihm und ihr zu keinem Streit gekommen, bevor er am 8. Mai das Haus verließ, und das war das letzte Mal, daß sie ihn lebend gesehen hatte. Aber er war aufgeregt gewesen, weil er eine Gerichtsvorladung erhalten hatte. Sie glaubte nicht, daß ihm bewußt war, wie er sich manchmal aufführte, aber in ihrer Gegenwart hatte er nie mit Selbstmord gedroht oder etwas Derartiges auch nur erwähnt.*

*... Nach der Zusammenfassung des Beweismaterials durch den Untersuchungsrichter zog sich die Jury zurück, um über das Urteil zu beraten. Nach wenigen Minuten verkündete der Obmann, daß die Geschworenen sich nicht einigen könnten, ob es Selbstmord oder eine zeitweilige Geistesverwirrtheit gewesen sei. Der Untersuchungsrichter wandte sich an die Geschworenen und wies darauf hin, daß er, falls keine Einstimmigkeit erzielt würde, gezwungen sein könnte, sie bis zum nächsten Gerichtstermin in ihrem Amt zu verpflichten. Daraufhin zogen sie sich abermals zurück und verkündeten ein paar Minuten später das Urteil: »Der Verstorbene hat in einem Zustand vorübergehender geistiger Umnachtung Selbstmord begangen.«*

Im Jahre 1973 erweckte ein Interviewer die Erinnerungen eines alten Mannes an die Begebenheiten in jenem lange vergangenen Sommer.

*Interviewer:* Man hat mir erzählt, daß vor vielen Jahren in manchen Dörfern laute Mißfallensäußerungen üblich waren, wenn jemand etwas tat, das die Dorfbewohner verurteilten, also wenn zum Beispiel ein Mann seine Frau schlug oder eine Frau ihren Mann betrog?
*Befragter:* Ja. Ähä.
*Interviewer:* Die Leute haben sich nachts vor dem betreffenden Haus versammelt und Blechdosen aneinandergeschlagen und ähnliches?
*Befragter:* Nicht aus dem Grund, nein, aber sie - ja, sie machten so was, ja. Ich kenne so einen Fall.
*Interviewer:* Worum ging es dabei, können Sie mir das erzählen?
*Befragter:* Das ist 'ne lange Geschichte, geschah 1910. Diese Frau wollte, daß ihr Mann zur See geht oder irgendwie Geld verdient - sie

*Nur eines dieser Fotos zeigt einen Prominenten. Fällt Ihnen sein Name ein? Die Antwort finden Sie auf Seite 58.*

hatten keins. Na ja, man kann verstehen, daß die Frau - na, daß sie wollte, daß er - aber andererseits, wenn er nicht konnte, dann konnte er eben nicht. Eines Tages ging er zum Strand hinunter, und man sah ihn zuletzt, wie er - na ja, wie er abbog, nach Süden, haben die Leute gesehen. Aber er war schlau. Als er wußte, daß die Leute alle weg waren, ich meine, zum Abendessen nach Hause, kehrte er um und ging nach Norden. Sie haben die ganzen Dünen durchsucht, dann sind sie nach Yarmouth gegangen, um zu fragen, ob er auf einem Schiff angeheuert hatte. Und dann gaben sie es auf. Na ja, und seine arme Frau - die ist nicht - also, jedenfalls kaum - also, sie ist nicht mehr aus dem Haus gegangen. Die Folge war - also, eines Abends ist ein Mann - das war im Mai, und sechs Wochen später, also im Juni, vielleicht Anfang Juli, das weiß ich nicht mehr so genau - da ging ein Mann - na ja - sie machten immer einen Spaziergang am Wasser entlang... Er hatte einen Hund dabei, vielleicht wollte er dem Auslauf geben. Und der Hund wollte nicht von da weggehen. Ich meine, da oben auf den Dünen. Hat

Der Prominente ist auf Seite 57 rechts oben abgebildet: Franz Beckenbauer.

immerzu gebellt und gekläfft, gebellt und gekläfft, ein ganzes Stück von Winterton entfernt, nach Norden zu. Und er dachte, nanu, was soll das – dann hat er ihn ein paarmal gerufen. Schließlich mußte er hingehen – und da war dieser Mann – an einen Pfahl angebunden, ungefähr so hoch. Und er war, na ja, von den Vögeln zerhackt. Schrecklich. Konnte man gar nicht ansehen. Natürlich hat er den Hund weggezerrt... Ja, und dann hat er das in Winterton der Küstenwache melden müssen. Und dann gab's – also, es gab einen Mordskrawall. Manche Leute waren gegen sie, so sehr, daß sie – also, sie machten eine Puppe von ihr, die haben sie angezündet – aber erst als es dunkel war, so um zehn oder elf Uhr, dann sind sie damit losgezogen, zu dem Haus, wo sie wohnten. Ich weiß nicht mehr, was sie gesungen haben, war ja erst zehn Jahre alt. Hab's vergessen... Aber die arme Frau wurde – also, sie wurde nicht wahnsinnig,

aber sie mußte ins Krankenhaus, und da ist sie gestorben.

*Interviewer:* Die Leute glaubten, daß sie ihn mit ihrer Nörgelei dazu getrieben hatte?

*Befragter:* Ja. Ja.

*Interviewer:* Sie sagten, das sei 1910 geschehen, als Sie zehn Jahre alt waren?

*Befragter:* Ja, ich war zehn Jahre alt.

*Interviewer:* In welchem Jahr wurden Sie geboren?

*Befragter:* 1890.

*Interviewer:* Wenn Sie damals zehn waren, muß es 1900 gewesen sein.

*Befragter:* Hab' ich nicht 1900 gesagt?

*Interviewer:* Ich glaube, Sie sagten 1910.

*Befragter:* Meinetwegen, vielleicht war's 1900. Gerade so... gerade so am Anfang vom 20. Jahrhundert. Das war im Juni – im Mai, als er tat, das genaue Datum weiß ich nicht mehr, aber er wurde auf dem Friedhof von Winterton beerdigt.

*Yarmouth um die Jahrhundertwende: Heringfischer bringen ihren Fang an Land. Die stürmische Ostküste Englands war der Schauplatz der Tragödie von Winterton.*

Wenn man bedenkt, daß der Vorfall über 70 Jahre zurücklag, ist der Bericht - dank der vom Interviewer gelieferten Stichworte - überraschend genau, sogar in bezug auf das Datum. Er schildert auch viele zusätzliche Einzelheiten - das Gebell des Hundes, was der Mann dachte und so weiter -, die sich möglicherweise genauso abspielten. Die ausgezeichnete Erinnerung beruht wahrscheinlich darauf, daß dieser Vorfall sehr ungewöhnlich und makaber war und deshalb zu einer Lokalhistorie wurde, die im Laufe der Jahre immer wieder erzählt wurde, was die Erinnerung daran wachhielt.

Natürlich drängt sich einem der Gedanke auf, daß man eine 20 Jahre alte Erinnerung anzapft, wenn man sich ein Ereignis, das 20 Jahre zurückliegt, ins Gedächtnis ruft. Aber das trifft nur dann zu, wenn man sich in der Zwischenzeit niemals an das betreffende Ereignis entsonnen hat. Sollte es doch geschehen sein, so hat man die Begebenheit zumindest »geübt« und wiederholt, und es ist sogar möglich, daß man sich gar nicht an das eigentliche Geschehen erinnert, sondern nur an die eigene spätere Rekonstruktion des Vorfalls.

Wie wichtig dieser Faktor ist, zeigt ein Selbstversuch von Marigold Linton.[7] Fünf Jahre lang notierte sie täglich zwei Ereignisse, die sich an dem betreffenden Tag abgespielt hatten. In vorbestimmten Zeitabständen wählte sie willkürlich Vorfälle aus und prüfte, ob sie sich tatsächlich daran erinnerte. Bei dieser Methode konnte es natürlich passieren, daß ein Vorfall mehrfach geprüft wurde, so daß sie die Ergebnisse reanalysieren konnte, um herauszufinden, welche Wirkung ein früheres Sicherinnern auf die Deutlichkeit der späteren Erinnerung hatte. Die graphische Darstellung auf Seite 60 demonstriert die Ergebnisse. Bei Testpunkten, die nicht wiederholt wurden, steigt die Vergessenskurve über einen Zeitraum von vier Jahren steil an (65 Prozent vergessen). Schon ein einziger Test genügte, um das Ausmaß des Vergessens zu reduzieren, und bei Testpunkten, die viermal wiederholt worden waren, ergab sich nach vier Jahren eine Vergessenswahrscheinlichkeit von nur zwölf Prozent. Unter Berücksichtigung dieses Faktors verlaufen die Vergessenskurven im großen und ganzen so, wie man es auf Grund der Ergebnisse aus den ursprünglichen Experimenten von Ebbinghaus hätte erwarten können.

## Theorien über das Vergessen

Über das Vergessen gibt es zwei traditionelle Theorien. Die eine besagt, daß die Gedächtnisspur einfach verblaßt oder abgebaut wird, genauso, wie die Schrift unter dem Einfluß von Sonne und Regen verblaßt, bis sie unleserlich wird. Die zweite Theorie geht davon aus, daß etwas in Vergessenheit gerät, weil Gedächtnisspuren unterbrochen oder durch später gelernte Inhalte verdeckt werden. Oder mit anderen Worten gesagt: Das Vergessen ist die Folge einer Interferenz (Überlagerung). Wie kann man zwischen diesen beiden Auslegungen des Vergessens unterscheiden? Wenn die Gedächtnisspur sich spontan abbaut, müßte der ausschlaggebende Faktor, der bestimmt, wieviel behalten wird, einfach die vergangene Zeit sein: Je mehr Zeit vergangen ist, desto mehr wird vergessen. Ist das Vergessen jedoch die Folge einer Interferenz, müßten die Ereignisse, die innerhalb dieser Zeit geschehen sind, der entscheidende Faktor sein: Je mehr eingeschobene Vorkommnisse es gegeben hat, desto mehr gerät in Vergessenheit.

Es ist oft schwierig, die Bedeutung der

Zeit von der Bedeutung der Ereignisse zu trennen, aber manchmal gelingt es doch. In einem von Graham Hitch und mir[8] durchgeführten Versuch wurden Rugbyspieler aufgefordert, sich an die Namen der Vereine zu erinnern, gegen die sie im Verlaufe der Saison gespielt hatten. Das Diagramm auf Seite 61 demonstriert die Wahrscheinlichkeit des Sicherinnerns an die letzte Mannschaft, gegen die gespielt worden war, an die davor und so weiter. Es erwies sich, daß die meisten Spieler auf Grund von Verletzungen oder anderen Verpflichtungen einige Spiele ausgelassen hatten, so daß zum Beispiel für den einen das vorletzte Spiel vor einer Woche stattgefunden hatte, für einen anderen hingegen vor zwei Wochen oder sogar einem Monat. Folglich konnten wir die Frage untersuchen, ob das Vergessen von der vergangenen Zeit oder von der Anzahl der dazwischen

stattgefundenen Spiele abhing. Das Ergebnis war eindeutig. Die Zeit war relativ unwichtig, wogegen die Zahl der Spiele einen entscheidenden Faktor bildete. Zumindest in diesem speziellen Fall kann man also sagen, daß das Vergessen eher durch Interferenz als durch den Abbau der Gedächtnisspur verursacht worden war.

Falls ein Inhalt nur dann vergessen wird, wenn eine ähnliche Begebenheit interveniert, könnte man daraus folgendes schließen: Man braucht nur zu fragen, wann sich ein bestimmtes Ereignis zum letzten Mal abgespielt hat, um zu vermeiden, daß in der Zwischenzeit Ereignisse geschehen, die die Gedächtnisspur überlagern könnten, dann dürfte kein Vergessen eintreten. Diese Annahme wurde in einer Reihe von Experimenten untersucht. Bei einigen Tests wurden Tiere verwendet, die man während der Zwi-

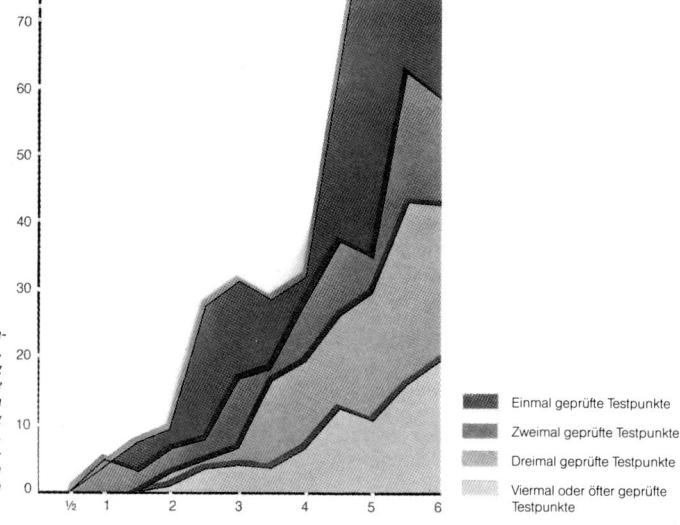

*Die Vergessenswahrscheinlichkeit hängt davon ab, wie oft eine Erfahrung »geübt« beziehungsweise erinnert wird. Über einen längeren Zeitraum hinweg ist die Wahrscheinlichkeit, daß ein nur einmal erinnerter Stoff vergessen wird, sehr hoch. (Nach Linton, 1978)*

100
Prozentsatz der vergessenen Testpunkte

70

60

50

40

30

20

10

0

½    1    2    3    4    5    6

Jahre

■ Einmal geprüfte Testpunkte
■ Zweimal geprüfte Testpunkte
▨ Dreimal geprüfte Testpunkte
░ Viermal oder öfter geprüfte Testpunkte

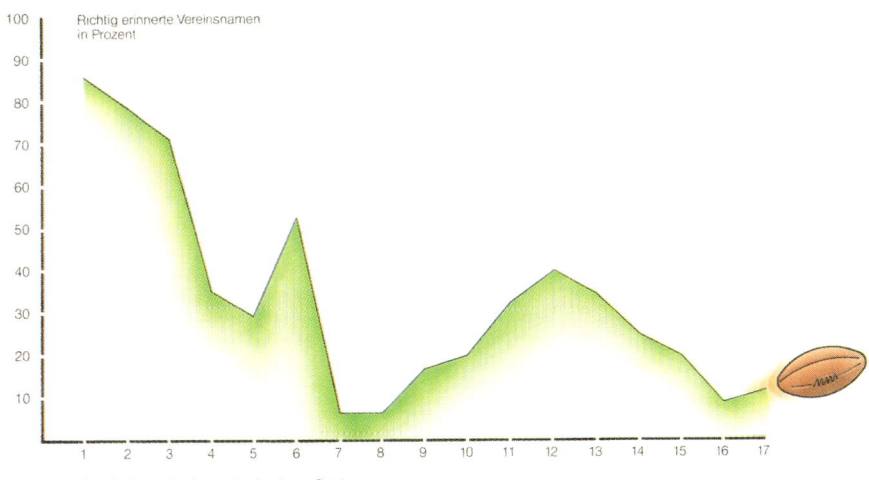

Richtig erinnerte Vereinsnamen in Prozent

Anzahl der inzwischen stattgefundenen Spiele

schenperiode in ihrer Bewegungsfähig-keit hemmte. So arbeitete man zum Bei-spiel mit Kakerlaken[9] und machte sich dabei den Umstand zunutze, daß ein Ka-kerlak, den man dazu bringt, in einen mit Seidenpapier ausgekleideten Kegel zu kriechen, dort unbeweglich liegen bleibt, als ob er schliefe. Also hielten die Expe-rimentatoren ihre Kakerlaken davon ab, in einen verlockend verdunkelten Behäl-ter zu kriechen, indem sie ihnen einen elektrischen Schlag versetzten, sobald sie in den Eingang einbiegen wollten. Die Kakerlaken wurden in verschiedenen Zeitabständen, die sich zwischen zehn Minuten und 24 Stunden bewegten, er-neut geprüft. Bei den bewegungsge-hemmten Kakerlaken wurde relativ we-nig Vergessen beobachtet (25 Prozent), bei den anderen hingegen, die in der Zwischenzeit nach Herzenslust herum-kriechen durften, betrug die Vergessens-quote 70 Prozent.

Nun ist es zwar wesentlich schwieriger, Menschen in einem Zustand der Bewe-gungslosigkeit zu halten, aber man hat Experimente durchgeführt, um das Ver-gessen unter Bedingungen von reduzier-ter Interferenz zu untersuchen. Es konn-te zum Beispiel nachgewiesen werden, daß Personen, die unmittelbar vor dem Schlafengehen Inhalte lernen, diese nach 24 Stunden besser behalten als Per-sonen, die morgens lernen und dann einen normalen Alltag hinter sich brin-gen.

Sicherlich spielt hier der Mangel an In-terferenz eine Rolle, aber das ist be-stimmt nicht der einzige Faktor, denn Personen, die morgens eine Liste von Wörtern lernen und dann ein paar Stun-den schlafen, bevor sie diese rekapitulie-ren, demonstrieren genausoviel Verges-sen wie diejenigen, die in der Zwischen-zeit wach und aktiv sind.[10] Ein mögli-cher Grund dafür, warum am Abend gelern-tes Material besser behalten wird als morgens gelerntes, könnte darin liegen, daß der physiologische Prozeß der Festi-gung der Gedächtnisspur nachts wirksa-

*Diese Kurve über die Erin-nerung von Rugbyspielern an die gegnerischen Verei-ne der letzten Monate de-monstriert, wie Erlebnisse aus jüngster Zeit ähnliche, aber weiter zurückliegende überlagern. Möglicherwei-se war Spiel 6 denkwürdig genug, um die Erinnerung an die Namen der Gegner in den Spielen 7 und 8 signifikant zu überlagern. (Nach Baddeley und Hitch, 1977)*

mer abläuft. Im menschlichen Körper gibt es eine Reihe von zyklischen Rhythmen, die innerhalb einer 24-Stunden-Periode Veränderungen unterworfen sind. Der bekannteste ist der Schlaf-Wach-Rhythmus, zu dem sich jedoch andere Rhythmen gesellen, beispielsweise die Körpertemperatur, die am Tag steigt und nachts absinkt, sowie die Ausschüttung bestimmter Hormone, von denen einige möglicherweise bei der Entstehung und Festigung der physiologischen Spur, die dem Lernprozeß zugrunde liegt, eine Rolle spielen.

## Schlaf und Gedächtnis

Einige Forscher vertreten die Ansicht, daß der Schlaf für das Lernen von Bedeutung ist, und zwar nicht infolge der direkten biochemischen Wirkung auf die Gedächtnisspur, sondern weil irgendeine Reorganisation vonstatten geht, während wir träumen. Man hat auch die Vermutung geäußert, daß der Vorgang des Träumens dazu dient, Erfahrungen des vorangegangenen Tages zu gliedern, sie zu früheren Erlebnissen in Beziehung zu bringen und Unwichtiges auszusortieren. Eine verlockende Idee, für die es jedoch kaum Beweise gibt. Man kann Traumphasen nachweisen, indem man die elektrischen Impulse aufzeichnet, die das Gehirn des Schläfers aussendet, und die Bewegung der Augäpfel registriert. Von Zeit zu Zeit treten hinter den geschlossenen Lidern schnelle Augenbewegungen (Rapid Eye Movements = REM) auf, die mittels des Elektrookulogramms gemessen werden. Diese Phasen sind mit einem bestimmten Gehirnrhythmus verbunden. Weckt man den Schläfer in einer solchen Periode auf, wird er berichten, daß er gerade geträumt hatte. Die raschen Augenbewegungen treten die ganze Nacht hindurch auf, besonders jedoch gegen Morgen. Wenn man während der Nacht in verschiedenen Zeitpunkten Lernmaterial darbietet, kann man erreichen, daß der Schläfer zwischen der Darbietung und der Prüfung des Materials entweder längere oder kürzere Traumperioden hat, so daß eine Untersuchung der Frage, ob Träumen die Erinnerung festigt oder schwächt, möglich erscheint. Das gleiche gilt bei der Anwendung von Drogen, die eine traumhemmende Wirkung haben.

Auf diesem Gebiet haben mehrere Versuche stattgefunden, aber die Ergebnisse sind durchweg enttäuschend. Manche tendieren in die Richtung, daß der Schlaf mit Traumperioden die Erinnerung besser festigt als ein Tiefschlaf ohne Träume, andere sagen das Gegenteil aus. Das Ergebnis scheint nicht nur von der Methode der Schlafmanipulation abzuhängen, sondern auch von der Art des Lernmaterials.

*Dieses Experiment von Bartlett ähnelt einem beliebten Gesellschaftsspiel der Viktorianischen Epoche: Die Zeichnungen hier und auf den Seiten 64 und 65 wurden von verschiedenen Personen am selben Tag angefertigt, wobei jeder die Zeichnung seines Vorgängers als Vorlage zu sehen bekam. Beachten Sie, wie die stilisierte Eule zunehmend an Kontur verliert, einen Schwanz entwickelt und schließlich zur Katze wird. (Aus Bartlett: Remembering, 1932)*

*Dieses Foto wurde am Anfang des Jahrhunderts in Südafrika aufgenommen. Wenn Sie glauben, daß vieles von dem, was Sie »vergessen« haben, irgendwo in den Tiefen Ihres Gedächtnisses verborgen liegt, sollten Sie wieder einmal Bilder aus Ihrer Schulzeit betrachten.*

Trotz der unterschiedlichen Resultate bildet meistens die Festigung der Erinnerung die Grundlage für die Auswertung und nicht etwa ein Prozeß, der die Erfahrungen des vorangegangenen Tages sortiert. Aber wie immer die Ergebnisse ausgelegt werden, die beobachteten Wirkungen sind nur geringfügig und liefern kaum Beweise, die die Hypothese untermauern, daß Träumen beim Lernprozeß eine entscheidende Rolle spielt, so attraktiv diese Idee auch sein mag.

## Interferenz und Vergessen

Will man bei der Untersuchung, wie die Interferenz auf das Vergessen einwirkt, handfeste Ergebnisse erzielen, sollte man nicht Vergessensintervalle produzieren, die völlig frei von überlagerungsfähigen Reizen sind, sondern statt dessen die Wirkung verschiedener Arten von überlagerndem Material auf das Erinnerungsvermögen beobachten. Ein gutes Beispiel hierfür ist die Studie, die

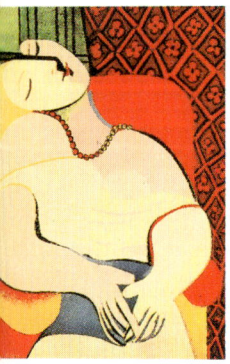

*Wir träumen in jeder Nacht mehrere Male, haben aber nach dem Aufwachen nur noch wenig oder gar nichts mehr davon in Erinnerung. Woran mag das liegen? Darauf gibt es keine allgemein anerkannte Antwort. Vielleicht ist unser Erregungsniveau während des Schlafens zu niedrig, als daß unsere Träume eine bleibende Gedächtnisspur hinterlassen könnten. Oder war vielleicht Freuds Interpretation richtig, wonach Träume die Ängste und Wünsche ausdrücken, die wir im Wachzustand verdrängen? Oder besteht ein so gravierender Unterschied zwischen Wachen und Schlafen, daß wir Erinnerungen, die während des Schlafs gespeichert wurden, im Wachzustand nicht abrufen können?*

McGeoch und MacDonald[11] vor 50 Jahren durchführten. Sie ließen die Testpersonen Listen von Adjektiven lernen und wiedergeben und untersuchten die Wirkung der Interferenz dadurch, daß die Probanden während der Periode zwischen Lernen und Erinnern verschiedene Aktivitäten ausüben mußten. Sie stellten fest, daß am wenigsten vergessen worden war, wenn die Testpersonen in dieser Zeit nur ruhten, und daß mehr vergessen worden war, wenn sie in der Zwischenperiode beziehungsloses Material wie dreistellige Zahlen oder sinnlose Silben gelernt hatten. Das Ausmaß des Vergessens stieg an, wenn die Testpersonen andere Adjektive lernen mußten, und erreichte den Spitzenwert, wenn die eingeschobenen Adjektive einen ähnlichen Sinn hatten wie die ursprünglich gelernten. Dieses Ergebnis demonstriert das charakteristische Merkmal der Interferenz: Je ähnlicher das überlagernde

Material ist, desto größer ist das Ausmaß des Vergessens.

Aus dem nachfolgenden Lernmaterial können Sie ersehen, wie stark der Einfluß der Ähnlichkeit auf die Entstehung einer Interferenz ist.

Die Listen A und B enthalten je fünf Hauptwörter, die auf Berufe verweisen, und fünf Adjektive, welche die Berufe ironisch näher beschreiben. Lesen Sie zuerst Liste A durch und versuchen Sie, sich die mit den Hauptwörtern assoziierten Adjektive einzuprägen. Dann verdecken Sie die Liste und testen sich selbst, indem Sie den fünf darunter nochmals, aber in anderer Reihenfolge aufgeführten Hauptwörtern das richtige Adjektiv zuordnen. Wiederholen Sie die Übung, bis Sie alle fünf richtig eingetragen haben, und notieren Sie, wie viele Durchgänge Sie gebraucht haben. Dann nehmen Sie sich Liste B vor und wiederholen das Ganze.

| Liste A | Liste B |
|---|---|
| *Seemann – beschwipst* | *Pfarrer – heiter* |
| *Schauspieler – pompös* | *Kurat – fröhlich* |
| *Politiker – listig* | *Pastor – glücklich* |
| *Rechtsanwalt – laut* | *Vikar – vergnügt* |
| *Sänger – schmalzig* | *Priester – munter* |
| **Test** | **Test** |
| *Politiker?* | *Pastor?* |
| *Seemann?* | *Priester?* |
| *Sänger?* | *Pfarrer?* |
| *Rechtsanwalt?* | *Kurat?* |
| *Schauspieler?* | *Vikar?* |

Wahrscheinlich haben Sie die Erfahrung gemacht, daß es viel leichter war, Liste A - wo die fünf Hauptwörter und die zugehörigen Adjektive kaum Ähnlichkeiten aufweisen - zu lernen als Liste B, wo sie praktisch die gleiche Bedeutung haben. Bei dieser Übung wurde die Wirkung der Ähnlichkeit innerhalb einer Liste von Wörtern untersucht. Sie können einen vergleichbaren Effekt beobachten, wenn Sie einen Testpunkt lernen und anschließend versuchen, etwas zu lernen, das dem ersten Stoff sehr ähnlich ist. Es wird länger dauern, bis Sie das zweite Material gelernt haben, und Sie werden dabei vom ersten Stoff mehr vergessen, als es der Fall gewesen wäre, wenn zwischen den beiden Testpunkten keine Beziehung bestanden hätte.

Natürlich kommt es selten vor, daß das Risiko, den ersten und einen späteren Lernprozeß durcheinanderzubringen, so groß ist. Für gewöhnlich hilft ja das Lernen einer Gruppe von Sachverhalten beim Lernen einer zweiten Gruppe. Unsere Welt ist durch Strukturierung und logische Zusammenhänge gekennzeichnet, sie ist also keine Anhäufung von rein willkürlichen Beziehungen. Doch obwohl das Auftreten von Interferenzen eindeutig nachgewiesen werden konnte, ist man sich nicht einig darüber, welche Bedeutung die Überlagerung von Inhalten im Alltagsleben hat.

In einem Versuch[12] wurde zwei Gruppen von Testpersonen ein Text über den Buddhismus vorgelegt. Die erste Gruppe erhielt anschließend einen Text über eine andere Form des Buddhismus, die zweite Gruppe erhielt einen neutralen Text über Büchereien. Beide Gruppen mußten sich dann an das erste Textstück erinnern. Es ergaben sich nur geringfügige Unterschiede, was darauf schließen läßt, daß es zu keiner starken Interferenz gekommen war. Mit Hilfe von sorgfältiger präpariertem Lernmaterial konnte jedoch in Versuchen, in denen die Testpersonen sich an Prosatexte erinnern mußten, die Entstehung von Interferenzen demonstriert werden. Der Psychologe Crouse[13] ließ seine Testpersonen einen Text über das Leben eines fiktiven Dichters namens John Payton lernen. Der Anfang lautete wie folgt: »Payton wurde Ende Oktober 1810 in Liverpool geboren. Er war erst fünf Jahre alt, als sein Vater, ein Hausdiener, von einem Straßenräuber getötet wurde.« In dieser Art ging es weiter bis zum Schluß: »Aber kurze Zeit später begann er Blut zu spucken, und nach längerem Leiden starb er am 12. April 1859 in Genf.« Nachdem die Probanden diesen Text gelernt und wiederholt hatten, lernten sie zwei Texte ähnlicher Art, wieder in der Form einer Biographie mit detaillierten »Tatsachen«. Der eine Text handelte von einem fiktiven Dichter namens Samuel Hughes: »Hughes wurde Ende Oktober 1805 in Paddington geboren. Er war erst neun Jahre alt, als sein Vater, ein Weber, beim Schwimmen ertrank.« Der Schluß lautete: »Aber kurze Zeit später begann er Blut zu spucken, und nach längerem Leiden starb er am 18. März in Paris.« Die Testpersonen wurden dann über Informationsteile aus dem ersten Text be-

fragt, beispielsweise wo John Payton geboren worden war, woran sein Vater starb und so weiter. Die behaltene Menge des Gelernten betrug nur 54 Prozent jener Menge, an die sich Probanden erinnerten, denen man kein ähnliches biographisches Material, sondern einen neutralen Text vorgelegt hatte. Hier zeigten sich also deutlich die Auswirkungen einer starken Interferenz.

Zugegebenermaßen wird bei solchen Experimenten die Bildung von Interferenzen besonders gefördert, und ich persönlich finde es sehr bemerkenswert, wie gut das Gedächtnis einen kontinuierlichen Strom von Informationen bewältigt, von denen viele einander ähnlich sind, ohne daß es in seiner Funktion durch Interferenz behindert wird. Man könnte diese Situation mit einem Autofahrer vergleichen, der sich vom Linksverkehr auf den Rechtsverkehr umstellen muß. Natürlich wäre es falsch anzunehmen, daß in einem solchen Fall keine Interferenz vorliegt, aber sie hält sich in erstaunlich engen Grenzen.

## Retroaktive Interferenz

Die Beeinträchtigung alter Informationen durch neu hinzugekommene nennt man *Paarassoziationslernen*. Diese Bezeichnung besagt, daß die Überlagerung rückwärts wirkt, was natürlich nicht ganz zutrifft. Bei jenem Vorgang wird auf irgendeine Art und Weise altes, gelerntes Material durch neues verdrängt. Im allgemeinen verstärkt sich diese Art von Interferenz in dem Maße, wie neues Material gelernt wird, und sie erreicht ihre stärkste Wirkung, wenn sie eine schwache alte Gedächtnisspur überlagert.

In den vierziger und fünfziger Jahren wurden umfangreiche Untersuchungen über die retroaktive Interferenz durchgeführt, meist durch die Technik des *Parassoziationslernens*. Dabei wird ein Testpunkt, der den Reiz darstellt, mit einem anderen - der Reaktion - gepaart. Wenn man also gelernt hat, das Wort *beschwipst* mit dem Wort *Seemann* zu assoziieren, und muß dann ein zweites Wort, zum Beispiel *vorsichtig,* mit dem Wort *Seemann* paaren, wird durch diese Lernleistung die ursprüngliche Reaktion (*beschwipst)* beeinträchtigt. Es ist ganz so, als ob zwei Assoziationen miteinander im Wettstreit liegen, und je stärker die ältere Assoziation ist, desto besser kann sie einer Interferenz mit später gelerntem Material widerstehen. Andererseits wird die ältere Assoziation um so stärker überlagert, je größer die Menge der später gelernten Informationen ist. In der Frage, ob die Darbietung der zweiten Assoziation *(Seemann - vorsichtig)* die erste tatsächlich schwächt oder nur auf Grund ihrer größeren Stärke überschattet, gehen die Meinungen auseinander. Aber was immer zutreffen mag, es kann nicht bezweifelt werden, daß die beiden Assoziationen im Konflikt zueinander stehen; das, was die eine stärkt, reduziert die Wahrscheinlichkeit, daß man sich an die andere erinnert.

## Proaktive Hemmung

Bisher haben wir nur davon gesprochen, daß später gelerntes Material ältere Informationen überlagert. Aber wie sieht es aus, wenn die alte Information plötzlich wieder durchbricht und die Oberhand über die neue gewinnt? Dieses

Phänomen wird als *proaktive Hemmung* bezeichnet. Man könnte es so erklären, daß die alte Gedächtnisspur, nachdem sie von der neuen verdrängt und unterdrückt worden ist, plötzlich zurückschlägt, und zwar oft dann, wenn man es am wenigsten erwartet. Ich habe dies selbst erst kürzlich erlebt. Eine Kneipe, in die ich öfter gehe, schenkt Bier aus, das aus der Brauerei Wells stammt. Diese Firma braute früher ein hochprozentiges Bier namens »Fargo«, das eines Tages von dem schwächeren Bier »Bombardier« abgelöst wurde, an das ich mich nur ungern gewöhnen wollte. Als ich, ungefähr ein Jahr nach dieser Umstellung, nach einmonatiger Abwesenheit wieder einmal in die Kneipe ging, bestellte ich ein Glas »Fargo«, und erst als man mich fragte, wo ich denn die letzten zwölf Monate gewesen sei, dämmerte es mir, daß ich einer proaktiven Hemmung zum Opfer gefallen war.

Der amerikanische Psychologe Benton J. Underwood[14] wies als erster darauf hin, daß die proaktive Hemmung eine der Hauptursachen für das Vergessen sein könnte. Er wollte herausfinden, warum Testpersonen, die eine Liste von sinnlosen Wörtern gelernt hatten, 24 Stunden später so viel davon vergessen hatten. Damals nahm man an, daß das Vergessen größtenteils die Folge der retroaktiven Interferenz sei und daß eine starke Interferenz darauf beruhte, daß die Testpersonen in der Zwischenzeit ähnliches Material gelernt hatten. Da Underwood nicht glaubte, daß seine Probanden nach Hause gingen und sich dort noch mehr sinnlose Silben ins Gedächtnis stopften, konnte er sich nicht erklären, wo die Interferenz herkam. Dann überlegte er, daß eine retroaktive Interferenz durch ähnliches Material wohl ausgeschlossen sei, daß jedoch eine proaktive Hemmung durchaus möglich sein könnte. Seine Überlegungen beruhten darauf, daß damals alle Untersuchungen über den Lernvorgang beim

Menschen in relativ wenigen Laboratorien stattfanden, die alle traditionell Studenten als Testpersonen benützten. Jeder, der an einer dieser Fakultäten studierte, wurde sehr wahrscheinlich aufgefordert, als Teil des Studiums eine beträchtliche Zahl von Stunden im Sprachlabor für verbales Lernen abzudienen. Underwood kam auf die Idee, daß die Interferenz, die das Vergessen bewirkte, von den vielen *früheren* Listen von sinnlosen Silben stammen könnte, die seine vielgeplagten Probanden hatten lernen müssen. Zum Glück konnte er feststellen, wie viele Listen jede Testperson schon früher gelernt hatte, und so war es ihm möglich, den Umfang des Vergessens innerhalb einer 24-Stunden-Periode als eine Funktion dieser früheren Erfahrung graphisch darzustellen. Auch aus anderen Versuchen konnte er die entsprechenden Daten herausziehen und kam zu der folgenden Erkenntnis: Je mehr Listen von sinnlosen Silben man in der Vergangenheit gelernt hat, desto größer ist die Wahrscheinlichkeit, daß man die jüngste Liste vergißt.

Im Grunde genommen spiegelt sowohl die proaktive Hemmung als auch die retroaktive Interferenz die Tatsache wider, daß unsere Erfahrungen die Tendenz haben, eine Wechselbeziehung herzustellen, sozusagen ineinander überzugehen, und die Folge davon ist, daß unsere Erinnerung an eine bestimmte Erfahrung sicherlich nicht vollständig von unserer Erinnerung an andere Erfahrungen isoliert ist. Je größer die Ähnlichkeit zwischen zwei Erfahrungen ist, desto größer ist die Wahrscheinlichkeit, daß eine Wechselwirkung zwischen ihnen besteht. Diese Interaktion erweist sich oft als eine Hilfe, da der neu gelernte Stoff auf dem alten aufbaut. Wenn es sich jedoch als notwendig erweist, die beiden Erinnerungen voneinander zu trennen, entstehen Probleme, die bewirken, daß die Menge des Vergessens über das Normalmaß hinaus hochgetrieben wird. Wir

*Örtlichkeiten, die uns als Kind groß erschienen, kommen uns ganz klein und normal vor, wenn wir sie als Erwachsene wieder aufsuchen.*

müssen uns über die potentiellen Gefahren dieser Art des Vergessens im klaren sein. So könnten Meinungsforscher oder Leute, die Fragebögen ausarbeiten, versucht sein, unserem Gedächtnis mehr zu vertrauen, als klug ist, wenn sie uns über das Auftreten und die Häufigkeit von irgendwelchen Ereignissen befragen und von uns eine Antwort erwarten, die absolut detailgetreu ist – eine höchst unrealistische Einstellung. Wesentlich gravierendere Folgen können entstehen, wenn man von dem Augenzeugen eines Verbrechens erwartet, daß er sich an den Vorfall viel deutlicher erinnern kann, als überhaupt menschenmöglich ist.

## Der Zugang zur Gedächtnisspur

*Erinnerungen vermischen sich im allgemeinen um so stärker, je weiter sie zurückliegen.*

Die Tatsache, daß ältere Erfahrungen durch jüngere verdrängt werden können, weist darauf hin, daß die Wirkung der Interferenz darin besteht, den Zugang zu älteren Gedächtnisspuren zu behindern, nicht aber diese Spuren zu zerstören. Wenn nun überlagerndes Material den Zugang zu älteren Gedächtnisspuren unterbrochen hat, gibt es dann eine Möglichkeit, ihn wieder herzustellen? Mit dem Problem des Zugriffs zu einer Gedächtnisspur, der Wiedererinnerung, werden wir uns in Kapitel 7 befassen.

Es passiert einem immer wieder, daß man etwas weiß, aber den Zugang zu dieser Erfahrung nicht finden kann. Vor kurzem ist es mir selbst so ergangen, als meine Frau erwähnte, daß wir vor unserer Hochzeit in Aldeburgh an der Küste von Suffolk gewesen waren. Ich konnte mich einfach nicht an diesen Besuch erinnern, obwohl ich genau wußte, daß ich schon einmal in Aldeburgh gewesen war, und ein sehr lebhaftes Vorstellungsbild von einem langen, grauen Steinstrand hatte, der mich stark an Benjamin Britten und seine düstere und romantische Oper *Peter Grimes* erinnerte. Inwieweit ich mich tatsächlich an etwas erinnerte, das ich erfahren hatte, oder an etwas, das ich mir auf Grund eines Buchs, eines Artikels oder einer Fernsehsendung bildhaft vorstellte, ich konnte nicht beurteilen. Und ich räumte ein, mich an den Besuch nicht erinnern zu können. »Aber das war doch damals, als du dich in den Möwendreck gesetzt hast!« sagte meine Frau. Sofort fluteten die Erinnerungen zurück – und sie ähnelten keineswegs dem düster-romantischen Vorstellungsbild von Aldeburgh, das ich vorher gehabt hatte!

Es steht außer Zweifel, daß wir mehr Informationen speichern, als wir zu irgendeinem Zeitpunkt wieder hervorholen können. Manche Leute behaupten sogar, daß wir jede Information speichern, die wir jemals aufgenommen haben, und daß alle diese Inhalte in den Speicherbanken unseres Gedächtnisses ruhen und nur darauf warten, daß der richtige Schlüssel sich im Schloß dreht und sie herausläßt, so daß sie wieder zurückströmen können. Zur Unterstützung dieser Auffassung zitiert man immer wieder den Bericht des berühmten Neurochirurgen Wilder Penfield[15] über Erinnerungen, die durch eine direkte elektrische Stimulierung des Gehirns hervorgerufen wurden. Penfield führte über 1000 Gehirnoperationen durch, bei denen ein Teil der Schädeldecke abgehoben und ein Stück der Hirnrinde entfernt wurde. Der Zweck dieses Eingriffs ist die Verminderung der Häufigkeit und Heftigkeit epileptischer Anfälle, indem Narbengewebe entfernt wird, das krampfauslösend wirken kann. Die meisten Patienten waren bei diesem Eingriff bei Bewußtsein, und bevor Penfield das Narbengewebe herauslöste, stimulierte er das Gehirn durch elektrische Reize, um die Funktion der betreffenden Region messen zu können. Dadurch wurde vermieden, daß wichtige Gehirnzentren, insbesondere das Sprachzentrum, beschädigt wurden, denn schon eine geringfügige Gehirnverletzung kann zu einer Beeinträchtigung des Sprachvermögens führen.

Bei der Stimulierung der Schläfenlappen erlebte Penfield insgesamt 40 »Rückblenden« - Erinnerungen an lange zurückliegende Ereignisse, die oft überaus detailliert beschrieben wurden. Nachstehend folgt ein Auszug aus einem Bericht von Blakemore:[16] »Einer von Penfields Patienten war eine junge Frau. Als die Elektrode eine Stelle auf dem Schläfenlappen berührte, rief sie laut: ›Mir war so, als habe irgendwo eine Mutter nach ihrem kleinen Sohn gerufen. Es schien etwas zu sein, das vor vielen Jahren passiert ist ... in der Gegend, wo ich wohne.‹ Dann wurde die Elektrode etwas verschoben, und sie sagte: ›Ich höre Stimmen. Es ist späte Nacht, irgendwo in der Nähe ist ein Jahrmarkt, eine Art Wanderzirkus. Ich habe gerade viele große Wagen gesehen, wie man sie für den Transport von Tieren benützt.‹« Sowohl Blakemore als auch Penfield waren anscheinend davon überzeugt, daß es sich um präzise Erinnerungen an wirkliche Ereignisse handelte, und zwar »mit allen Einzelheiten, als ob es von einem Tonbandgerät aufgenommen worden war«.

Wenn man diese Beobachtungen für bare Münze nimmt, erwecken sie den Eindruck, daß alle Erfahrungen irgendwo im Gehirn peinlich genau gespeichert werden. Aber gegen diese Auslegung von Penfields Forschungsergebnissen gibt es mehrere Einwände. Erstens ist die Häufigkeit der berichteten Rückblenden sehr niedrig; sie beträgt weniger als 4 Prozent des gesamten Patientenguts, und meines Wissens hat kein anderer

Neurochirurg Beobachtungen dieser Art gemacht. Damit will ich nicht sagen, daß Penfields Angaben nicht der Wahrheit entsprechen, ich gebe nur zu bedenken, daß weitere Untersuchungen sehr schwierig durchzuführen sind, wenn so wenig Aussicht besteht, daß dieses Phänomen reproduziert werden kann.

Es gibt jedoch einen Einwand, der noch mehr ins Gewicht fällt: Man konnte nicht nachweisen, daß die Aussagen der Patienten sich auf tatsächliche Erlebnisse bezogen. Wie wir noch sehen werden, ist es sogar unter normalen Bedingungen möglich, sich ein deutliches, an Einzelheiten reiches Vorstellungsbild von einem Ereignis zu machen, von dem man glaubt, es tatsächlich erlebt zu haben, das aber in Wirklichkeit niemals stattgefunden hat. Es steht außer Zweifel, daß durch den elektrischen Reiz Erinnerungen zutage gefördert wurden, die bei den Patienten das Gefühl der Bekanntheit erweckten. Es gibt jedoch keine Beweise dafür, daß dieses Gefühl gerechtfertigt war. Genausogut hätte es ein künstlich induziertes Déjà-vu-Erlebnis, also eine Erinnerungstäuschung, sein können. Wie in Kapitel 9, das sich mit Formen der Amnesie befaßt, näher erläutert wird, spielen die Gehirnabschnitte in der Region des Schläfenlappens und der Hippocampus-Formation (Ammonshorn), die in diesem Fall stimuliert wurden, beim Langzeitgedächtnis eine Rolle. Es liegen aber umfangreiche Beweise dafür vor, daß eine Schädigung in diesen Abschnitten zu einer Gedächtnisstörung führt, die möglicherweise auf einem vorübergehenden Verlust der Fähigkeit des Patienten beruht, die Bekanntheit gelernter Inhalte zu beurteilen. Kurzum, so interessant die von Penfields Patienten berichteten Rückblenden auch sein mögen, sie sind keine überzeugenden Beweise für die Behauptung, daß nichts jemals vergessen wird.

# 5. Emotionale Faktoren, die Vergessen auslösen

Die Definition des Vergessens, die Sigmund Freud, der Begründer der Psychoanalyse, prägte, wurde jahrzehntelang als gültig akzeptiert. In seinem Buch *Zur Psychopathologie des Alltagslebens*[1] vertrat Freud die Meinung, daß man viele Prozesse, die er im Seelenleben seiner neurotischen Patienten identifiziert hatte, auch im normalen Verhalten finden könne. Die besten Beweise für diese Behauptung sind die sogenannten Freudschen Fehlleistungen, wobei durch einen Versprecher oder durch einen Schreibfehler ein Irrtum produziert wird, der die wahre Meinung des Autors zum Ausdruck bringt, obwohl er sie natürlich verbergen wollte. So hat einmal der Präsident des österreichischen Nationalrats bei der Eröffnung einer Sitzung, von der er sehr wenig erwartete, diese versehentlich für geschlossen erklärt. Im Laufe der Zeit haben Freuds Ansichten viele Kontroversen und Gegenargumente ausgelöst, und so hätte ihn der Druckfehler in einem Bulletin der *British Psychological Society*, in dem eine »Fraud Memorial Professorship« angekündigt wurde, sicherlich nicht überrascht (fraud = Betrug, arglistige Täuschung).

Freud sagte, daß ein Großteil des Vergessens im Alltagsleben seinen Ursprung in der Verdrängung von Erfahrungen haben könnte, die mit Angst assoziiert sind. Als Beispiel dafür berichtet er von einem Mann, der beim Aufsagen eines Gedichts total ins Stocken kam, als in einer Zeile beschrieben wurde, daß eine verschneite Tanne aussah »wie mit einem weißen Tuch bedeckt«. Als man ihn zu einer freien Assoziation aufforderte, sag-

*Sigmund Freud (1856 bis 1939), der Begründer der Psychoanalyse, interpretierte das Vergessen als Symptom der Verdrängung - eines Mechanismus, der dazu dient, unangenehme Gedanken und Erinnerungen aus unserem Bewußtsein auszuschließen.*

*Freuds Sprechzimmer in Wien, Berggasse 19. Der Analytiker saß in dem Sessel am Kopfende der Couch, so daß seine Patienten ihn nicht sehen konnten. Er führte ihre Neurosen auf vergessene und ungelöste Kindheitskonflikte zurück.*

*John Dean bei seiner Aussage während der Watergate-Hearings. Dean »erinnerte« sich an Unterhaltungen mit Präsident Nixon so genau, daß er als »der Mann mit dem Tonbandgedächtnis« bekannt wurde. Als seine Aussagen jedoch mit den tatsächlichen Tonbandaufnahmen dieser Unterhaltungen verglichen wurden, stellte sich heraus, daß es keine völlige Übereinstimmung gab. Stand er während der öffentlichen Anhörung unter dem Druck, auf bestimmte Sachverhalte ausführlicher einzugehen, als er sie in Erinnerung hatte?*

te er, die Formulierung erinnere ihn an ein Leichentuch, was die Assoziation mit dem kurz zuvor erfolgten Tod seines Bruders durch einen angeborenen Herzfehler auslöste, und er hatte Angst, daß auch er eines Tages an einem solchen Defekt sterben würde. Fälle dieser Art sind zwar durchaus einleuchtend, aber die meisten von Freud zitierten Beispiele sind doch sehr umständlich und fragwürdig. Ein Skeptiker könnte deshalb argumentieren, daß man mit etwas Flexibilität praktisch jedes Wort zu jeder beliebigen Erfahrung in Beziehung bringen kann.

Einige Forscher haben versucht, den Mechanismus der Verdrängung experimentell auszulösen. Sie ließen Testpersonen Listen von sinnlosen Silben lernen und benahmen sich dann den Probanden gegenüber so scheußlich wie möglich, um sie dazu zu bringen, alles zu verdrängen, was mit dem Versuch in Zusammenhang stand.[2] Tatsächlich erinnerten diese sich nur lückenhaft an die gelernten Inhalte und zeigten bei späteren Übungen wesentlich bessere Leistungen, nachdem die Verdrängung durch die Mitteilung aufgehoben worden war, die unfreundliche Behandlung sei ein Teil des Experiments gewesen. Man kann nicht ausschließen, daß die schlechten Leistungen durch den verständlichen Widerwillen der Testpersonen, sich für einen unfreundlichen und rüden Experimentator anzustrengen, verursacht worden waren.

In einem anderen Versuch[3] mußten die Probanden Assoziationen zu einer Reihe von Wörtern finden; einige hatten neutrale Inhalte wie *Baum, Kuh* oder *Fenster,* andere hatten einen emotionalen Unterton, zum Beispiel *Angst, Zorn* oder *Streit.* Unmittelbar danach wurden dieselben Wörter noch einmal dargeboten und die Testpersonen aufgefordert, die von ihnen produzierten Assoziationen zu wiederholen. Sie demonstrierten deutlich die Tendenz, sich an weniger emotionale als an neutrale Assoziationen zu erinnern. Oberflächlich betrachtet scheint dieses Ergebnis die Freudsche

These von der Verdrängung zu bestätigen, nach der mit Angst assoziierte Wörter Reaktionen auslösen, die wiederum mit Angst assoziiert sind und daher verdrängt werden. Aber die Dinge liegen viel komplizierter; viele Beweise sprechen dafür, daß ein Wort, das starke Reaktionen auslöst, nur schlecht erinnert wird, wenn man es nach einer kurzen Zwischenzeit prüft, jedoch gut erinnert wird, wenn bis zur Prüfung ein längerer Zeitraum verstreicht.

## Gedächtnis und Wachheit (Vigilanz)

Der Zustand der Wachheit ist Schwankungen unterworfen. Die Stimmungslage und das Niveau der physiologischen Wachheit reichen vom Tiefschlaf über Schläfrigkeit und den normalen Zustand des Wachseins bis zu höchster Erregtheit und unter extremen Bedingungen sogar bis zu Panik und Todesangst. Wie das Elektroenzephalogramm zeigt, ist eine hohe Vigilanz von einer gesteigerten elektrischen Aktivität des Gehirns begleitet, ferner sind Herzfrequenz, Schweißsekretion der Handflächen und die Aktionsströme der Haut erhöht. Die Wachheit kann auch durch Veränderungen des Umfelds und durch Drogen beeinflußt werden. Durch laute Geräusche wird sie erhöht, durch Schlafentzug vermindert; Weckamine und Koffein wirken anregend, Tranquilizer dämpfend. Bei anderen Wirkstoffen, wie beispielsweise Alkohol, kommt es zu komplexeren Erscheinungen: Das Niveau der Wachheit wird anfänglich erhöht, danach jedoch gesenkt.

Wie stark beeinflußt die Vigilanz den Leistungsverlauf? Diese Frage beantwortet sich von selbst, denn ein schlafender Mensch ist nur zu sehr begrenzten Reaktionen fähig. Es ist zwar behauptet worden, der Mensch könne im Schlaf lernen – so hat man versucht, Schlaf-Lehr-Systeme auf den Markt zu bringen, die dem ahnungslosen Käufer die verlockende Aussicht anpreisen, er könne leicht und mühelos lernen, indem er einfach ein Tonband mit dem Lehrmaterial ablaufen läßt, während er schläft –, objektive Messungen der Effektivität dieser Methode aber haben leider gezeigt, daß man auf diese Weise nichts lernt außer den paar Informationsfetzen, die in den Stadien des Leichtschlafs zwischen den längeren Tiefschlafphasen dargeboten werden. Daraus ergibt sich die Folgerung, daß man wach sein soll, wenn man etwas lernen will.

Im Zustand des Wachseins ist das Niveau der Reaktionsbereitschaft in hohem Maße veränderlich, und es steht außer Zweifel, daß der Leistungsverlauf vom Grad der Wachheit abhängt. Im allgemeinen wird die Leistung durch eine Erhöhung der Wachheit bis zu einem Spitzenwert gesteigert, danach sinkt sie wieder ab; diese Beziehung nennt man nach den beiden Forschern, die sie zum ersten Mal beschrieben haben, das Yerkes-Dodsonsche Gesetz.[4] Auf einem bestimmten Niveau nimmt die Beziehung erwartungsgemäß die Form eines umgekehrten U an, denn weder Schläfrigkeit noch blinde Panik wirken sich auf den Leistungsverlauf günstig aus. Je nach der Art der Aufgabe wird die optimale Leistung bei einem bestimmten Wachheitsniveau erzielt; das Niveau, auf dem man am schnellsten rennt oder am kräftigsten zuschlägt, ist höher als das, auf dem man am besten eine Nadel einfädelt oder ein kompliziertes Rätsel löst.

Auf welchem Wachheitsniveau funktioniert das Gedächtnis am besten? Entscheidend ist hier der Zeitpunkt, in dem man sich an den gelernten Stoff erinnert. Erfolgt die Erinnerung sofort, wird die

*Gefühlsaufwallungen. Führt Erregung zu besserem oder schlechterem Erinnern?*

*Angenehme und unangenehme Dinge. Die meisten Menschen scheinen mehr von der ersten Sorte im Gedächtnis zu behalten.*

beste Leistung auf einem relativ niedrigen Vigilanzniveau erzielt. Höhere Vigilanzniveaus haben zwar einen mangelhaften Leistungsverlauf zur Folge, bewirken jedoch auf längere Sicht ein besseres Behalten des gelernten Inhalts.
Dies konnte in einer im Jahre 1963 von Kleinsmith und Kaplan[5] durchgeführten Versuchsreihe eindeutig demonstriert werden. Die Aufgabe der Probanden bestand darin, Zahlen mit Wörtern zu assoziieren. Die Wörter waren in relativ neutrale Begriffe, wie *schwimmen* oder *tanzen,* und in emotional angehauchte, wie

*Vergewaltigung* und *Erbrechen,* aufgeteilt. Es wurden drei Gruppen von Probanden getestet: die erste Gruppe nach einem Intervall von zwei Minuten, die zweite nach einem Intervall von 20 Minuten, die dritte nach einem Intervall von einer Woche. Das nachstehende Diagramm zeigt, daß die Erinnerung bei den ein niedriges Wachheitsniveau provozierenden Wörtern anfänglich gut war, später jedoch nachließ. Im Gegensatz dazu festigte sich die Erinnerung an die Wörter, die eine hohe Vigilanz verursachten, mit der Länge des Intervalls.

*Das Diagramm zeigt den Zusammenhang zwischen dem Erregungszustand der Versuchsperson und ihrer Gedächtnisleistung. Stark emotional gefärbte Wörter werden anfangs schlechter erinnert als neutrale, nach einiger Zeit jedoch besser. (Nach Kleinsmith und Kaplan, 1963)*

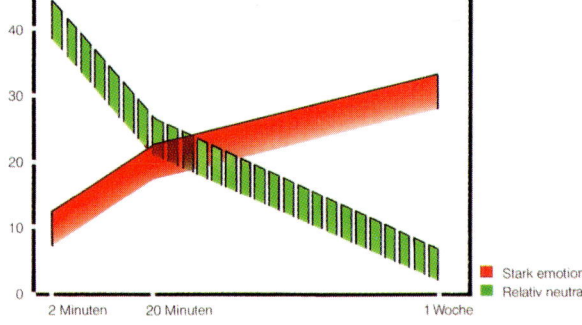

Kleinsmith und Kaplan sind der Meinung, daß ein hohes Wachheitsniveau hilft, die Gedächtnisspur zu festigen, aber im Frühstadium der Festigung die Erinnerung beeinträchtigt. Testpunkte, die eine hohe Vigilanz provozieren, haben also den Nachteil, daß es schwierig ist, sich an sie zu erinnern; auf Dauer gesehen wird aber die Gedächtnisspur besser gefestigt. Ich persönlich finde zwar diese Auslegung nicht sonderlich zwingend, doch bezweifle ich nicht, daß es einen Mechanismus in der Art dieses Phänomens gibt, der allerdings nur selten so klar zutage tritt wie im ursprünglichen Versuchsmodell.

Im täglichen Rhythmus des Wachheitsniveaus gibt es regelmäßig wiederkehrende Schwankungen: Es ist nach dem Aufwachen relativ niedrig, steigt im Laufe des Tages allmählich an und fällt abends wieder ab. Seit Ebbinghaus wissen wir, daß die Lernfähigkeit je nach der Tageszeit verschieden ist. Folkard und einige seiner Kollegen von der Universität Sussex[6] haben jedoch kürzlich nachgewiesen, daß die optimale Lernzeit entscheidend davon abhängt, ob der gelernte Inhalt sofort oder nach einem längeren Intervall in Erinnerung gerufen werden soll. Folkard erzählte Schulkindern entweder vormittags oder nachmittags eine Geschichte. Die Kinder wurden dann entweder sofort oder erst nach einigen Tagen getestet. Folkard stellte fest, daß bei der sofortigen Prüfung die Leistung der Kinder, die vormittags gelernt hatten, besser war, während die Kinder, die nachmittags gelernt hatten, durchweg bessere Langzeitergebnisse erbrachten. Er weist darauf hin, daß es in der Schule üblich ist, anspruchsvolle Themen vormittags zu behandeln, was zwar von Vorteil ist, wenn die Kinder sofort geprüft werden, ein längeres Behalten des Stoffes aber nicht begünstigt.

## Das Vergessen negativer Erfahrungen

Wie erinnerlich, demonstrierte das am Anfang dieses Kapitels beschriebene Assoziationsexperiment, daß man sich an Assoziationen mit emotionalen Wörtern schlechter erinnert als an solche mit neutralen Inhalten. Da die Prüfung unmittelbar nach der Darbietung erfolgte, könnte das entweder auf einen Verdrängungseffekt oder auf die Tendenz hindeuten, daß eine hohe Vigilanz die sofortige Erinnerung beeinträchtigt. Ein aussagekräftiger Versuch müßte also auch eine Übung mit verzögerter Prüfung enthalten.

In Zusammenarbeit mit zwei Stundenten der Universität Cambridge, Brendan Bradley und Beverley Morris, beschloß ich, diese Idee zu testen.[7] Nachdem unsere Probanden die Assoziationen mit den neutralen oder emotionalen Wörtern hergestellt hatten, wurde die Hälfte von ihnen sofort geprüft, die andere Hälfte erst nach 28 Tagen. Entsprechend dem ursprünglichen Experiment stellten auch wir fest, daß Assoziationen mit emotionalen Wörtern bei der sofortigen Prüfung schlecht behalten worden waren, nach 28 Tagen jedoch durchweg besser erinnert wurden als die Assoziationen mit neutralen Wörtern. Wenn die mangelhaften Ergebnisse bei der sofortigen Prüfung die Folge einer Verdrängung gewesen wären, hätte man erwarten können, daß es bei der Erinnerung an die emotionalen Wörter auch weiterhin Schwierigkeiten gegeben hätte. Das genaue Gegenteil zeigte an, daß das Wachheitsniveau und nicht die Verdrängung von Angstgefühlen die Ursache war.

Es ist also gar nicht so leicht, die Freudsche Theorie von der Verdrängung unter Versuchsbedingungen nachzuweisen. Anders sieht es jedoch aus, wenn man sich an persönliche Erfahrungen erinnert. Versuchen Sie es selbst: Schreiben Sie so viele Erlebnisse aus den ersten acht Jahren Ihres Lebens auf, wie ihnen einfallen. Lassen Sie sich beim Nachdenken ruhig Zeit, denn solche Erfahrungen sind einem nicht sofort gegenwärtig.

Anschließend versuchen Sie, Ihre Erinnerungen als angenehm, unangenehm oder neutral einzustufen. Nach einem von Waldfogel durchgeführten und von

Hunter[8] zitierten Versuch sollten die angenehmen Erinnerungen rund 50 Prozent, die unangenehmen rund 30 Prozent und die neutralen rund 20 Prozent betragen. Dieses Überwiegen der angenehmen über die unangenehmen Erinnerungen ist auch für Erinnerungen aus späteren Lebensabschnitten charakteristisch, was auf eine Verdrängung zurückgeführt werden kann oder darauf, daß man eben mehr Erfreuliches als Unerfreuliches erlebt hat.

Laut Freud werden Erfahrungen, die mit Schmerz und Angst assoziiert sind, leichter vergessen als erfreuliche Erlebnisse. Daraus ergibt sich die Frage, ob man einen Schmerz in der Erinnerung weniger stark behält, als er tatsächlich war. Über diesen Punkt liefert ein kürzlich von Robinson und anderen Forschern[9] durchgeführter Versuch, in dem die Wirksamkeit von schmerzstillenden Maßnahmen bei der Geburt erforscht wurde, interessante Informationen. Die Patientinnen teilten die Stärke der Schmerzen unmittelbar nach der Geburt durch eine Markierung auf einer geraden Linie von »keine« bis »fast unerträglich« ein. Nach 24 Stunden, fünf Tagen und drei Monaten markierten sie auf der Linie jeweils erneut die Intensität der erinnerten Schmerzen.

Robinson und seinen Mitarbeitern ging es um einen Vergleich zwischen drei schmerzstillenden Methoden. Die nebenstehende graphische Darstellung zeigt, wie die Schmerzen unmittelbar nach der Geburt und in der Erinnerung beurteilt wurden. Bei allen drei Behandlungsmethoden verblaßte die Erinnerung an die Schmerzen im Laufe der Zeit. Das wirft die interessante Frage auf, ob die Bereitschaft, die Stärke erlittener Schmerzen zu vergessen, für alle Arten des Schmerzes gilt, oder ob sie auf den Geburtsschmerz begrenzt ist. Man könnte sich ohne weiteres gute biologische Gründe dafür vorstellen, warum eine Spezies, die vergißt, wie schmerzhaft der Geburtsvor-

Angst, *ein berühmtes Gemälde von Edvard Munch.*

gang ist, besser gedeiht als eine Spezies, bei der diese Erinnerung lebendig bleibt.

Der Beweis, der Freuds Theorie über das Vergessen jedoch am überzeugendsten untermauert, wird nicht vom normalen Vergessensprozeß geliefert, sondern von dem pathologischen Vorgang des Vergessens, der mit einem neurotischen Zustand verbunden ist. Ein besonders eindrucksvolles Beispiel ist die hysterische Amnesie.

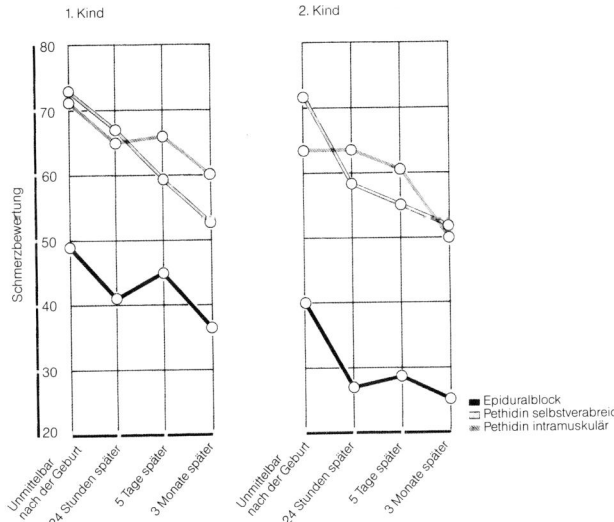

*Das Diagramm zeigt nicht nur die relative Wirksamkeit zweier verschiedener Schmerzmittel, die gebärenden Frauen verabreicht wurden, sondern auch, wie schnell und nachhaltig die Erinnerung an Schmerz verblaßt. (Nach Robinson u. a., 1980)*

## Hysterische Amnesie (Gedächtnisausfall)

Man hört immer wieder von Leuten, die ihr »Gedächtnis verloren« haben und ziellos umherirren, ohne zu wissen, wer sie sind, woher sie kommen und wie sie an den Ort gelangt sind, wo sie aufgegriffen wurden. Meist kehrt das Gedächtnis mit etwas Pflege und Behandlung innerhalb weniger Tage wieder zurück, doch gibt es Fälle, bei denen die Amnesie viel länger anhält. Fast immer erleben solche Patienten eine emotionale Krise. Für sie scheint das Leben unerträglich geworden zu sein, und der einzige Weg, damit fertig zu werden, ist, daß sie eine Zeitlang aufhören, sie selbst zu sein.

Diesen pathologischen Erinnerungsverlust nennt man *Fugue* (von lat. fugax = flüchtig). Das Verlaufsmuster ist unterschiedlich und scheint mehr von der Vorstellung abzuhängen, die der Betrof-

*Kindheitserinnerungen.
Haben die meisten Menschen deshalb mehr angenehme als unangenehme Erinnerungen an ihre Kindheit, weil sie die unangenehmen Dinge vergessen oder weil diese Zeit im großen und ganzen angenehm für sie war?*

fene von der Funktionsweise seines Gedächtnisses hat, als von seinem tatsächlichen Erinnerungsvermögen. In den meisten Fällen erholt sich ein Patient, der an Fugue leidet, relativ schnell und setzt sich mit der Ursache seiner Angst auseinander, ohne daß es zu einem Rückfall kommt. Aber es gibt Fälle, in denen ein hysterischer Patient zwischen zwei Geisteszuständen alterniert; in dem einen Zustand sind ihm seine Persönlichkeit und sein Verhalten im anderen Zustand völlig unbewußt. Der folgende Fallbericht stammt von dem französischen

Psychiater Pierre Janet,[10] einem Zeitgenossen Freuds:

»Irene, ein zwanzigjähriges Mädchen, war durch die lange Krankheit und den Tod seiner Mutter sehr verstört. Die Mutter war unheilbar an Tuberkulose erkrankt und lebte allein mit ihrer Tochter in bitterster Armut in einer Dachkammer. Das Mädchen mußte 60 Tage und Nächte mit ansehen, wie die Mutter an der Nähmaschine saß, um ein paar Pfennige für ihren Lebensunterhalt zu verdienen. Als die Mutter dann starb, war Irenes Gefühlsleben schwer gestört. Sie ver-

---

suchte, die Tote wiederzubeleben, sie wieder zum Atmen zu bringen. Als sie versuchte, den Körper aufzurichten, fiel die Leiche auf den Fußboden, woraufhin das Mädchen sich der Anstrengung unterzog, sie ohne Hilfe wieder ins Bett zu heben.

Normalerweise kann man solche Erfahrungen nicht vergessen. Aber schon nach kurzer Zeit schien Irene den Tod ihrer Mutter vergessen zu haben. Sie sagte immer wieder: ›Ich weiß sehr wohl, daß Mutter tot sein muß, weil man es mir mehrere Male gesagt hat und ich sie nicht mehr sehe und Trauerkleidung trage. Trotzdem bin ich wirklich über all

deutet, als ob sie verreist ist und bald zurückkommen wird.‹

Das Gleiche geschah, wenn man sie nach irgend etwas fragte, das sich in den zwei Monaten vor dem Tod der Mutter ereignet hatte. Wenn man sie nach der Krankheit, nach unglücklichen Zwischenfällen, den durchwachten Nächten, den Geldsorgen, den Streitereien mit dem betrunkenen Vater fragte - all das schien völlig aus ihrem Gedächtnis verschwunden zu sein.

Was war mit ihr geschehen? War ihr Nervensystem so zerrüttet, daß alle Spuren der schrecklichen Erfahrungen wie weggewischt waren? Oder tat sie nur so,

*Das seltsame Phänomen der Persönlichkeitsspaltung (ein Körper wird von zwei verschiedenen Wesen bewohnt, die anscheinend nichts voneinander wissen) fasziniert uns immer wieder.*

das erstaunt. Wann ist sie gestorben? Woran ist sie gestorben? War ich nicht bei ihr, um sie zu pflegen? Da ist etwas, das ich nicht verstehe. Ich habe sie doch so geliebt, warum empfinde ich nicht mehr Trauer über ihren Tod? Ich kann nicht um sie trauern, mir kommt es vor, als ob ihre Abwesenheit mir nichts be-

als ob sie sich an nichts erinnerte? Oder war die Erinnerung noch da, aber sie konnte sie auf Grund irgendeiner starken Blockade nicht hervorholen?

Der Verlauf der Krisen (oder Anfälle), die einige Zeit nach dem Tod der Mutter auftraten, wirft etwas Licht in das Dunkel. Die Anfälle dauerten immer mehre-

*Linke Seite:*
*Zwei Ereignisse, die sich in das Gedächtnis von Millionen eingruben. Wissen Sie noch, wo Sie sich während der Attentate auf Präsident Kennedy und Papst Johannes Paul II. aufhielten oder was Sie damals taten? Unerwartete schlimme Ereignisse können zu »Blitzlicht«-Erinnerungen führen. Solche Erinnerungen beinhalten oft merkwürdig statische und intensive Bilder.*

re Stunden, und während dieser Zeit verlor die Patientin den Kontakt mit ihrem Umfeld und spielte wie eine geübte Schauspielerin Szenen vor. Sie spielte alle Ereignisse nach, die den Tod ihrer Mutter begleitet hatten, und auch andere unerfreuliche Episoden aus ihrem Leben, alles bis in die kleinsten Einzelheiten. Sie stellte verschiedene Ereignisse in Wort und Tat dar, und wenn sie beim Tod der Mutter angekommen war, bereitete sie sich auf ihren Selbstmord vor. Sie diskutierte laut darüber, schien mit ihrer Mutter zu sprechen und von ihr Rat zu empfangen. Sie malte sich aus, daß sie sich vor eine Lokomotive werfen würde.

Sie tat so, als wäre es schon soweit, streckte sich auf dem Fußboden aus und wartete voller Angst und Ungeduld auf den Tod. Wenn er dann endlich nahte, stieß sie einen entsetzlichen Schrei aus und fiel starr zurück, als ob sie tot sei. Dann stand sie auf und fing an, abermals eine der früheren Szenen zu spielen. Nach einer gewissen Zeit flaute die Erregtheit ab, und sie kam wieder zu normalem Bewußtsein, ging ihren Alltagsgeschäften nach, anscheinend völlig unberührt von dem, was geschehen war, und gleichzeitig hatte sie wieder die Erinnerung an die Ereignisse verloren, die sie so wirklichkeitsgetreu dargestellt hatte.«

## Persönlichkeitsspaltung

Ein noch extremeres Beispiel der Verdrängung liefert die Persönlichkeitsspaltung; bei diesem Krankheitsbild nimmt eine Person bei verschiedenen Gelegenheiten zwei oder auch mehrere sich gegenseitig ausschließende Persönlichkeiten an. Diesen Sachverhalt hat Robert Louis Stevenson in seinem Roman *Dr. Jekyll und Mr. Heyde* beschrieben. Natürlich sind solche Fälle selten, doch wurden immerhin weit über 100 berichtet, und in über 20 von ihnen besaßen die Patienten mehr als zwei getrennte Persönlichkeiten. Der bekannteste dieser Fälle wird in dem 1957 veröffentlichten Buch *The Three Faces of Eve* von Thigpen und Cleckley[11] geschildert. Die Patientin hatte ursprünglich zwei gegensätzliche Persönlichkeiten - Eve White, bescheiden, sanft, fleißig und freundlich, und Eve Black, eine verantwortungslose, aufdringliche und egozentrische Frau. Eve Black wußte, daß Eve White existierte, aber umgekehrt war es nicht so. Im Laufe der Behandlung kam eine dritte, ausgeglichenere Persönlichkeit namens Jane zum Vorschein, die sich der Existenz der beiden Eves bewußt war und der es gelang, eine ausgewogene Kombination beider zustande zu bringen. In Fällen dieser Art handelt es sich zweifellos um einen Verdrängungsmechanismus, der wahrscheinlich auch bei weniger auffälligen Neurosen eine wichtige Rolle spielt. Wie funktioniert dieser Mechanismus? In seiner einfachsten Form manifestiert er sich so, daß ein Patient sich etwas zu erzählen weigert, was sein Gesprächspartner nicht wissen soll. Auf subtilerer Ebene könnte der Patient die Erinnerung an bestimmte Erfahrungen oder Personen, die in irgendeiner Beziehung zu der Quelle seiner Angstgefühle stehen, als unangenehm empfinden und seine Erinnerungssuche in eine andere Richtung lenken. Mit diesem einfachen Hilfsmittel kann er verhindern, daß die Ursache seiner Angstgefühle Aufmerksamkeit erregt. Freudianer behaupten, daß sie mit Hilfe der freien Assoziation und der Traumdeutung die verborgenen Ursachen für Ängste aufdecken und dem Patienten helfen können, diese Probleme zu bewältigen. Eine Untersuchung der Erfolgsquote würde den Rahmen dieses Buches sprengen.

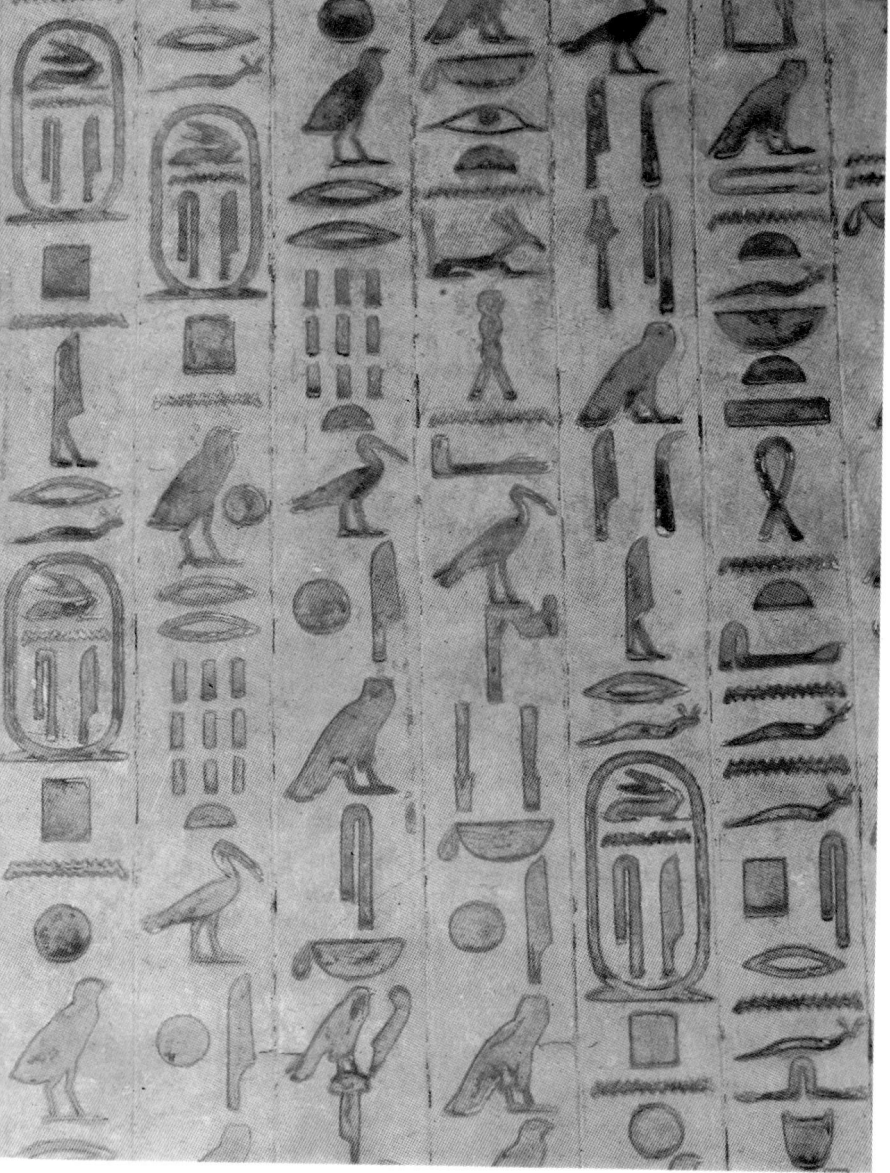

# 6. Wissensspeicherung: Das semantische Gedächtnis

Wie heißt die Hauptstadt von Italien? Wie viele Monate hat ein Jahr? Wie heißt der derzeitige Präsident der Vereinigten Staaten? Haben Ratten Flügel? Wie lautet die chemische Formel für Wasser? Liegt New York südlich von Washington?

Sicherlich konnten Sie alle diese Fragen relativ mühelos und schnell beantworten. Ich könnte natürlich ein ganzes Buch mit derartigen Fragen füllen, da es eine Unmenge solcher allgemeiner Kenntnisse gibt. Ein Erwachsener kennt die Bedeutung von 20000 bis 100000 Wörtern, hinzu kommen noch etwaige Fremdsprachenkenntnisse. Um in einer Gesellschaft leben zu können, muß er über soziale Gewohnheiten Bescheid wissen – wie man einkauft, telefoniert oder ein Hotelzimmer bucht. Ferner muß man das Spezialwissen berücksichtigen, das er in seinem Beruf erworben hat, aber auch in seinen Hobbys und Freizeitbeschäftigungen, also Einzelheiten über Fußballmannschaften oder Fernsehsendungen, Popmusik oder bildende Künste oder sonstige Gebiete aus einer Masse von Informationen, die jeder von uns in seinem Kopf mit sich trägt. Erst wenn wir uns überlegen, wie wir eine entsprechende Wissensquelle herstellen könnten, die so umfassend ist und so schnell und präzise abgefragt werden kann, beginnen wir zu begreifen, wie phänomenal unser Gedächtnis ist.

Man denkt hier sofort an den Computer als eine alternative Wissensquelle, in dessen großen Speicher man die erforderlichen Informationen eingibt. Stellt sich eine Frage, kann man den Speicher einfach abtasten, bis die Antwort erscheint. Aber auf welche Art und Weise würde der Speicher abgetastet werden? Frühere Modelle arbeiteten nach der Methode der serienmäßigen Suche, wobei alle potentiellen Speicherzellen nacheinander systematisch abgefragt wurden. Würde der Mensch ein solches System anwenden, wenn er sich an die Bedeutung eines Wortes erinnern will, müßte er serienmäßig alle in seinem Gedächtnis gespeicherten Wörter abtasten, bis er das richtige gefunden hätte. Bei einer Person, die über ein begrenztes Vokabular von 20000 Wörtern verfügt, müßten beim System der serienmäßigen Suche für jedes Wort, nach dessen Bedeutung gefragt wird, durchschnittlich 10000 Gedächtniszellen abgetastet werden. Wenn das Verständnis der fließend gesprochenen Sprache von dieser Methode abhinge, wäre eine Suchgeschwindigkeit erforderlich, die beim heutigen Stand der Computertechnik nicht verwirklicht werden kann.

Aber die Arbeitsweise des menschlichen Gedächtnissystems besteht ja nicht einfach aus dem Abtasten aller in Frage kommenden Gedächtniszellen. Es macht sich die Tatsache zunutze, daß die Spra-

*Linke Seite:*
*Hieroglyphen in der Pyramide bei Sakkara. Jemand, der wüßte, daß es sich dabei um eine Waffenbestandsaufnahme handelte oder um die Geschichte einer Jagdexpedition, könnte diese alten ägyptischen Symbole viel leichter entschlüsseln als jemand, der keinerlei Informationen über den Kontext hätte.*

che erstens auf der Ebene des einzelnen Wortes vorhersehbar ist, da auf einen Artikel fast immer ein Adjektiv oder ein Substantiv folgt, daß sich die Vorhersehbarkeit zweitens aber auch auf die Bedeutung bezieht – ein Satz wie »Der Junge wurde gebissen ...« erlaubt es uns, die Anzahl der Tiere, die den Jungen gebissen haben könnten, auf eine relativ kleine Zahl einzuengen –, und drittens ist sie auch bezogen auf unser Allgemeinwissen vorhersehbar. Dieses Wissen ist ebenso strukturiert, wie die Welt strukturiert und organisiert ist. Je mehr wir wissen, desto vollständiger ist unsere Organisation dieser Kenntnisse, und desto leichter ist es, neue Informationen einzubauen. Die Schachmeister, von denen in Kapitel 3 die Rede war, hatten keine Schwierigkeiten, Informationen über einen neuen Spielstand aufzunehmen, weil sie diese in ein bereits vorhandenes umfangreiches und flexibles Wissen über das Schachspiel einbauen konnten. Ebenso hat ein Fußballfan genauere Kenntnisse von den Stärken und Schwächen der einzelnen Mannschaften und kann sich deshalb besser an Spielergebnisse erinnern als jemand, der am Fußballsport nicht so interessiert ist.

## Die Speicherung einfacher Begriffe

Bevor Sie weiterlesen, beantworten Sie bitte die Fragen in den folgenden zwei Blöcken und registrieren Sie jedesmal die Zeit.

---

**Block Nr. 1**

| | |
|---|---|
| Nennen Sie eine Frucht mit dem Anfangsbuchstaben | P _____ |
| Nennen Sie ein Tier mit dem Anfangsbuchstaben | D _____ |
| Nennen Sie ein Metall mit dem Anfangsbuchstaben | E _____ |
| Nennen Sie einen Vogel mit dem Anfangsbuchstaben | T _____ |
| Nennen Sie ein Land mit dem Anfangsbuchstaben | F _____ |
| Nennen Sie einen männlichen Vornamen mit dem Anfangsbuchstaben | H _____ |
| Nennen Sie einen weiblichen Vornamen mit dem Anfangsbuchstaben | M _____ |
| Nennen Sie ein Gemüse mit dem Anfangsbuchstaben | P _____ |
| Nennen Sie eine Waffe mit dem Anfangsbuchstaben | S _____ |
| Nennen Sie eine Blume mit dem Anfangsbuchstaben | P _____ |

**Benötigte Zeit:**

**Block Nr. 2**

| | |
|---|---|
| Nennen Sie eine Frucht mit dem Endbuchstaben | _____ h |
| Nennen Sie ein Tier mit dem Endbuchstaben | _____ s |
| Nennen Sie ein Metall mit dem Endbuchstaben | _____ r |
| Nennen Sie einen Vogel mit dem Endbuchstaben | _____ n |
| Nennen Sie ein Land mit dem Endbuchstaben | _____ k |
| Nennen Sie einen männlichen Vornamen mit dem Endbuchstaben | _____ d |
| Nennen Sie einen weiblichen Vornamen mit dem Endbuchstaben | _____ n |
| Nennen Sie ein Gemüse mit dem Endbuchstaben | _____ t |
| Nennen Sie eine Waffe mit dem Endbuchstaben | _____ z |
| Nennen Sie eine Blume mit dem Endbuchstaben | _____ i |

**Benötigte Zeit:**

Wahrscheinlich konnten Sie den ersten Fragenblock schneller beantworten als den zweiten. Man kann daraus folgern, daß der Anfangsbuchstabe eines Wortes ein wirksamerer Reiz ist als der Endbuchstabe. Das sagt auch etwas über die Art und Weise aus, wie Namen gespeichert werden, da es keinen zwingenden Grund dafür gibt, daß das Obengesagte unbedingt zutreffen muß; logischerweise könnte man ein System anwenden, nach dem Inhalte mit Hilfe des ersten, letzten, zweiten, vierten oder jedes anderen Buchstabens in Erinnerung gerufen werden können.

Elizabeth Loftus[1] und ihre Mitarbeiter[2] haben untersucht, wie lange es dauert, ein bestimmtes Wort zu finden, wenn Kategorie und Anfangsbuchstabe bekannt sind. Sie stellten fest, daß die Antwort schneller kam, wenn zuerst die Kategorie (zum Beispiel *Obst*) und danach der Anfangsbuchstabe genannt wurden. Eine denkbare Erklärung ist, daß die Testpersonen zwar fähig sind, die Kategorie *Obst* als Vorbereitung für die Suche nach dem jeweiligen Buchstaben zu aktivieren, nicht aber alle Wörter, die bei-

spielsweise mit *P* anfangen. Das liegt wahrscheinlich daran, daß die Kategorie *Obst* dem Sinn nach zusammenhängend und übersehbar ist, wogegen Wörter mit dem Anfangsbuchstaben *P* eine viel zu große und diffuse Kategorie bilden, als daß sie von Nutzen sein könnte. Diese Ansicht wird von den Ergebnissen eines Tests unterstützt, in dem der Name eines Wissenschaftlers gesucht wurde. Die Fragen wurden so formuliert: »Nennen Sie einen Entwicklungspsychologen, dessen Name mit *P* anfängt« (Piaget) beziehungsweise »Anfangsbuchstabe *P* - ein Entwicklungspsychologe«. Bei den Studenten, die gerade erst angefangen hatten, sich in Psychologie zu spezialisieren, bewirkte die Reihenfolge keine Unterschiede, aber diejenigen, die bereits Kenntnisse erworben hatten, antworteten schneller, wenn zuerst die Kategorie genannt wurde. Vermutlich hatten sie schon Kategorien wie *Entwicklungspsychologie* organisiert und konnten davon profitieren, während die Neulinge erst die Namen aller Psychologen durchforschten und diese danach auf ihre Richtigkeit prüften.

## Inferenz (Schlußfolgerung) im semantischen Gedächtnis

Hatte Aristoteles Füße? Hat George Washington an der Schlacht von Hastings teilgenommen? Wie lautet Beethovens Telefonnummer? Ein Versorgungssystem, das lediglich früher gelernte Inhalte registriert und ausschließlich auf diese Informationen zurückgreifen kann, würde wohl diese drei Fragen mit »Ich weiß nicht« beantworten. Obwohl wahrscheinlich an keiner Stelle ausdrücklich darauf hingewiesen wird, daß Aristoteles Füße hatte, ist die Vermutung, daß er tatsächlich welche besaß, berechtigt. Hätte er nämlich keine Füße gehabt, wäre diese Tatsache bekannt. Also kann man folgern, daß Aristoteles Füße hatte, und mit

»Ja« antworten. Was die zweite Frage über George Washington betrifft, so haben zwar viele Männer an der Schlacht von Hastings teilgenommen, deren Namen wir nicht kennen, aber die Tatsache, daß George Washington mehrere Jahrhunderte später lebte, berechtigt uns zu der Schlußfolgerung, daß er an dieser Schlacht nicht teilnahm. Nun zu Beethovens Telefonnummer: Ein einfacher Computer würde emsig Listen von Telefonnummern durchforschen und dann die Information geben, daß der Komponist entweder kein Telefon hat oder daß der Anschluß neu ist und noch nicht im Telefonbuch steht. Auch in diesem Fall

*Der Lesesaal des Britischen Museums, das Zentrum eines großen Datenspeicherungssystems.*

gestattet die Kenntnis der Lebensdaten Beethovens und des wahrscheinlichen Zeitpunkts, an dem das Telefon erfunden wurde, die Schlußfolgerung, daß er kein Telefon und somit auch keine Telefonnummer haben konnte.

Schon im vorigen Jahrhundert befaßten sich einige Psychologen mit der Frage des Zugangs zu Informationen; doch dann wurde das Thema praktisch 70 Jahre lang vernachlässigt. Es verdankt seine Wiederentdeckung dem Versuch, Computer-Gedächtnisspeicher zu entwickeln, die in Umfang und Flexibilität dem menschlichen Gedächtnis ähneln. Eine der für die moderne Forschung wichtigsten Quellen ist ein von Ross Quillian entwickeltes Computerprogramm, das die Bezeichnung *The Teachable Language Comprehender*[3] trägt. Bei diesem Programm wird das Wissen in der Form eines Netzwerks von zusammenhängenden Begriffen gespeichert. Die Zeichnung auf Seite 88, die einen Ausschnitt aus dem Netzwerk zeigt, demonstriert den Aufbau des Systems. Nehmen wir

den Begriff *Kanarienvogel;* er wird mit dem mehr abstrakten Begriff *Vogel* in Beziehung gebracht und dieser wiederum mit dem Begriff *Tier.* Jedem Konzept sind einige Attribute zugeordnet. *Kanarienvogel* wird mit der charakteristischen Farbe *Gelb,* mit der Tatsache, daß er singen kann und so weiter assoziiert. Der weitere Vorteil dieses Modells ist die Beschränkung der direkt gespeicherten Informationsmenge: Auf der Ebene des Begriffs *Kanarienvogel* werden nur Informationen gespeichert, die nicht für alle Vögel, und auf der Ebene des Begriffs *Vögel* nur Informationen, die nicht für alle Tiere charakteristisch sind. Zu der Auskunft, daß ein Kanarienvogel fliegen kann, gelangt das Programm durch einen Inferenzprozeß, der sich von der Tatsache, daß ein Kanarienvogel ein Vogel ist, zu der Tatsache, daß Vögel fliegen können, bewegt. Die Aussage »Kanarienvögel haben eine Haut« setzt eine weitere Inferenz vom Ausgangspunkt »Ein Kanarienvogel ist ein Vogel« über »Ein Vogel ist ein Tier« bis zu »Tiere haben eine Haut« in Gang. Auf der Grundlage dieses Modells sind der Psychologe Alan Collins und Ross Quillian zu der Ansicht gelangt, daß es mehr Zeit in Anspruch nehmen würde, den Nachweis für die Richtigkeit von Aussagen zu erbringen, die einen längeren Weg durch das Netzwerk machen müssen, als für solche, die eine direkte Verifikation gestatten. Dementsprechend würde es schneller gehen, die Aussage »Ein Kanarienvogel ist gelb« zu verifizieren als die Aussage »Ein Kanarienvogel muß atmen«. In Versuchen mit Testpersonen, welche die Richtigkeit solch einfacher Aussagen nachweisen mußten, stellte

sich diese Vermutung als zutreffend heraus.

Die nachfolgenden Beispiele sollen Ihnen einen Eindruck von der obenerwähnten Aufgabe vermitteln. Es handelt sich dabei nicht um das von Collins und Quillian verwendete Material, sondern um einen Versuch, den Neil Thomson und ich durchführten, um die Wirkung verschiedener Arten von Streß beim Zugang zum semantischen Gedächtnis zu erforschen. Vielleicht überrascht es Sie nicht allzusehr, wenn ich Ihnen sage, daß Alkohol das Tempo, in dem solche Aussagen verifiziert werden können, verlangsamt.

|  | Ja | Nein |
|---|---|---|
| Schweinekoteletts kann man im Laden kaufen. | ——— | ——— |
| Jamaica ist eßbar. | ——— | ——— |
| Orangen bohren Zähne auf. | ——— | ——— |
| Kalifornien ist ein amerikanischer Staat. | ——— | ——— |
| London ist ein Ort. | ——— | ——— |
| Kartoffeln wandern auf der Suche nach Nahrung. | ——— | ——— |
| Bohrer sind Zahnärzte. | ——— | ——— |
| Tanten sind Verwandte. | ——— | ——— |
| Spaghetti ist ein Gericht. | ——— | ——— |
| Unteroffiziere kann man im Laden kaufen. | ——— | ——— |
| Bier ist eine Flüssigkeit. | ——— | ——— |
| Gin wird vom Fleischer verkauft. | ——— | ——— |
| Fisch und Chips sind ein alkoholhaltiges Getränk. | ——— | ——— |
| Erbsen sind eßbar. | ——— | ——— |
| Antarktis ist eine Krankenpflegeorganisation. | ——— | ——— |
| Beefsteaks sind Leute. | ——— | ——— |
| Stühle sind Möbel. | ——— | ——— |
| Geistliche tragen Kleider. | ——— | ——— |
| Fliegen übertragen Krankheiten. | ——— | ——— |
| Bürgermeister sind gewählte Volksvertreter. | ——— | ——— |
| Asien besitzt hohe Gebirge. | ——— | ——— |
| Paris ist ein lebendes Wesen. | ——— | ——— |
| Klapperschlangen gehen auf Nahrungssuche. | ——— | ——— |
| Bienen behandeln Geisteskranke. | ——— | ——— |
| Messer sind Fabrikerzeugnisse. | ——— | ——— |
| Forellen haben Flossen. | ——— | ——— |
| Eichhörnchen sind Fische. | ——— | ——— |
| Löwen sind vierbeinige Tiere. | ——— | ——— |
| Haifische haben Räder. | ——— | ——— |

*Zwei Möglichkeiten, Wissen zu speichern: ein mehrbändiges Lexikon mit alphabetisch geordneten Stichwörtern und ein Stadtplan, auf dem Straßen und Gebäude an Hand einer Quadrateinteilung lokalisiert werden können.*

*Quillians Modell des se-
mantischen Gedächtnis-
ses. Auf jeder Stufe ist
über die allgemeineren
Konzepte der Zugang zu
spezifischeren Konzepten
möglich.*

Collins und Quillian können ihre Behauptung zwar durch Beweise untermauern, doch sind natürlich auch andere Auslegungen möglich. Man kann beispielsweise argumentieren, die gelbe Farbe sei eine Eigenschaft, die spezifisch unter dem Begriff *Kanarienvogel* gespeichert wird, da sie eines der hervorstechendsten Merkmale dieser Tiere ist, während das Vorhandensein der Haut und die Atmung keine besonderen Charakteristika darstellen.

Nehmen wir die beiden folgenden Aussagen: 1. »Ein Kanarienvogel ist ein Vogel.« 2. »Ein Pinguin ist ein Vogel.« Nach dem Modell von Collins und Quillian sollte es gleich lange dauern, diese Aussagen zu verifizieren, da sie nur den Weg von *Kanarienvogel* oder *Pinguin* zur nächsthöheren Ebene, nämlich *Vogel*, erfordern. In Wirklichkeit dauert die Entscheidung, daß ein Pinguin ein Vogel ist, jedoch länger, als es beim Kanarienvogel der Fall ist. Woran liegt das? Eine Erklärung ist, daß ein Begriff wie *Vogel* nicht

einfach ein Etikett ist, das für jeden Vogel gilt. Er umschließt vielmehr einen Satz von Merkmalen, den Vögel für gewöhnlich besitzen, jedoch nicht immer im gleichen Ausmaß. Diese Erklärung wurde von Eleanor Rosch[4] nachgeprüft, indem sie Sätze bildete, die das Wort *Vogel* enthielten. Hier einige Beispiele: »Vögel fressen Würmer«; »Ich hörte einen Vogel singen«; »Ich sah, wie ein Vogel über das Haus flog«; »Der Vogel saß auf dem Zweig«. Jetzt tauschen Sie das Wort *Vogel* nacheinander gegen die folgenden Bezeichnungen aus: *Rotkehlchen, Adler, Strauß, Pinguin*. Ganz offensichtlich paßt *Rotkehlchen* in alle Sätze, *Adler, Strauß* und *Pinguin* fortschreitend in immer weniger. Kurz gesagt, Pinguin und Strauß sind weniger typische Vögel als der Adler, der seinerseits weniger typisch ist als das Rotkehlchen. Wenn Sie jemanden auffordern, innerhalb einer kurzen Zeitspanne so viele Vogelarten wie möglich aufzuzählen, wird er viel mehr typische Vögel wie Rotkehlchen

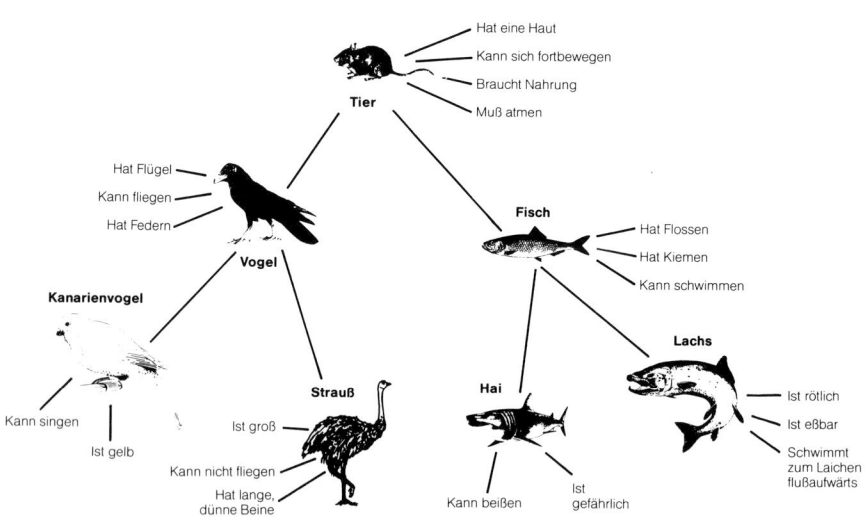

und Amseln nennen als atypische Arten wie Strauß oder Pinguin, obwohl er sehr genau weiß, daß sie alle zur Gattung der Vögel gehören. Fordert man die Testperson auf, die Aussage »Der Strauß ist ein Vogel« zu verifizieren, dauert es mit Sicherheit länger als die Bestätigung der Aussage »Das Rotkehlchen ist ein Vogel«.

Welche Bedeutung hat dies in bezug auf unser Wissenssystem? Es besagt, daß die von uns verwendeten Konzepte keinen streng definierten Kategorien zugehörig, sondern sehr viel freier bestimmt sind. Diese Erkenntnis verdanken wir dem Philosophen Wittgenstein, der die Kategorie *Spiele* verwendete. Welches sind die charakteristischen Merkmale eines Spiels? Wenn Sie versuchen, eine Definition zu finden, werden Sie feststellen, daß es sehr schwierig ist, auch nur einen einzigen Satz von Merkmalen zu entdecken, der allen Spielen gemein ist. Wittgenstein vertritt die Ansicht, daß man die

Mitglieder der Kategorie *Spiele* mit den Mitgliedern einer Familie vergleichen kann, die bestimmte Merkmale besitzen, welche bei allen wiederzufinden sind. Allerdings weisen manche Familienmitglieder mehrere dieser Merkmale auf, andere hingegen nur eins oder zwei, und oftmals ist es auch dann nicht dasselbe.

Manche Klassifizierungen sind Grenzfälle: Ist die Tomate eine Frucht oder ein Gemüse? Der Konflikt ergibt sich einerseits aus dem Aussehen und der Art des Wachstums und andererseits aus der Tatsache, daß die Tomate würzig schmeckt, die meisten Obstsorten hingegen süß. Ein anderes Beispiel ist der Delphin, der wie ein Fisch aussieht, über den wir jedoch ausdrücklich lernen müssen, daß er ein Säugetier ist, damit wir ihn aus der Kategorie *Fisch* ausschließen. Die Grenze, die wir für eine Kategorie setzen, kann je nach dem Kontext variieren; wir nennen zum Beispiel in der Umgangssprache die Spinne ein Insekt, obwohl wir wissen, daß sie, genaugenommen, zu den Arachniden zählt und für ein Insekt zu viele Beine hat.

Ein Konzept kann unter verschiedenen Bedingungen völlig verschiedene Grenzen haben. Die Bezeichnung *Unterdrükkung* hat als Begriff der Psychologie einen ganz anderen Sinn als im Zusammenhang mit einer Diktatur. Obwohl beide Bedeutungen einen gemeinsamen Ursprung haben, besteht zwischen ihnen ein signifikanter Unterschied. In solchen Situationen hängt die Kommunikation entscheidend davon ab, daß die Begriffsvorstellungen übereinstimmen.

John Bransford[5] hat einen Versuch beschrieben, in dem der Experimentator E. in das Arbeitszimmer seines Kollegen K. ging und schlicht sagte:»Bill hat ein rotes Auto.« K. reagierte wie folgt: Er blickte überrascht auf sein Gegenüber, schwieg ungefähr drei Sekunden lang und meinte dann:»Wovon reden Sie eigentlich?« Nachdem ihm E. kurz erklärt hatte, worum es ging, lachte K. und berichtete ihm, was in seinem Kopf vorgegangen war. Zuerst hatte er gedacht, daß E. über einen Bekannten von K., der Bill hieß, redete. Dann wurde ihm bewußt, daß E. diesen Mann gar nicht kennen konnte; außerdem würde Bill niemals ein rotes Auto kaufen. Als nächstes dachte K., daß E. den Namen verwechselt hatte und in Wirklichkeit hatte sagen wollen, daß J. (ein gemeinsamer Bekannter von K. und E.) ein neues Auto bestellt hatte, aber es überraschte ihn, daß es rot war und so schnell geliefert worden war. K. hatte außerdem noch ein paar weitere Hypothesen – und das alles innerhalb von drei Sekunden. Dann gab er es auf und sagte nur:»Wovon reden Sie eigentlich?«

## Schemata

Das gemeinsame Terrain, das für das gegenseitige Verständnis erforderlich ist, erstreckt sich weit über die bloße Gemeinsamkeit der Interpretation von einfachen Begriffen hinaus. Bitte lesen Sie die folgende Passage aus einem Versuchsbericht von Bransford und Johnson:[6]

»Das Verfahren ist eigentlich sehr einfach. Zuerst sortiert man die Objekte in verschiedene Gruppen. Natürlich könnte auch ein Haufen genügen, je nachdem, wieviel zu tun ist. Wenn man wegen fehlender Ausrüstung woanders hingehen muß, ist das der nächste Schritt, andernfalls kann es losgehen. Es ist wichtig, nichts zu übertreiben. Das heißt, es ist besser, wenige Dinge auf einmal zu tun als zu viele. Das mag auf kurze Sicht unwichtig erscheinen, aber es können sich leicht Schwierigkeiten ergeben. Ein Fehler kann auch teuer sein. Am Anfang sieht die ganze Prozedur kompliziert aus. Aber bald wird sie zu etwas, das zum Leben gehört. Es ist schwierig zu erkennen, warum diese Arbeit sofort getan werden muß, aber man kann ja nie wissen. Wenn der Vorgang beendet ist, sortiert man die Objekte wieder in verschiedene Gruppen. Dann kann man sie wieder dahin legen, wo sie hingehören. Nach einiger Zeit werden sie wieder benützt, und der ganze Zyklus muß wiederholt werden. Aber das gehört zum Leben.«

Bransford und Johnson forderten eine Anzahl Studenten auf, die Verständlichkeit dieser Passage auf einer Skala, die von eins bis fünf reichte, zu bewerten.

Die Probanden fanden, daß der Text ziemlich unverständlich war, was sich in einem Mittelwert von 2,29 ausdrückte. Als sie aufgefordert wurden, sich an den Text zu erinnern, boten sie erwartungsgemäß eine schwache Leistung; von 18 möglichen Ideen konnten sie nur 2,82 aufzählen. Eine zweite Gruppe wurde *nach* dem Lesen, aber *vor* der Prüfung informiert, daß der Inhalt des Textes vom Wäschewaschen handelte. Dadurch konnte jedoch weder die Verständlichkeit noch die Gedächtnisleistung verbessert werden. Einer dritten Gruppe wurde vor dem Lesen mitgeteilt, worum es ging. Die Verständlichkeit wurde daraufhin mit 4,5 von 5 bewertet, und die Probanden erinnerten sich an doppelt so viele Ideen. Lesen Sie den Text jetzt noch einmal und denken Sie daran, daß es sich bei der geschilderten Arbeit um Wäschewaschen handelt.

Die mangelhafte Verständlichkeit der Beschreibung war nicht darauf zurückzuführen, daß Autor und Leser verschiedene Konzepte hatten, sondern darauf, daß die Leser nicht auf die Situation eingestimmt waren. Sobald sie sich des richtigen semantischen Kontextes bewußt wurden, ergab der Text einen Sinn. Ähnliche Effekte beobachtete der britische Psychologe David Bruce[7] in einem Versuch, bei welchem Personen auf Sätze lauschten, die vor einer lauten Geräuschkulisse gesprochen wurden, und diese dann wiederholten. Bruce konnte demonstrieren, daß die Probanden, wenn sie den Kontext kannten, die Wörter besser verstanden. Wenn ihnen beispielsweise das Stichwort *Sport* gegeben wurde, konnten sie Sätze wie »Unser Mittelstürmer schoß das Siegestor« korrekt wiederholen.

Stichwörter dieser Art können den Zugang zu einem ganzen Wissenskomplex über ein bestimmtes Thema öffnen. Sir Frederick Bartlett[8] nannte solche Wissensstrukturen *Schemata*. In späteren Theorien wurde entweder Bartletts Bezeichnung verwendet oder manchmal eine neue geprägt, zum Beispiel *Rahmen* oder *Skripten*. Beide sind im Kern Schemakonzepte, die von Computerwissenschaftlern entwickelt wurden, um Programme zu konstruieren, die das Verständnis eines Textes simulieren.

## Skripten

Ein Skript ist im wesentlichen ein integriertes Informationspaket, das die Auslegung oder das Verständnis eines gegebenen Ereignisses beeinflussen kann. Ein Beispiel: Eine Geschichte, in dem ein Restaurant eine Rolle spielt, setzt ein »Restaurant«-Skript in Kraft, das alle Informationen enthält, über die der Leser bereits verfügt, also daß man zusammen mit anderen Leuten an einem Tisch zu sitzen pflegt, daß das Essen gekocht und von einem Kellner serviert wird, daß der Kellner das Essen aus einer Küche holt und später erwartet, daß man ihn bezahlt, ihm ein Trinkgeld gibt und so weiter. Es sind Informationen dieser Art, die dann in einer Aussage zum Ausdruck kommen, wie etwa: »›Bei Luigi‹ ist ein gutes Restaurant, aber die Bedienung läßt sich Zeit.« Genau betrachtet, enthält dieser Satz mehrere Aussagen, denen man entnehmen kann, daß das Essen von Kellnern serviert wird, daß man eine Mahlzeit erst bestellen kann, wenn der Kellner an den Tisch kommt, daß der zweite Gang erst dann gebracht wird, wenn das Geschirr des ersten Ganges abgeräumt ist, und daß die Geschwindigkeit, mit der diese Vorgänge ablaufen, variiert. Im Gegensatz dazu ist eine Aussage wie »›Bei Luigi‹ ist eine gute Sporthalle, aber die Bedienung läßt sich Zeit«

verwirrend, weil das »Sporthallen«-Skript und das »Kellner«-Skript nicht zusammenpassen. Deshalb kann man in dieser Aussage nur dann einen Sinn finden, wenn man vermutet, daß »Sporthalle« der Name eines Restaurants ist oder daß die Bezeichnung »Bedienung« sich auf eine Tätigkeit bezieht, die der eines Kellners entspricht, sich aber in einer anderen Form abspielt, also zum Beispiel die Ausgabe von Sportgeräten oder von Schlüsseln für Garderobenschränke beinhaltet. R. C. Schank[9], der das Skript-Konzept ursprünglich entwickelte, hat in seine Computerprogramme Informationen über die relevanten Skripten eingebaut, und daher sind sie fähig, über den eigentlichen Textinhalt hinaus Aussagen zu machen, indem sie auf Grund von früherem Wissen Schlußfolgerungen ziehen. In dieser Hinsicht haben sie eine gewisse Ähnlichkeit mit dem menschlichen Begriffsvermögen.

Schank hat eine Reihe von Programmen entwickelt, die das Phänomen der Inferenz eindrucksvoll demonstrieren, aber gerade dadurch hat er das Problem aufgeworfen, was in ein Skript mit aufgenommen werden sollte und was nicht. Sollte ein »Kellner«-Skript auch die Aussage enthalten, daß Kellner für gewöhnlich Socken tragen? Wahrscheinlich nicht, denn zumindest in den westlichen Ländern tragen die meisten Männer Socken. Aber wenn diese Aussage dennoch eingebaut wird, sollte sie dann Informationen darüber enthalten, wie Socken aussehen und sich anfühlen und daß sie, im Falle eines Kellners, vermutlich schwarz und nicht rot sind? Derartige Informationen stehen dem Leser wahrscheinlich potentiell zur Verfügung, aber natürlich wird davon wohl kaum Gebrauch gemacht, wenn es nicht unbedingt erforderlich ist. Gleichermaßen werden Informationen, wie sie in einem Skript von Schank spezifiziert werden, von Menschen nur selten in dieser Form verwendet. Nehmen wir als Beispiel den

einfachen Satz: »John fuhr mit dem Bus nach New York.« Schanks Programm würde diese Aussage wie folgt interpretieren: »John ging zu einer Bushaltestelle. Dort wartete er ein paar Minuten. Er stieg in einen Bus ein. Er gab dem Fahrer sein Ticket. John ging zu einem freien Platz. Dort setzte er sich hin. Der Fahrer brachte ihn nach New York. John stieg aus dem Bus aus.«

Nun muß John aber nicht unbedingt gesessen sein, er hätte ja auch stehen können. Ebenso wäre es möglich gewesen, daß er sofort einen Bus erwischte oder sehr lange warten mußte. Das Skript könnte auch spezifizieren, daß John, bevor er einstieg, wartete, bis die Tür aufging, oder daß er vor dem Aussteigen wartete, bis der Bus hielt. Welche Überlegungen haben Schank dazu bewogen, diese Aussagen wegzulassen? Das ist leider eines der großen Probleme, mit denen man konfrontiert wird, wenn man versucht, ein System nachzuahmen, das so umfangreich und vielschichtig ist wie das menschliche semantische Gedächtnis. Es enthält eine unermeßliche Menge zueinander in Beziehung stehender Informationen, von denen jede einzelne, zumindest im Prinzip, in Verbindung mit irgendeiner anderen verwendet werden kann. Es ist klar, daß bei jeder Simulation durch ein Computerprogramm einige Verbindungsglieder entfallen, und das wirft die Frage auf, welche man weglassen soll und welche nicht. Jede derartige Entscheidung wird in gewisser Weise willkürlich sein; wenn dann eine Simulation mißlingt, steht man vor der Frage, ob das daran liegt, daß die Simulation grundsätzliche Fehler enthält, oder daran, daß auf Grund der erforderlichen Begrenztheit einige Einzelheiten weggelassen werden mußten. Dieses Problem wird uns noch lange plagen, aber trotz aller Schwierigkeiten bei der Simulation des Gedächtnisses können Computerprogramme jener Art für die Forschung wertvolle Denkanstöße liefern.

## Die Natur des semantischen Gedächtnisses: Bilder oder Abstraktionen?

Bisher haben wir uns noch nicht mit den Elementen beschäftigt, aus denen das semantische Gedächtnis besteht. Es wäre naheliegend anzunehmen, daß es sich mit Assoziationen zwischen Wörtern befaßt. Eine bessere Erklärung ist, daß der Inhalt des semantischen Gedächtnisses aus Begriffen oder Ideen besteht, die in manchen Fällen natürlich zu Wörtern *in Beziehung* stehen, aber in sich selbst keine Wörter sind. Da die Semantik jedoch in der Hauptsache das Forschungsgebiet von Linguisten oder Psycholinguisten ist, wird die Bedeutung des Inhalts vorwiegend mit der Sprache in Zusammenhang gebracht. Der Einfluß der Sprache auf die Bedeutung wurde wohl am stärksten von dem Sprachwissenschaftler Benjamin Lee Whorf[10] in seiner *linguistischen Relativitätshypothese* herausgestellt. Whorf ist der Meinung, daß die Sprache nicht nur ein Instrument ist, mit dessen Hilfe man seine Vorstellung von der Welt zum Ausdruck bringt, sondern daß die Sprache selbst diese Vorstellung bestimmt: »Wir zergliedern die Natur entlang Linien, die von unserer Muttersprache vorgezeichnet sind. Die Kategorien und Muster, die wir von der Welt der Phänomene isolieren, finden wir dort nicht, weil sie dem Beobachter deutlich vor Augen stehen; die Welt ist im Gegenteil in einem kaleidoskopischen Strom von Eindrücken präsentiert, den wir in unserem Geist organisieren müssen – und das heißt, daß dies weitgehend durch das linguistische System unseres Geistes geschieht.«

Diese Auffassung bildet die Grundlage für Whorfs Argument, daß Menschen, die verschiedene Sprachen sprechen, die Welt unterschiedlich sehen und im Gedächtnis behalten. Zur Untermauerung seiner Ansicht zitiert Whorf Beispiele über die Schwierigkeit, Sprachen aus andersartigen Kulturen zu übersetzen. Eines dieser Beispiele bezieht sich auf die Sprache der Apachen, in welcher der Satz »Es ist eine tröpfelnde Quelle« durch eine Formulierung mit der folgenden Bedeutung ausgedrückt wird: »Als Wasser oder Quellen wandert Weißes nach unten.« In den Sprachen der Eskimos gibt es, wie heute bekannt ist, zahlreiche Adjektive, die verschiedene Schneequalitäten beschreiben, und es dürfte klar sein, daß ein Eskimo diese Unterschiede viel besser wahrnehmen und im Gedächtnis behalten kann als ein Bewohner des Mittelmeerraums. Allerdings stellt sich hier die Frage, wer zuerst da war – die Henne oder das Ei. Whorf würde behaupten, daß die Sprache die Welt des Eskimos strukturiert, aber ebensogut könnte man argumentieren, daß sich die Sprache des Eskimos als Folge seiner andersartigen Wahrnehmung der Welt entwickelt hat. Wie kann man diese beiden Standpunkte auf ihre Richtigkeit prüfen? Zum Glück gibt es Verfahren, die geeignet sind, uns bei der Lösung dieser komplizierten Aufgabe zu helfen.

Vor ungefähr 30 Jahren haben die amerikanischen Psychologen Roger Brown und Eric Lenneberg[11] in umfangreichen Versuchen demonstriert, daß bestimmte Farben besonders schnell benannt und im Gedächtnis behalten werden. Solche »fokalen« Farben wurden von den Testpersonen fast durchweg mit den richtigen Bezeichnungen angeführt. Außerdem waren diese Bezeichnungen kurz, z.B. Rot oder Grün, während weniger fokale Farben längere Bezeichnungen hatten, etwa Zinnoberrot oder Ockerbraun. Die Auswertung der Ergebnisse erfolgte nach der Hypothese von Whorf, wonach Farben, die einprägsame verbale Etiketten besitzen, mühelos wahrgenom-

*Die Eskimos kennen viele verschiedene Schneebeschaffenheiten und verfügen deshalb über ein umfangreiches »Schneevokabular«.*

*Zwei Männer vom Stamm der Dani aus Neuguinea. Die Sprache der Dani enthält keine genauen Farbbezeichnungen, nur Wörter für »dunkel« und »hell«.*

men und gut erinnert werden. Eleanor Rosch[12] vertrat jedoch die Meinung, daß die alternative Auslegung, nämlich daß die Sprache der Wahrnehmung folgt, gleichermaßen einleuchtend ist, und es gelang ihr, für diese Behauptung überzeugende Beweise vorzulegen. Sie testete Angehörige der Dani, eines noch immer auf dem Niveau der Steinzeit lebenden Stammes in Neuguinea. Dessen Sprache, ebenfalls Dani genannt, enthält nur zwei Bezeichnungen für Farben, die in etwa »dunkel« und »hell« bedeuten. Wenn Whorf recht hätte, so argumentierte Frau Rosch, dürften die Dani Sprechenden nicht die normale Tendenz zeigen, fokale Farben wiederzuerkennen und mühelos zu lernen. Es erwies sich, daß das Leistungsniveau der getesteten Dani zwar niedriger war als das von amerikanischen Probanden, daß sie jedoch fähig waren, fokale Farben voneinander zu unterscheiden und im Gedächtnis zu behalten. Obwohl ihre Sprache keine Bezeichnungen für Rot, Grün und Gelb enthält, hatten die Dani mit diesen Farben keinerlei Schwierigkeiten, woraus man schließen kann, daß die Sprache der Wahrnehmung folgt und nicht umgekehrt.

Eine etwas weniger extreme sprachwissenschaftliche Theorie besagt folgendes: Obwohl unsere Wahrnehmungsfähigkeit möglicherweise Grundlage und Triebfeder des semantischen Systems ist, werden die empfangenen Informationen in der Form eines linguistischen Systems verschlüsselt. Das gilt natürlich nicht für alle semantischen Informationen, denn ein großer Teil davon liegt außerhalb unseres verbalen Ausdrucksvermögens. Ein Beispiel dieser Art ist unser Wissen über die äußeren Formen von Staaten. Diese Frage wurde kürzlich von Ian Moar[13] mit einer Methode untersucht, die er *mentale Triangulation* nennt. Sie basiert auf der von Landvermessern bei der Kartierung verwendeten Technik. Aber während der Landvermesser auf Festpunkte bezogene Winkelmessungen vornimmt,

mußten Moars Testpersonen die in Frage kommenden Richtungen einzeichnen. Jeder Proband erhielt ein Blatt Papier mit einer senkrechten Linie, oben mit der Angabe »Nord« markiert, unten mit einem Punkt abgeschlossen, und mußte dann Linien einzeichnen, die der Himmelsrichtung zwischen Städtepaaren in Großbritannien entsprachen, zum Beispiel London und Edinburgh, Edinburgh und Birmingham, Birmingham und Bristol, Bristol und London. Mit Hilfe von Verbindungslinien entstand so eine mentale Landkarte, die dem Vorstellungsbild entsprach, das der Proband von der Form des Staates hatte. Die Zeichnungen auf Seite 96 f. sind die Ergebnisse zweier Gruppen von Testpersonen; die eine Gruppe wurde aus Cambridger Hausfrauen, die andere von Hausfrauen aus Glasgow gebildet.

Die Glasgower Hausfrauen zeichneten Schottland übertrieben groß, die Engländerinnen verfuhren mit England genauso, allerdings etwas gemäßigter. Großbritannien hat, grob gesehen, die Form eines leicht schief liegenden Dreiecks. Es ist interessant, daß beide Gruppen das Dreieck »geradegerückt« haben.

Niemand kann wohl behaupten, daß mentale Landkarten rein verbal dargestellt werden, und ebenso sicher ist, daß niemand eine ausschließlich verbale Interpretation unserer Erinnerung an Konrad Adenauers Gesicht oder an die Farben eines Sonnenuntergangs als wirklichkeitsgetreu verteidigen würde - ganz zu schweigen von dem Geräusch, das ein Orchester beim Stimmen der Instrumente produziert oder von dem Geschmack von Camembert. Es ist also viel leichter, eine sprachliche Interpretation der semantischen Kategorien, die wir weiter oben diskutiert haben, zu verteidigen. Sind aber Begriffsklassen wie *Obst, Tischlerwerkzeuge* und *Vögel* grundsätzlich Sprachkategorien, oder sind sie Kategorien, die zufällig ein linguistisches Etikett haben?

In einem von Potter und Faulconer[14] durchgeführten Versuch mußten die Probanden Bilder von alltäglichen Gegenständen benennen oder in Klassen einteilen beziehungsweise die gedruckten Namen der Objekte lesen oder in Kategorien ordnen. Die Klassifizierung der Abbildung eines Hundes als ein Tier oder einer Säge als ein Tischlerwerkzeug vollzogen die Testpersonen genauso schnell wie die Einordnung der Objektnamen und *schneller,* als sie den Namen für die Abbildung finden konnten. Würist, daß Begriffe in einem abstrakten Kode gespeichert werden, der sich bei Bedarf in eine verbale oder linguistische Form oder in ein Vorstellungsbild übertragen läßt, genauso wie eine in einem Computer gespeicherte Information auf den entsprechenden Befehl entweder auf einer Kathodenstrahlröhre dargestellt, von einem Teleprinter ausgedruckt oder, wenn das entsprechende Peripheriegerät vorhanden ist, in eine Serie von Tönen umgewandelt werden kann. In allen drei Fällen kann es sich um ein und dieselbe

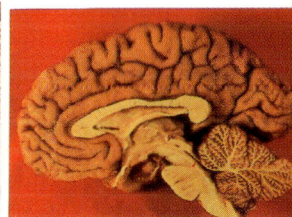

de die Einordnung in Begriffsklassen davon abhängen, daß zuerst das Bild benannt wird, dann gäbe es keine Möglichkeit, wie sie schneller erfolgen könnte als durch die Benennung.

Ist es also möglich, daß semantische Begriffe als Vorstellungsbilder gespeichert werden? Es steht außer Zweifel, daß visuelle oder räumliche Merkmale eine wichtige Rolle spielen können. Man kann zum Beispiel eine Vorstellung von allen runden oder roten Dingen haben, aber es ist sehr viel schwieriger, Beweise dafür vorzubringen, daß Begriffe wie *Gerechtigkeit* oder *Schuld* vorwiegend in der Form ihrer visuellen Merkmale gespeichert werden. Natürlich lassen sich optische Vorstellungen erzeugen, die in gewissem Sinne die Gerechtigkeit symbolisieren, aber solche Bilder wären für die Bewertung, ob ein Gerichtsurteil gerecht war oder nicht, kaum eine Hilfe. Die wahrscheinlich plausibelste Vermutung

Information handeln, nur die Art und Weise der Darstellung ist völlig verschieden.

Die Lebhaftigkeit der eigenen visuellen Vorstellungskraft wird außerordentlich unterschiedlich beurteilt. Allerdings spiegeln sich diese Unterschiede nur selten, wenn überhaupt, in dem Inhalt wider, der tatsächlich in Erinnerung gerufen wird, wenngleich laut Bartlett Menschen, die von der optischen Vorstellung Gebrauch machen, beim Wiedererinnern mehr Selbstvertrauen zeigen als diejenigen, die sich einer verbalen Strategie bedienen. Die Tatsache, daß sich keine Unterschiede manifestieren, beruht vermutlich darauf, daß das, was wiedererinnert wird, von der Art der gespeicherten Information und nicht von der gewählten Methode der Darstellung bestimmt wird. Man könnte die visuelle Vorstellung mit der Wiedergabe auf einer Kathodenstrahlröhre und die verbale Me-

*Drei Computer mit zunehmend höherer Komplexität und Leistungsfähigkeit. Von links nach rechts: eine Maschine aus den frühen sechziger Jahren, deren Aufgabe es war, die wirtschaftlichsten Methoden der Stromerzeugung und -verteilung zu ermitteln; ein Heimcomputer der frühen achtziger Jahre; ein noch besserer »Heimcomputer«.*

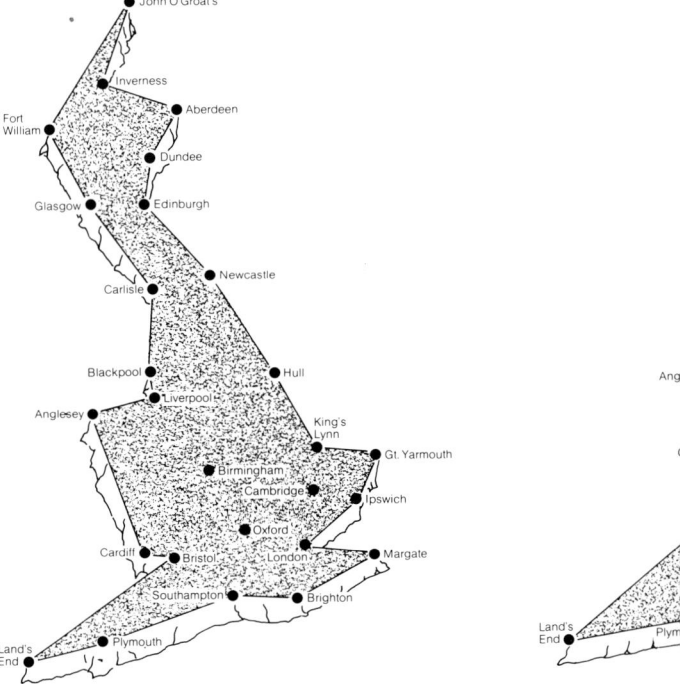

*Links: Eine schematische Darstellung Großbritanniens, in die alle Städte korrekt eingetragen sind.*

*Mitte: So sieht Großbritannien in der Vorstellung von Cambridger Hausfrauen aus. Beachten Sie die relativ großen Entfernungen zwischen den Städten in Südengland.*

*Rechts: Diese Version wurde von Hausfrauen aus Glasgow produziert. Hier fällt auf, wie extrem die Entfernungen zwischen den Städten südlich von Carlisle zusammengeschrumpft sind.*

thode mit dem Ausdruck eines Teleprinters vergleichen; da jedoch beide ein und denselben abstrakten Speicher in Anspruch nehmen, ergeben sich in bezug auf die Genauigkeit des erinnerten Materials keine Unterschiede.

## Das Lernen von neuen Begriffen

Bis jetzt haben wir uns nur damit befaßt, wie vorhandenes Wissen gespeichert und abgerufen wird, sind aber noch nicht auf die überaus wichtige Frage eingegangen, wie neue Begriffe erworben werden. Diese Frage ist das Kernstück allen Lernens und somit von entscheidender Bedeutung, und doch wird sie nur sehr mangelhaft verstanden. Die Lernpsychologie hat sich weitaus mehr mit dem episodischen Gedächtnis, also der Erinnerung von Erfahrungen, als mit dem semantischen Gedächtnis, das heißt der Entwicklung von Wissen, beschäf-

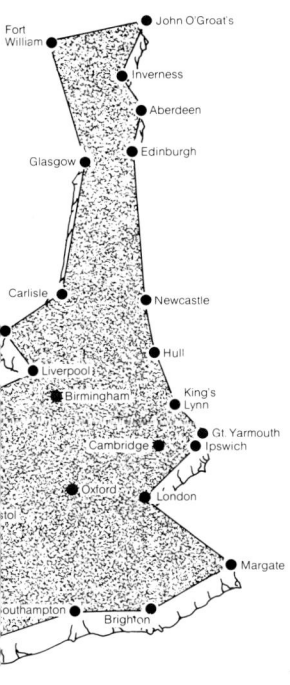

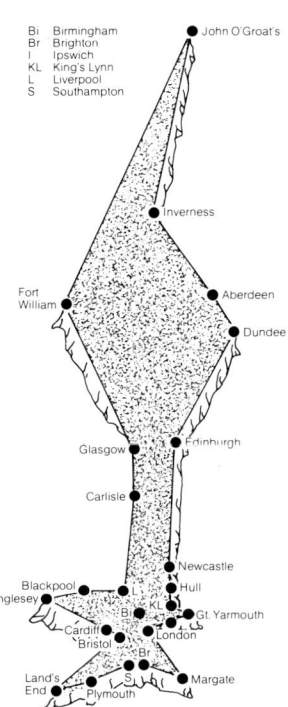

tigt, und auch heute noch ändert sich diese Sachlage nur sehr zögernd.

Das Problem der Begriffserfassung hat die Psychologen schon seit langem interessiert, aber bisher lag die Betonung mehr auf der Begriffsidentifikation als auf dem Erlernen neuer Begriffe. In einer Untersuchung über die Begriffsidentifikation pflegt der Experimentator ziemlich willkürlich eine bestimmte Kombination von Merkmalen auszuwählen, und die Testperson muß herausfinden, um was für eine Kombination es sich handelt. Die Mitte der vierziger Jahre von Heidbreder[15] durchgeführten Versuche sind ein gutes Beispiel für diese Methode. Heidbreders Testpersonen mußten sinnlose Wörter, etwa *RELK, FARD* und *LING,* verschiedenen Klassen von Gegenständen zuordnen.

Man kann argumentieren, daß diese Art von Begriffserwerb der Aufgabe entspricht, mit der ein kleines Kind, das gerade zu sprechen lernt oder versucht, seine Umwelt zu begreifen, konfrontiert ist. Was für Ergebnisse haben solche Studien gezeitigt?

Wie man erwarten konnte, scheint es leichter zu sein, konkrete Begriffe wie *Gebäude, Tier, Gesicht* zu lernen als ab-

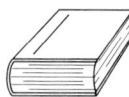

*Den meisten Menschen würde es leichter fallen, die oben und auf der gegenüberliegenden Seite abgebildeten Gegenstände zu erinnern als die zugehörige Wörterliste Taschenlampe, Bär, Buch, Kuchen, Handschuh, Anker und so weiter. Dies liegt*

strakte wie *Zweiheit* oder *Rundheit*. Ein Begriff, der sich auf ein sichtbares Merkmal, beispielsweise Größe oder Farbe, stützt, wird schneller gelernt als einer, der auf weniger auffälligen Merkmalen basiert. Sind zwei Merkmale beteiligt, lassen sich konjunktivische Regeln – wobei der Begriff beide Merkmale verlangt (zum Beispiel grün *und* viereckig) – leichter anwenden als disjunktivische Regeln, wo das Zielobjekt nur grün *oder* viereckig zu sein braucht.

Über die Begriffsidentifikation sind zahlreiche Berichte veröffentlicht worden; in vielen von ihnen werden relativ komplexe Methoden beschrieben, mit deren Hilfe man versucht hat, vorherzusagen, wie Menschen sich bei solchen Aufgaben verhalten. Ich persönlich bin nicht überzeugt davon, daß Aufgaben dieser Art viel Ähnlichkeit mit dem Prozeß haben, durch den Kinder etwas über ihre Umwelt erfahren oder ihre Sprache lernen, und obwohl sie gelegentlich von praktischem Wert sind – beispielsweise für die Diagnose, ob bei einem Gehirngeschädigten ein Defekt des Stirnlappens vorliegt –, bin ich der Meinung, daß sie sehr wenig darüber aussagen, wie unser umfangreicher und vielschichtiger Bestand an Wissen entwickelt und zugänglich gemacht wird.

Erfolgversprechender erscheint die Methode zu sein, die John Bransford und seine Kollegen[16] an der Vanderbilt University in Tennessee ausgearbeitet haben. Sie wird in Bransfords Buch *Human Cognition*[17] ausführlich beschrieben, aber das folgende Beispiel, das aus der Dissertation seines Schülers K. E. Nitsch stammt, vermittelt einen recht guten Eindruck davon. Nitsch lehrte seine Testpersonen eine Serie von Begriffen, die auf soziale Situationen anwendbar waren, wie etwa

CRINCH – jemanden durch eine unpassende Handlung erzürnen,

MINGE – sich gegen eine Person oder eine Sache zusammenrotten,

RELL – jemanden aus einer gefährlichen oder problematischen Situation retten.

Nitsch wollte nicht nur herausfinden, wie gut die Probanden diese Definitionen lernen, sondern auch, wie gut sie sie auf neue Situationen übertragen, das heißt sie generalisieren konnten. In einem Versuch bot er sechs Begriffe jener Art dar und forderte eine Gruppe Probanden auf, diese so zu lernen, daß sie jedesmal, wenn sie einen Begriff hörten, fähig waren, eine Definition zu produzieren. Die zweite Gruppe lernte die Begriffe an Hand von Beispielen, bis sie jedes davon korrekt einer Klasse zuordnen konnte. Bei der Prüfung wurden dann Beispiele verwendet, die beiden Gruppen völlig neu waren. Die Probanden, welche die Definitionen gelernt hatten, schnitten erheblich schlechter ab als diejenigen, die an Hand von Beispielen gelernt hatten.

In einem zweiten Experiment ging es um die Menge der beim Lernen benützten Beispiele. Es wurde erklärt, daß der Ausdruck CRINCH ursprünglich von Kellnerinnen, der Ausdruck MINGE ursprünglich von Cowboys verwendet worden war. Der einen Gruppe wurden Beispiele zugeteilt, die alle aus diesen beiden Kontexten stammten, die andere Gruppe erhielt dieselben Informationen über die Ursprünge, aber die Aufgaben enthielten eine größere Anzahl Beispiele.

Nachdem die Probanden die Begriffe CRINCH und MINGE so gut gelernt hatten, daß sie bei der Anwendung kaum Fehler begingen, wurden ihnen bei einer erneuten Prüfung Beispiele aus sozialen Kontexten präsentiert, die beide Gruppen vorher nicht gekannt hatten. Bei beiden sank die Quote der korrekten Anwendung. Bei Gruppe I, die an Hand von Beispielen aus gleichbleibenden Kontexten geübt hatte, fiel sie von 89 Prozent beim alten Kontext auf 67 Prozent beim neuen; bei Gruppe II, die mit Beispielen aus variierten Kontexten geübt hatte, sank sie von 91 Prozent auf 84 Prozent. Es ist also klar, daß Gruppe II das gelernte Material besser auf neue Situationen übertragen konnte.

### Gruppe I – Gleichbleibender Kontext für ein neues Wort

CRINCH: jemanden durch eine unpassende Handlung erzürnen; ursprünglich von Kellnerinnen verwendet. Sprachgebrauch: Wenn ein Gast kein Trinkgeld gibt; wenn Gäste die Preise auf der Speisenkarte kritisieren; wenn ein Gast absichtlich Ketchup verschüttet; wenn Gäste sich über langsame oder mangelhafte Bedienung beschweren.

MINGE: sich gegen eine Person oder eine Sache zusammenrotten; ursprünglich von Cowboys verwendet. Sprachgebrauch: Wenn drei oder mehr Reiter ein einziges Tier zum Ziel nehmen; wenn drei oder mehr zusammenarbeiten, um ein Tier zu brennen; wenn drei oder mehr einen Wolf oder ein anderes Raubtier einkreisen, um sein Entkommen zu verhindern; wenn drei oder mehr vereint auf einen Viehdieb losgehen.

### Gruppe II – Variierter Kontext für ein neues Wort

CRINCH: jemanden durch eine unpassende Handlung erzürnen; ursprünglich von Kellnerinnen verwendet. Sprachgebrauch: Wenn ein Mann beim Betreten einer Kirche nicht den Hut abnimmt; wenn ein Zuschauer bei einer öffentlichen Veranstaltung den hinter ihm Ste-

henden die Sicht versperrt; wenn jemand Zigarettenasche über einen blankpolierten Tisch verstreut; wenn Gäste sich über die langsame Bedienung beschweren.

MINGE: sich gegen eine Person oder eine Sache zusammenrotten; ursprünglich von Cowboys und Kuhhirten verwendet. Sprachgebrauch: Wenn eine Schar unzufriedener Seeleute dem Kapitän mit Meuterei droht; wenn das Publikum eine mittelmäßige Theatervorstellung ausbuht; wenn jemand hilflos ist und sich nicht gegen einen Angriff zur Wehr setzen kann; wenn eine Gruppe von Cowboys vereint auf einen Viehdieb losgeht.

Nitsch konnte demonstrieren, wie wichtig es ist, dem Lerner eine große Zahl von Beispielen darzubieten, wenn man ihm Begriffe beibringen möchte, die er generalisieren soll. Leider hat diese Methode einen Nachteil. Nitsch machte die Erfahrung, daß die Teilnehmer der Gruppe mit einem einzigen Kontext zum Lernen nur vier Durchgänge brauchten, während Probanden, denen während der Lernphase mehrere Begriffe dargeboten wurden, viel größere Schwierigkeiten hatten und mehr Übungen benötigten. Deshalb entwickelte er für den nächsten Versuch ein gemischtes Übungsschema, das auf dem Prinzip der variierten Übung basierte, aber die Probleme vermied, die in der ersten Lernphase durch die Darbietung zu vieler Beispiele entstanden ist. Bei diesem Experiment arbeitete er mit drei Gruppen, die jeweils sieben Durchgänge absolvierten. Die Gruppe mit gleichbleibendem Kontext erhielt ausschließlich Beispiele aus jenem sozialen Zusammenhang, aus dem die Begriffe stammten. Die Gruppe mit variiertem Kontext übte zuerst ebenfalls mit Beispielen aus dem ursprünglichen Zusammenhang, dann folgten drei

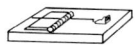

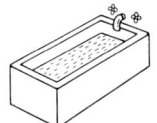

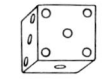

*daran, daß optisch aufgenommenes Material sowohl verbal als auch visuell kodiert werden kann. Doppeltes Kodieren erhöht die Wahrscheinlichkeit, daß etwas erinnert wird. So läßt sich auch erklären, warum Wörter, die intensive Vorstellungsbilder heraufbeschwören, einprägsamer sind als Abstraktionen.*

Durchgänge mit variierten Kontexten. Der dritten Gruppe wurden Beispiele mit gemischtem Kontext angeboten. Bei allen drei Gruppen wurde anschließend geprüft, inwieweit sie fähig waren, ihre Begriffe auf neuartige soziale Situationen anzuwenden. Die nachstehende Tabelle zeigt die Ergebnisse:

| Korrekte Anwendung von Begriffen | Alte Materie | Neue Materie |
|---|---|---|
| Gruppe mit gleichbleibendem Kontext | 90 Prozent | 69 Prozent |
| Gruppe mit variiertem Kontext | 92 Prozent | 82 Prozent |
| Gruppe mit gemischtem Kontext | 90 Prozent | 92 Prozent |

*Das Gedächtnis des Computers in Form einer flexiblen Magnetplatte (»Floppy Disc«). Die Daten werden entlang kreisförmiger Spuren gespeichert und können vom Computer gelesen, ergänzt oder verändert werden. Floppy Discs, deren Inhalt sich nach Bedarf variieren läßt, sind externe Speicher. Das interne Gedächtnis des Computers wird durch Silizium-Chips realisiert.*

Wie im vorangegangenen Versuch erreichten alle Gruppen ungefähr 90 Prozent Genauigkeit, wenn der ursprüngliche Kontext verwendet wurde. Ebenso fiel es den Probanden mit gleichbleibendem Kontext schwerer, die Begriffe auf neue Situationen anzuwenden, als der Gruppe mit variiertem Kontext. Wie sah es bei der dritten Gruppe aus? Das gemischte Übungssystem erwies sich als überaus erfolgreich. Nicht nur, daß die Probanden nicht mehr Durchgänge benötigten als die Gruppe mit gleichbleibendem Kontext, sie konnten die Begriffe sogar besser übertragen als die Gruppe mit variiertem Kontext. Hieraus ergibt sich die Schlußfolgerung, daß es leichter fällt, neue Begriffe zu lernen, wenn die Zahl der Beispiele begrenzt ist; falls die Information aber generalisiert werden soll, ist es wichtig, ein breites Spektrum von Erfahrungen zu vermitteln.

Diese Schlußfolgerung ist natürlich nicht sonderlich revolutionär. In den meisten Berufsausbildungen wird ähnlich verfahren. Ein Medizinstudent lernt zuerst in etwas vereinfachter Form, wie der menschliche Körper funktioniert, und danach lernt er, welche Wirkung die einzelnen Krankheiten auf die Körperfunktionen haben können. Während der klinischen Ausbildung kommt er in den jeweiligen Abteilungen mit vielen Beispielen in Berührung. In jeder Abteilung ist die Zahl der möglichen Erkrankungen begrenzt, so daß er sich kaum um neurologische Faktoren zu kümmern braucht, wenn er sich mit Magen- und Darmleiden beschäftigt, oder um Hautkrankheiten, wenn er auf der Entbindungsstation arbeitet. Als Medizinalassistent wird er dann mit einer größeren Vielfalt von Erkrankungen konfrontiert, vielleicht arbeitet er auch in der Notaufnahme, und er steht viel weniger unter direkter Aufsicht. Wenn er schließlich zum Beispiel seine Zulassung als Arzt für Allgemeinmedizin erhält, verfügt er bereits über umfangreiche Erfahrungen, die ihm helfen, die Kluft zwischen seinem theoretischen Wissen über eine bestimmte Krankheit und ihrer Manifestation bei einem Patienten, der möglicherweise noch andere Gesundheitsprobleme hat, zu überbrücken.

# 7. Wiedererinnern: Der verschlossene Speicher wird geöffnet

Stellen Sie sich vor, Sie wären ein Spion und müßten die folgende Kodebotschaft auswendig lernen:

Λ Λ Y S Λ
S M J P T C

Sehen Sie auf die Uhr und stellen Sie fest, wie lange Sie dazu gebraucht haben.

Man vergleicht das Gedächtnis oft mit einer riesigen Bibliothek, die mit vielfältigen Informationen angefüllt ist. Damit diese Bibliothek von Nutzen sein kann, müssen die Informationen zugänglich sein, und das bedeutet, daß sie organisiert und katalogisiert werden müssen. Wie wir in Kapitel 3 gesehen haben, ist der Organisationsprozeß von entscheidender Bedeutung, denn ohne ordentliche und systematische Speicherung sind die Informationen im gegebenen Zeitpunkt nicht zugänglich. Ein unorganisiertes Gedächtnis wäre wie eine Bibliothek, in der die Bücher wahllos in den Regalen stehen; ein Historiker, der etwas über die Französische Revolution nachlesen wollte, müßte Tausende von Büchern durchsehen, bis er die benötigte Information fände. Eine solche Bibliothek wäre ziemlich nutzlos. Auch die Art der Organisation ist wichtig. Wenn man die Bücher zum Beispiel nach der Farbe des Einbandes ordnen würde, wäre das für unseren Historiker keine Hilfe, es sei denn, er wüßte zufällig, welche Farbe der Einband des gesuchten Buches hat.

Wesentlich besser wäre eine alphabetische Klassifizierung nach Themen. Wir würden dann also unter »F« für »Französisch« oder unter »R« für »Revolution« nachsehen. Aber wenn ich nun Joseph Conrads Roman *Heart of Darkness* suchen würde? Müßte ich dann unter »H«, »D« oder unter »R« für »Roman« suchen? Wir brauchen folglich auch eine auf den Autorennamen bezogene Querklassifikation. Nehmen wir an, ich wüßte nur, wovon das Buch handelt und daß es von einem polnischen Autor stammt, von dem bekannt ist, daß er in englischer Sprache schrieb. In diesem Fall bliebe mir nichts anderes übrig, als die Suche im Katalog aufzugeben und mit dem Bibliothekar zu sprechen, denn das menschliche Querklassifikationssystem ist viel reichhaltiger und flexibler - wenn auch weniger zuverlässig - als die meisten der bisher für Bibliotheken entwickelten Organisationspläne.

Kann man das Langzeitgedächtnis, in dem die große Menge der Informationen, die wir Tag für Tag aufnehmen, ordentlich kodiert und abrufbereit gespeichert werden, aber wirklich mit einer Bibliothek vergleichen? Subjektiv gesehen, ist die Menge der Informationen, die wir vergessen, viel größer als die Menge der Inhalte, an die wir uns erinnern. Während ich diesen Abschnitt schrieb, hörte ich durch das offene Fenster Schwalben zwitschern und ein paar Autos die Straße hinter dem Garten entlangfahren. Es dürfte kaum wahrscheinlich sein, daß jedes Zwitschern und jedes Autogeräusch in meinem Gedächtnis gespeichert wurde. Durch das Fenster konnte ich ein Weizenfeld und dahinter ein Stück Wald sehen. Hat mein Gedächtnis jede Ähre und jeden Baum, den ich sah, gespeichert, nur um für den Fall gerüstet zu sein, daß ich irgendwann, vielleicht erst in 20 Jahren, diese Informationen benötige? Das wäre wirklich kaum glaubhaft. Und doch können wir nicht schlüssig beweisen, daß all jene detaillierten Informationen verlorengegangen sind. Wahrscheinlich sind sie es nicht; vermutlich ist das, was gespeichert wurde, eine Darstellung der Erinnerung, die mir von dem Blick durch das Fenster geblieben ist, verknüpft mit dem Bild eines Getreidefeldes und eines Waldes, das auf meinem allgemeinen Wissen über Getreidefelder und Wälder beruht, und dazu vielleicht noch ein oder zwei Merkmale, die für diesen Ausblick charakteristisch sind. So betrachtet, erweckt das Langzeitgedächtnis viel weniger den Eindruck einer Bibliothek, die das ganze Leben hindurch Informationen anhäuft, als

*Unsystematisches Suchen ist keine sehr effektive Methode zur Wiedererinnerung.*

den einer Szene, wo neue Erfahrungen die alten permanent ersetzen. Wenn wir etwas vergessen, liegt das unter Umständen tatsächlich daran, daß eine Gedächtnisspur zerstört wurde, und nicht daran, daß sie nicht mehr zugänglich ist.

Aber auch diese Erklärung ist zu simpel. Wenn jeder vergessene Inhalt die Zerstörung einer Gedächtnisspur bedeutet, dann müßte die Gesamtsumme unserer behaltenen Erfahrungen genau dem entsprechen, woran wir uns in jedem gegebenen Zeitpunkt erinnern können. Es gibt jedoch eine Fülle von Beweisen, die demonstrieren, daß dies nicht zutrifft; steht einwandfrei fest, daß wir mehr wissen, als wir in einem gegebenen Zeitpunkt abrufen können. Es kann zwar vorkommen, daß man sich in einem bestimmten Moment nicht an eine Information erinnert, aber es ist durchaus möglich, daß ein Stichwort oder ein anderer Reiz eine Wiedererinnerung auslöst. Wiedererinnerungsreize ermöglichen es, Informationen zu finden, die andernfalls nicht zugänglich wären. Lesen Sie bitte die folgenden 28 Wörter zweimal sorgfältig durch, dann nehmen Sie ein Blatt Papier zur Hand und schreiben so viele Wörter auf, wie Sie behalten haben, wobei die Reihenfolge unwichtig ist.

---

*Hütte, Landhaus, Zelt, Hotel, Klippe, Fluß, Hügel, Vulkan, Hauptmann, Gefreiter, Feldwebel, Oberst, Rose, Veilchen, Narzisse, Begonie, Zink, Kupfer, Aluminium, Bronze, Gin, Wodka, Rum, Whisky, Bohrer, Säge, Hobel, Nagel*

---

Die 28 Wörter stammen aus den folgenden sieben Kategorien: *Behausungen, Landschaftsmerkmale, militärische Ränge, Blumen, Metalle, alkoholische Getränke* und *Tischlerwerkzeuge.* Schreiben Sie nun diese Kategorien auf ein anderes Blatt Papier, und ordnen Sie jeder die Wörter zu, an die Sie sich erinnern. Dann

vergleichen Sie, an wie viele Wörter Sie sich unter den beiden Bedingungen jeweils erinnert haben. Die meisten Leute machen die Feststellung, daß die Kategorien als Reize wirken, welche ihnen helfen, sich an Wörter wiederzuerinnern, die sie vorher weggelassen hatten. Man könnte dies so erklären, daß die Reizbegriffe Ihnen die Stelle in Ihrem Gedächtnis zeigen, wo Sie suchen müssen, und Ihnen den Zugang zu Gedächtnisspuren ermöglichen, die Sie andernfalls übersehen hätten. Es besteht zwar kein Zweifel daran, daß Reizbegriffe und Wiedererinnerung Informationen zum Vorschein bringen können, die durch direktes Erinnern ohne Hilfe der Reize nicht zugänglich gewesen wären, doch könnte man in beiden Fällen argumentieren, daß die Gedächtnisspur ja existierte und lediglich für eine direkte Erinnerung nicht mehr stark genug war. Der Reizbegriff liefert seinerseits Informationen, die es – zusammen mit der schwachen Gedächtnisspur – ermöglichen, den gesuchten Inhalt abzurufen. Wenn man diese Aussage auf unsere Analogie von der Bibliothek ummünzt, dann hieße das praktisch, daß das Problem nicht darin besteht, das Buch zu finden, sondern es zu erkennen, sobald man es gefunden hat.

## Wiedererinnern ist lernbar

Um den obenerwähnten Einwand zu vermeiden, modifizierte der kanadische Psychologe Endel Tulving[1] die für das Lernen von Wörterlisten übliche Methode. Normalerweise lernen die Probanden zum Beispiel Listen mit insgesamt 36 Wörtern und müssen sie wiederholen, dann werden die Listen ein zweites Mal dargeboten, wiederholt und so weiter, bis sie auswendig gelernt sind. Tulvings Modifikation bestand darin, daß auf jeden Lerndurchgang drei Wiederholungen hintereinander folgten. Die Testpersonen lasen also eine Wörterliste durch, mußten sich dreimal hintereinander an den Stoff erinnern, lasen anschließend dieselbe Liste ein zweites Mal, mußten sich wieder dreimal hintereinander daran erinnern et cetera.

Welche Wirkung hatte diese Technik auf die Leistung? Überraschenderweise lernten die Probanden nach dieser Methode genauso schnell wie diejenigen, bei denen Lern- und Erinnerungsdurchgänge unmittelbar alternierten. Anscheinend wird das Lernen tatsächlich durch die Suche nach Inhalten und das Wiedererinnern gefördert; man könnte also sagen, daß auch das Wiedererinnern gelernt werden kann.

Bei der Auswertung der Ergebnisse der drei aufeinanderfolgenden Erinnerungsdurchgänge stellte Tulving fest, daß die Gesamtzahl der erinnerten Wörter in jedem Durchgang die gleiche war; wenn der Proband sich im ersten Durchgang an fünf Wörter erinnerte, war es im zweiten und dritten ebenso. Das ist an sich nicht auffallend, da die Wiederholungen nicht durch Lernprüfungen getrennt waren. Überraschend war jedoch, daß in allen Durchgängen immer nur ungefähr die Hälfte der Wörter erinnert wurde, während die andere Hälfte aus Wörtern bestand, die einmal auftauchten und anschließend wieder verschwanden.

Nehmen wir an, die Liste hätte die Wörter *Hund, Katze* und *Kuh* enthalten, so wäre beispielsweise das Wort *Hund* in allen drei Durchgängen erinnert worden, *Katze* vielleicht nur im ersten, wäre dann im zweiten Durchgang vergessen worden (dafür hätte sich die Testperson möglicherweise an das Wort *Kuh* erinnert) und wäre im dritten Durchgang wieder aufgetaucht. Das bedeutet, daß der Proband nicht in jedem Durchgang sein ganzes Wissen »enthüllte«; es war vielmehr, als ob er in einer Kiste herumwühlte, in der sich die Objekte befanden, die er gesammelt hatte, und mal den einen, mal den anderen Gegenstand hervorholte. Dieses Ergebnis beschränkt sich natürlich nicht

*Wer in einem wohlgeordneten System sucht, hat bessere Erfolgsaussichten.*

nur auf neu gelernte Inhalte. Wenn Sie es selbst einmal versuchen wollen, dann schreiben Sie in drei Minuten die Namen aller afrikanischen Staaten auf, die Ihnen einfallen. Danach wiederholen Sie diese Aufgabe. Sie werden feststellen, daß beim zweiten Mal Staaten auftauchen, die im ersten Durchgang fehlten, während einige der vorher erinnerten Namen jetzt vergessen sind.

## »Es liegt mir auf der Zunge«

Subjektiv betrachtet, ist der vielleicht überzeugendste Beweis dafür, daß wir in unserem Gedächtnis Informationen mit blockiertem Zugang besitzen, die Erfah- Wörter vorlasen und sie aufforderten, das betreffende Objekt zu benennen. Hierfür ein Beispiel: »ein Musikinstrument, bei dem auf einem Gestell Schlag-

*Sieht es in Ihrem Gedächtnis so aus? Ist es eine ungeordnete Anhäufung von Fakten, in der man auf gut Glück stöbern muß, um etwas zu finden?*

rung, daß wir die Antwort auf eine Frage genau kennen, aber unfähig sind, sie gerade in diesem Augenblick zu artikulieren; wir haben das Gefühl, daß sie uns »auf der Zunge liegt«.

Vor einigen Jahren untersuchten die Psychologen Roger Brown und David McNeill[2] von der Harvard University, ob sich dieses Gefühl auf tatsächlich vorhandenes Material stützt oder nur eine Illusion ist. Sie konstruierten eine »Es liegt mir auf der Zunge«-Situation, indem sie den Testpersonen eine Serie von Definitionen relativ selten gebrauchter

stäbe aufgereiht sind, auf die man mit Klöppeln schlägt«. Die Testpersonen mußten berichten, ob sie das Gefühl hatten, daß sie das Wort kannten, sich aber im Moment nicht daran erinnern konnten. Wenn das der Fall war, wurden sie gefragt, ob sie sich an die Silbenzahl oder an irgend etwas anderes, wie beispielsweise den Anfangsbuchstaben des gesuchten Begriffs, erinnerten. Es zeigte sich, daß die Probanden solche Informationen viel besser liefern konnten, als zu erwarten war. Andere Versuche haben demonstriert, daß die Angabe des Anfangsbuchstabens, in diesem Fall *X,* sehr oft bewirkt, daß der richtige Name, also *Xylophon,* wiedererinnert wird.

Diesen Effekt kann man sehr leicht selbst produzieren, indem man versucht, sich an die Namen von Hauptstädten in aller·Welt zu erinnern. Lesen Sie die folgende Liste von Ländern schnell durch, streichen Sie alle Fragen aus, die Sie sofort oder Ihrer Meinung nach überhaupt nicht beantworten können, und konzentrieren Sie sich auf die übrigen. Verdecken Sie beim ersten Durchlesen die Anfangsbuchstaben und stellen Sie im zweiten Durchgang fest, ob diese Buchstaben die gesuchten Antworten auslösen. Zum Schluß prüfen Sie auf Seite 108 nach, ob Ihre Antworten richtig waren.

| Land | Anfangsbuchstabe der Hauptstadt |
|------|--------------------------------|
| *1. Norwegen* | *O* |
| *2. Türkei* | *A* |
| *3. Kenia* | *N* |
| *4. Uruguay* | *M* |
| *5. Tibet* | *L* |
| *6. Australien* | *C* |
| *7. Portugal* | *L* |
| *8. Rumänien* | *B* |
| *9. Birma* | *R* |
| *10. Bulgarien* | *S* |
| *11. Südkorea* | *S* |
| *12. Irak* | *B* |
| *13. Zypern* | *N* |
| *14. Philippinen* | *M* |
| *15. Nicaragua* | *M* |
| *16. Jugoslawien* | *B* |
| *17. Kolumbien* | *B* |
| *18. Kanada* | *O* |
| *19. Thailand* | *B* |
| *20. Venezuela* | *C* |

*Systematisches Suchen ist am erfolgversprechendsten. Eine Bergungsmannschaft der Schweizer Armee rückt in einer Reihe mit Stangen über das Schneefeld vor.*

Meistens ist das Gefühl, daß Sie etwas wissen, ein ziemlich zuverlässiges Anzeichen dafür, daß Sie es tatsächlich wissen – wenn man Ihnen den richtigen Hinweis gibt. In einem ähnlichen Test, in dem ebenfalls nach Hauptstädten gefragt wurde, erbrachten Anhaltspunkte für jene Städte, an die die Versuchspersonen sich lediglich im Moment nicht erinnern konnten, über 50 Prozent richtige Antworten, während bei den Städten, die ihnen ihrer Meinung nach unbekannt waren, die Quote nur 16 Prozent betrug.

Wir wissen nun also, daß selbst dann, wenn nicht alle Erfahrungen gespeichert werden, unser Gedächtnis mehr Informationen enthält, als uns in einem gegebenen Zeitpunkt zugänglich sind. Welcher Faktor aber bestimmt die Zugänglichkeit von Inhalten? Greifen wir noch einmal unsere Analogie von der Bibliothek auf: Die Art und Weise, wie ein Buch klassifiziert wird, ist ausschlaggebend dafür, ob man es später rasch wiederfinden kann, das heißt, der Zugang hängt von der Verschlüsselung ab. Und jetzt kehren wir zu der kodierten Bot-

*Organisation stellt den Schlüssel zu gezieltem Abruf von gespeicherten Informationen dar.*

**Antworten:**

1. Oslo  2. Ankara  3. Nairobi  4. Montevideo  5. Lhasa  6. Canberra
7. Lissabon  8. Bukarest  9. Rangun  10. Sofia  11. Seoul  12. Bagdad
13. Nikosia  14. Manila  15. Managua  16. Belgrad  17. Bogota  18. Ottawa
19. Bangkok  20. Caracas

schaft am Anfang dieses Kapitels zurück, die Sie auswendig gelernt haben. Wie gut können Sie sich noch daran erinnern? Versuchen Sie, die Buchstaben aufzuschreiben.

Wenn Sie nach der Methode von Ebbinghaus »wenig und oft« geübt haben, ohne ein mnemotechnisches Hilfsmittel anzuwenden, werden Sie sich wahrscheinlich an die erste Zeile einigermaßen gut erinnern, aber bei der zweiten hapert es bestimmt. Sollte jedoch zu Ihren Hobbys das Lösen von Kreuzworträtseln gehören, dann ist Ihnen vielleicht aufgefallen, daß die Buchstaben, angefangen rechts unten und anschließend weiter jeweils von unten nach oben gelesen, das mysteriöse Wort *CATSPYJAMAS* ergeben. Wenn Sie das bemerkt haben, können Sie den Kode sicherlich mühelos rekonstruieren. Mit anderen Worten, die Methode des Wiedererinnerns hängt davon ab, wie der Stoff beim Lernen verschlüsselt wird.

## Die Klassifikation von eintreffendem Material

Aus dem Obengesagten ist ersichtlich, daß das Wiedererinnern für unser Gedächtnissystem ein echtes Problem darstellt und daß die Erinnerung an Inhalte weitgehend davon abhängt, wie sie beim Lernen verschlüsselt oder klassifiziert worden sind. Wenn in einer Bibliothek Schillers *Wallenstein* in die Kategorie »Geschichte« eingeordnet wurde, werden wir Schwierigkeiten haben, das Werk zu finden, weil unser Stichwort natürlich »Drama« lautet. Da jedoch die Art und Weise, wie wir eintreffendes Material verschlüsseln, nicht streng vorbestimmt ist, spielt es dann überhaupt eine Rolle, wie eine Information klassifiziert wird, oder sind alle Verschlüsselungsmethoden gleich nützlich, vorausgesetzt, daß sie systematisch und logisch sind?

Tatsächlich weichen die Folgen verschiedener Klassifikationsmethoden ganz erheblich voneinander ab. Versuchen Sie, die Wörter in dem Kasten auf Seite 109 zu klassifizieren, indem Sie, je nachdem, das Ja- oder Nein-Kästchen ankreuzen. Sobald Sie damit fertig sind, lösen Sie die Additionsaufgabe und lesen anschließend weiter.

Erinnern Sie sich nun an möglichst viele der 30 Wörter, die Sie soeben klassifiziert haben. Schreiben Sie sie in beliebiger Reihenfolge auf. Vielleicht haben Sie bemerkt, daß für jede Antwort drei getrennte Arten der Wortverarbeitung erforderlich waren: Erstens mußten Sie entscheiden, ob die Wörter in normaler Schreibweise oder in Großbuchstaben gedruckt sind; zweitens mußten Sie feststellen, wie die Wörter beim Aussprechen klingen; drittens mußten Sie ihren Sinn erfassen.

Zählen Sie zusammen, an wie viele Wör-

| | | **Ja** | **Nein** |
|---|---|---|---|
| Ist das Wort in normaler Schreibweise gedruckt? | *Prinz* | ☐ | ☐ |
| Reimt sich das Wort mit Hund? | *MUND* | ☐ | ☐ |
| Ist es der Name eines Tiers? | *Tiger* | ☐ | ☐ |
| Reimt sich das Wort mit Pille? | *STIL* | ☐ | ☐ |
| Ist es der Name einer Frucht? | *FLASCHE* | ☐ | ☐ |
| Ist das Wort in Großbuchstaben gedruckt? | *SCHERE* | ☐ | ☐ |
| Reimt sich das Wort mit Reise? | *Rose* | ☐ | ☐ |
| Ist es der Name eines Spiels? | *KORRIDOR* | ☐ | ☐ |
| Reimt sich das Wort mit Stumpf? | *Skunk* | ☐ | ☐ |
| Ist das Wort in Großbuchstaben gedruckt? | *Lampe* | ☐ | ☐ |
| Ist das Wort in normaler Schreibweise gedruckt? | *TISCH* | ☐ | ☐ |
| Ist es der Name eines Möbelstücks? | *Sessel* | ☐ | ☐ |
| Reimt sich das Wort mit Mutter? | *BUTTER* | ☐ | ☐ |
| Ist es der Name einer Zeiteinheit? | *Statue* | ☐ | ☐ |
| Ist das Wort in normaler Schreibweise gedruckt? | *Eiche* | ☐ | ☐ |
| Ist es der Name eines Gemüses? | *Karotte* | ☐ | ☐ |
| Ist es der Name eines Bauwerks? | *BERG* | ☐ | ☐ |
| Reimt sich das Wort mit Stock? | *Bock* | ☐ | ☐ |
| Ist es der Name eines Insekts? | *KAKERLAKE* | ☐ | ☐ |
| Ist das Wort in normaler Schreibweise gedruckt? | *Gewehr* | ☐ | ☐ |
| Reimt sich das Wort mit Bier? | *BÄR* | ☐ | ☐ |
| Ist das Wort in Großbuchstaben gedruckt? | *Buch* | ☐ | ☐ |
| Reimt sich das Wort mit heiß? | *Reis* | ☐ | ☐ |
| Ist das Wort in Großbuchstaben gedruckt? | *GRAB* | ☐ | ☐ |
| Reimt sich das Wort mit Brot? | *BRETT* | ☐ | ☐ |
| Ist das Wort in normaler Schreibweise gedruckt? | *Sekretärin* | ☐ | ☐ |
| Ist es der Name einer Krankheit? | *Masern* | ☐ | ☐ |
| Ist es der Name eines Landes? | *SCHUH* | ☐ | ☐ |
| Ist das Wort in Großbuchstaben gedruckt? | *KUTSCHE* | ☐ | ☐ |
| Reimt sich das Wort mit simpel? | *Tempel* | ☐ | ☐ |

**Additionsaufgabe:**
4 + 6 + 3 + 7 + 9 + 1 + 5 + 8 + 3 + 2 =

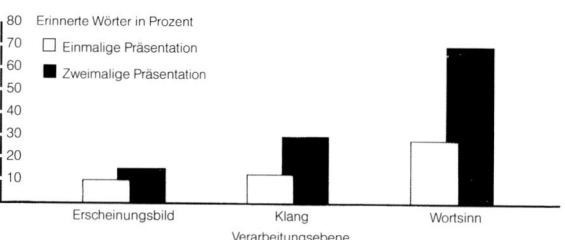

*Die Verarbeitung eintreffender Informationen auf der Bedeutungsebene erzeugt eine stärkere Gedächtnisspur als die Verarbeitung auf der Basis optischer oder akustischer Eindrücke. (Nach Craik und Tulving, 1975)*

ter aus jeder Klasse Sie sich erinnern konnten. Die nach der Druckart klassifizierten Wörter waren *Prinz, Schere, Lampe, Tisch, Eiche, Gewehr, Buch, Grab, Sekretärin, Kutsche;* die auf der Basis des Reims klassifizierten Wörter waren *Mund, Stil, Rose, Skunk, Butter, Bock, Bär, Reis, Brett, Tempel;* nach dem semantischen Gesichtspunkt wurden *Tiger, Flasche, Korridor, Sessel, Statue, Karotte, Berg, Kakerlake, Masern* und *Schuh* klassifiziert.
Es hat sich immer wieder gezeigt, daß die Gedächtnisleistung bei einer ober-

flächlichen Wortverarbeitung, also nur nach dem Erscheinungsbild, mangelhaft ist; achtet man auf den Klang, ist sie etwas besser. Aber die bei weitem gründlichste Verarbeitung erfolgt, wenn man auf den Sinn eines Wortes achtet. Die graphische Darstellung oben zeigt die Ergebnisse eines Versuchs, der dem ähnelt, den Sie selbst durchgeführt haben. Die Verschlüsselung nach der Wortbedeutung ist wesentlich erfolgreicher als die nach dem Erscheinungsbild oder dem Klang.

## Die Tiefe der Verarbeitung

Fergus Craik und Robert Lockhart[3] veröffentlichten 1972 eine bedeutsame Arbeit, in der sie die Ansicht vertraten, man könne einen Großteil unseres Wissens über das menschliche Gedächtnis in eine einfache Aussage zusammenfassen, wenn man voraussetze, daß die Menge der behaltenen Informationen davon abhängt, wie tief sie beim Lernen verarbeitet wurden. Ihre Auslegung des Begriffs »Tiefe« basierte jedoch auf einer vielleicht etwas zu simplen Beurteilung der Art und Weise, wie wir Informationen verarbeiten. Sie erklärten diesen Prozeß damit, daß ein geschriebenes Wort zuerst nur nach seinen visuellen Merkmalen verarbeitet wird, daß diese Merkmale dann auf einer tieferen Ebene in eine Darstellung des Wortklangs umgewan-

delt werden und daß dadurch schließlich die Wortbedeutung evoziert wird. Für die Beurteilung, ob ein Wort in Klein- oder Großbuchstaben gedruckt ist, genügt es, wenn die Verarbeitung auf der rein optischen Ebene erfolgt; durch eine solche flache Verarbeitung entsteht nach Meinung der beiden Autoren nur eine relativ schwache Gedächtnisspur, die bei der Aufgabe, sich an Wörter zu erinnern, kaum Hilfe leistet. Für die Beurteilung des Wortklangs aber muß man über die oberflächliche visuelle Analyse hinausgehen und sich den Klang des geschriebenen Wortes vorstellen, was zur Entstehung einer stärkeren und nützlicheren Gedächtnisspur führt. Die Verarbeitung des Wortes nach der Bedeutung erfordert schließlich, daß man auch über dieses Stadium hinausgeht, und das Ergebnis ist ein inhaltsreicherer und dauerhafterer Erinnerungskode.

Obwohl sie die wichtige Rolle des Wortsinns herausstellen, wollen Craik und Lockhart damit natürlich nicht behaupten, daß nur die Bedeutung eines Wortes gespeichert wird. Wenn das zuträfe, würden wir niemals lernen, zu sprechen oder verbale Äußerungen zu verstehen, denn beide Prozesse erfordern das Verarbeiten von »flachen« akustischen Merkmalen des gesprochenen Wortes. Es liegen auch Beweise dafür vor, daß wir uns – zumindest gelegentlich – an beiläufige physische Merkmale einer Situation erinnern; so kann man sich zum Beispiel manchmal entsinnen, in welchem Abschnitt ei-

fen, wenig nützliche Informationen zeitigen. In den meisten Bibliotheken werden die Bücher natürlich nach ihrem Inhalt klassifiziert; dieser wird wiederum nach ganz speziellen Kriterien eingeordnet, die so reichhaltig und flexibel sein sollten, daß man ein Buch über Porzellan aus der Ming-Periode oder über Maulwurffallen ebenso leicht finden kann wie Hölderlins Elegien oder einen Selbstlernkurs in Kisuaheli. Das Wesentliche eines solchen Systems besteht darin, daß es strukturiert und organisiert und gleichzeitig sehr reichhaltig und flexibel ist.

Diese Merkmale sind dafür verantwortlich, daß die semantische Verschlüsselung für das Langzeitgedächtnis so gro-

*Teilansichten dreier berühmter Wahrzeichen. – Können Sie an Hand dieser optischen Wiedererinnerungsreize voraussagen, welche Wahrzeichen auf Seite 113 abgebildet sind?*

ner Druckseite man eine bestimmte Information gelesen hat. Ein Problem ist jedoch die Definition des Ausdrucks »Tiefe«. Ohne ein Mittel an der Hand zu haben, das es einem ermöglichen würde, unvoreingenommen zu entscheiden, wie tief die jeweilige Art der Wortverarbeitung ist, erweist es sich als sehr schwierig, diese Theorie zu prüfen.

Statt »Tiefe« könnte man wohl auch »Reichhaltigkeit« oder »Breite« sagen. Stellen wir uns noch einmal einen Bibliothekar vor, der Bücher klassifizieren soll. Er könnte sie nach ihrer Größe einordnen, aber selbst wenn wir das Format des gesuchten Buches wüßten, wäre das kaum eine Hilfe. Ebenso würde der Versuch, ein Wort nur auf der Basis der Groß- oder Kleinschreibung hervorzuru-

ßes Gewicht hat. Die Struktur ist auf Grund unseres Wissens von einer organisch gegliederten Umwelt eingebaut, und weil die semantische Kodierung so vielfältig ist und zahlreiche verschiedene, aber zueinander in Beziehung stehende Dimensionen enthält, ermöglicht sie es uns, Kodes zu entwickeln, die nicht nur präzise sind, sondern auch abgerufen werden können.

Im allgemeinen sind Informationen, die in der Form einer reichhaltigen und detaillierten Darstellung der Umwelt verschlüsselt werden, in einem späteren Zeitpunkt besser zugänglich als ein Inhalt, der nach einem einfacheren oder kargeren Schema verarbeitet wird. Welche anderen Methoden können helfen, neues Material so zu klassifizieren, daß es leicht in Erinnerung gerufen werden kann? Aus dem Gesagten geht hervor, daß ein Kode sich um so besser entschlüsseln läßt, je vielfältiger und reichhaltiger er eingegeben wurde. Daher kann jemand, den man auffordert, einen Text um ein bestimmtes Wort zu konstruieren, sich an dieses besser erinnern als jemand, der lediglich entscheiden soll, ob es ein sinnvolles Wort ist oder nicht. Wenn man beispielsweise die Wörter *Mann* und *Uhr* assoziieren will, wird der einfache Satz »Der Mann ließ die Uhr fallen« sicherlich keine so lebhafte Erinnerung ermöglichen wie die reicher ausgeschmückte Aussage »Der Mann humpelte steifbeinig über den Hof und ließ die goldene Uhr in den Schloßbrunnen fallen«. Eine reichhaltigere Verschlüsselung führt zu einer besseren Erinnerung, und die Folge davon ist, daß man sich an die Lösung von schwierigen Problemen besser entsinnen kann als an die von leichten.

## Wiedererinnerungsreize

Nehmen wir an, wir haben eine bestimmte Information in unser Langzeitgedächtnis eingespeist und sie angemessen klassifiziert. Wie können wir den Zugang zu ihr finden, wenn sie wieder benötigt wird? Eine der Möglichkeiten, einen gelernten Inhalt abzurufen, besteht darin, den bei der Klassifikation festgelegten Kode ganz oder teilweise zu entschlüsseln. Falls in einer Bibliothek das Drama *Hamlet* unter »Shakespeare«, »Theaterstück«, »Versdichtung«, »Prinz« und »Dänemark« klassifiziert wäre, würde eine dieser Unterteilungen genügen, um es uns zu ermöglichen, das Werk zu finden. Ein *Wiedererinnerungsreiz* ist eine Information, die den Zugang zu einer Gedächtnisspur öffnet und deren Wirkung man mit den Stichwörtern vergleichen kann, mit deren Hilfe der Bibliothekar die gesuchten Bücher findet.

Mit Wiedererinnerungsreizen hat als erster Endel Tulving gearbeitet, der am meisten zu unserem Verständnis des Prozesses der Wiedererinnerung beigetragen hat. In einem seiner Versuche[4] mußten die Testpersonen Wörterlisten lernen und anschließend wiederholen; jedem Wort war ein Reizwort zugeordnet, das eine gewisse, aber nicht sehr starke Assoziation mit dem zu lernenden Wort hatte.

So wurde zum Beispiel einmal das Wort *Stadt,* ein anderes Mal *Dorf* mit dem Reizwort *schmutzig* assoziiert. Die Testpersonen mußten sich entweder ohne oder mit Hilfe des Reizwortes an die ursprünglichen Wörter erinnern. Durch das Reizwort wurde die Erinnerung an das Zielwort signifikant begünstigt. Tulving folgerte, daß ein Wiedererinnerungsreiz nur dann von Nutzen ist, wenn er gleichzeitig mit dem Zielwort dargeboten wird. Eine andere Assoziation mit dem Wort *Stadt,* wie etwa *geschäftig,* die in der Lernphase nicht präsentiert wurde, wäre keine wirksame Wiedererinnerungshilfe, denn in diesem Fall würde sie keinen Bestandteil der beim Lernen klassifizierten Gedächtnisspur bilden und könnte daher nicht dazu verwendet werden, die betreffende Spur zu evozieren. In mehreren gut durchdachten Versuchen[5] konnte Tulving nachweisen, wie stark dieser Effekt ist. Er demonstrierte, daß der Lerner sogar dazu veranlaßt werden kann, das Zielwort zu nennen, ohne es als das dargebotene Wort zu erkennen, und daß es ihm trotzdem möglich ist, sich seiner zu entsinnen, wenn man ihm das Wiedererinnerungsstichwort gibt.

Um diesen Vorgang begreifen zu können, muß man wissen, wie ein solcher

Assoziationstest vonstatten geht. Bei der Wortassoziation muß die Testperson auf ein gegebenes Reizwort so schnell wie möglich mit dem ersten Wort, das ihr einfällt, reagieren. Manche Reaktionen sind natürlich voraussagbar; wenn ich Ihnen zum Beispiel das Wort *heiß* darbiete, werden Sie sehr wahrscheinlich mit *kalt* antworten, *Brot* wird meistens mit *Butter, schwarz* mit *weiß* assoziiert. Tulving präsentierte eine Liste mit üblichen Reaktionen als Lernstoff, wobei je-

ob sich darunter Wörter befanden, die sie ursprünglich gelernt hatte. Unter diesen Bedingungen wurden nur sehr wenige der ursprünglich gelernten Wörter wiedererkannt. Ein Beispiel: Die Probanden konnten zwar das Wort *heiß* als Reaktion auf das Wort *kalt* produzieren, verneinten aber, daß es auf der Lernliste gestanden hatte. Zum Schluß präsentierte Tulving das Reizwort *Erdboden* und forderte die Testpersonen zur Assoziation auf. Ein hoher Prozentsatz der Be-

*Die visuellen Wiedererinnerungsreize auf Seite 111 gehören zu diesen weltbekannten Wahrzeichen: Big Ben in London, der Eiffelturm in Paris, die Freiheitsstatue in New York.*

dem Wort eine selten gebrauchte Assoziation zugeordnet war; so wurde etwa *kalt* von der ziemlich unüblichen Assoziation *Erdboden* begleitet. Nachdem die Testpersonen die Liste gelernt hatten, wurden sie aufgefordert, sich an so viele Wörter wie möglich zu erinnern. Die Ergebnisse zeigten, daß allem Anschein nach ein großer Teil der gelernten Wörter vergessen worden war.

In der nächsten Versuchsphase veranlaßte Tulving seine Probanden, die Zielwörter selbst zu produzieren, indem er ihnen die Assoziationen darbot, so daß also beispielsweise das Wort *heiß* erwartungsgemäß die Antwort *kalt* hervorrief. In der dritten Phase wurde jede Testperson aufgefordert, die von ihm gegebenen Antworten durchzusehen und zu sagen,

fragten produzierte die Reaktion *kalt,* obwohl dieses Wort, als es in der vorangegangenen Versuchsphase hervorgerufen wurde, nicht als eines der ursprünglich gelernten Wörter wiedererkannt worden war. Da die Wiedererkennung fast immer müheloser erfolgt als die freie beziehungsweise nicht durch einen Reiz ausgelöste Erinnerung, stehen wir hier vor einem echten Paradox. Wie kann man es erklären?

In Wirklichkeit ist ein solches Ergebnis nur dann rätselhaft, wenn man von der Annahme ausgeht, daß es sich bei dem, was die Probanden lernten, um nichts anderes als das Wort *kalt* handelte. Bei näherer Betrachtung zeigt sich jedoch, daß Tulving die Testpersonen nicht aufgefordert hatte, sich an dieses Wort zu erinnern. Sie kannten es ja schon, und deshalb wurden sie lediglich aufgefordert, sich daran zu erinnern, daß es in einem speziellen Versuchsabschnitt aufgetaucht war. Kurz gesagt, Tulving forderte sie auf, sich an eine Erfahrung zu erinnern und dies anzuzeigen, indem sie mit dem Wort *kalt* reagierten. Wird jenes Wort zusammen mit der Assoziation *Erdboden* dargeboten, dann ist das dadurch hervorgerufene Vorstellungsbild wahrscheinlich eine gedankliche Verknüpfung der beiden Wörter, vielleicht *Begräbnis* oder *zelten* oder *auf einer kalten Unterlage schlafen*. Wenn ich Sie auffordere, das erste Wort zu nennen, das Ihnen auf das Stichwort *heiß* einfällt, werden Sie sicherlich *kalt* sagen, aber in diesem Fall ist das produzierte Wort wohl kaum mit der Art von Erfahrung assoziiert, welche die Verschlüsselung *kalter Erdboden* begleitet hat. Es wird einfach auf einer oberflächlichen Ebene als »das Gegenteil« des Stichworts klassifiziert. Folglich ruft *kalt* in diesem Kontext eine Erfahrung hervor, die

kaum in die ursprüngliche Erfahrung überlappt und deshalb nicht als ein wirksamer Wiedererinnerungsreiz dienen kann. Wird jedoch das Wort *Erdboden* präsentiert, erinnert es den Probanden an die frühere Erfahrung oder vielleicht an ein Vorstellungsbild, das in der Lernphase auftauchte und nun seinerseits die Erinnerung an *kalt* evoziert. Man kann diesen Effekt auch auf andere Art und Weise demonstrieren. Wenn ich Ihnen den Satz »Der Mann stimmte das Klavier« darbiete und einer anderen Person den Satz »Der Mann hob das Klavier hoch«, dann wäre die Assoziation *etwas Schweres* für Sie wahrscheinlich ein sehr schwacher Wiedererinnerungsreiz, für die andere Person hingegen ein sehr starker, der vermutlich sogar noch wirksamer ist als das Wort *Klavier*. Wir erinnern uns also an das, was wir erfahren haben, und finden den Zugang zu einer Erinnerung, indem wir ein Teilstück der betreffenden Erfahrung als Schlüssel zum gesamten Komplex benützen.

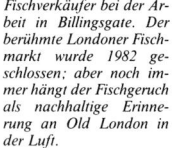

*Fischverkäufer bei der Arbeit in Billingsgate. Der berühmte Londoner Fischmarkt wurde 1982 geschlossen; aber noch immer hängt der Fischgeruch als nachhaltige Erinnerung an Old London in der Luft.*

# Gerüche als Wiedererinnerungsreize

Für viele Menschen sind Gerüche und Geschmackseindrücke besonders starke Quellen der Wiedererinnerung. Das wohl berühmteste literarische Beispiel finden wir im ersten Teil von Marcel Prousts Roman *Auf der Suche nach der verlorenen Zeit*, wo er beschreibt, wie der Duft und Geschmack eines in Lindenblütentee getränkten Madeleine-Kuchens mit Macht Erinnerungen an seine Kindheit wachrief: »Sobald ich den Geschmack jener Madeleine wiedererkannt hatte, die meine Tante mir, in Lindenblütentee eingetaucht, zu verabfolgen pflegte (obgleich ich noch immer nicht wußte und auch erst späterhin würde ergrunden können, weshalb die Erinnerung mich so glücklich machte), trat das graue Haus mit seiner Straßenfront, an der ihr Zimmer sich befand, wie ein Stück Theaterdekoration zu dem kleinen Pavillon an der Gartenseite hinzu, der für meine Eltern nach hintenheraus angebaut worden war ..., und mit dem Hause die Stadt, der Platz, die Straßen, auf die man mich vor dem Mittagessen schickte, die Straßen, die ich morgens bis abends und bei jeder Witterung durchmaß, die Wege, die wir gingen, wenn schönes Wetter war.«

Anscheinend werden Gerüche so gut wie niemals vergessen. Engen und seine Mitarbeiter[6] ließen in einem Versuch die Probanden an einem Wattebausch riechen, dem ein spezieller Geruch anhaftete. Nach einem Intervall, das zwischen drei und 30 Sekunden dauerte, mußten die Testpersonen an einem zweiten Wattebausch riechen und feststellen, ob es sich um denselben oder einen anderen Geruch handelte. Ihre Leistung war zwar nicht perfekt, lag aber doch deutlich über der Zufallsquote, und innerhalb des 30-Sekunden-Intervalls trat kein Erinnerungsverlust auf. Eine etwas abgewandelte Methode erbrachte ein ähnliches Ergebnis. Dabei mußten sich die Probanden an fünf verschiedene Gerüche erinnern, dann wurde ihnen ein sechster Geruch dargeboten, und sie wurden gefragt, ob es sich dabei um einen der fünf früheren handelte oder nicht. Auch hier gab es innerhalb eines 30-Sekunden-Intervalls keinen Erinnerungsverlust.

Nachdem Engen kein Nachlassen des Kurzzeitgedächtnisses beobachtet hatte, untersuchte er gemeinsam mit Ross das Langzeitgedächtnis für Gerüche.[7] In einem Versuch wurden die Testpersonen aufgefordert, sich an 48 verschiedene Gerüche zu erinnern; 30 Tage später konfrontierte man sie mit 21 Geruchspaaren (jeweils einem Geruch von den ursprünglichen 48 Gerüchen und einem neuen). Die alten Gerüche wurden zu 67 Prozent richtig identifiziert, und als die Probanden sich nur an 20 statt 48 Gerüche erinnern mußten, stieg die Wiedererkennungsquote auf 77 Prozent. Allerdings stellten Engen und sein Kollege fest, daß die Leistung sank, wenn ein alter Geruch mit einem neuen gepaart wurde, der zu ihm eine gewisse Ähnlichkeit aufwies (zum Beispiel Zwiebel mit Knoblauch); in diesem Fall lag die Wiedererkennungsquote nur noch bei 64 Prozent.

Das vorliegende Beweismaterial ist zwar etwas spärlich, doch kann man ihm entnehmen, daß Gerüche gegen einen Erinnerungsabbau bemerkenswert resistent sind. In dieser Hinsicht ähneln sie unseren kontinuierlichen motorischen Fähigkeiten. Der Grund für jene Resistenz ist noch unklar; eine mögliche Erklärung könnte sein, daß Gerüche von den anderen gespeicherten Erfahrungen relativ isoliert sind. Wörter, die in einer verbalen Aussage vorkommen, werden immer wieder in anderen sprachlichen Kontexten verwendet, und auf die meisten optischen Reize, die wir wahrnehmen, folgt eine Vielzahl ähnlicher visueller Erfahrungen. Außerdem können wir uns im Fall einer verbalen oder optischen Information die Erfahrung bildlich vorstellen und sie neu erstehen lassen. Ich vermute, daß unsere Fähigkeit, uns Gerüche und Geschmackseindrücke vorzustellen, viel begrenzter ist. Es fällt mir beispielsweise leichter, die visuelle Vorstellung von einer Rose zu evozieren, als mir ihren Duft geistig vor Augen zu führen. Vielleicht ist das eine persönliche Eigenart, aber das glaube ich nicht. Versuchen Sie, sich sowohl das Aussehen als auch den Geruch der folgenden Dinge vorzustellen: eine rohe Zwiebel, weiße Mäuse, Scotch Whisky, brennendes Laub. In den meisten Fällen kann ich mir den Geruch in etwa vorstellen, aber dieser Eindruck ist nicht annähernd so deutlich wie das optische Bild, das ich hervorrufen kann.

Es ist denkbar, daß ein dauerhaftes Gedächtnis für Gerüche und Geschmackseindrücke für die menschliche Spezies einmal wichtig war, um zu überleben. Die Wiedererkennung eines bestimmten Geschmacks oder Geruchs und die Erinnerung, daß er mit Krankheit verbunden war, hat unsere Vorfahren davor bewahrt, giftige oder verfaulte Nahrung zu essen. Umfangreiche Experimente an Tieren haben gezeigt, daß viele Arten Assoziationen zwischen Nahrung und Übelkeit sehr schnell entdecken können, während Assoziationen zwischen Geschmack und Elektroschocks schwieriger zu lernen sind. Diese spezielle psychologische Erkenntnis wurde in den Vereinigten Staaten praktisch angewendet, um Kojoten davon abzuhalten, Lämmer anzugreifen. Man bestreicht die Leiber einiger Lämmer mit einer Substanz, die Kojoten nicht vertragen, dann läßt man diese jungen Schafe frei. Die Kojoten fressen sie, werden krank und haben nach der Genesung eine lebenslängliche Abneigung gegen Lammfleisch.

*Alte Befestigungsanlage in den Hügeln der englischen Grafschaft Dorset, nahe Maiden Castle. Weit zurückliegende Erfahrungen werden oft an Hand einzelner, oft vager Reize erinnert. Ähnlich geht ein Archäologe vor, wenn er frühe Kulturen mittels weniger Gefäße und Münzen zu rekonstruieren versucht.*

## Das vom Kontext abhängige Gedächtnis

Bisher haben wir nur über den aktiven Prozeß der Klassifikation unserer Erfahrungen sowie über dessen Bedeutung für das Gedächtnis gesprochen. Was aber ist mit jenen Bestandteilen unserer Erfahrungen, die wir eher beiläufig interpretieren? Ich möchte hier den englischen Philosophen John Locke zitieren, der im 17. Jahrhundert lebte. Er erzählte die Geschichte eines jungen Mannes, der tanzen gelernt hatte, und zwar »mit großer Vollkommenheit, und in dem Zimmer, wo er es gelernt hatte, stand zufällig eine alte Truhe. Seine Wahrnehmung von diesem bemerkenswerten Hausratsstück hatte sich so sehr mit allen seinen Tanzschritten vermischt, daß er, wiewohl er in diesem Raum ausgezeichnet tanzen konnte, nur dann dazu fähig war, wenn jene Truhe dastand; noch konnte er irgendwo anders gut tanzen, wenn nicht die gleiche oder eine ähnliche Truhe in dem betreffenden Raum an der entsprechenden Stelle stand.«[8]

Der Gedanke, daß die Wiederherstellung des Kontextes, in dem man etwas erlebt hat, die Erinnerung an diese Erfahrung wieder deutlich werden läßt, spielt - zumindest seit Wilkie Collins' *Monddiamant* - insbesondere im Genre des Kriminalromans eine große Rolle. Auch in den Kriminalfilmen der fünfziger Jahre erfreute sich dieses Thema großer Beliebtheit. Hier ein Beispiel: Der Hauptzeuge, der das Verbrechen sah, während er seine Frühstückseier briet, kann sich an einige wichtige Einzelheiten nicht mehr erinnern. Der gewitzte

Detektiv geht eines Morgens mit ihm in die Küche, und beim Brutzeln der Eier und des Schinkens flutet die Erinnerung an die bedeutsamen Details zurück, wodurch das Verbrechen aufgeklärt und der Held gerettet wird. Aber gibt es auch Beweise dafür, daß die Wiederherstellung des Kontextes, in dem etwas erlebt oder gelernt wurde, die Erinnerung fördert?

Es gibt in der Tat viele Beweise für diesen Effekt, den man damit erklären könnte, daß neue Lerninhalte von alten isoliert gespeichert werden, wodurch die Möglichkeit einer störenden Überlappung verringert wird. Denken Sie nur an Menschen, die lange Zeit in einem fremden Land gelebt und dessen Sprache gelernt hatten. Zwei oder drei Jahre nach der Rückkehr in die Heimat haben sie das Gefühl, daß sie die Fremdsprache zum größten Teil wieder vergessen haben. Wenn sie jedoch irgendwann nochmals in dem betreffenden Land leben, ist ihnen dessen Sprache schnell wieder vertraut, was dafür spricht, daß sie nur unzugänglich, nicht aber verloren war.

Vor einigen Jahren hatten Duncan Godden und ich Gelegenheit, die Abhängigkeit vom Kontext in Verbindung mit einem Problem der Praxis zu untersuchen, nämlich der Ausbildung von Tiefseetauchern.[9] Frühere Experimente, bei denen ich die Wirkung der Kälte auf Taucher getestet hatte, erbrachten als Nebenresultat den Hinweis, daß die Unterwasserumgebung eine starke Abhängigkeit vom Kontext bewirken könnte.[10] Diese Vermutung wurde durch die Beobachtungen eines Freundes bestätigt, der ein Taucherteam leitete, welches das Verhalten von Fischen studierte, die entweder gerade in Schleppnetze hineingerieten oder sich aus ihnen befreien wollten. Anfangs glaubte er, daß die Berichte der Taucher über ihre Einsätze genügend Erkenntnisse liefern würden, mußte jedoch feststellen, daß seine Leute anscheinend den größten Teil ihrer Beobachtungen über das Verhalten der Fische vergessen hatten. Schließlich gab er ihnen Unterwasser-Tonbandgeräte mit, so daß sie die Aktivitäten der Fische permanent registrieren konnten. Später wurden die Tonbänder dann ausgewertet.

Godden und ich fanden diesen Bericht so interessant, daß wir einen Versuch durchführten, bei dem Taucher sich entweder an Land oder in drei Meter Wassertiefe 40 unzusammenhängende Wörter anhörten. Danach wurden sie sowohl in derselben als auch in der alternativen Umgebung geprüft und dabei aufgefordert, möglichst viele Wörter zu wiederholen. Die graphische Darstellung auf Seite 118 zeigt die Ergebnisse.

In einem späteren Experiment ließ Godden die Taucher eine einfache manuelle Aufgabe üben, die darin bestand, Schrauben und Bolzen von einer Messingplatte auf eine andere zu übertragen. Die Probanden durften dabei nur mit Hilfe des Tastgefühls arbeiten, wie es bei Berufstauchern häufig der Fall ist, wenn sie in trübem Wasser nichts sehen können. Eine Gruppe begann sofort mit der Arbeit unter Wasser, die andere absolvierte zuerst an Land fünf Übungsdurchgänge. Godden wollte den Nutzen des Trainings an Land im Vergleich zum Unterwassertraining beurteilen. Die Ergebnisse zeigten, daß das Trockentraining die Leistung unter Wasser so stark *behinderte*, daß der erste Unterwasserdurchgang immer schlechter ausfiel, als er ohne ein vorausgegangenes Training an Land gewesen wäre.

Welche theoretischen Folgerungen ergeben sich aus dem Effekt der Kontextabhängigkeit? Diese Frage wurde bis zu einem gewissen Grad durch ein weiteres Experiment beantwortet, das Godden und ich[11] durchführten, wobei die Prüfung diesmal allerdings nicht in Form einer freien beziehungsweise nicht durch Reize ausgelösten Erinnerung erfolgte, sondern ein Wiedererkennungstest stattfand. Unter dieser Bedingung konnten wir keinerlei Kontextabhängigkeit beob-

*Zusätzlich zu all den anderen Belastungen, mit denen die Arbeit unter Wasser verbunden ist, müssen viele Taucher die Erfahrung machen, daß das Gedächtnis auch von der Umgebung abhängt: An der Oberfläche erhaltene Anweisungen sind unter Wasser schwer zu erinnern, und Dinge, die unter Wasser beobachtet wurden, hat man manchmal nach dem Auftauchen vergessen.*

*Die Fähigkeit, aufgenommene Informationen richtig wiederzugeben, hängt in starkem Maße vom Kontext ab. Das Diagramm zeigt, daß unter Wasser gelernte Wörter am besten unter Wasser, an Land gelernte am besten an Land erinnert werden. Ein solches Testergebnis ist von praktischer Bedeutung bei der Erstellung von Trainingsprogrammen für Berufstaucher. (Nach Godden und Baddeley, 1978)*

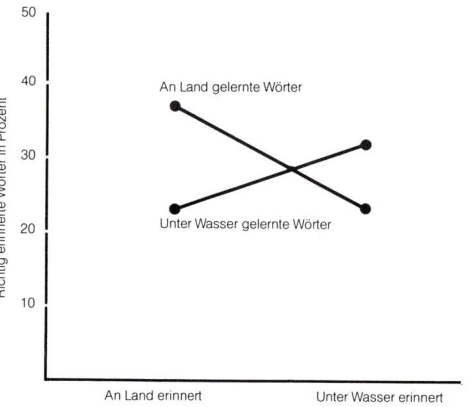

achten. Die Probanden erkannten die gleiche Anzahl Wörter wieder, unabhängig davon, ob sie in derselben Umgebung geprüft wurden, in der sie gelernt hatten. Das läßt darauf schließen, daß Umweltreize eine wichtige Hilfe beim Auffinden einer Gedächtnisspur sein können, jedoch auf die Bewertung, ob es sich dabei um die richtige Spur handelt, keinen Einfluß haben. Bei einem Wiedererkennungstest, in dem die Darbietung des Zielwortes sehr wahrscheinlich den Zugang zu der betreffenden Gedächtnisspur öffnet, kann man auf eine zusätzliche Hilfe durch Umweltreize verzichten.

# Das vom Zustand abhängige Gedächtnis

Wir haben gesehen, daß durch die Wiederherstellung des äußeren Umfelds, in dem ein Inhalt gelernt worden ist, die Wiedererinnerung an diese Erfahrung erleichtert wird. Ein ähnlicher Effekt tritt auf, wenn sich das *innere* Umfeld des Lerners durch eine Droge, wie zum Beispiel Alkohol, verändert. Dabei kann man eine starke Abhängigkeit des Gedächtnisses vom jeweiligen Zustand beobachten. Goodwin und seine Mitarbeiter[12] haben dieses Phänomen klinisch untersucht: Starke Trinker, die in betrunkenem Zustand Alkohol oder Geld verstecken, können sich nicht mehr an das Versteck erinnern, wenn sie wieder nüchtern sind. Sobald sie sich aber erneut betrunken haben, erinnern sie sich wieder daran (und können dann noch mehr trinken). Goodwin hat diesen Effekt in umfangreichen Tests nachgewiesen und festgestellt, daß in den meisten Fällen alles, was im Zustand der Trunkenheit gelernt worden ist, in diesem Zustand auch am besten erinnert wird. Ähnliche Ergebnisse wurden auch bei vielen anderen Drogen konstatiert, so etwa bei Haschisch und Lachgas.

In einer zusammenfassenden Diskussion dieses Themas hat Eich[13] kürzlich überzeugend demonstrieren können, daß sich die Abhängigkeit vom Zustand nur bei der freien Erinnerung beobachten läßt, bei Wiedererkennungstests hingegen verschwindet sie, genauso wie es bei der Kontextabhängigkeit der Fall ist. Es kann also gesagt werden, daß der innere Zustand des Probanden ihm hilft, den Zugang zu einer Gedächtnisspur zu finden, daß diese anfängliche Suchphase

*»Ich richte mich schon seit langem nach dem Grundsatz, daß den kleinen Dingen die größte Bedeutung beizumessen ist.« Das sind Worte des Meisterdetektivs Sherlock Holmes, der sich so hervorragend darauf verstand, wichtige Ereignisse an Hand geringfügigster Anhaltspunkte zu rekonstruieren. (Abbildung von Sidney Paget)*

jedoch nicht nötig ist, wenn der Zugang durch die Darbietung eines Wiedererinnerungsreizes erleichtert wird. Für die Entscheidung, ob ein spezieller Inhalt schon in einem früheren Versuchsabschnitt präsentiert wurde oder nicht, scheint es belanglos zu sein, ob der Kontext bei der Prüfung der gleiche ist wie in der Lernphase. Aus dieser Schlußfolgerung geht hervor,

daß der Prozeß der Wiedererinnerung aus mindestens zwei Komponenten besteht; die erste ist an der Auffindung der Gedächtnisspur beteiligt, die zweite an der Auswertung dieser Spur. Das Wiedererinnern ist also - wie sämtliche Forschungsergebnisse zeigen - viel mehr als nur ein kausaler Prozeß, bei dem die Darbietung des entsprechenden Reizes die richtige Antwort garantiert.

## Die zusammengesetzte Wiedererinnerung

Das Wiedererinnern von im Langzeitgedächtnis gespeicherten Inhalten erfolgt meist mühelos und automatisch. Aber nicht immer ist es so. Wenn wir uns beispielsweise an etwas wiedererinnern wollen, das im Randbereich des Zugangs liegt, setzen wir einen Prozeß in Gang, der mit einer aufwendigen Suche oder der Lösung eines komplizierten Problems große Ähnlichkeit hat. Man kann diesen aktiven und interaktiven Aspekt des Sicherinnerns *zusammengesetzte Wiedererinnerung* nennen. Als Beispiel möge der folgende Bericht dienen, der einige Tage nach dem darin beschriebenen Erlebnis verfaßt wurde:

*Donnerstag, 16. November 1978*
Am Dienstag fuhr ich nach London. Auf dem Bahnsteig sehe ich ein Gesicht, das mir irgendwie bekannt vorkommt. Ich bin in Gedanken mit etwas anderem beschäftigt, und da der Betreffende nicht signalisiert, daß er mich kennt, nehme ich an, daß es jemand ist, den ich vielleicht schon ein paarmal im Zug oder in Cambridge gesehen habe, und vergesse das Ganze. Beim Aussteigen sehe ich ihn abermals, da er im gleichen Waggon gesessen hat. Wieder kommt er mir bekannt vor. Da ich gerade über Gedächtnisprozesse und die Frage des Wiedererinnerns nachgedacht habe, beschließe

ich zu versuchen, ob ich mich entsinnen kann, wer er ist.
Mir fallen zwei Assoziationen ein, der Name Sebastian und etwas, das mit Kindern zu tun hat. *Sebastian* halte ich für einen spezifischen und nützlichen Reiz, aber leider erweckt er nur die Erinnerung an einen Bekannten in einer anderen Stadt, an den kleinen Sohn eines Freundes in Cambridge sowie die Assoziation mit Teddybären, und zwar auf Grund von Evelyn Waughs Roman *Wiedersehen mit Brideshead*. Ich habe außerdem das Gefühl, daß es ein paar undeutliche Assoziationen mit einem ziemlich dunklen Zimmer gibt, in dem Bücher sind, aber es ist alles so verschwommen, daß eine weitere Suche sinnlos erscheint.
Etwas später taucht völlig unerwartet die Assoziation *babysitten* auf, und sofort erinnere ich mich daran, daß wir beide Mitglieder einer Babysittergruppe auf Gegenseitigkeit waren, daß er tatsächlich Sebastian heißt - sein Familienname fällt mir jedoch nicht ein -, daß er in einer Straße wohnt, deren Lage ich genau kenne, und in einem Haus, dessen Bild ich relativ leicht evozieren kann. Jetzt erscheint eine sehr deutliche Vorstellung von seinem Wohnzimmer, zusammen mit der Erinnerung, daß es eine große Menge schön gedruckter Bücher enthält

und daß er von Beruf Buchdrucker ist. Ich entsinne mich, daß in einem Raum seines Hauses eine Druckerpresse steht. Ich zweifle nicht daran, daß ich ihn identifiziert habe.

Als ich zwei Tage später darüber nachdenke, daß diese Geschichte ein gutes Beispiel für eine bestimmte Art des Erinnerns ist, fällt mir ein, daß ich immer noch nicht seinen Familiennamen oder den Namen der Straße kenne, in der er wohnt. In bezug auf den Familiennamen habe ich keine Anhaltspunkte, aber ich weiß, daß er entweder in der Oxford Road oder in der Windsor Road wohnt. Diese beiden Straßen kreuzen einander im rechten Winkel, und ich habe einen Kollegen, der in jener Straße wohnt, in der Sebastian X nicht wohnt. Ganz auf Verdacht würde ich sagen, daß letzterer in der Oxford Road wohnt, und wenn ich völlig unbeeinflußt raten müßte, würde ich sagen, daß mein Kollege in der Windsor Road wohnt. Also entscheide ich mich im Fall Sebastian X für die Oxford Road, allerdings bin ich mir dabei nicht so sicher wie bei der Identifikation seiner Person. Ganz sicher weiß ich jedoch, daß er nicht in der Richmond Road wohnt (da ich meines Wissens in dieser Straße niemanden kenne). Ich versuche auch nochmals, mich an seinen Familiennamen zu erinnern – nichts, aber plötzlich taucht unvermutet der Name *Carter* auf. Das klingt richtig, wenngleich ich nicht hundertprozentig überzeugt bin. Schließlich ist jener Name sehr häufig. Dann erscheint die Assoziation *Penny Carter* als der Name seiner Frau, und das verstärkt meinen Glauben, daß er Sebastian Carter heißt. Jetzt, eine halbe Stunde später, bin ich davon überzeugt.

Ich sehe in der Liste der Babysitter nach. Kein Carter. Aber das kann mich nicht abschrecken. Ich hole das Telefonbuch. Nach so vielen Mühen muß ich mir einfach Gewißheit verschaffen. Es gibt in der Oxford Road einen Carter, aber das bedeutet natürlich nicht, daß es tatsächlich Sebastian Carter war, den ich gesehen habe. Ich beschließe, diesen anzurufen und zu fragen.

16. November, abends. Ich rufe Sebastian Carter an: War er am Dienstag, den 14. November, in dem Zug um 14.36 Uhr nach London? Ja, er war.

Sicherlich ist auch Ihnen schon Ähnliches passiert, und so wissen Sie aus eigener Erfahrung, daß das Wiedererinnern mit Hilfe von einzelnen Informationsteilen ein aktiver, wenn auch manchmal frustrierender Prozeß ist. Auf jeden Fall spielt dabei ein anscheinend im Unbewußten wirkender Mechanismus eine Rolle, der dafür verantwortlich ist, daß Informationen spontan auftauchen. Der Name *Sebastian* und die Assoziation *babysitten* sind dafür Beispiele, und ganz offensichtlich können wir uns an viele, wenn nicht sogar die meisten Erfahrungen mühelos ohne langes Suchen erinnern. Aber wie ist es, wenn die gewünschte Information im gewünschten Zeitpunkt nicht von selbst auftaucht? In diesem Fall halten wir uns an jene Informationsteile, an die wir uns entsinnen, und benützen sie in der gleichen Art und Weise, in der ein Detektiv eine Spur verfolgt. Die Spur *Sebastian* führte mich zu einer Reihe plausibler Assoziationen, von denen jede einzelne wieder verworfen wurde. Was hatte mich dazu bewogen, sie zu verwerfen? Meine Entscheidung beruhte meistens darauf, daß es evident war, warum die betreffende Assoziation auftrat, und weil es ebenso offenkundig war, daß sie zu keinen verwertbaren Hinweisen führte. Im Gegensatz dazu ergaben sich aus der vagen Assoziation *Kinder* die Erinnerung an Babysitten und gleich danach ein deutliches Vorstellungsbild vom Haus der Carters. Das brachte wiederum andere Informationen zum Vorschein, darunter die Tatsache, daß Sebastian Carter von Beruf Buchdrucker ist, sowie das deutliche Bild einer Druckerpresse, die ich in seinem Haus gesehen hatte. Kurz gesagt, das Reizwort *Kinder* führte zu einer Vielzahl von Informationen, die durch die einfache Assoziation *babysitten* allein nicht evoziert worden wären; außerdem gab es in den meisten Häusern, in denen ich Kinder gehütet habe, keine Druckerpresse.

Mit der direkten Erforschung der Reize, die bei der Entscheidung, ob wir etwas wissen oder nicht, eine Rolle spielen, haben sich bisher nur wenige Wissenschaftler befaßt. Zu diesen gehören Brown, Lewis und Monk, die in einem ihrer Versuche[14] den Probanden Listen mit Städtenamen zum Lernen präsentierten. Bei der Prüfung wurde ein Wiedererkennungsverfahren angewendet, das außer den ursprünglichen Städten noch andere sowie den Namen des Geburtsortes des betreffenden Probanden anbot. Die Versuchspersonen konnten praktisch in jedem Fall aussagen, daß der Name ihres Geburtsortes während der Lernphase nicht dargeboten worden war. Vermutlich begründeten sie das damit, daß es ihnen bestimmt aufgefallen wäre und sie sich daran erinnert hätten.

Nehmen wir an, ich frage Sie nach Ihrem Namen. Sie würden sich natürlich sehr schnell an ihn erinnern und davon überzeugt sein, daß Sie recht haben. Und doch bezweifle ich, daß Sie sich viel Mühe gemacht hätten, nach Beweisen zu suchen, die Ihre Überzeugung bestätigen könnten. Woher *weiß* man, daß man recht hat? Darüber können wir nur Vermutungen anstellen. Eine Auslegung, die plausibel erscheint, ist, daß jede Frage, die eine schnelle Antwort auslöst und auf die es keine realistischen alternativen Antworten gibt, ein hohes Maß an Gewißheit verursacht. Stichhaltige Beweise für diese Hypothese liegen aber bisher noch nicht vor.

## Direkter Zugang oder Wiedererinnerung durch Inferenz?

Wir können zwar vermuten, daß wir den direkten Zugang zu Informationen (das heißt Inhalte, die anscheinend spontan auftauchen) mit indirekten Schlußfolgerungstechniken kombinieren, wenn wir uns an frühere Erfahrungen wiedererinnern, eine Untersuchung dieser beiden Prozesse ist jedoch sehr schwierig. So ist es insbesondere oft unmöglich, Erlebnisse bis ins Detail zu bestätigen, und wie wollen wir angesichts dieser Tatsache beurteilen, ob sie korrekt wiedergegeben wurden? Trotz solcher Probleme sind Untersuchungen über das Wiedererinnern von Informationen durchgeführt worden, und zwar in jüngster Zeit vor allem von Camp und den Lachmans.[15]

Diese Wissenschaftler präsentierten ihren Testpersonen zwei Typen von Fragen. Beim ersten Typ erwartete man von den Probanden, daß sie die Informationen durch direkten Zugang reproduzierten. Hierzu zwei Beispiele: »Wessen Frau wurde in eine Salzsäule verwandelt?« (Antwort: »Lot«), oder: »Wie hieß das geflügelte Pferd der griechischen Mythologie?« (Antwort: »Pegasus«). Ist derartiges Wissen vorhanden, pflegt es direkt abrufbar zu sein und muß daher nicht auf dem Umweg über andere, leichter zugängliche Informationen wiedererinnert werden. Beim zweiten Fragentyp wurde nach Informationen gefragt, die sich eher durch Inferenz hervorrufen ließen. Beispiele: »Welche Stadt im Süden der Vereinigten Staaten ist nach einem Ozean benannt?« (Antwort: »Atlanta«), oder: »Welche Horrorgestalt würde im Sommer im nördlichen Schweden verhungern?« (Antwort

»Dracula«). Wenn Sie sich mit den Fragen in den beiden folgenden Kästen befassen, werden Sie den Unterschied zwischen den Wiedererinnerungstechniken besser begreifen. Beantworten Sie die Fragen so schnell wie möglich und markieren Sie jeweils eine der vier angebotenen Alternativen. Im nächsten Absatz können Sie nachprüfen, wie viele Fragen Sie richtig beantwortet haben.

---

**Typ 1:**
**Fragen für den direkten Informationsabruf**

1. Wie hieß das geflügelte Pferd in der griechischen Mythologie?
   (A) Pyramus, (B) Greif, (C) Minotaurus, (D) Pegasus

2. Welcher Politiker wurde »der Alte« genannt?
   (A) Erhard, (B) Adenauer, (C) Ollenhauer, (D) Erler

3. Wie heißt der Autor von *Onkel Toms Hütte*?
   (A) Stowe, (B) Michaels, (C) Mitchell, (D) Stovall

4. Wo wurden die Zehn Gebote aufbewahrt?
   (A) Tempel des Josua, (B) Bundeslade, (C) Davids Zelt, (D) Arche Noah

5. Wessen Frau wurde in eine Salzsäule verwandelt?
   (A) Hesekiel, (B) Moses, (C) Abraham, (D) Lot

6. Wer hat das Trägheitsgesetz formuliert?
   (A) Newton, (B) Galton, (C) Newman, (D) Galilei

7. Wie heißt der Autor von *Pygmalion*?
   (A) Shaw, (B) Goethe, (C) Shakespeare, (D) Hölderlin

8. Welches Wesen wurde mit Stummheit geschlagen, als sein Rätsel gelöst wurde?
   (A) Sirene, (B) Sphinx, (C) Medusa, (D) Zyklop

9. Wer war der Partner von Romy Schneider in dem Film *Sissy*?
   (A) Prack, (B) Böhm, (C) Adorf, (D) Strack

---

Die richtigen Antworten auf die obigen Fragen sind: D, B, A, B, D, A, A, B, B. Bei den Fragen des Typs 2 lauten die richtigen Antworten: D, A, B, D, D, A, B, A, B.

Camp und seine Mitarbeiter stellten fest, daß die Testpersonen für die Beantwortung der Fragen, die Schlußfolgerungen erforderten, erwartungsgemäß um so mehr Zeit brauchten, je komplizierter die Suche und die Verifikation waren. Die Probanden sagten aus, daß der Verifikationsprozeß bei den beiden Typen von Fragen unterschiedlich verlief; die indirekt ermittelten Antworten erforderten eine viel umfangreichere Suche und mehrmalige Prüfung. Auch das Fehlermuster war verschieden. Die Wissenschaftler teilten die Fehler danach ein, ob sie der richtigen Antwort phonetisch ähnelten (zum Beispiel Pyramus statt Pegasus) oder ob sie eine sinnhafte Beziehung zur richtigen Antwort hatten (Galilei statt Newton). Fragen des Typs 2 riefen erheblich mehr semantisch zueinander in Beziehung stehende Antworten hervor als die Fragen für den direkten Zugang; in bezug auf die Wahrscheinlichkeit von phonetischen Fehlern gab es jedoch keine Unterschiede. Die Ergebnisse berechtigen deshalb zu der Annahme, daß semantische Faktoren und semantische Plausibilität beim indirekten Wiedererinnern von Informationen eine größere Rolle spielen als bei der direkten Erinnerung.

---

**Typ 2:**
**Fragen, deren Beantwortung durch Inferenz erfolgt**

1. Welcher Himmelskörper außer der Sonne kann die Erdtemperatur senken?
   (A) Meteor, (B) Komet, (C) Merkur, (D) Mond

2. Welche Flüssigkeit wird von einer Krankenschwester bei der Pflege von Patienten am meisten verwendet?
   (A) Quecksilber, (B) Mangan, (C) Wasser, (D) flüssige Seife

3. Welches Musikinstrument besteht aus Leder und Metall?
   (A) Zither, (B) Zimbel, (C) Viola, (D) Violine

4. Wie viele Monate des Jahres teilen ihren Anfangsbuchstaben nicht mit einem anderen Monat?
   (A) 7, (B) 4, (C) 6, (D) 5

5. Welches Haustier außer einem Vogel legt Eier?
   (A) Rennmaus, (B) Goldhamster, (C) Schäferhund, (D) Goldfisch

6. Welche Stadt im Süden der USA ist nach einem Ozean benannt?
   (A) Atlanta, (B) Ithaka, (C) Augusta, (D) Indianapolis

7. Welches der folgenden Tiere trägt ständig eine von Menschenhand gefertigte Ausrüstung?
   (A) Schwein, (B) Pferd, (C) Katze, (D) Kanarienvogel

8. Welcher Kontinent außer der Antarktis ist ein natürlicher Lebensraum der Pinguine?
   (A) Südamerika, (B) Australien, (C) Nordamerika, (D) Asien

9. Welche Kuchenzutat kommt aus Schoten?
   (A) Kokosnuß, (B) Vanille, (C) Zimt, (D) Kamille

# 8. Augenzeugenberichte

Vor einigen Jahren rief mich ein Londoner Rechtsanwalt aus einem sehr ungewöhnlichen Anlaß an. Er fragte, ob ich bereit wäre, als Gutachter vor Gericht zu bestätigen, daß es unmöglich sei, ein Gesicht, das man nur ein einziges Mal gesehen hatte, elf Monate später wiederzuerkennen. Da meines Wissens keine Untersuchungsergebnisse über die Dauerhaftigkeit des Gedächtnisses für Gesichter vorlagen, lehnte ich ab, wollte aber nähere Einzelheiten über den Fall wissen. Es handelte sich um den Prozeß gegen George Davis, der großes Aufsehen erregen sollte. Davis, ein Berufsverbrecher aus dem Londoner East End, war wegen eines Raubüberfalls verhaftet worden. Die Anklage stützte sich ausschließlich auf die Aussage eines einzigen Augenzeugen - eines Polizeibeamten -, der angab, Davis elf Monate zuvor flüchtig und unter keinesfalls idealen Bedingungen gesehen zu haben, und der ihn jetzt bei einer Gegenüberstellung innerhalb einer Reihe von Personen identifiziert hatte. Es gab einige Umstände, die den Augenzeugenbericht in einem etwas zweifelhaften Licht erscheinen ließen, so zum Beispiel die Tatsache, daß man dem Polizisten vor der Gegenüberstellung ein Foto von Davis gezeigt hatte. Allerdings schien der Rechtsanwalt an diesem Aspekt des Falls weniger interessiert zu sein, und da ich es ablehnte, als Gutachter zu fungieren, konnte ich nichts weiter tun, als ihn an einen Kollegen zu verweisen. Der Fall kam vor Gericht, und Davis wurde verurteilt.

In den folgenden Monaten setzten Davis' Angehörige und Freunde eine heftige und gut organisierte Protestkampagne in Gang. Sie behaupteten, daß man ihm, als mehrfach Vorbestraftem, ein Verbrechen angelastet habe, an dem er vollkommen unbeteiligt gewesen sein. Diese Kampagne fand in der Öffentlichkeit starke Resonanz und führte zu einer Wiederaufnahme des Verfahrens. Resultat: Die allein auf der Augenzeugenaussage basierende Beweisführung wurde als nicht ausreichend befunden und Davis aus dem Gefängnis entlassen.

## Schuldig oder unschuldig?

So zuverlässig oder unzuverlässig ein Augenzeugenbericht auch sein mag, es wird ihm stets großes Gewicht beigemessen. 1976 analysierte das *Devlin Committee* alle Gegenüberstellungen einer Reihe von Personen zur Identifikation des Verdächtigen, die im Jahr 1973 in England und Wales stattgefunden hatten.[1] Insgesamt waren es über 2000, und in 45 Prozent davon wurde der mutmaßliche Täter wiedererkannt. Von diesen Identifizierten wurden nicht weniger als 82 Prozent vor Gericht für schuldig befunden und verurteilt. In fast 350 Fällen war die Identifizierung durch einen Augenzeugen der *einzige* Schuldbeweis. Sogar in diesen Verfahren wurden 74 Prozent der Beschuldigten verurteilt, was die gewichtige Rolle der Aussage von Augenzeugen verdeutlicht.

Der folgende Fall stammt ebenso wie ein Großteil der Informationen in diesem Kapitel aus Elizabeth Loftus' hervorragendem Buch über Augenzeugenberichte.[2] Am 15. Mai 1975 wurde der stellvertretende Geschäftsführer eines Kaufhauses in Monroe, North Carolina, von zwei Männern in ein Auto gezerrt, wobei der eine ihn mit einer Waffe bedrohte und ihm befahl, sich hinten im Wagen auf den Boden zu legen. Er konnte die Männer nur flüchtig sehen, bevor sie sich Strumpfmasken über die Gesichter zogen. Dann fuhren sie zu dem Kaufhaus und verlangten, daß er den Safe öffne. Es gelang ihm jedoch, sie davon zu überzeugen, daß er die Kombination nicht kannte, und so nahmen sie nur die 35 Dollar, die er in der Brieftasche hatte, und ließen ihn frei.

Das Opfer, Robert Hinson, konnte über die beiden Kidnapper nicht viel berichten, außer daß der eine ein südländischer Typ war und daß sie einen grauweißen Dodge Dart, Modell 1965, fuhren. Er sagte aber auch aus, daß der eine Täter einem Mann ähnlich sah, der sich kürzlich in dem Kaufhaus um eine Stellung beworben hatte. Auf der Grundlage der spärlichen Hinweise, die Hinson geben konnte, wurde von einem der Entführer eine Phantomzeichnung angefertigt.

Drei Tage später hielt die Polizei einen weißen 1965er Plymouth Valiant an und verhaftete den Fahrer und dessen Beifahrer, die Brüder Sandy und Lonnie Sawyer. Keiner von beiden hatte mit dem Phantombild die geringste Ähnlichkeit, keiner hatte sich in dem Kaufhaus um eine Stellung beworben, und beide behaupteten, daß sie mit dem Verbrechen nichts zu tun hätten.

Vor Gericht identifizierte Robert Hinson die Sawyers jedoch eindeutig als seine Kidnapper, und obwohl vier Leute bezeugten, daß Sandy zur Zeit der Entführung zu Hause gewesen war, und vier andere Zeugen bestätigten, daß Lonnie um diese Zeit seine Freundin an ihrem Arbeitsplatz in einer Druckerei besucht hatte, erklärten die Geschworenen sie für schuldig. Als sie aus dem Gerichtssaal geführt wurden, rief Lonnie verzweifelt: »Mutti, Papa, geht in Berufung! Wir haben es nicht getan.«

Die Brüder Sawyer hatten das Glück, von einer energischen und hartnäckigen Familie, einem zähen Privatdetektiv und einem Fernsehproduzenten, der sich für den Fall interessierte, unterstützt zu werden. Ihre erste Chance zeichnete sich 1976 ab, als Robert Thomas, ein Häftling in einer Jugendstrafanstalt, gestand, er sei einer von Hinsons Entführern gewesen. Daraufhin überprüfte der Detektiv einige der früheren Hinweise und entdeckte, daß Thomas sich tatsächlich kurz vor der Entführung in dem Kaufhaus um eine Stellung beworben hatte. Außerdem besaß er einen Freund, dessen Mutter ein 1965er Dodge Dart gehörte. Der Detektiv suchte nun die Geschworenen auf, und einige gaben zu, daß sie es müde gewesen waren, ihre Meinung zu verfechten, und sich deshalb trotz der wenig überzeugenden Beweislage einfach der Mehrheit angeschlossen hatten.

Es gab also gute Gründe für ein Wiederaufnahmeverfahren, aber der Richter entschied, daß trotz der neuen Beweise inzwischen zuviel Zeit vergangen sei. Daraufhin wurde beim Gouverneur ein Antrag auf Begnadigung eingereicht, und während man auf die Entscheidung wartete, legte Thomas zunächst ein schriftliches und dann vor einer Fernseh-

*Demonstranten, die die Kampagne »Freiheit für George Davis« unterstützen, ziehen an der Westminster-Kathedrale vorbei. Sie sind auf dem Weg zu Scotland Yard, wo ein Brief überreicht werden soll. In diesem Schreiben wird der Vorwurf erhoben, die Polizei halte Informationen zurück, die Davis' Unschuld beweisen könnten. Zu jenem Zeitpunkt (1976) saß Davis wegen bewaffneten Raubüberfalls eine Haftstrafe von 17 Jahren Dauer ab.*

kamera auch ein mündliches Geständnis ab. Später widerrief er, zog aber schließlich den Widerruf zurück. Am gleichen Tag wurden die Sawyers vom Gouverneur begnadigt. Sie hatten zwei Jahre im Gefängnis gesessen, nur um Haaresbreite waren ihnen Haftstrafen von 28 und 32 Jahren erspart geblieben, und es hatte ihre unbegüterte Familie mehrere tausend Dollar gekostet, sie freizubekommen. All das war die Folge der Bereitwilligkeit der Geschworenen, dem Wort des Entführten zu glauben, obwohl er zugeben hatte, die Täter nur flüchtig gesehen zu haben, und obgleich deren angebliche Identifizierung in krassem Widerspruch zu den Aussagen von acht Zeugen stand, die alle bestätigt hatten, daß die Angeklagten an dem Verbrechen nicht beteiligt gewesen sein konnten. Hier waren offensichtlich mächtige Kräfte am Werk gewesen - Mitleid für das Opfer, Entrüstung über die Täter und das Gefühl, daß irgend jemand zur Rechenschaft gezogen werden müßte. Wenn ein geeigneter »Kandidat« vorhanden ist, scheint es nur allzu leicht, sich selbst - und damit auch andere - davon zu überzeugen, daß das Verbrechen aufgeklärt sei, insbesondere wenn das Opfer anklagend mit dem Finger auf den Verdächtigen zeigt.

## Die Unzuverlässigkeit von Aussagen

Seit rund 90 Jahren haben sich die Psychologen immer wieder mit der Genauigkeit von Augenzeugenberichten befaßt. Schon im Jahre 1895 untersuchte J. M. Cattell[3], mit wieviel Exaktheit seine Studenten alltägliche Ereignisse beobachteten und sich daran erinnerten. Er fragte sie beispielsweise, wie das Wetter vor einer Woche gewesen war. Tatsächlich hatte es an jenem Tag morgens geschneit und sich später wieder aufgeklärt. Von 56 Befragten erwähnten aber nur sieben den Schneefall. Cattell stellte deshalb fest, daß die meisten Menschen anscheinend »nicht viel genauer sagen können, wie das Wetter vor einer Woche war, als wie es in einer Woche sein wird«.

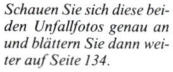

*Schauen Sie sich diese beiden Unfallfotos genau an und blättern Sie dann weiter auf Seite 134.*

An den folgenden von Cattell formulierten Fragen möchten Sie sich vielleicht selbst versuchen:

1. *Welcher Baum verliert im Herbst früher sein Laub, Kastanie oder Eiche?*
2. *Stehen Pferde auf der Weide mit dem Kopf oder mit dem Hinterteil gegen den Wind?*
3. *In welche Richtung zeigen Apfelkerne?*

Cattell mußte konstatieren, daß die Genauigkeit beim Erinnern von Beobachtungen kaum größer war, als wenn seine Testpersonen einfach geraten hätten: Kastanien verlieren ihr Laub zuerst (59 Prozent richtige Antworten), Pferde stehen mit dem Hinterteil gegen den Wind (64 Prozent), und Apfelkerne zeigen nach oben zum Stiel hin (39 Prozent).

Wir können uns auch überraschend schlecht an Einzelheiten von Dingen erinnern, die wir tagtäglich sehen oder benützen.

Die zwei amerikanischen Psychologen Adams und Nickerson[4] forderten ihre Probanden auf, genaue Zeichnungen der Vorder- und Rückseite der Ein-Cent-Münze anzufertigen. Einige Ergebnisse sind auf Seite 132 wiedergegeben. Im Durchschnitt erinnerten sich die Versuchspersonen nur an drei der acht wichtigen Merkmale (Kopf, In God We Trust, Liberty, Jahreszahl, Gebäude, United States of America, E Pluribus Unum, One Cent), und selbst die richtig gezeichneten waren oft falsch plaziert.

Man sollte meinen, daß einem Augenzeugen, der ein ungewöhnliches Ereignis beobachtet, wie zum Beispiel ein Verbrechen, wesentlich mehr auffällt und daß er sich besser daran erinnern kann, als wenn er Einzelheiten einer Münze oder eines anderen »vertrauten« Gegenstandes beschreiben soll. Aber es gibt viele widrige Faktoren, die seine Erinnerung abschwächen und verzerren. Einige dieser Faktoren liegen auf der Hand: Er sieht das Ereignis nur ein einziges Mal

*Vorder- und Rückseite der amerikanischen Ein-Cent-Münze. Bei der Untersuchung von Adams und Nickerson waren weniger als 30 Prozent der Testpersonen in der Lage, die Anordnung der acht wichtigen Details richtig wiederzugeben.*

*Acht Versuche, die Ein-Cent-Münze aus dem Gedächtnis zu zeichnen. Natürlich kann nicht jeder das wiedergeben, was er vor seinem geistigen Auge sieht, denn die meisten Leute haben kein besonders großes Zeichentalent. (Aus Adams und Nickerson, 1979)*

und ist normalerweise nicht darauf vorbereitet; was er sieht, spielt sich oft in sehr kurzer Zeit ab; Verbrecher pflegen darauf bedacht zu sein, daß man sie möglichst nicht erkennt. Es gibt jedoch auch Faktoren, deren Einfluß nicht so deutlich und direkt ist.

Einige der folgenden Abschnitte enthalten Fragen, die Elizabeth Loftus[5] entwickelt hat, als sie gängige Meinungen über Augenzeugenberichte untersuchte. Sie befragte über 100 Studenten der Universität von Washington. Wie hätten Sie geantwortet?

## Streß

»Wenn sich ein Mensch als Opfer eines Verbrechens in einer extremen Streßsituation befindet, ist er dann

a) besser fähig, die Einzelheiten des Ereignisses wahrzunehmen und sich daran zu erinnern;
b) genauso fähig, die Einzelheiten des Ereignisses wahrzunehmen und sich daran zu erinnern, wie unter normalen Bedingungen;
c) weniger fähig, die Einzelheiten des Ereignisses wahrzunehmen und sich daran zu erinnern;
d) besser fähig, sich an die Einzelheiten des Ereignisses zu erinnern, jedoch weniger fähig, diese Einzelheiten wahrzunehmen?«

Die richtige Antwort ist c) und wurde von 67 Prozent der Befragten gewählt;

a) wurde von 12 Prozent, b) von 3 Prozent und d) von 18 Prozent gewählt.

Es liegen leider nicht viele Daten über die Auswirkung von Streß in einer solchen Situation vor, aber man kann annehmen, daß die Leistungsfähigkeit des Betroffenen dem auf Seite 73 beschriebenen Yerkes-Dodsonschen Gesetz folgt. Doch auch in anderen Situationen spielt Streß eine wichtige Rolle. So kann die Leistungsfähigkeit beispielsweise in der Hitze eines Gefechts drastisch sinken. Es ist bekannt, daß in Infanteriegefechten ein Großteil der Soldaten keinen einzigen Schuß abfeuert und daß die Leistung bei Aufgaben wie etwa der Steuerung von Fernlenkgeschossen stark abfällt, wenn der Feuerleitoffizier Angst hat.[6] Allerdings geben Augenzeugenberichte nur sehr wenig Aufschluß über die Wirkung von Angst. Der Befragte kann sich zwar an Einzelheiten der Situation erinnern, in der er entsetzliche Angst verspürte, aber es ist kaum möglich, die Genauigkeit seines Berichts nachzuprüfen.

Auf Grund der vorhandenen Erkenntnisse über den Einfluß von leichteren Streß- und Erregungszuständen darf man jedoch annehmen, daß das Aufmerksamkeitsniveau reduziert und die Wahrnehmung möglicherweise tendenziös ist. Ein hochgradiger Erregungszustand dagegen kann zu einer Festigung der Gedächtnisspur führen, so daß die wahrgenommenen Informationen gut behalten werden. Freudianer könnten allerdings argumentieren, daß das belastende Erlebnis verdrängt wird. Bedauerlicherweise stehen uns, was diese Frage anbelangt, keine verwertbaren Daten zur Verfügung.

## Gewalt

Nehmen wir an, daß ein Mann und eine Frau gemeinsam zwei Verbrechen beobachten, von denen das eine ein Gewaltverbrechen ist, während bei dem anderen keine Gewalt angewendet wird. Welche der folgenden von Elizabeth Loftus entwickelten Aussagen trifft Ihrer Meinung nach zu:

a) Beide können sich an die Einzelheiten des Gewaltverbrechens besser erinnern als an die des gewaltlosen Verbrechens.
b) Beide können sich an die Einzelheiten des gewaltlosen Verbrechens besser erinnern als an die des Gewaltverbrechens.
c) Der Mann kann sich an die Einzelheiten des Gewaltverbrechens besser erinnern als an die des gewaltlosen Verbrechens, für die Frau gilt das Umgekehrte.
d) Die Frau kann sich besser an die Einzelheiten des Gewaltverbrechens erinnern, der Mann besser an die Einzelheiten des gewaltlosen Verbrechens.

Aus den wenigen vorliegenden Erkenntnissen kann man schließen, daß b) die richtige Antwort ist, daß sich also sowohl Männer als auch Frauen an von Gewalttätigkeit begleitete Ereignisse weniger gut erinnern als an gewaltlose. Aber nur 18 Prozent der von Frau Loftus befragten Personen entschieden sich für diese Antwort, die meisten (66 Prozent) wählten a), 6 Prozent wählten c) und 10 Prozent d).

Auf der Grundlage dieses Ergebnisses führten Clifford und Scott[7] eine weitere Untersuchung durch. Sie teilten 48 Testpersonen – je zur Hälfte Männer und Frauen – in zwei Gruppen ein und zeigten jeder Gruppe einen Videofilm. Beide Filme hatten dasselbe Thema: Zwei Polizeibeamte suchten einen Verbrecher, wobei ihnen eine dritte Person widerstrebend half. Anfang und Ende der Filme waren identisch, aber der mittlere Teil war verschieden. In der gewaltlosen Version spielte sich die Interaktion zwischen den Polizisten und der widerstrebenden dritten Person fast ausschließlich verbal ab, während in der gewalttätigen Version einer der Beamten die Widerstrebenden tätlich angriff. Die Versuchspersonen mußten an Hand eines Fragebogens, der 40 Testpunkte enthielt, ihre Erinnerung an das Ereignis wiedergeben. Sowohl die Männer als auch die Frauen hatten von der gewalttätigen Version weniger behalten als von der gewaltlosen. Ein einziges Experiment genügt natürlich nicht, um gültige Schlußfolgerungen zu ziehen, aber es läßt doch erkennen, daß die dem gesunden Menschenverstand entsprechende Beurteilung möglicherweise völlig falsch ist.

*Im Heysel-Stadion von Brüssel kamen am 29. Mai 1985 bei schweren Ausschreitungen zwischen britischen und italienischen Fußballanhängern 38 Menschen ums Leben. Wie hat es angefangen? Beteiligte, Umstehende und Polizisten werden später wohl recht unterschiedliche Aussagen darüber machen.*

*Zu den Fotos auf Seite 130 und 131: Drei Autos fuhren an der Nummer 2 vorbei, als diese schon brannte. Welche Farbe hatte der erste Wagen, der vorbeifuhr?*

## Waffen

Man könnte annehmen, daß ein Gewaltverbrechen, bei dem eine Waffe benützt wird, das Opfer veranlaßt, seine Aufmerksamkeit hauptsächlich auf die Waffe zu konzentrieren, wodurch es weniger Informationen über den Täter oder die Einzelheiten des Vorfalls wahrnimmt. Ebensogut könnte man aber vermuten, daß das Vorhandensein einer Waffe die Aufmerksamkeit sehr stark auf die Person lenkt, welche die Waffe in der Hand hält, so daß sich der Täter und das Ereig-

*Eine Menschenmenge beim Frühlingsfest in der chinesischen Stadt Paotau, bei deren Anblick Europäer feststellen werden, daß alle Chinesen gleich aussehen. Und sicher werden Chinesen beim Anblick westlicher Touristen die Bemerkung fallenlassen, daß alle Weißen einander ähnlich sind.*

nis tief in das Gedächtnis des Opfers einprägen. Elizabeth Loftus führte den folgenden Test durch, um die Meinung ihrer Probanden zu erforschen:

»Stellen Sie sich vor, daß auf jemanden ein Raubüberfall verübt wird. Der Räuber steht nur einen Schritt vom Opfer entfernt und bedroht es mit einem Revolver. Das Opfer sagt später zu einem Polizeibeamten: ›Ich hatte große Angst und werde darum dieses Gesicht niemals vergessen.‹ Welche der folgenden Aussagen beschreibt Ihrer Meinung nach am besten, was das Opfer im Zeitpunkt des Überfalls erlebt hat:

a) Das Opfer war so damit beschäftigt, sich das Aussehen des Täters einzuprägen, um ihn später identifizieren zu können, daß es den Revolver überhaupt nicht bemerkte.
b) Das Opfer konzentrierte sich auf das Gesicht des Täters und nahm den Revolver nur flüchtig zur Kenntnis.
c) Das Opfer betrachtete sowohl den Revolver als auch das Gesicht genau.
d) Das Opfer konzentrierte sich ganz auf den Revolver, was seine Fähigkeit,

sich an das Gesicht des Täters zu erinnern, erheblich verringerte.«

Wofür würden Sie sich entscheiden? Jeweils 39 Prozent der Befragten wählten die Aussage c) - gute Informationen sowohl über den Revolver als auch über das Gesicht - und die Aussage d) - Aufmerksamkeit ganz auf den Revolver konzentriert. 20 Prozent glaubten, das Opfer würde den Revolver nur flüchtig bemerken, und 2 Prozent meinten, es nähme ihn gar nicht wahr.

Die wenigen zur Verfügung stehenden Erkenntnisse unterstützen die Ansicht, daß das Vorhandensein einer Waffe die Aufmerksamkeit des Opfers vom Täter ablenkt. In einem von Frau Loftus beschriebenen Experiment, das an der Universität von Michigan durchgeführt wurde[8], forderte man jeweils eine Testperson auf, draußen vor dem Versuchslabor zu warten, bis man sie zur Teilnahme hereinbitten würde. Unter der Versuchsbedingung »keine Waffe« durfte der Proband ein harmloses Gespräch über den Ausfall irgendeines Laborgeräts mit anhören, nach dessen Beendigung jemand herauskam, der in einer seiner ölverschmierten Hände einen Kugelschreiber hielt und wegging, nachdem er eine einzige Bemerkung gemacht hatte. Unter der Bedingung »mit Waffe« hörten andere Testpersonen einen feindseligen Wortwechsel zwischen zwei Leuten, der mit dem Geräusch von zerbrechenden Flaschen und krachend umgeworfenen Stühlen endete. Dann kam jemand heraus, der einen blutverschmierten Brieföffner in der Hand hielt und ebenfalls nur eine einzige Bemerkung machte, bevor er wegging. Sämtlichen Probanden wurde anschließend ein Album mit 50 Fotografien vorgelegt, und man fragte sie, ob eine davon die Person, die aus dem Labor gekommen war, darstelle. Im Fall der Versuchsbedingung »keine Waffe« wurde das richtige Foto von 49 Prozent der Probanden identifiziert, gegenüber nur 33 Prozent unter der Versuchsbedingung »mit Waffe«.

Ein einziges Experiment dieser Art liefert natürlich keine ausreichend bewiesenen Daten. Aber es untermauert die Ergebnisse aus anderen Versuchen, die erkennen ließen, daß durch Angst die Aufmerksamkeit auf das beschränkt wird, was der Augenzeuge für das wichtigste Merkmal der Situation hält, und daß dadurch die Zuverlässigkeit seiner Aussage leidet.

## Die Identifizierung von Angehörigen anderer Rassen

»Eines Morgens gingen zwei Lehrerinnen zur Schule; die eine war Asiatin, die andere eine Weiße. Plötzlich sprangen ihnen zwei Männer in den Weg, ein Neger und ein Weißer, und wollten ihnen die Handtaschen entreißen. Später zeigte man den beiden Frauen Fotografien von bekannten Handtaschenräubern dieses Wohnbezirks. Welche Aussage kommt Ihrer Meinung über die Fähigkeit der Frauen, die Räuber zu identifizieren, am nächsten?

a) Sowohl die Asiatin als auch die Weiße finden es schwieriger, den Weißen zu identifizieren als den Neger.

b) Die Weiße findet es schwieriger, den Neger zu identifizieren als den Weißen.

c) Der Asiatin fällt es leichter als der Weißen, beide Männer zu identifizieren.

d) Die Weiße kann den Neger leichter identifizieren als den Weißen.«

Mit diesem Test untersuchte Elizabeth Loftus die Frage der Identifizierung von Angehörigen anderer Rassen. Welche Antwort hätten Sie gewählt? Von den Washingtoner Probanden entschieden sich 55 Prozent für b), was die richtige Antwort ist. Der Rest verteilte sich annähernd gleichmäßig auf a), c) und d). In diesem Fall ist der Beweis überzeugend und gestattet die Schlußfolgerung, daß wir Gesichter von Angehörigen anderer Rassen schlechter im Gedächtnis behalten und wiedererkennen. Das trifft selbst dann zu, wenn ein Augenzeuge schon sehr viel mit Angehörigen fremder Rassen zu tun gehabt hat. Man könnte auch annehmen, daß ausgeprägte Vorurteile gegen eine Rasse den erwähnten Effekt verstärken, aber die vorliegenden Daten sprechen gegen diese Vermutung.

# Suggestivfragen

»Nehmen wir an, daß jemandem, der einen Autounfall beobachtet hat, später eine der folgenden Fragen gestellt wird: 1. ›Haben Sie einen zerbrochenen Scheinwerfer gesehen?‹ oder 2. ›Haben Sie den zerbrochenen Scheinwerfer gesehen?‹ Würde es irgendeinen Unterschied machen, welche Frage man dem Augenzeugen stellt?

a) Nein, weil der Zeuge wußte, ob er einen zerbrochenen Scheinwerfer gesehen hat oder nicht.
b) Nein, weil zwischen den beiden Fragen kein Unterschied besteht.
c) Ja, da die zweite Frage voraussetzt, daß ein Scheinwerfer zerbrochen war.
d) Nein, der Zeuge würde dem Unterschied zwischen *einen* und *den* keine Bedeutung zumessen.«

90 Prozent der von Elizabeth Loftus befragten Testpersonen wählten c), die restlichen Antworten verteilten sich auf die drei anderen Möglichkeiten. Sehr wahrscheinlich haben auch Sie sich für c) entschieden, und deshalb wird es Sie nicht überraschen zu erfahren, daß die Art der Fragestellung die Aussage eines Zeugen stark beeinflussen kann. Als überraschend könnte man aber vielleicht den Umfang und die Zuverlässigkeit der auf diese Weise zustande kommenden Effekte bezeichnen.

Frau Loftus hat zu jenem Thema mehrere Versuche durchgeführt. In einem ihrer Experimente[9] sahen die Probanden einen Film über einen Autozusammenstoß und wurden anschließend gefragt: »Wie schnell sind die Autos ungefähr gefahren, als sie zusammenstießen?« Allen

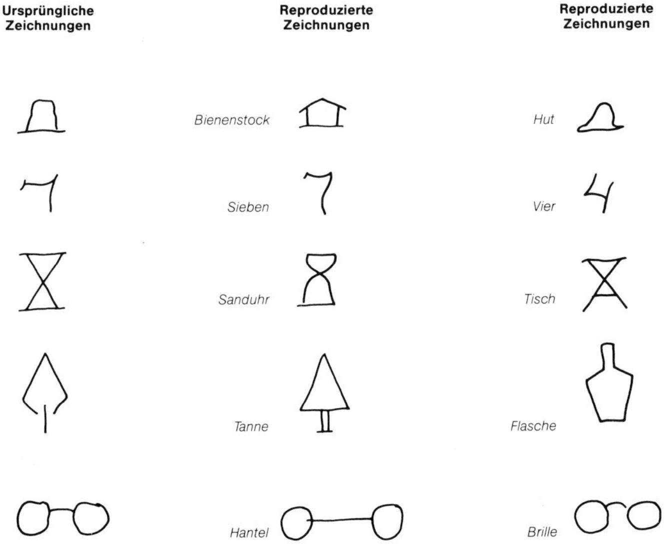

| Ursprüngliche Zeichnungen | Reproduzierte Zeichnungen | Reproduzierte Zeichnungen |
|---|---|---|

Bienenstock — Hut

Sieben — Vier

Sanduhr — Tisch

Tanne — Flasche

Hantel — Brille

*Auch dieses Beispiel zeigt, wie leicht das Gedächtnis zu beeinflussen ist. Fast jeder würde sich wohl irreführen lassen, wenn man ihm die links abgebildeten mehrdeutigen Zeichnungen vorlegen und ihn dann auffordern würde, sie an Hand so suggestiver Stichwörter wie Hut, sieben, Sanduhr und so weiter zu reproduzieren.*

Testpersonen wurde die gleiche Frage gestellt, doch ersetzte man bei einem Teil von ihnen das Wort *zusammenstießen* durch *ineinanderkrachten, kollidierten, heftig aufeinanderfuhren* oder *einander berührten*. Die Geschwindigkeit wurde beim Gebrauch des Wortes *ineinanderkrachten* am höchsten geschätzt (70 Stundenkilometer), bei *kollidierten* niedriger (65 Stundenkilometer), bei *heftig aufeinanderfuhren* auf 60 Kilometer, bei *zusammenstießen* auf 55 Kilometer und bei *einander berühren* auf 50 Kilometer pro Stunde. Als die Probanden eine Woche später gefragt wurden, ob Glassplitter herumgelegen seien, neigten diejenigen, deren Testfrage das Wort *ineinanderkrachten* enthalten hatte, häufiger zu der

statten jedoch die Vermutung, daß einige Testpersonen die Suggestion bemerkten und negativ darauf reagierten, denn wenn die Frage mit dem bestimmten Artikel *den* gestellt wurde, neigten mehr Probanden dazu, mit »Nein« statt mit »Ich weiß nicht« zu antworten.

In einer weiteren von Frau Loftus durchgeführten Versuchsreihe[11] konnte überzeugend demonstriert werden, daß es möglich ist, die Erinnerung eines Augenzeugen an ein Ereignis zu verändern, indem man während der Befragung unauffällig neue Informationen einführt. In einem der Tests wurden den Probanden mehrere Dias über einen Verkehrsunfall gezeigt, bei dem ein Fußgänger auf einem Zebrastreifen umgerissen wurde.

*Versuchen Sie, sich die kennzeichnenden Merkmale dieser drei Schmetterlingsarten einzuprägen. Blättern Sie dann auf Seite 142 weiter und testen Sie, wie viele Arten Sie wiedererkennen.*

(falschen) Aussage, sie hätten Glasscherben gesehen.

In einem anderen Versuch[10] wurde ebenfalls ein Film über einen Autounfall vorgeführt; die eine seiner beiden Versionen zeigte einen zerbrochenen Scheinwerfer, die andere nicht. Den Testpersonen wurde entweder die Frage »Haben Sie den zerbrochenen Scheinwerfer gesehen?« oder die Frage »Haben Sie einen zerbrochenen Scheinwerfer gesehen?« gestellt. Wenn der Scheinwerfer tatsächlich zerbrochen war, blieb die Wahrscheinlichkeit, daß die Antwort »Ja« lautete, in beiden Fällen unverändert. Aber wenn kein zersplitterter Scheinwerfer zu sehen gewesen war und die Probanden nach *dem* statt nach *einem* zerbrochenen Scheinwerfer gefragt wurden, stieg die Wahrscheinlichkeit einer Falschaussage um das Doppelte an. Die Ergebnisse ge-

Ein grüner Wagen fuhr an der Unfallstelle vorbei, ohne anzuhalten, ein Polizeifahrzeug erschien, und ein Mitfahrer aus einem der in den Unfall verwickelten Autos rannte weg, um Hilfe zu holen. Nach der Vorführung stellte man den Versuchspersonen zwölf Fragen über das Ereignis, wobei sich die zehnte Frage auf einen *blauen* Wagen bezog, der angeblich an der Unfallstelle vorbeifuhr. Als die Probanden 20 Minuten später aufgefordert wurden, die Farbe des vorbeifahrenden Autos zu nennen, tendierten diejenigen, denen man die Fehlinformation gegeben hatte, zu Blau oder Blaugrün. In einem anderen Experiment gelang es Frau Loftus, ihre Testpersonen so zu beeinflussen, daß sie eine überhaupt nicht gezeigte Scheune erwähnten, die während der Befragung in ihr Gedächtnis »eingesetzt« worden war.

Wenn der Bericht eines Augenzeugen verändert werden kann, hat sich dann das, woran er sich tatsächlich *erinnert*, verändert, oder verändert er lediglich seine Aussage? »Rät« er anders, wenn er unter einem gewissen Druck steht? Um diese Frage zu erforschen, führte Frau Loftus einen Versuch durch[12], bei dem die Probanden einen Fußgängerunfall sahen, an dem ein Auto beteiligt war, das entweder vor einem Stoppschild oder einem Vorfahrtsschild anhielt. Zwei Tage

ge Antwort anbot. Nach diesem Modell erhielt dann eine Gruppe überhaupt keine Belohnung, einer anderen wurde pro Kopf für die korrekte Antwort ein Dollar versprochen, einer dritten fünf Dollar, und der vierten Gruppe sagte man, daß derjenige Proband, der am besten abschneiden würde, 25 Dollar bekäme. Trotzdem wählten 70 bis 85 Prozent der Testpersonen in Übereinstimmung mit der Suggestivfrage die falsche Antwort. Und es gab auch keinerlei Anzeichen da-

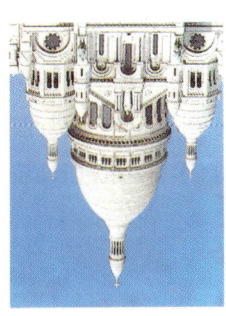

später wurden den Testpersonen einige Fragen über den Unfall gestellt, wobei eine sie von dem tatsächlichen Geschehen weglenkte; wenn sie ein Stoppschild gesehen hatten, bezog sich die Suggestivfrage auf ein Vorfahrtsschild und umgekehrt. Dann wurde ihre Erinnerung an das Ereignis geprüft, indem man ihnen Paare von Dias vorführte und sie fragte, welches Verkehrszeichen sie gesehen hatten. Von dem entscheidenden Paar zeigte das eine Dia ein Stoppschild, das andere ein Vorfahrtsschild. Frau Loftus ging von der folgenden Annahme aus: Wenn die Probanden sich wirklich an die korrekte Version erinnerten, aber nur deshalb eine falsche Antwort gaben, um dem Versuchsleiter gefällig zu sein, könnte diese Tendenz vielleicht aufgehoben werden, indem man einem Teil der Testpersonen Belohnungen für die richtige

für, daß eine höhere Belohnung eine größere Genauigkeit begünstigt.
Andere Versuche ergaben, daß die Probanden auf die irreführende Information genauso schnell und überzeugt reagierten, wie sie es im Normalfall getan hätten. Schließlich konnte Frau Loftus auch nachweisen, daß jener Effekt nicht davon abhing, ob den Testpersonen die Fehlinformation sofort aufgefallen war oder nicht. Wenn sie unmittelbar nach einem Film aufgefordert wurden, einen detaillierten Bericht über das, was sie gesehen hatten, abzugeben, erwähnten die meisten auch die richtige Information, aber selbst bei diesen Probanden zeigte sich eine Beeinflussung der Gedächtnisspur durch spätere irreführende Fragen.
Auf Grund dieser Beobachtung folgerte Frau Loftus, daß die betreffende Erinne-

*Können Sie diese Bauwerke erkennen, ohne das Buch umzudrehen?*

*Die Bauwerke sind – von rechts nach links – der Pavillon von Brighton (Sussex, England), San Marco (Venedig), Tadsch Mahal (Agra, Indien), Sacré-Cœur (Paris).*

rung durch nachfolgende Informationen verändert wird. Die Wissenschaftlerin betont zwar, es lasse sich niemals ausschließen, daß nicht irgendwo im Gehirn des Augenzeugen doch noch eine intakte und unverzerrte Gedächtnisspur versteckt ist, sie schreibt aber, all ihre Bemühungen, eine solche Spur aufzufinden, hätten sich als vergeblich erwiesen. Es scheint demnach wirklich so zu sein, daß jede Erinnerung eine Verschmelzung unserer Beobachtungen mit dem ist, was wir später darüber gedacht haben. In diesem Zusammenhang zitiert Frau Loftus einen höchst interessanten Erlebnisbericht des Schweizer Psychologen Jean Piaget[13]:

»Eine meiner frühesten Erinnerungen würde - wenn sie stimmte - in mein zweites Lebensjahr zurückreichen. Ich kann immer noch ganz deutlich die folgende Szene vor mir sehen, die ich für wahr hielt, bis ich ungefähr 15 Jahre alt war. Ich saß in meinem Kinderwagen, den das Kindermädchen auf den Champs-Élysées entlangschob, als ein Mann mich entführen wollte. Ich wurde von dem Gurt festgehalten, der um mich herumgebunden war, während mein Kindermädchen sich tapfer zwischen mich und den Räuber stellte. Sie erlitt mehrere Kratzwunden, die ich noch heute undeutlich auf ihrem Gesicht sehen kann. Dann bildete sich eine Menschenmenge, ein Polizist in einem kurzen Mantel und mit einem weißen Stock in der Hand erschien, und der Mann rannte weg. Ich sehe immer noch alles genau vor mir und kann sogar den Ort des Ereignisses in der Nähe einer U-Bahnstation bestimmen. Als ich ungefähr 15 Jahre alt war, erhielten meine Eltern von meinem ehemaligen Kindermädchen einen Brief, in dem sie schrieb, daß sie zur Heilsarmee bekehrt worden sei. Sie wolle nun ihre Schuld gestehen und insbesondere die Armbanduhr zurückgeben, die man ihr damals geschenkt hatte. Sie habe sich die ganze Geschichte ausgedacht und sich die Kratzer selbst beigebracht. Ich muß also in meiner Kindheit diese von meinen Eltern geglaubte Geschichte gehört und sie in der Form einer optischen Erinnerung in die Vergangenheit projiziert haben.«

## Das Gedächtnis für Gesichter

»Ich vergesse ein Gesicht nie!« Jeder von uns hat wohl schon Leute getroffen, die das behaupten. Aber mit wieviel Berechtigung tun sie es? Muriel Woodhead[14], die an dieser Frage besonders interessiert war, führte ein Experiment durch, bei dem ungefähr 100 Cambridger Hausfrauen Dias von unbekannten Gesichtern gezeigt bekamen. Danach forderte man die Testpersonen auf, diese wiederzuerkennen, als sie noch einmal zusammen mit einer Reihe von ähnlichen, aber neuen Gesichtern dargeboten wurden. Ferner mußten die Probanden selbst beurteilen, wie gut ihrer Meinung nach ihr Gedächtnis für Gesichter sei.

Bei den Leistungen im Wiedererkennungstest gab es große Unterschiede, und auch die Selbstbeurteilungen wichen erheblich voneinander ab. Es bestand jedoch nicht der geringste Zusammenhang zwischen Leistung und Selbstbeurteilung. Einige Frauen erbrachten eine außerordentlich gute Leistung, beurteilten ihr Gedächtnis allerdings sehr zurückhaltend; andere hingegen behaupteten, ein sehr gutes Gedächtnis für Gesichter zu haben, aber ihre Leistung war schwach; wieder andere waren leistungsmäßig gut und in der Selbstbeurteilung ziemlich gut, und die meisten bewegten sich irgendwo dazwischen. Das könnte natürlich daran gelegen haben, daß das Versuchsmodell Mängel besaß, entweder weil es in keiner Beziehung zu der Wiedererkennungsfähigkeit außerhalb des Labors stand oder bei verschiedenen Gelegenheiten unterschiedliche Wertungen zuließ. Muriel Woodhead und ich beschlossen, dieses Thema weiterzuverfolgen, indem wir untersuchten, ob die Unterschiede beim Erinnerungsvermögen für Gesichter konstant blieben, wobei wir von dem Umstand profitierten, daß wir eine große Anzahl Probanden bereits über einen Zeitraum von zwei Jahren oder länger getestet hatten. Wir wählten für unseren Versuch Leute aus, die in den früheren Experimenten entweder eine sehr gute oder eine sehr schlechte Leistung gezeigt hatten. Wir stellten fest, daß Probanden, deren Leistung in den früheren Versuchen über das Gedächtnis für Gesichter gut gewesen war, auch in dem neuen Experiment erheblich bessere Ergebnisse erzielten als diejenigen, die eine schlechte Leistung erbracht hatten. Ferner verglichen wir das Erinnerungsvermögen für zwei andere Arten von Inhalten, nämlich für mit der Schreibmaschine geschriebene Wörter und für Reproduktionen von Gemälden. An Hand der Ergebnisse aus diesen weiteren Tests wollten wir herausfinden, ob die Leistungsfähigkeit der Probanden mit guten Resultaten das ganze Gedächtnis, das gesamte optische Gedächtnis oder nur das Gedächtnis für Gesichter betraf. Jene Personen, die sich an Gesichter gut erinnerten, waren auch bei der Wiedererkennung von Gemälden besser, aber in bezug auf die Kapazität des verbalen Gedächtnisses unterschieden sie sich nicht von denjenigen, deren Leistungen in den Wiedererkennungsprüfungen schlecht gewesen waren. Dieses Ergebnis gestattet die Vermutung, daß das optische Gedächtnis irgendwelche speziellen Faktoren enthält, die es vom verbalen Gedächtnis trennen, es läßt jedoch nicht darauf schließen, daß es innerhalb des visuellen Gedächtnisses eine klare Trennung zwischen dem Erinerungsvermögen für Gesichter und dem für Bilder von Gegenständen und Szenen gibt.

Einige Forscher haben die Vermutung geäußert, das Gedächtnis für Gesichter hänge von einem besonderen System ab, welches seinen Sitz in einer bestimmten Gehirnregion habe. Als Beweis für diese Theorie wird die sogenannte *Prosop-*

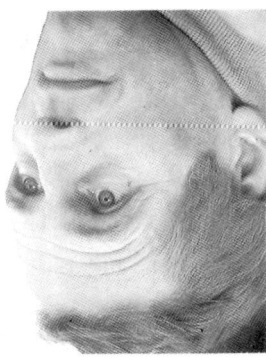  

*Welche Prominenten sind hier abgebildet? Im allgemeinen wird das Erkennen von Gesichtern, wenn die betreffenden Fotos auf dem Kopf stehen, mehr erschwert, als es bei Gebäuden oder Gegenständen der Fall ist. Fällt Ihnen eine Erklärung dafür ein?*

*Die Fotos zeigen Paul Newman, Elizabeth Taylor und Woody Allen.*

*Nur der mittlere Schmetterling war schon auf Seite 138 abgebildet. Haben Sie sich durch die Formulierung der dortigen Frage dazu verführen lassen, mehr als einen »wiederzuerkennen«?*

agnosie betrachtet, ein seltener neurologischer Defekt, bei dem der Patient ein Gesicht zwar als Gesicht, aber nicht als das einer bestimmten Person zu erkennen vermag, obwohl er Gegenstände ohne Schwierigkeiten identifizieren kann und an keiner Schädigung des Sehapparats leidet. Ein weiteres Argument zugunsten der Theorie, das Wahrnehmungs- und Erinnerungsvermögen für Gesichter sei etwas Besonderes, stützt sich auf die Beobachtung, daß der Blickwinkel, aus dem man Gesichter betrachtet, eine wichtige Rolle spielt. Ein umgekehrt dargebotenes Gesicht ist viel schwerer wiederzuerkennen als ein auf dem Kopf stehendes Gebäude, und auch

den Gesichtsausdruck kann man in dieser Lage wesentlich schlechter wahrnehmen. Versuchen Sie es selbst, indem Sie die auf den Seiten 139 und 141 abgedruckten Fotos betrachten. Es handelt sich um weltbekannte Bauwerke und um die Gesichter berühmter Leute.

In einer neuropsychologischen Untersuchung[15] wurde das Gedächtnis für Gesichter und Bauwerke - sowohl in der normalen als auch in umgekehrter Stellung - geprüft, und zwar bei Patienten mit einer Schädigung der rechten Gehirnhälfte. Als Kontrolle dienten Personen mit anderen Gehirndefekten. Letztere machten bei der Wiedererkennung von Gesichtern in normaler Lage weit

*Das Diagramm zeigt, welche Posituren die Porträtmaler, deren Werke in der National Portrait Gallery in London ausgestellt sind, bevorzugten. Bis zum Ende des 19. Jahrhunderts (bevor der Einfluß der Fotografie sich bemerkbar machte) wurden die Modelle meist im Halbprofil gemalt. Diese Vorliebe entsprach nicht nur einem Modetrend, sondern läßt sich auch dadurch erklären, daß die Darstellung im Halbprofil es eher als die anderen Kopfhaltungen erlaubt, die charakteristischen Merkmale des Gesichts zur Geltung zu bringen. (Nach Baddeley und Woodhead, 1983)*

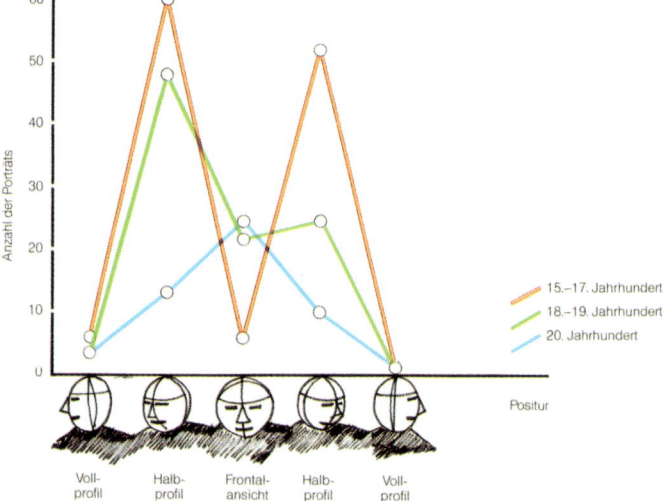

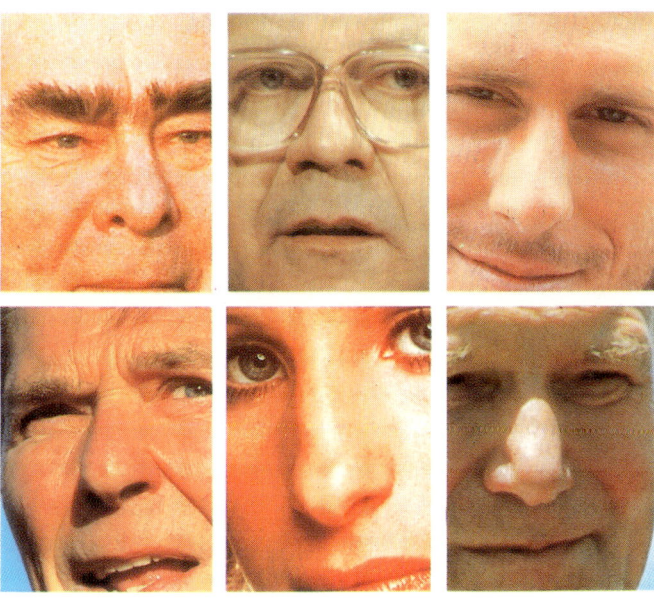

*Sechs Gesichtsausschnitte, die Augen, Mund und Nase zeigen – sechs berühmte Persönlichkeiten. Erkennen Sie sie? Die richtigen Antworten finden Sie auf Seite 144.*

weniger Fehler als die ersteren. Aber bei umgekehrten Gesichtern war das Gegenteil der Fall: Die Leistung der Patienten mit einer Schädigung der rechten Hemisphäre war besser als die der Kontrollpersonen. Bei den Bildern von Gebäuden trat dieses Muster nicht in Erscheinung; hier war die Leistung der Kontrollpatienten unter beiden Bedingungen etwas besser. Man könnte also annehmen, daß diese Ergebnisse spezifisch für Gesichter sind, doch gibt es Beweise, die dagegen sprechen. So war zum Beispiel ein Patient mit einem rechtsseitigen Gehirnschaden ein leidenschaftlicher Vogelbeobachter, und in seinem Fall betrafen die Schwierigkeiten bei der Wiedererkennung nicht nur Gesichter: Es fiel ihm sehr schwer, die feinen Unterschiede zwischen einzelnen Arten oder Unterarten von Vögeln zu erkennen. Aber selbst

wenn es sich erweisen sollte, daß das Wiedererkennungsvermögen für Gesichter keine eigenständige Gedächtnisfunktion ist, scheint doch festzustehen, daß die Wiedererkennung von Gesichtern davon abhängt, in welchem Maße man subtile Unterschiede in der Beziehung ihrer einzelnen Merkmale zueinander wahrnimmt.

Aus dem bisher Gesagten geht hervor, daß das Gedächtnis für Gesichter sehr unzuverlässig ist. Kann man es verbessern? Vor einigen Jahren wurden Muriel Woodhead, Derek Simmonds und ich[16] beauftragt, einen Kurs zu beurteilen, der speziell auf die Verbesserung der Fähigkeit, Gesichter wiederzuerkennen und im Gedächtnis zu behalten, ausgerichtet war. Die Grundlage für diesen Kurs lieferte eine Wahrnehmungsmethode für Gesichter, die Jacques Penry[17], der Erfinder des sogenannten *Foto-fit-Systems*, populär gemacht hatte. Foto-fit besteht aus einer Schachtel, die zahlreiche Fotografien von einzelnen Gesichtspartien enthält, so etwa viele Arten von Kinnen, Nasen, Augen, Frisuren und so weiter, welche in beliebiger Weise zusammengesetzt werden können. Durch Kombinationen der einzelnen Teile ist es möglich, eine große Anzahl verschiedener Gesichter zu konstruieren, und es wird behauptet, daß sich mit einigem Geschick jedes gegebene Gesicht reproduzieren lasse. Nach Penrys Auffassung ist es für die Wahrnehmung und Wiedererkennung eines menschlichen Gesichts erforder-

ihn - so Leonardo - befähigen, ein Gesicht schon nach einem einzigen Blick im Gedächtnis zu behalten.

Der Kurs, den meine Kollegen und ich begutachteten, war auf Penrys Methode aufgebaut und befaßte sich ausführlich mit dessen Klassifikationssystem. Er wurde mit viel Enthusiasmus und Phantasie dargeboten, es gab Vorträge, Filmvorführungen, Diskussionen, Fallbeispiele und Übungen. Um die Wirksamkeit des Kurses beurteilen zu können, veranstalteten wir drei Experimente. Im ersten prüften wir die Fähigkeit der Testpersonen, sich Gesichter, die ihnen nur kurz gezeigt wurden, zu merken und spä-

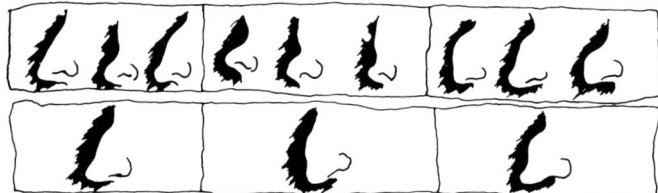

*Verschiedene Nasenformen (nach Leonardo da Vinci).*

lich, die einzelnen Merkmale gesondert zu sehen und sie systematisch zu klassifizieren. Er nennt das »ein Gesicht lesen«; so wird beispielsweise zuerst die Nase nach Größe und Form klassifiziert, und danach werden alle anderen Teile, aus denen sich das menschliche Gesicht zusammensetzt, auf die gleiche Art in Kategorien eingeteilt. Diese Methode ist natürlich nicht Penrys geistiges Eigentum. Sie läßt sich mindestens bis zu Leonardo da Vinci zurückverfolgen, der in seiner Abhandlung über die Malerei[18] dem Künstler rät, das Gesicht in vier Regionen aufzuteilen: Stirn, Nase, Mund und Kinn. Er empfiehlt, sämtliche Formen zu studieren, die jede dieser Partien haben kann, und dann die gelernte Reihe von Kategorien auf alle Gesichter anzuwenden, die der Künstler sieht. Das würde

ter wiederzuerkennen. Im zweiten und dritten durften die Probanden Fotografien so gründlich betrachten, als ob es sich bei den Abgebildeten um steckbrieflich gesuchte Verbrecher handelte. In allen drei Experimenten testeten wir zwei weitgehend gleichartige Gruppen, von denen aber nur eine an dem dreitägigen Kurs teilgenommen hatte. In den beiden ersten Versuchen konnten wir keine Unterschiede zwischen den Gruppen feststellen. Beim dritten trat ein überraschender Unterschied auf: Die Leistung der Kursteilnehmer war bedeutend *schlechter* als die der anderen Gruppe.

Warum war der Kurs trotz aller Bemühungen so unwirksam? Eine mögliche Erklärung dafür ist, daß angesichts der Tatsache, daß wir uns unser ganzes Leben lang ständig an Gesichter erinnern,

*Die Prominenten auf Seite 143 sind Leonid Breschnew, Helmut Schmidt und Björn Borg (obere Reihe) sowie Ronald Reagan, Barbra Streisand und Papst Johannes Paul II. (untere Reihe).*

ein nur drei Tage dauernder Kurs wohl kaum die Art und Weise, wie wir Gesichter wahrnehmen, beeinflussen kann. Eine andere Möglichkeit wäre, daß sich der Kurs auf ungeeignete Grundlagen stützte. Die Penry-Methode besteht hauptsächlich darin, ein Gesicht in seine einzelnen Bestandteile zu zerlegen. Dagegen ließe sich einwenden, daß die Wahrnehmung eines Gesichts von der Verarbeitung des *Gesamteindrucks* abhängt; man achtet darauf, in welchem Verhältnis die einzelnen Merkmale zueinander stehen, so daß die isolierte Betrachtung der verschiedenen Partien eher ablenkt. Hervorragende Schachspieler können sich die Position der Figuren nicht deshalb so gut einprägen, weil sie sich auf einzelne davon konzentrieren, sondern weil sie die Gesamtkonstellation erfassen. Eine solche Ansicht stünde im Einklang mit der in Kapitel 7 besprochenen Theorie von den »Ebenen der Verarbeitung«, wonach »flaches« Verarbeiten, das heißt Verarbeiten oberflächlicher Merkmale, eine schwache Gedächtnisspur, »tiefes«, die Bedeutung des Stimulus erfassendes Verarbeiten dagegen eine dauerhafte Gedächtnisspur erzeugt.

Karalyn Patterson und ich[19] führten zur Überprüfung dieser These ein Experiment durch, bei dem die Testpersonen Fotos ihnen unbekannter Menschen entweder nach einigen der von Penry vorgeschlagenen äußerlichen Kriterien oder nach verschiedenen »tieferen« Kriterien wie Ehrlichkeit, Intelligenz oder Lebhaftigkeit klassifizieren sollten. Dazu kam ein weiterer Faktor - die Maskierung. Unsere Überlegung war folgende: Es mochte zwar einfacher sein, sich an ein Gesicht, weil es ehrlich oder intelligent wirkte, zu erinnern als wegen der Nase oder der Ohren, aber vielleicht wäre ein solches Urteil über den Charakter auch viel eher der Beeinflussung durch eine Maskierung unterworfen. Möglicherweise ist es wesentlich leichter, jemandem

ein freundlicheres oder weniger intelligentes Aussehen zu geben, als seine Gesichtsform oder die Größe seiner Nase zu verändern.

Als Testmaterial verwendeten wir Fotos von Amateurschauspielern und von Kollegen, die alle entweder unmaskiert oder mit Bart, Perücke, Brille beziehungsweise einer Kombination dieser künstlichen Attribute aufgenommen worden waren, und zwar entweder von vorne oder im Profil. Unseren Probanden wurde zunächst von jedem »Modell« ein Foto präsentiert, auf dem der Betreffende in der angegebenen Weise maskiert war. Dies geschah so oft, bis unsere Testpersonen die Abgebildeten jedesmal wiedererkannten und auch deren Namen nennen konnten. In einem zweiten Durchgang wurden Fotos gezeigt, auf denen sowohl die bereits bekannten Gesichter in allen möglichen Maskierungen als auch unbekannte, aber ähnlich maskierte zu sehen waren. Die Aufgabe bestand darin, die bekannten Gesichter herauszufinden und die dazugehörigen Namen zu nennen.

Unsere Ergebnisse waren in zweierlei Hinsicht interessant. Zum einen zeigte sich, daß jene Gesichter, die nach »tiefen« Kriterien wie Intelligenz, Lebhaftigkeit und so weiter klassifiziert worden waren, unter allen Bedingungen besser erkannt wurden. Dieser Effekt war zwar nicht sehr deutlich, aber es gab auch keinen Hinweis darauf, daß es sich als hilfreich erwiesen hatte, Gesichter in einzelne Partien zu zerlegen, ob sie nun maskiert waren oder nicht. Zum anderen stellte sich heraus, daß die Maskierung sich sehr drastisch auswirkte. Mit jedem Merkmal, das wir durch Hinzufügen oder Weglassen eines künstlichen Attributs veränderten, sank die Wahrscheinlichkeit, daß das ursprünglich präsentierte Gesicht wiedererkannt wurde. Wenn wir ein Gesicht genauso darboten, wie es sich die Testpersonen im ersten Durchgang eingeprägt hatten, war die Wieder-

*Auf Polizeiplakaten sind gesuchte Straftäter gewöhnlich von vorne oder im Vollprofil abgebildet. Untersuchungen haben jedoch gezeigt, daß die Darstellung im Halbprofil günstiger wäre.*

erkennungsrate sehr hoch; wurden die Veränderungsmöglichkeiten aber maximal ausgeschöpft, konnten die Probanden praktisch nur noch raten.

Zweifellos kann eine Maskierung sehr wirkungsvoll sein. So zum Beispiel im Falle eines Sittlichkeitsverbrechers, der vor einigen Jahren die englische Universitätsstadt Cambridge durch mehrere Vergewaltigungen in große Aufregung versetzte. Der Täter war offensichtlich mit den lokalen Gegebenheiten vertraut, so daß man auf einen Ortsansässigen schließen konnte. Einige seiner Opfer hatten sein Gesicht sehen können, aber ihre Beschreibungen wichen stark voneinander ab, weil er manchmal eine Perücke trug und bei einer Gelegenheit gar eine Maske mit der Aufschrift »Vergewaltiger«. Da er für die Cambridger Frauen lange Zeit eine ernste Bedrohung darstellte, wurden verschiedene Vorsichtsmaßnahmen getroffen, darunter das freundliche Angebot einiger Studenten, bei ihren Kommilitoninnen zu übernachten! Oxford wollte sich nicht ausstechen lassen und brachte seinen eigenen Vergewaltiger hervor, dem die Presse allerdings nie so viel Aufmerksamkeit schenkte wie seinem Gegenstück aus Cambridge. Nach intensivster Suche gelang es der Polizei aber schließlich doch, die beiden Verbrecher dingfest zu machen.

Informationen über gesuchte Personen werden in erster Linie durch verbale Beschreibungen, das Foto-fit-System oder Zeichnungen übermittelt, wobei die verbale Beschreibung die unbefriedigendste Methode darstellt, selbst wenn sie sehr akkurat sein sollte. Versuchen Sie einmal, Ihr eigenes Gesicht zu beschreiben. Glauben Sie, daß irgend jemand, und sei es Ihre eigene Mutter, Sie nach dieser Beschreibung erkennen würde? Deshalb setzt die Polizei in großem Umfang Foto-fit und ähnliche Systeme sowie Zeichnungen ein. Wie gut erfüllen diese Methoden den Zweck, die Erinnerung eines Zeugen an ein Gesicht wiederzugeben? Graham Davis, Hadyn Ellis und John Shepherd[20] (Psychologen an der Universität von Aberdeen) sind dieser Frage nachgegangen und im großen und ganzen zu enttäuschenden Resultaten gelangt. Sie fanden heraus, daß die meisten Testpersonen große Schwierigkeiten hatten, mit Hilfe des Foto-fit-Systems eine Ähnlichkeit zu produzieren, selbst wenn sie das betreffende Gesicht direkt vor sich sahen. Die Ergebnisse wurden überprüft, indem man andere Probanden aufforderte, die zu den Foto-fit-Bildern gehörenden Gesichter herauszufinden. Dabei war die Erfolgsrate etwas, aber nicht deutlich höher, als bei bloßem Raten zu erwarten gewesen wäre. Es scheint, daß die Zeichner der Polizei auch keine besseren Ergebnisse erzielen. Woran kann das liegen? Vielleicht daran, daß man beim Zeichnen beziehungsweise beim Zusammensetzen eines Gesichts nach dem Foto-fit-System gezwungen ist, es im Geist in einzelne Merkmale zu zerlegen, während wir – wie gesagt – Gesichter eher als ausdrucksvolles Ganzes wahrnehmen. Die Polizei wird diese Methoden sicherlich weiterhin einsetzen, einfach weil es wünschenswert ist, Bilder gesuchter Personen verteilen zu können; man sollte sich aber über die Unzuverlässigkeit des nach Zeugenaussagen erstellten Materials im klaren sein.

Ein Beispiel dafür ist der Fall des Amerikaners David Webb, der 1976 wegen Vergewaltigung, versuchter Vergewaltigung und zwei Überfällen auf Lebensmittelgeschäfte in Everett, Bundesstaat Washington, zu insgesamt 50 Jahren Gefängnis verurteilt wurde. Webb war auf Grund eines nach Zeugenaussagen zusammengesetzten Bildes identifiziert worden, und dieselben Zeugen glaubten ihn auch vor Gericht wiederzuerkennen. Er wurde verurteilt, obwohl die Zeugen der Anklage einander teilweise widersprachen und Zeugen der Verteidigung ihm ein Alibi lieferten. Mehrere Monate später gestand ein anderer Einwohner Everetts die Straftaten, wegen der man Webb verurteilt hatte. Der Fall wurde wieder aufgerollt und Webb 1978 freigesprochen. Ohne jenes Geständnis säße er wohl heute noch im Gefängnis.

## Gegenüberstellungen

Es fällt uns eindeutig leichter, Gesichter wiederzuerkennen, als uns an sie zu erinnern und nach der Erinnerung ein Fotofit-Bild oder eine verbale Beschreibung dächtige natürlich in keiner Weise von den übrigen in der Reihe Stehenden (die Ablenkungsfunktion haben) abheben. Elizabeth Loftus[21] beschreibt mehrere

*Eine Salonszene aus dem 18. Jahrhundert, von einem Maler der Britischen Schule dargestellt. Jahrhundertelang bildeten europäische Künstler ihre Modelle (und sogar deren Haustiere) mit Vorliebe im Halbprofil ab.*

zu produzieren. Deshalb ist die Gegenüberstellung zum Zweck der Identifizierung eine wichtige Komponente der Verbrechensaufklärung. Bei den meisten Gegenüberstellungen werden der Verdächtige und mehrere ihm vom äußeren Erscheinungsbild her ähnliche Personen in einer Reihe aufgestellt; der Zeuge soll dann angeben, ob er darunter den Täter erkennt. Wenn die Aussage des Zeugen nicht wertlos sein soll, darf sich der Verdächtige natürlich in keiner Weise von simple Methoden, mit deren Hilfe eine Beeinflussung des Zeugen ausgeschlossen werden kann. Es hat jedoch Fälle eindeutiger Beeinflussung gegeben, so etwa, wenn ein Schwarzhaariger in einer Gruppe von Blonden oder ein jugendlicher Verdächtiger zwischen Männern über vierzig aufgestellt wurde. In einem extremen Fall wußte man, daß der Täter Asiate war, aber bei der Gegenüberstellung stand nur ein Asiate in der Reihe!

*Dies ist der Mann, den die vier Foto-fit-Bilder darstellen sollen. Hätten Sie ihn erkannt?*

*Vier Foto-fit-Bilder von derselben Person. Fallen Ihnen irgendwelche gemeinsamen Merkmale auf? Würden Ihnen die Bilder helfen, wenn Sie der zuständige Kriminalbeamte wären?*

Solche Fälle sind natürlich selten und sollten auf jeden Fall vom Verteidiger des Angeklagten, der bei der Gegenüberstellung anwesend sein darf, beanstandet werden. Aber es können auch unauffälligere Einflüsse ins Spiel kommen. Beschreibt etwa ein Zeuge einen Täter als gutaussehend, dann ist es wichtig, dafür zu sorgen, daß zur Gegenüberstellung einigermaßen gutaussehende Personen

daß er es unmittelbar vorher auf dem Foto gesehen hatte.

Besonders wichtig ist in diesem Zusammenhang auch die Kleidung des Täters und des Verdächtigen. Dazu führte Donald Thomson[22] in Australien umfangreiche Untersuchungen durch. Er wurde auf diese Frage aufmerksam, nachdem in einer Gerichtsverhandlung jemand vor allem auf Grund seiner Kleidung irr-

*Dieses Schaubild zeigt, wie wirksam Maskierungen sind. Wenn jemand Perücke und Bart trägt, ist die Wahrscheinlichkeit, daß er erkannt wird, nur halb so groß. Außerdem wird deutlich, daß Gesichter im Halbprofil leichter wiederzuerkennen sind als im Vollprofil. (Nach Baddeley und Patterson, 1975)*

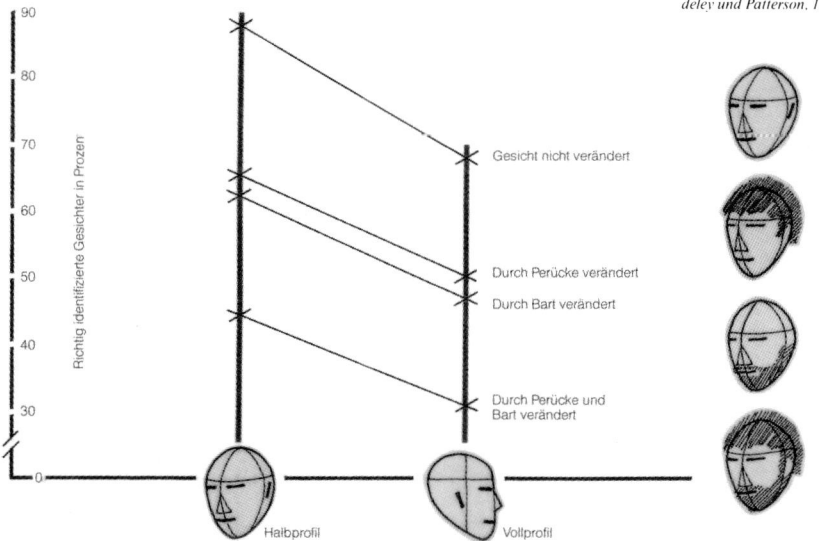

herangezogen werden. Eine weitere Möglichkeit der Beeinflussung ergab sich zum Beispiel in dem am Anfang des Kapitels geschilderten »Fall George Davis«, wo dem Zeugen *vor* der Gegenüberstellung ein Foto des Verdächtigen gezeigt wurde. Unter diesen Umständen kann der Zeuge geneigt sein zu glauben, ein Gesicht in der Reihe komme ihm bekannt vor, was dann aber nur daran liegt,

tümlicherweise als Täter identifiziert worden war. Thomson konnte nachweisen, daß der Kontext (wie etwa Tatort und Kleidung des Täters) einen besonders starken Einfluß darauf hat, ob jemand wiedererkannt wird. Dieser Effekt tritt sogar bei Zeugen auf, die sich der Gefahr der Beeinflussung bewußt sind.

Thomson machte es sich zum Anliegen,

immer wieder auf die Unzuverlässigkeit von Augenzeugenberichten hinzuweisen, und trat unter anderem bei einer Fernsehdiskussion über dieses Thema auf. Einige Zeit später wurde er ohne Angabe von Gründen verhaftet. Thomson ging davon aus, daß man versuchte, ihm wegen seiner Ansichten Schwierigkeiten zu bereiten. Auf der Polizeistation mußte er an einer Gegenüberstellung teilnehmen, und eine Frau, die offensichtlich völlig außer sich war, identifizierte ihn, worauf man ihm mitteilte, daß er beschuldigt werde, sie vergewaltigt zu haben. Er fragte nach Einzelheiten und erfuhr, daß das Verbrechen stattgefunden hatte, während die Fernsehdiskussion im Gange war. Als Thomson versicherte, ein unwiderlegbares Alibi und viele Zeugen – darunter ein australischer Bürgerrechtler sowie ein stellvertretender Polizeipräsident – zu haben, erwiderte der protokollführende Beamte: »Na klar, und Jesus und die Königin von England waren wohl auch dabei!« Es stellte sich schließlich heraus, daß die Frau tatsächlich vergewaltigt worden war, als sie jene Fernsehdiskussion verfolgte. Thomson war also einer soge-

*Die Gegenüberstellung liefert nützliches Beweismaterial. Allerdings kann der Zeuge beeinflußt werden, wenn man die Teilnehmer nicht sorgfältig auswählt.*

nannten *unbewußten Übertragung* zum Opfer gefallen. Dabei erkennt ein Zeuge ein Gesicht zu Recht wieder, bringt es aber fälschlicherweise mit der Straftat in Verbindung.

Thomson machte auf einen weiteren wichtigen Aspekt der Identifizierung aufmerksam, nämlich auf die Tatsache, daß nicht nur die Erinnerung an die Straftat, sondern auch anderes Wissen die Aussage des Zeugen beeinflussen kann. Er führt einen Fall an, wo ein Angeklagter, der bei einer Gegenüberstellung identifiziert worden war, einen »Stellvertreter«, den er in der Untersuchungshaft mit allen Einzelheiten vertraut gemacht hatte, für sich in die Verhandlung schickte. Nun wurde also dieser Stellvertreter verhört, und alle Zeugen identifizierten ihn als den Schuldigen. Schließlich saß er ja auf der Anklagebank! Nachdem die Sache aufgeklärt worden war, wurde der Beschuldigte natürlich entlastet. Doch vorher hatten die Zeugen nicht den geringsten Zweifel daran gehabt, daß die Person, die sie im Gerichtssaal sahen, mit dem bei der Gegenüberstellung erkannten Täter identisch war.

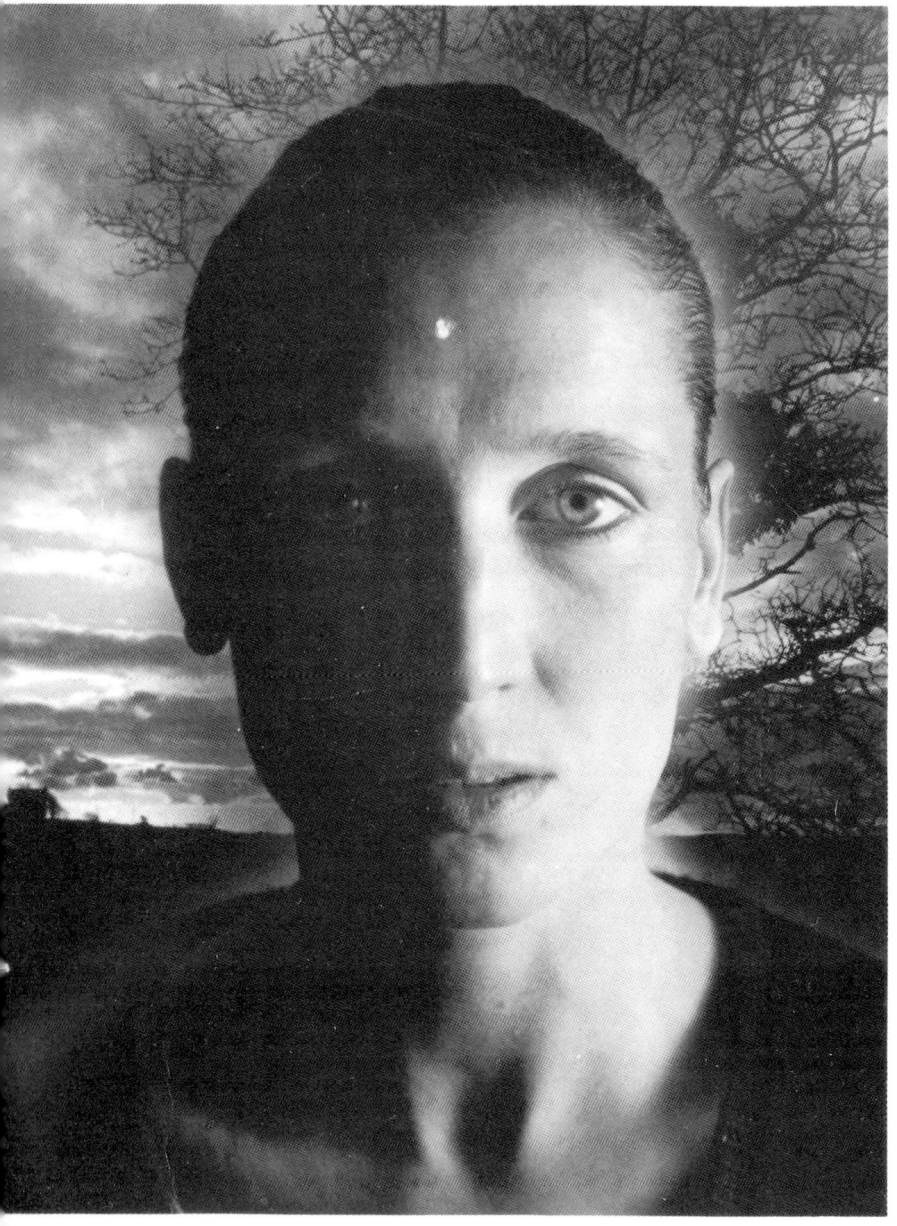

# 9. Gedächtnisverlust

Der partielle Ausfall des Gedächnissystems wird als *Amnesie* bezeichnet. In Kapitel 5 war bereits von der hysterischen Amnesie die Rede, bei der der Erinnerungsverlust besonders belastende Ereignisse oder die eigene Identität betrifft. Im letzteren Fall spricht man von Fugue.

Wie bereits erwähnt, ist die hysterische Amnesie fast immer mit dem bewußten oder unbewußten Bedürfnis verbunden, einer unerträglichen Angst zu entfliehen. Die hysterische Amnesie ist gewöhnlich vorübergehender Natur, das heißt, der Patient gewinnt seine Gedächtnisfunktionen nach einiger Zeit zurück. In dieser Hinsicht unterscheidet sie sich von den anderen Amnesiearten, bei denen die Gedächtnislücken meistens auf Gehirnschädigungen zurückzuführen sind.

Solche Schädigungen können vielfältige Ursachen haben, vom Schlag auf den Kopf über Alkoholmißbrauch und Infektionskrankheiten bis hin zum natürlichen Alterungsprozeß. In all diesen Fällen ist der Gedächtnisverlust spezifischer als bei der hysterischen Amnesie: Der Betroffene verliert nur selten sein Identitätsgefühl oder seine Erinnerung an Vergangenes, hat aber gewöhnlich große Schwierigkeiten, neue Informationen aufzunehmen, was eine starke Behinderung darstellen kann. Zunächst wollen wir uns der *traumatischen Amnesie* zuwenden, dem Gedächtnisausfall, der nach einem Schlag auf den Kopf auftritt.

## Die traumatische Amnesie

Vier Tage bevor ich dieses Kapitel schrieb, stand ich mit meinem Wagen in einer Schlange, die sich vor einer vielbefahrenen Kreuzung gebildet hatte; vor mir ein weiterer Pkw, davor ein Traktor mit Anhänger. Plötzlich flog ein Mann mit blauem Sturzhelm durch die Luft, über den Traktor hinweg, fiel auf die Straße und blieb regungslos liegen. Es war ein Motorradfahrer, der anscheinend mit einem Auto zusammengeprallt war, das in die Seitenstraße abbiegen wollte. Aus dem Wagen vor mir stieg eine Frau und begann hysterisch zu weinen (sie schien den Verunglückten zu kennen), ein Schwarm von Menschen eilte herbei, um, so gut sie konnten, Erste Hilfe zu leisten, einen Krankenwagen zu rufen und den Verkehr zu regeln. Offensichtlich eine Kopfverletzung. Wie groß waren die Überlebenschancen dieses jungen Mannes? Und wenn er überlebte, wie würde sein Leben dann aussehen? Die Frage nach den Überlebenschancen läßt sich relativ leicht beantworten: In Großbritannien tragen jedes Jahr zirka 7500 Unfallopfer schwere Kopfverletzungen davon; 97 Prozent der Verunglückten, die schnell genug ins Krankenhaus gebracht werden, überleben, allerdings mit unterschiedlichen Graden der Behinderung. Ein paar Unglückliche haben so schwere Gehirnschäden, daß sie nicht mehr zu Bewußtsein gelangen, aber die meisten erholen sich fast vollständig. Doch auch sie müssen während der ersten Monate nach ihrer Entlassung aus dem Krankenhaus mit Schwierigkeiten rechnen. Ein heftiger Schlag auf den Kopf führt normalerweise zur Bewußtlosigkeit, aus welcher der Betroffene manchmal schon nach wenigen Sekunden, unter Umständen aber auch erst nach Monaten und im Extremfall nie mehr aufwacht. Der Genesungsprozeß geht langsam voran und hängt von sorgfältiger Pflege und regelmäßigen Untersuchungen ab.

Nach dem Erwachen aus dem Koma machen die meisten Patienten ein Stadium der Verwirrung durch, der sogenann-ten *posttraumatischen Amnesie*. Sie können zwar relativ flüssig sprechen, sind aber häufig desorientiert, wissen nicht, wo sie sich gerade aufhalten, und können es sich nicht merken, wenn es ihnen gesagt wird. Oft erkennen sie vertraute Gegenstände und Menschen nicht wieder und sind außerstande, sich ein genaues, logisch zusammenhängendes Bild von sich selbst und ihrem Zustand zu machen. Diese Verwirrungsphase kann von wenigen Minuten bis zu mehreren Monaten dauern, geht aber mit Sicherheit irgendwann vorüber. Im nachfolgenden Stadium ist der Patient in zunehmendem Maße in der Lage, sich ein kohärentes Bild von sich selbst und seiner Umgebung zu machen, kann sich aber oft noch nicht an den Unfall entsinnen, ja, sein Erinnerungsverlust reicht unter Umständen sogar mehrere Jahre zurück. Dieser Zustand wird als *retrograde Amnesie* bezeichnet.

Wie aus dem im folgenden Abschnitt angeführten Fallbeispiel hervorgeht, kann jene Art des Gedächtnisausfalls allmählich überwunden werden.

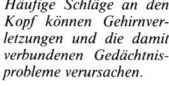

*Häufige Schläge an den Kopf können Gehirnverletzungen und die damit verbundenen Gedächtnisprobleme verursachen.*

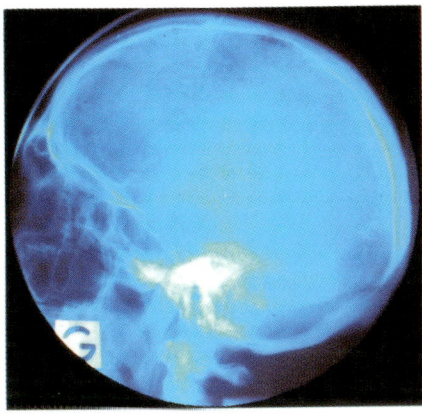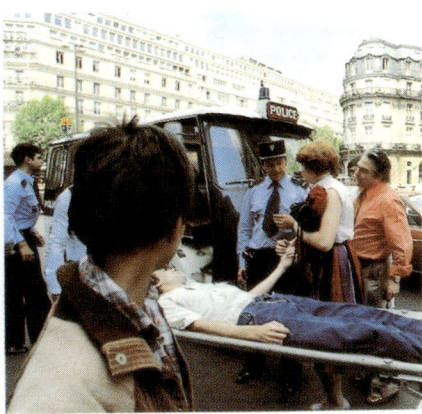

# Die retrograde Amnesie

Im August 1933 verunglückte in England ein zweiundzwanzigjähriger Motorradfahrer. Äußerlich wurde eine Verletzung an der linken Stirnseite und eine leichte Blutung aus dem linken Ohr festgestellt: Auf dem Röntgenbild war keine Fraktur zu erkennen. Eine Woche nach dem Unfall konnte er sich wieder vernünftig unterhalten, und das Pflegepersonal hatte den Eindruck, daß er bei vollem Bewußtsein sei. Wenn man ihm jedoch präzisere Fragen stellte, gab er an, es sei Februar 1922 und er gehe noch zur Schule. Er konnte sich nicht daran erinnern, daß er fünf Jahre lang in Australien gelebt hatte und jetzt seit zwei Jahren in seinem Heimatland als Rasenpfleger auf einem Golfplatz arbeitete. Zwei Wochen nach der Verletzung erinnerte er sich an die Zeit in Australien und an die Rückkehr nach Großbritannien, aber die letzten beiden Jahre waren noch immer völlig ausgelöscht. Drei Wochen nach dem Unfall kehrte er in das Dorf zurück, wo er seit zwei Jahren gearbeitet hatte. Alles erschien ihm fremd, und er konnte sich nicht daran erinnern, jemals dort gewesen zu sein. Mehr als einmal nahm er den falschen Weg. Er begann wieder zu arbeiten und war auch in der Lage, seine bisherigen Aufgaben zu erfüllen, fühlte sich aber immer noch als Fremder und hatte Schwierigkeiten, sich am Abend daran zu erinnern, was er tagsüber getan hatte. Ungefähr zehn Wochen nach dem Unfall kehrte die Erinnerung an die letzten beiden Jahre allmählich wieder zurück, bis ihm schließlich nur noch wenige Minuten unmittelbar vor dem Unglück fehlten.[1]

Es ist sehr charakteristisch für die retrograde Amnesie, daß die Gedächtnislücken sich wieder schließen – bis auf die letzten Minuten vor dem Unfall. Was mag der Grund dafür sein? Verdrängt der Patient dieses Ereignis vielleicht, weil es eine emotionale Belastung darstellt? Das ist jedoch keine wirklich plausible Erklärung, weil Patienten, die nach Kopfverletzungen wie Schußwunden oder Schädelbruch nicht das Bewußtsein verlieren, kein Stadium absoluter Amne-

Links: Röntgenaufnahme eines gebrochenen Schädels. In vielen Fällen üben eingedrungene Knochensplitter Druck auf das Gehirn aus, aber nicht alle Schädelfrakturen führen notwendigerweise zu Gehirnverletzungen.

Rechts: Zahlreichen Unfallopfern gelingt es nie mehr, sich an die letzten Augenblicke vor dem Unglück zu erinnern.

sie durchmachen, obwohl solche Verletzungen sicherlich unter sehr unangenehmen und emotional belastenden Umständen zustande kommen. Könnte es sein, daß der Verunglückte einfach nicht in der Lage war, die nötigen Informationen über die letzten Augenblicke vor dem Geschehnis aufzunehmen? Diese These wurde von Yarnell und Lynch[2] durch Untersuchungen über amerikanische Footballspieler, die eine Gehirnerschütterung erlitten hatten, widerlegt. Die Spieler wurden, unmittelbar nachdem sie wieder zu Bewußtsein gekommen waren, aufgefordert, die Bezeichnung für den Spielzug anzugeben, der dem Unfall vorausging. In diesem Augenblick bereitete es ihnen wenig Mühe, diese Frage zu beantworten, so daß man davon ausgehen kann, daß sie die Information aufgenommen hatten. Drei bis 20 Minuten später konnten sie sich jedoch an keine der relevanten Informationen mehr erinnern. Aus einer nachfolgenden Studie über das Erinnerungsvermögen von Footballspielern, die andere Verletzungen erlitten hatten, geht hervor, daß dieses schnelle Vergessen nicht einfach ein typisches Merkmal des amerikanischen Durchschnitts-Footballspielers ist! Vielmehr scheint zur Konsolidierung einer Gedächtnisspur eine bestimmte Zeitspanne erforderlich zu sein. Ein Schlag auf den Kopf oder – wie wir noch sehen werden – ein Stromstoß verhindert die physiologische Konsolidierung der Spur, so daß das betreffende Ereignis nicht gespeichert werden kann.

Eine Gedächtnislücke von wenigen Sekunden ist ein geringer Preis für die Genesung von einer Kopfverletzung, aber ist das wirklich alles? Leider nicht: Der Genesungsprozeß schreitet sehr langsam voran und geht oft mit kognitiven und emotionalen Problemen einher. Die meisten Patienten klagen über Konzentrationsschwierigkeiten, schnelles Ermüden und Vergeßlichkeit. Außerdem treten Reizbarkeit und Wutanfälle oder Perioden hemmungslosen, infantilen Verhaltens auf, die in schwereren Fällen Ausdruck einer veränderten Persönlichkeit sein können. Für die Angehörigen sind diese Persönlichkeitsveränderungen oft schwieriger zu akzeptieren als physische Behinderungen.

## Die Amnesie nach Elektroschockbehandlung

Der posttraumatischen Amnesie ähnlich ist eine zweite Art von Gedächtnisausfall: Sie tritt nach Elektroschockbehandlungen auf, denen Patienten, die unter

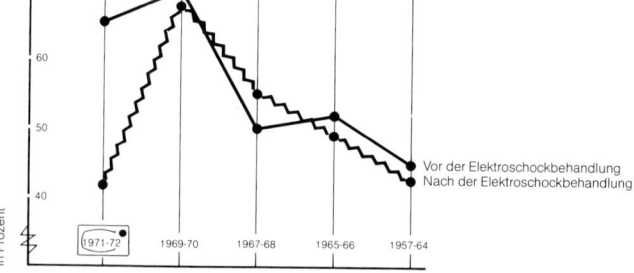

*Die Elektroschockbehandlung kann das Gedächtnis für Ereignisse, die relativ kurze Zeit zurückliegen, erheblich beeinträchtigen, während ältere Erinnerungen intakt bleiben. (Nach Squire und Cohen, 1981)*

Richtig erinnerte Serientitel in Prozent

70

60

50

40

1971-72    1969-70    1967-68    1965-66    1957-64

Vor der Elektroschockbehandlung
Nach der Elektroschockbehandlung

Jahre, in denen die Fernsehserien ausgestrahlt wurden

akuten Depressionen leiden, nicht selten unterzogen werden. Durch den Stromstoß wird ein zerebraler Krampfanfall ausgelöst, und der Patient verliert vorübergehend das Bewußtsein. Wenn er wieder zu sich kommt, ist er zunächst etwas verwirrt und hat oft keine Erinnerung mehr an Geschehnisse, die der Behandlung unmittelbar vorausgingen. Im Gegensatz zum hirnverletzten Patienten kann er aber durchaus in der Lage sein, sich an länger zurückliegende Ereignisse zu erinnern. Das Diagramm auf Seite 156 zeigt die Resultate einer neueren Studie von Squire und Cohen[3], die amerikanischen Psychiatriepatienten vor und nach der Elektroschockbehandlung Fragen zum Langzeitgedächtnis vorlegten. Es wurde getestet, ob sie sich an Titel von Fernsehserien entsinnen konnten, die zwischen 1957 und 1972 jeweils ein Jahr lang ausgestrahlt worden waren. Wie aus der Graphik hervorgeht, beeinträchtigte die Elektroschockbehandlung die Erinnerung an Serientitel jüngeren Datums ganz erheblich, hatte aber keinen nennenswerten Einfluß auf die Erinnerung an ältere Titel.

Es gibt Beweise dafür, daß Patienten, die einer Elektroschockbehandlung unterzogen wurden, nicht nur an retrograder Amnesie, sondern auch unter Zerstreut-heit und Lernschwierigkeiten leiden. Außerdem scheint die Position der Elektroden am Kopf des Patienten von Bedeutung zu sein. Es deutet vieles darauf hin, daß in der linken Gehirnhälfte die sprachlichen Funktionen lokalisiert sind, während die rechte Hemisphäre wohl eher für das räumliche Vorstellungsvermögen zuständig ist. Aus einigen Experimenten geht hervor, daß sich das Ausmaß des Gedächtnisverlustes in Grenzen halten läßt, wenn man von üblichen Verfahren der Schockbehandlung abgeht und statt beider Gehirnhälften nur eine elektrisch reizt. Aber auch in diesem Fall bietet sich als Erklärung für das Fehlen der Erinnerung an die Zeit unmittelbar vor der Behandlung die These an, daß sich die Gedächtnisspur nicht konsolidieren konnte. Zur Überprüfung jener Annahme wurden zahlreiche Tierversuche durchgeführt, deren Ergebnisse jedoch zum Teil widersprüchlich waren. Neuerdings wird vermutet, daß die Elektroschockbehandlung nicht die Konsolidierung der Gedächtnisspur, sondern den Abruf der Information beeinträchtigt. Mit anderen Worten, die Nebenwirkungen der Elektroschockbehandlung sind für die Praxis ohne Zweifel von Bedeutung, aber ihre wissenschaftliche Interpretation bereitet Schwierigkeiten.

*Wer lebhaftes Interesse an seiner Umwelt zeigt, bleibt geistig länger auf der Höhe.*

## Altern und Gedächtnisschwund

Den meisten von uns werden wohl Gedächtnisverluste auf Grund von Kopfverletzungen oder Elektroschockbehandlungen erspart bleiben. Einer dritten Ursache von Amnesie können wir aber schwerlich entgehen: dem natürlichen Alterungsprozeß. Ich erinnere mich an eine Unterhaltung mit einem älteren Kollegen, der darauf hinwies, daß die Fähigkeit, Namen im richtigen Moment abzurufen, leider schon in recht jungen Jahren nachlasse. Zum Trost fügte er hinzu, man entwickle aber rasch entsprechende Strategien, um dieses Problem zu bewältigen. Damals war ich 36 und hörte interessiert zu; ich hatte noch keinerlei Schwierigkeiten, Informationen aus Zeitschriftenartikeln, die ich Jahre zuvor gelesen hatte, zusammen mit dem Namen des Autors abzurufen, und meistens konnte ich mich auch noch halbwegs an Erscheinungsort und -jahr erinnern. Bedauerlicherweise mußte ich jedoch bald feststellen, daß mein Kollege recht gehabt hatte, was das Namensgedächtnis, genauer gesagt, das Abrufen von Namen im richtigen Moment betraf. Jetzt fallen mir oft nicht einmal die Namen von guten Freunden und langjährigen Kollegen ein, besonders wenn ich sie Gästen vorstellen will. Für jemanden, der ein Buch über das Gedächtnis schreibt, ist es schlimm, ein solches Geständnis machen zu müssen. Im Ernstfall ziehe ich mich meistens damit aus der Affäre, daß ich die Person vorstelle, an deren Namen ich mich gerade erinnern kann, und hoffe, daß die andere sich selbst vorstellen wird.

Das Gedächtnis kann zwar schon in den frühen Vierzigern nachzulassen beginnen, aber wirklich drastisch macht sich dieses Phänomen meistens erst in den Sechzigern bemerkbar. In manchen Bereichen, zum Beispiel beim Wortschatz, ist in den mittleren Jahren sogar eine Leistungssteigerung möglich. Während das Lernen geringfügig schwerer fallen mag als in der Jugend, läßt die unmittelbare Merkfähigkeit (etwa für Telefonnummern) kaum nach. Aber in den Sechzigern und Siebzigern wird das Gedächtnis allmählich zum Problem. Das zeigt sich sehr deutlich, wenn ältere Testpersonen aufgefordert werden, sich Wörterlisten einzuprägen. Viel gravierender sind jedoch die Schwierigkeiten, die im Alltag auftreten: Es bereitet größere Mühe, sich an Dinge zu erinnern, die man tun sollte, beispielsweise Medikamente einzunehmen oder etwas auszurichten. Obwohl die Fähigkeit, Telefonnummern zu behalten, nicht entscheidend nachläßt, scheint das Arbeitsgedächtnis doch beeinträchtigt zu sein. Dies offenbart sich besonders in der Schwierigkeit, mehreren Dingen gleichzeitig zu folgen, so etwa einer Unterhaltung, an der mehrere Personen teilnehmen. Dazu kann natürlich noch ein nachlassendes Gehör kommen. Die eingeschränkte Leistungsfähigkeit des Arbeitsgedächtnisses erschwert es unter anderem auch, einen komplizierten geschriebenen Text zu verstehen, was bei der Vorbereitung von Textmaterial speziell für ältere Leser sicher oft nicht genügend berücksichtigt wird.

Im allgemeinen neigen ältere Menschen dazu, bei der Anwendung von Lern- und Wiedererinnerungsstrategien weniger Flexibilität zu zeigen. Selbst gut eingeübte Fertigkeiten werden nicht mehr so effizient wie früher eingesetzt, weil es Probleme bereitet, Informationen zu kodieren und gleichzeitig die Situation im Auge zu behalten. Dieser Tatbestand wurde durch ein von Patrick Rabbitt[4] in Oxford durchgeführtes Experiment, in dem er die Leistung älterer und jüngerer Versuchspersonen beim Spiel gegen einen Schachcomputer testete, besonders deutlich illustriert. Computer können auf ganz bestimmte Schwierigkeitsniveaus programmiert und somit zur Einstufung der Spieler verwendet werden. Rabbitt wählte Spieler vergleichbaren Niveaus aus und forderte sie auf, ihre Züge durchzusprechen. Dabei ergab es sich immer wieder, daß ein Spieler eine schwierige Entscheidung zu treffen hatte, einen Zug zur Diskussion stellte und schließlich als ungünstig verwarf. Manchmal kam dieser Zug wieder zur Sprache, nachdem zwei oder drei andere gemeinsam erwogen und verworfen worden waren. Jüngere Spieler konnten sich in solchen Fällen sofort an ihn erinnern und befaßten sich nicht noch einmal damit, während ältere den ungünstigen Zug dann oft ausführten.

Unser Gedächtnis scheint also einer recht düsteren Zukunft entgegenzugehen. Man darf jedoch nicht vergessen, daß wir zur selben Zeit, in der einige unserer Gedächtnisfunktionen nachlassen, an Erfahrung reicher werden. So könnte man zwar sagen, daß ein Mathematiker mit 35 den Höhepunkt seiner Leistungsfähigkeit überschritten hat, aber Angehörige anderer Berufsgruppen, wie Juristen, Politiker und vielleicht auch Musi-

ker, bei denen Erfahrung mehr zählt als Talent, können noch sehr viel länger Höchstleistungen erbringen. Wir sollten es akzeptieren, daß unser Gedächtnis in einigen Bereichen schwächer wird, daß wir jedoch gleichzeitig die Möglichkeit haben, diesem Umstand in unserer Lebensführung Rechnung zu tragen.

Neben der normalen und unvermeidlichen Vergeßlichkeit, die sich mit dem Alter einstellt, gibt es eine noch viel schwerer wiegende und leider gar nicht so selten auftretende Störung geistiger Funktionen: die *Dementia senilis* (im Deutschen wenig sensibel Altersblödsinn genannt). Sie kündigt sich unter anderem durch eine ernste Verschlechterung des Gedächtnisses an, die aber relativ harmlos beginnt: Man vergißt, wo man bestimmte Dinge aufbewahrt hat, und versäumt Verabredungen. Diese Fehlleistungen können dann freilich zunehmen bis zu einem Stadium, in dem der Betroffene nicht mehr in der Lage ist, seine Angelegenheiten selbständig zu regeln. Ich kannte eine alte Dame, die eingewilligt hatte, von einer Nachtschwester betreut zu werden. Als diese jedoch vor der Tür stand, hatte meine Bekannte die ganze Sache vergessen, öffnete nicht und rief voller Mißtrauen die Polizei.

Aber nicht nur beim Gedächtnis ist eine Verschlechterung zu verzeichnen. Allmählich werden alle geistigen Funktionen beeinträchtigt, und der alte Mensch erscheint zunehmend desorientiert.

Mein neunzigjähriger Großvater war kurz vor seinem Tod davon überzeugt, daß die Tauben auf dem Dach gegenüber Adler seien und daß ihn längst verstorbene Freunde besuchten. Die Dementia senilis verläuft fast immer progressiv und tritt in ihrer typischsten Form kurz vor dem Tod auf. Nach K. F. und R. M. Riegel[5], die eine Reihe von Untersuchungen über alte Menschen durchgeführt haben, wobei deren intellektuelle und physische Leistungsfähigkeit über mehrere Jahre hinweg getestet wurde, lassen die geistigen Funktionen

*»Wenn die Erinnerungen zurückkommen und wenn ich an meine herrliche Jugendzeit denke, wird mir ganz warm ums Herz. Noch heute macht es mich froh, daß ich mich damals austoben konnte.«*

im Alter bis zu einem gewissen Punkt ganz allmählich nach. Ungefähr ein Jahr vor dem Tod setzt dann eine rapide Verschlechterung ein, die manchmal auch mit dem leicht makabren Ausdruck »Todesknick« bezeichnet wird.

Bei Patienten, die an Dementia senilis leiden, zeigt sich fast immer eine echte Amnesie, zu der allerdings charakteristischerweise weitere Funktionsstörungen hinzukommen. Fordert man einen solchen Patienten beispielsweise auf, eine Liste von Wörtern zu lernen, so wird er wahrscheinlich keine sinnvolle einheitliche Strategie anwenden, um das Material zu organisieren; der Wortbedeutung wird er kaum Beachtung schenken. Bei den meisten Probanden, amnestische Patienten eingeschlossen, führt ein größerer Zeitaufwand zu besseren Lernergebnissen. Nicht so bei Patienten mit Dementia; sie scheinen nur passiv darauf zu warten, daß der nächste Testpunkt präsentiert wird.

In den Gesellschaften Westeuropas und Amerikas ist eine starke Zunahme der älteren Jahrgänge zu beobachten, so daß mit einem vermehrten Auftreten der Dementia senilis gerechnet werden muß. Da solche Patienten eine große Belastung für ihre Angehörigen beziehungsweise für das Pflegepersonal in Krankenhäusern und Heimen darstellen, besteht ein großes Interesse an Therapiemöglichkeiten. Es gibt Hinweise darauf, daß die Dementia mit Veränderungen in der Struktur des Gehirns und seinem biochemischen Gleichgewicht einhergeht, woraus sich die Möglichkeit einer medikamentösen Behandlung zur Wiederherstellung dieses Gleichgewichts ergibt.

Verstärkte Forschung auf jenem Gebiet führte vor einigen Jahren zu der Entdeckung, daß im Gehirn von Patienten, die an Dementia senilis leiden, ein Mangel an Cholin besteht. Cholin ist ein sogenannter Neurotransmitter, der wahrscheinlich bei den biochemischen Prozessen, die beim Lernen ablaufen, eine wichtige Rolle spielt. Man hat versucht, den Cholingehalt im Gehirn zu erhöhen, indem man es den Patienten einfach mit der Nahrung zuführte. Dieses Verfahren ist mit dem Versuch verglichen worden, eine Ölknappheit dadurch zu beheben, daß man über dem betreffenden Land Öl aus Flugzeugen gießt. Die etwas unfreundliche Analogie scheint tatsächlich ihre Berechtigung zu haben: Der einzige Effekt der Cholingabe bestand darin, daß die Patienten nach verdorbenem Fisch rochen. Zur Zeit werden andere Behandlungsverfahren erprobt , die aber bisher noch zu keinem eindeutigen Erfolg führten. Auf lange Sicht erscheint es jedoch plausibel, daß ein umfassendes Verständnis der komplexen neurochemischen Prozesse, die den Gehirnfunktionen zugrunde liegen, es uns ermöglichen wird, die Dementia senilis aufzuhalten oder gar rückgängig zu machen.

## Die reine Amnesie

In den bisher besprochenen Fällen waren außer dem Gedächtnis noch weitere geistige Funktionen geschwächt. Deshalb ist es oft schwierig zu bestimmen, ob eine primäre Amnesie, das heißt eine grundlegende Störung des Gedächtnissystems, vorliegt oder ob die Amnesie als Folge eines anderen Defekts auftritt. Bei Patienten mit Kopfverletzungen wird das Gedächtnisproblem wohl durch Konzentrationsschwierigkeiten zusätzlich verschlimmert, und als weitere Komplikation kommen eventuell Gehirnschädigungen hinzu, welche die Wahrnehmung und das sprachliche Ausdrucksvermögen beeinträchtigen und zu

Persönlichkeitsveränderungen führen können. Die Nebenwirkungen der Elektroschockbehandlung halten glücklicherweise nur kurze Zeit an, aber während der Zeit, in der sie auftreten, werden sie wahrscheinlich noch dadurch verschlimmert, daß die Patienten unter dem Einfluß von Psychopharmaka stehen und ohnehin benommen und desorientiert sind. Im Falle der Dementia treten neben dem Gedächtnisverlust zahlreiche weitere Funktionsstörungen auf, so daß in jener Phase, in der sie sich deutlich bemerkbar macht, bereits eine generelle Schwächung der intellektuellen Fähigkeiten zu verzeichnen ist. In allen diesen Fällen ist es schwierig, vom Zusammenbruch des Gedächtnissystems auf seine eigentliche Funktionsweise zu schließen.

Es gibt aber auch eine Kategorie von Patienten, die an echter Amnesie leiden, deren übrige geistige Funktionen jedoch völlig erhalten sind. Diese Patienten stellen natürlich interessante Testpersonen dar, weil sie zu einem besseren Verständnis sowohl des intakten als auch des beeinträchtigten Gedächtnisses beitragen.

Zu trauriger Berühmtheit gelangte ein solcher Patient, Herr M., bei dem die Amnesie auftrat, nachdem er sich wegen seiner epileptischen Anfälle einer Gehirnoperation unterzogen hatte.[6] Epilepsie kann unter anderem durch Narbengewebe im Gehirn verursacht werden, und bei manchen davon Betroffenen läßt sich die Zahl der Anfälle durch eine Entfernung dieses Gewebes beträchtlich reduzieren. Wenn man heute derartige Operationen durchführt, beschränkt man sich auf die rechte Gehirnhälfte, da die meisten geistigen Funktionen in beiden Hemisphären vertreten sind. Bei Herrn M. jedoch wurde aus beiden Gehirnhälften Gewebe entfernt, was zu einer ausgeprägten Amnesie führte. Er konnte sich zwar noch ganz normal unterhalten und sich an sein früheres Le-

ben erinnern, schien aber außerstande, neue Informationen zu speichern. Er war zum Beispiel kaum in der Lage, sich Wörterlisten oder die Gesichter der Menschen seiner Umgebung einzuprägen. Früher erlernte leichte Arbeiten wie etwa Rasenmähen konnte er immer noch ausüben, vergaß jedoch stets aufs neue, wo der Mäher aufbewahrt wurde. Während seines Krankenhausaufenthaltes starb sein Lieblingsonkel. Als Herr M. sich nach ihm erkundigte, erfuhr er von dessen Tod und war sehr traurig darüber. Später fragte er noch öfter nach seinem Onkel und zeigte sich jedesmal so erschüttert, als höre er die Todesnachricht zum ersten Mal. Sein Gedächtnisproblem stellte eine solch starke Behinderung dar, daß er seiner bisherigen beruflichen Tätigkeit nicht mehr nachgehen konnte.

Es erübrigt sich fast zu erwähnen, daß die Neurochirurgen aus dem Fall des Herrn M. lernten, welch fatale Folgen es hat, wenn in beiden Gehirnhälften äquivalentes Gewebe entfernt wird. Obwohl es somit keine weiteren Fälle dieser Art gab, lassen sich bei manchen Patienten ähnliche Symptome beobachten. So können beispielsweise Infektionskrankheiten zu Schädigungen des Gehirns führen, die sich nur auf das Langzeitgedächtnis auswirken. Manchmal betrifft ein Schlaganfall unglücklicherweise beide Gehirnhälften in Bereichen, in denen Gedächtnisfunktionen lokalisiert zu sein scheinen. Auch eine Leuchtgasvergiftung kann zur reinen Amnesie führen, aber die häufigste Erkrankung, die mit einer ausgeprägten und relativ spezifischen Amnesie einhergeht, ist wohl das sogenannte Korsakow-Syndrom. Es tritt bei Alkoholikern auf, die über längere Zeit hinweg zuwenig Nahrung zu sich nehmen und infolgedessen an Vitamin-$B_1$-Mangel leiden. Die Patienten sind verwirrt und desorientiert und zeigen die allgemeinen Anzeichen der Dementia. Bei sorgfältiger Pflege können sie diesen

Zustand aber überwinden und wirken dann - zumindest oberflächlich gesehen - wieder gesund. Dennoch bleiben wohl Gehirnschäden zurück, deren Auswirkungen von der reinen Amnesie bis hin zu einer generellen Schwächung aller geistigen Funktionen reichen können.

In allen beschriebenen Fällen scheint der an reiner Amnesie leidende Patient eine Schädigung beider Gehirnhälften davongetragen zu haben, unter Beteiligung der Schläfenlappen des Kortex und/oder des Hippocampus, einer subkortikalen Struktur, und/oder der Mamillarkörper, kleiner, aber relativ wichtiger Strukturen tief im Innern des Gehirns. Es ist noch umstritten, ob die verschiedenen Ursachen ein einheitliches Krankheitsbild »Amnesie« erzeugen. Ein Gedächtnisverlust, der nicht mit der Schwächung anderer Gehirnfunktionen einhergeht, findet sich relativ selten, und noch seltener kommt es vor, daß man sowohl die psychologische Basis der Funktionseinbuße als auch die anatomische Grundlage der Gehirnschädigung kennt. Es dürfte aber keinen Zweifel daran geben, daß Patienten mit reiner Amnesie ein einheitliches Krankheitsbild repräsentieren.

Auf den ersten Blick erscheinen solche Patienten meistens völlig gesund. Sprechvermögen und Umgangsformen sind unbeeinträchtigt, und es ist charak-teristisch, daß die Kranken ohne Schwierigkeiten über ihr früheres Leben sprechen können. Wenn sie sich ihres Gedächtnisproblems bewußt sind, haben sie vielleicht Strategien entwickelt, um es zu verbergen. Ich kenne einen Patienten, der am Korsakow-Syndrom leidet und über ein umfangreiches Repertoire an gesellschaftlich akzeptablen Floskeln verfügt, welche es ihm ermöglichen, die Konversation in Gang zu halten und gleichzeitig zu verbergen, daß er sich an nichts erinnern kann, was mit dem Gesprächsgegenstand in Zusammenhang steht. Fragt man ihn beispielsweise, was er von der Wirtschaftspolitik der derzeitigen Regierung hält, so wird er vielleicht antworten: »Na ja, die Politiker sind doch alle gleich, nicht wahr?« Will man wissen, wer seiner Meinung nach die Fußballmeisterschaft gewinnen wird, dann kommt wahrscheinlich als Antwort so etwas wie: »Fast alle Mannschaften sind gut, und die Entscheidung wird sicher knapp werden.« Als ehemaliger Besitzer eines Pubs hat er jahrelange Übung in der Anwendung solcher Gesprächstaktiken.

Um eine Antwort verlegen bleibt der amnestische Patient allerdings, wenn man ihn zum Beispiel danach fragt, was er morgens zum Frühstück hatte. Auch den Wochentag wird er wahrscheinlich nicht angeben können, vielleicht nicht einmal

*Beim Erinnern einer Liste von zehn Wörtern zeigt sich ein deutlicher Unterschied zwischen der Leistung amnestischer Patienten und der gesunder Testpersonen. Daß die an Amnesie Leidenden größere Schwierigkeiten hatten, die zuerst dargebotenen Wörter zu reproduzieren, legt die Vermutung nahe, daß ihre Gedächtnisstörung eher das Langzeit- als das Kurzzeitgedächtnis betrifft. (Nach Baddeley und Warrington, 1970)*

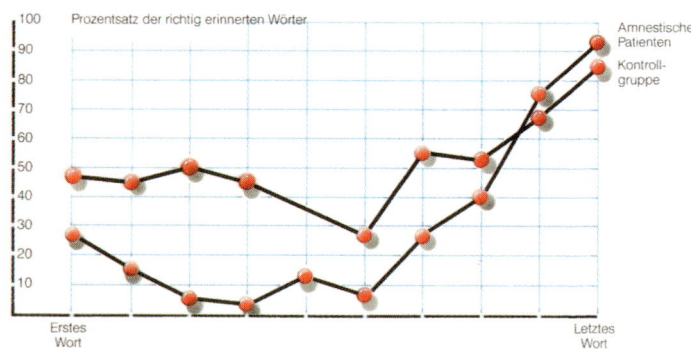

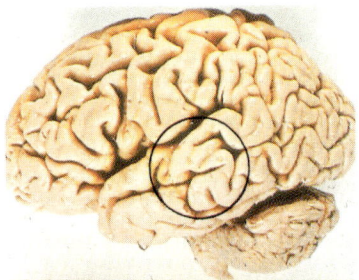 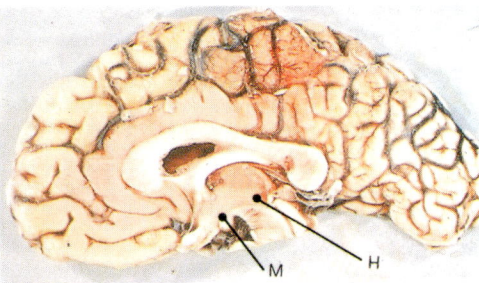

Monat oder Jahr. Auf die Frage nach dem Namen des damaligen englischen Premierministers antwortete ein Patient: »Winston Churchill«, obwohl dieser ein paar Jahre zuvor verstorben war. Als man ihm sagte, daß die Antwort falsch sei, versuchte er es mit »Clement Attlee« und meinte schließlich, er interessiere sich nicht für Politik. Man kann einen ganzen Vormittag mit einem solchen Patienten verbringen, und nachmittags wird er einen nicht wiedererkennen. Für jemanden, dessen übrige intellektuelle Fähigkeiten voll erhalten sind und der sich seines Problems bewußt ist, ist die Situation sehr beunruhigend. »Man kommt sich vor wie in einem Traum«, sagen manche Patienten, »man hat keinerlei Kontinuitätsgefühl, keine Möglichkeit, eine Verbindung zur Realität herzustellen oder Zukunftspläne zu machen.« Ein an echter Amnesie leidender Patient kann in guter körperlicher Verfassung und überdurchschnittlich intelligent sein und wird dennoch nur ein behütetes und beschütztes Leben führen können.

Glücklicherweise treten solche Fälle selten auf, aber für die Wissenschaft sind sie von großem Interesse. Wodurch zeichnet sich also diese Art von Amnesie aus? Das Kurzzeitgedächtnis kann ganz normal funktionieren; der typische amnestische Patient hat eine normale Aufnahmekapazität für Zahlen und ist somit

fähig, eine ihm vorgesagte Telefonnummer genauso gut zu wiederholen wie ein Gesunder. Auch seine Leistungen im sogenannten Peterson-Test (s. S. 173) können normal sein. Bei diesem Test müssen die Probanden eine geringe Menge von Informationen - zum Beispiel drei Buchstaben - für zirka 20 Sekunden im Gedächtnis behalten, während sie gleichzeitig rückwärts zählen, um zu verhindern, daß sie die Buchstaben im Geist vor sich hinsprechen. Manche amnestischen Patienten erreichen bei diesem Test schlechtere Ergebnisse, was aber eher auf eine generelle Schwächung der geistigen Funktionen als auf eine Störung des Kurzzeitgedächtnisses zurückzuführen sein dürfte. Stellt man solchen Patienten die Aufgabe, sich eine Liste von Wörtern einzuprägen, dann werden sie die übliche Tendenz zeigen, sich an die zuletzt dargebotenen Wörter am besten zu erinnern, aber bei den am Anfang präsentierten - die vermutlich im Langzeitgedächtnis gespeichert werden - sehr schlechte Ergebnisse erzielen. Das Diagramm auf Seite 162 zeigt das Resultat eines Experiments dieser Art, das mit amnestischen und gesunden Versuchspersonen durchgeführt wurde.[7]

Amnestische Patienten erbringen bei einer ganzen Reihe von Aufgaben, mit denen man das Langzeitgedächtnis testet, sehr schlechte Leistungen. Es gelingt ihnen zwar, eine Zahlenreihe recht gut zu

*Links: Die linke Gehirnhälfte mit jenem Bereich des Schläfenlappens, der für die Sprache und das verbale Gedächtnis mit zuständig ist.*

*Rechts: Ein Längsschnitt durch das Gehirn. Die Mamillarkörper (M) und der Hippocampus (H) sind zwei weitere Bereiche, die eine wichtige Rolle für das Gedächtnis spielen.*

wiederholen, aber sobald jene Informationsmenge überschritten wird, die ihnen beim ersten Versuch in Erinnerung bleibt, sinkt die Leistung drastisch ab. Wortpaare können sie sich nur schwer einprägen, einfache Geschichten noch schlechter. Auch Listen unzusammenhängender Wörter bereiten ihnen große Schwierigkeiten, wobei es keinen Unterschied zu machen scheint, ob sie sich an die Wörter erinnern oder sie wiedererkennen sollen. Außerdem ist ihr Gedächtnis für Gesichter ebenso schlecht ausgeprägt wie ihre Fähigkeit, komplizierte Muster aus der Erinnerung wiederzugeben, woraus man schließen kann, daß es sich bei der Beeinträchtigung um kein rein verbales Problem handelt.

In welchen Bereichen ist das Langzeitgedächtnis amnestischer Patienten *nicht* gestört? An der Geschwindigkeit und Genauigkeit, mit der sie den Wahrheitsgehalt einfacher Aussagen wie »Kanarienvögel haben Flügel« oder »Kanarienvögel haben Kiemen« (s. Kap. 6) beurteilen können, läßt sich ablesen, daß ihr semantisches Gedächtnis ganz normal funktioniert. Auch bei einigen anderen Gedächtnisaufgaben zeigen sie die üblichen Leistungen.[8] So sind etwa beim Erwerben perzeptuo-motorischer Fertigkeiten Lerngeschwindigkeit und Merkfähigkeit normal. Ein amnestischer Patient, der Klavier spielte, war in der Lage, eine neue Melodie zu lernen und sie einige Tage später auswendig zu wiederholen. Es ist jedoch charakteristisch, daß sich der Patient nicht an die Situation erinnern kann, in der er die neue Fertigkeit erworben hat, und häufig auch erklärt, die Laborgeräte, mit deren Hilfe das Experiment durchgeführt wurde, seien ihm völlig fremd. Obwohl an Amnesie Leidende bei sprachlichen Aufgaben im allgemeinen schlechte Leistungen zeigen, können bei ganz bestimmten Aufgabenstellungen fast normale Ergebnisse erzielt werden. Läßt man die Patienten

zum Beispiel Wörterlisten lernen und testet dann ihr Erinnerungsvermögen, indem man ihnen Bruchstücke dieser Wörter präsentiert, so zeigen sie recht gute Leistungen. Zu ähnlichen Ergebnissen gelangt man, wenn man als Wiedererinnerungsreiz die ersten zwei Buchstaben der gelernten Wörter darbietet. Auch beim Zusammensetzen einfacher Puzzles (wobei die benötigte Zeit gemessen wird) zeigen amnestische Patienten eine normale Lern- und Merkfähigkeit.

Worin unterscheiden sich solche Aufgaben von den Tests, bei denen an Amnesie leidende Personen sehr schlechte Resultate erzielen? In den meisten Experimenten müssen sie sich an bestimmte Situationen oder Ereignisse erinnern beziehungsweise sie wiedererkennen. Sie werden beispielsweise aufgefordert, sich daran zu erinnern, daß man ihnen ein bestimmtes Wort einige Zeit vorher präsentierte, oder sie müssen es wiedererkennen als ein Wort, das zu einem bestimmten Zeitpunkt dargeboten wurde. Bei den Aufgaben, die ihnen keine Schwierigkeiten bereiten, können sie sich auf Zufallsbasis frühere Erfahrungen zunutze machen. So etwa im Fall der Wortbruchstücke: Um ein Wort zu finden, aus dem sie entnommen sein könnten, ist es nicht nötig, daß sich der Patient an die Situation erinnert, in der ihm das gesuchte Wort ursprünglich präsentiert wurde. Ähnliches trifft für das Puzzle und den Erwerb neuer Fähigkeiten zu; man kann ohne weiteres eine Melodie spielen, ohne sich daran zu erinnern, wie man sie gelernt hat.

Amnestische Patienten scheinen also lernfähig zu sein, aber nicht bewußt zu lernen. Dieser spezielle Aspekt der Amnesie läßt sich vielleicht am besten mit einer Anekdote illustrieren, die von dem Schweizer Psychiater Claparède[9] stammt: Eines Morgens verbarg er eine Nadel in seiner Hand, bevor er einen amnestischen Patienten per Handschlag begrüßte. Am nächsten Tag schien sich

*Viele Fertigkeiten, die man einmal erlernt hat vergißt man nicht so leicht wieder, selbst wenn man sein sonstiges Gedächtnis verliert.*

der Patient nicht daran zu erinnern, zeigte aber einen deutlichen Widerwillen gegen das Händeschütteln. Nach dem Grund befragt, konnte er keine überzeugende Erklärung liefern, gab aber ganz allgemein zu bedenken, daß manchmal in den Händen von Leuten Nadeln verborgen seien.

In den letzten Jahren hat es eine Reihe von Versuchen gegeben, die Amnesie wissenschaftlich zu erklären. Eine These bestand darin, daß amnestische Patienten Informationen einfach nicht »tief« genug kodieren und daß ihr Gedächtnisproblem weitgehend gelöst wäre, wenn man sie dazu bringen könnte, es zu tun. Leider war diese Annahme falsch. Andere Forscher hielten es für möglich, daß an Amnesie Leidende einfach schneller vergessen als andere Menschen. Auch das erwies sich als unzutreffend. Sobald sie nämlich etwas gelernt haben, behalten sie es genauso gut wie Gesunde. Einer recht populären Deutung zufolge ge-

lingt es amnestischen Patienten grundsätzlich nicht, eine Konsolidierung von Gedächtnisspuren zu erreichen. Angesichts der Tatsache, daß sie aber ganz offensichtlich zahlreiche Dinge lernen können, erscheint auch diese These – zumindest in ihrer simplen Form – nicht ganz überzeugend. Am ehesten läßt sich die Amnesie wohl als eine Art Abrufproblem interpretieren. Mehrere Erklärungsversuche gingen in diese Richtung, darunter die Annahme, daß amnestische Patienten besonders empfänglich für Interferenz seien und daß es ihnen schwerfalle, einen Zusammenhang zwischen Lernmaterial und Kontext herzustellen. Ich selbst halte den Gedächtnisverlust tatsächlich für ein Abrufproblem, glaube aber, daß wir noch zuwenig darüber wissen, wie das Wiedererinnern unter normalen Umständen funktioniert, um eine überzeugende Erklärung dafür liefern zu können, warum von Amnesie Betroffene Schwierigkeiten damit haben.

# 10. Das Kurzzeitgedächtnis

Wie lange dauert die Gegenwart? Eine Minute? Eine Sekunde? Eine Tausendstelsekunde? Oder ist sie unendlich kurz? Angenommen, wir hören jemanden das Wort *Motorrad* aussprechen. Wir haben dann nicht das Gefühl, uns mühsam an die Anfangssilbe *Mo* erinnern zu müssen, wenn der Redende bei und Ende eines Wortes zur gleichen Zeit gegenwärtig sind. Sir Francis Galton, ein englischer Naturwissenschaftler des 19. Jahrhunderts, beschrieb ein ähnliches Phänomen folgendermaßen: »In meinem Geist scheint es ein Gegenwartsgemach zu geben, in dem das volle Bewußtsein hofhält und wo zwei oder drei

*Links: Ein Mischpult, in dem Informationen von verschiedenen Fernsehkameras kombiniert werden. Ähnliche Misch- und Auswahlvorgänge finden im Kurzzeitgedächtnis statt.*

*Rechts: Im Innern einer Fernsprechvermittlungsstelle. Selbst die modernsten Vermittlungssysteme, die Verbindungen herstellen und überwachen, Gebühreneinheiten zählen und den gesamten Funktionsablauf kontrollieren, sind im Vergleich zum menschlichen Gehirn beschränkt und schwerfällig.*

der letzten Silbe angelangt ist; das Wort ist uns als Ganzes gegenwärtig. Der bedeutende amerikanische Psychologe William James[1] sprach in diesem Zusammenhang von der »scheinbaren Gegenwart«, und zwar deshalb, weil es plausibel erscheint, genaugenommen aber unzutreffend ist, daß uns Anfang

Gedanken gleichzeitig Audienz gewährt wird, und daneben ein Vorzimmer, angefüllt mit mehr oder weniger verwandten Gedanken, die sich somit an der Schwelle zum vollen Bewußtsein befinden. Aus diesem Vorzimmer scheinen die Gedanken, die mit denjenigen im Gegenwartsgemach am engsten verwandt sind, auto-

matisch und nach einem logischen Prinzip hereingerufen zu werden, um ihrerseits Gehör zu finden.«[2]
Galtons Vorstellung von einem begrenzten Bewußtsein ist zwar nicht identisch, aber nahe verwandt mit unserem Verständnis des Kurzzeitgedächtnisses, des Systems zur kurzfristigen Speicherung von Informationen. Die Erforschung des Bewußtseins stellt ein fundamentales und faszinierendes Problem dar, dessen Behandlung allerdings den Rahmen dieses Buches sprengen würde. Bei der Betrachtung des Kurzzeitge-

dächtnisses wollen wir einen besonders wichtigen Aspekt herausgreifen, nämlich die Frage, auf Grund welcher Eigenschaften jenes System in der Lage ist, begrenzte Informationsmengen kurzfristig zu speichern und zu verarbeiten. Es sieht so aus, als ob es flüchtige Gedanken, die sonst in Vergessenheit geraten würden, festhalten, zueinander in Beziehung setzen und für seine eigenen Zwecke handhaben könne. Seine Aufnahmekapazität ist zwar beschränkt, kann aber, wie im folgenden gezeigt wird, auf unterschiedliche Weise erweitert werden.

*Die am leichtesten verfügbare Rechenhilfe der Welt: die Finger.*

*Die Spuren im Kurzzeitgedächtnis sind so empfindlich, daß schon die wenigen Sekunden, die man spart, wenn man statt mit einer Scheibe mit Drucktasten wählt, meist genügen, um die Fehlerquote zu reduzieren.*

## Die Zahlenkapazität

Mit der Frage nach der Kapazität des Kurzzeitgedächtnisses haben sich im 19. Jahrhundert unter anderen auch mehrere Philosophen beschäftigt. Sir William Hamilton[3] beispielsweise stellte fest, daß jemand, der eine Handvoll Murmeln auf den Boden fallen läßt, ungefähr sieben davon mit einiger Genauigkeit gleichzeitig wahrnehmen kann. J. Jacobs[4], ein Londoner Lehrer, führte 1887 die ersten systematischen Experimente auf diesem Gebiet durch. Ihm ging es darum, das geistige Fassungsvermögen seiner Schüler zu untersuchen. Er arbeitete ein Verfahren zur Messung der Aufnahmekapazität für Zahlen aus, das seit dieser Zeit in der Psychologie eine wichtige Rolle spielt. Es funktioniert folgendermaßen: Der Testperson wird eine Zahlenreihe vorgelesen, die sie anschließend fehlerfrei, also auch in der richtigen Reihenfolge, wiederholen soll. Die Länge der Zahlenreihe nimmt ständig zu, bis zu einem Punkt, an dem es der Testperson nicht mehr gelingt, sie zu wiederholen. Die Anzahl von Ziffern, die sie bei der Hälfte der Versuche noch richtig wiedergeben kann, wird als ihre *Zahlenkapazität* definiert. Prüfen Sie sich selbst, indem Sie jede der im Kasten auf Sei-

te 169 aufgeführten waagrechten Zahlenreihen laut lesen, nach jeder Reihe die Augen schließen und die Zahlen fehlerfrei zu wiederholen versuchen. Notieren Sie jedesmal, ob Sie die Zahlenreihe richtig wiedergeben konnten oder nicht. Versuchen Sie, alle Reihen mit gleichmäßiger Geschwindigkeit zu lesen (etwa zwei Zahlen pro Sekunde), und machen Sie so lange weiter, bis Sie zu einer Reihe kommen, die Sie nicht wiederholen können. Die Zahlenkapazität kann recht unterschiedlich sein; manche Probanden schaffen nur vier oder fünf, andere zehn oder mehr Zahlen; der Durchschnitt liegt bei sechs bis sieben. Natürlich werden die Tests normalerweise unter strenger Kontrolle durchgeführt.
Wenn man sich die Zahlen laut vorsagt, erreicht man oft bessere Ergebnisse, als wenn man sie nur »innerlich« liest, weil das Hören zur Aufbewahrung in einem akustischen Kurzzeitspeicher führt. Davon wird später noch die Rede sein.
Eine weitere Möglichkeit, seine Leistung zu steigern, besteht darin, die Zahlen rhythmisch zu gruppieren. Diese Technik scheint der Neigung entgegenzuwirken, die Ziffern in der falschen Reihenfolge wiederzugeben. Untersuchungen

```
9 7 5 4
3 8 2 5
6 5 1 4
9 4 3 1 8
6 8 2 5 9
3 8 1 4 7
9 1 3 8 2 5
6 4 8 3 7 1
5 9 6 3 8 2
7 9 5 8 4 2 3
5 3 1 6 8 4 2
7 9 1 8 5 4 6
8 6 9 5 1 3 7 2
5 1 7 3 9 8 2 6
5 1 3 9 8 2 4 7
7 1 9 3 8 4 2 6 1
1 6 3 8 7 4 9 5 2
6 1 5 9 4 3 8 2 6
9 1 5 2 4 3 8 1 6 2
7 1 5 4 8 5 6 1 9 3
1 5 2 8 4 6 7 3 1 8
```

über die verschiedenen Gruppierungs-möglichkeiten führten zu dem Ergebnis, daß Dreiergruppen am günstigsten sind.[5] Außerdem erweisen sich kurze Sprech-pausen zwischen den einzelnen Gruppen als hilfreich. Falls Sie also jemandem Ihre Telefonnummer mitteilen und si-chergehen wollen, daß er sie richtig auf-schreibt, sollten Sie sie in Dreiergruppen aufteilen, beziehungsweise in Dreier- und Zweiergruppen, wenn die Anzahl der Ziffern nicht durch drei teilbar ist. Anschließend empfiehlt es sich, noch einmal nachzufragen, denn die Fehler-quote beim Reproduzieren von Telefon-nummern ist erstaunlich hoch, selbst wenn man die Ziffernfolge nur für jene kurze Zeit behalten muß, die erforder-lich ist, um sie von einem Blatt Papier auf ein anderes zu übertragen.

Die Bedeutung des rhythmischen Ele-ments für das Gedächtnis wird oft ver-nachlässigt, vielleicht weil es mit dem im 19. Jahrhundert praktizierten Gedächt-nistraining in Form von sturem Wieder-holen oft sinnlosen Materials in Verbin-dung gebracht wird. Wahrscheinlich liegt es am Rhythmus, daß man sich Ge-dichte besonders leicht einprägen kann. Die rhythmische Gliederung machte sich auch der inzwischen verstorbene Profes-sor A.C.Aitken von der Universität Edinburgh zunutze. Er war ein sehr be-gabter Mathematiker, Schnellrechner und Gedächtniskünstler. Ian Hunter, ein mit ihm bekannter Psychologe, widmete ihm eine ausführliche Studie.[6] Hunter lie-fert folgende Beschreibung einer von Ait-kens Gedächtnisleistungen, nämlich die Wiedergabe der ersten 1000 Dezimalstel-len des Zahlenwerts von π (π oder Pi = Symbol für den Quotienten aus Um-fang und Durchmesser eines Kreises, al-so für 3,141592...). Aitken selbst sagte darüber: »Wenn es nicht so einfach ge-wesen wäre, müßte man es als sträfliche Zeitverschwendung bezeichnen.« Er fand heraus, daß sich die Ziffern leicht einprägen konnte, wenn er sie in Reihen zu je 50 und die Reihen in zehn Fünfergruppen einteilte und sie in einem bestimmten Rhythmus las. »Es war ungefähr so, als ob ich eine Bach-Fuge lernen würde.« Hunter machte eine Tonbandaufnahme von Aitkens Wiedergabe und bemerkte dazu: »Er sitzt ruhig und entspannt und spricht die ersten 500 Ziffern fehlerlos und ohne Zögern. Dann hält er kurze Zeit inne, um Luft zu holen. Insgesamt braucht er 150 Sekunden. Rhythmus und Geschwindigkeit lassen sich eindeutig angeben: ungefähr fünf Ziffern pro Sekunde, unterbrochen durch eine Pause von jeweils einer halben Sekunde.«

Bei der üblichen Testgeschwindigkeit von einer Ziffer pro Sekunde zeigte Aitken nur durchschnittliche Leistungen und beklagte sich darüber, daß die Präsentation viel zu langsam erfolge, »so als ob man das Radfahren langsam lerne«. Wenn die Ziffern aber mit einer Geschwindigkeit von fünf pro Sekunde vorgelesen wurden, hatte er keine Schwierigkeiten, 15 Ziffern in richtiger oder gar in umgekehrter Reihenfolge zu wieder-

holen. Die Wiedergabe in umgekehrter Folge ist viel schwieriger als das normale Abrufen aus dem akustischen Gedächtnis. Versuchen Sie es selbst mit einer der Zahlenreihen auf Seite 169.

Aitkens verblüffende Gedächtniskapazität beschränkte sich jedoch nicht auf das Erinnern von Zahlen. 1937 wurde er mit einem Prosatext und einer Liste von 25 Wörtern getestet. Als Hunter ihn 27 Jahre später aufforderte, sich an dieses Testmaterial zu erinnern, gab Aitken nicht nur die 25 Wörter in der richtigen Reihenfolge an, sondern erzählte auch den Prosatext wortgetreu nach. Außerdem hatte er ein bemerkenswertes Gedächtnis für Ereignisse und Gespräche; bei Sitzungen irgendwelcher Gremien konnte man sich immer auf ihn verlassen, wenn es um einen detaillierten Bericht über vorangegangene Beratungen ging. Ihm selbst bereitete es allerdings nicht viel Freude, als wandelndes Protokoll benützt zu werden; er zeigte sich auch wenig beeindruckt von seinen Leistungen als Schnellrechner und hörte auf, seine Künste zu praktizieren, als die Taschenrechner auf den Markt kamen.

## Das Gliedern des Lernmaterials

Aitkens Gedächtnisleistungen beruhten in starkem Maß auf seiner Fähigkeit, mehrere Zahlen zu einer Gruppe zusammenzufassen. Die Kapazität des Kurzzeitgedächtnisses ist eher durch die Anzahl solcher strukturierter Gruppen als durch die Anzahl der Einzelelemente, die es aufnehmen kann, bestimmt. Dies wird noch deutlicher, wenn wir an Stelle von Zahlen Buchstaben als Testmaterial verwenden. Lesen Sie die folgende Buchstabenreihe und versuchen Sie, sie zu wiederholen: *I A R F T S K B G N I.* Ist es Ihnen gelungen? Wenn ja, dann haben Sie ein erstaunlich gutes Aufnah-

mevermögen. Probieren Sie es jetzt mit der nächsten Reihe, die sich aus genau denselben Buchstaben zusammensetzt: *K I F R I N G B A S T.* Diese Reihe richtig zu wiederholen ist wohl nicht übermäßig schwierig. Worin besteht der Unterschied zwischen den beiden? Die erste Reihe enthält elf unzusammenhängende Buchstaben. Man kann zwar einige davon zu einem gemeinsamen Laut zusammenfassen, beispielsweise *ARF,* aber dann bleiben insgesamt immer noch mehr als die sechs oder sieben »Gruppen« übrig, die unser Kurzzeitgedächtnis aufzunehmen in der Lage ist. Die

*Der längste Ortsname Großbritanniens gehört einem Dorf auf der Insel Anglesey. Bietet er sich nicht zum Gliedern in Gruppen an? Angeblich hat ihn ein Geistlicher im 19. Jahrhundert erfunden, um damit den Tourismus anzukurbeln.*

zweite Reihe dagegen läßt sich bequem in drei Sprachlaute oder Phoneme gliedern. Natürlich wäre die Aufgabe noch leichter gewesen, wenn die elf Buchstaben ein existierendes Wort, wie etwa *intelligent,* gebildet hätten.

Die Gliederung nimmt derjenige, der sich etwas einprägen will, selbst vor, aber

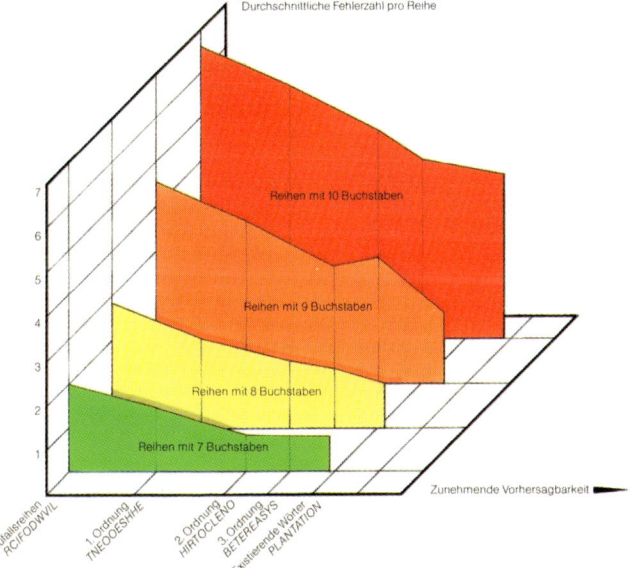

*Das Diagramm zeigt den Einfluß zweier Faktoren auf das Erinnern von Pseudowörtern und existierenden Wörtern: Vorhersagbarkeit und Reihenlänge. Je größer die Ähnlichkeit mit wirklichen Wörtern, desto leichter kann man sich die Buchstabenreihen ins Gedächtnis zurückrufen. (Nach Baddeley, Conrad und Thomson, 1960)*

offensichtlich bieten sich manche Reihen eher dazu an als andere. Ein Faktor, der das Bilden von Gruppen begünstigt, ist die Redundanz oder Vorhersagbarkeit des Materials (s. S. 38). So kommen zum Beispiel in der deutschen Sprache manche Buchstaben viel häufiger vor als andere. Wenn Sie bei einem Ratespiel versuchen würden, den ersten Buchstaben eines Wortes herauszufinden, dann wäre es viel vernünftiger, es mit $S$ oder $T$ zu probieren als mit $C$ oder $X$. Ähnliches gilt für Buchstabenkombinationen: Normalerweise wechseln sich Vokale und Konsonanten ab, und bestimmten Buchstaben folgen häufig vorhersagbare andere nach. Wenn man Ihnen sagen würde, daß das Wort mit $Q$ anfängt, müßte der zweite Buchstabe zwangsläufig ein $U$ sein. Solche Beziehungen können auch zwischen mehr als zwei Buchstaben bestehen. Falls man Ihnen sagt, daß die ersten beiden Buchstaben des gesuchten Wortes $P$ und $F$ sind, würden Sie beim dritten wohl eher auf $E$ als auf $Ö$ tippen, und eher auf einen von diesen beiden Vokalen als auf einen weiteren Konsonanten wie etwa $S$.

Die Wahrscheinlichkeit, mit der in einer Sprache bestimmte Buchstaben oder Buchstabenkombinationen auftreten, kann mit Hilfe eines Computers ganz einfach berechnet werden, indem man ihm einen leichtverständlichen Text eingibt und ihn die verschiedenen Buchstaben beziehungsweise Kombinationen auszählen läßt. Zusammen mit meinen Kollegen R. Conrad und W. E. Thomson[7] habe ich vor Jahren eine solche Analyse für das Englische erstellt, wobei wir als Ausgangsmaterial etwas »formell« abgefaßte Leitartikel der *Times* und stärker umgangssprachliche Passagen aus dem Drehbuch zu einer kitschigen BBC-Serie mit dem Titel *Mrs. Dales Tagebuch* verwendeten. Der Computer lieferte uns Informationen darüber, wie oft bestimmte Einzelbuchstaben und gewisse Zweier- und Dreierkombinationen auftraten. Mit Hilfe dieser Ergebnisse konnten wir für die folgenden fünf Kategorien Buchstabenreihen zusammenstellen: Zufallsreihen; sogenannte Annäherungen erster Ordnung, die auf der Häufigkeit des Auftretens einzelner Buchstaben in englischen Texten basierten; Annäherungen zweiter Ordnung auf der Grundlage von Zweierkombinationen; Annäherungen dritter Ordnung, auf Dreierkombinationen basierend; existierende englische Wörter. Beispiele für die verschiedenen Kategorien finden Sie im nachstehenden Kasten. Die Graphik auf Seite 171 zeigt, wie gut unsere Testpersonen sich solche Buchstabenreihen einprägen konnten.

Wozu dieser Aufwand? Im Zusammenhang mit den Plänen des britischen Post-

| Zufallsreihen | Annäherung 1. Ordnung (einzelne Buchstaben so häufig wie im Englischen) | Annäherung 2. Ordnung (Buchstabenpaare so häufig wie im Englischen) | Annäherung 3. Ordnung (Dreierkombinationen so häufig wie im Englischen) | Existierende englische Wörter |
|---|---|---|---|---|
| *RCIFODWVIL* | *TNEOOESHHE* | *HIRTOCLENO* | *BETEREASYS* | *PLANTATION* |
| *GKTODKPENF* | *INOLGGOLVN* | *DOVEECOFOF* | *CRAGETTERS* | *FLASHLIGHT* |
| *TZXKHAWCCF* | *PDOASLOTPP* | *SESERAICCG* | *TOWERSIBLE* | *UNCOMMONLY* |
| *NGORHQIYWB* | *AEOCAOIAON* | *AREDAGORIZ* | *DEEMEREANY* | *ALIENATION* |
| *BVNJSYZXUA* | *IRCRENFCTN* | *CUNSIGOSUR* | *THERSERCHE* | *PICKPOCKET* |

ministeriums, Buchstabenkodes für unterschiedliche Zwecke einzuführen, versuchten wir, derartige Kodes zu erstellen und uns dabei an der Struktur des Englischen zu orientieren. Am leichtesten werden Buchstabenkombinationen erinnert, die große Ähnlichkeit mit existierenden Wörtern aufweisen. Danach folgen Pseudowörter, und am Ende stehen Reihen, die in keiner Weise an englische Wörter erinnern. Die Kodes, die dann tatsächlich eingeführt wurden, wichen allerdings - aus technischen Gründen - erheblich von unseren Vorschlägen ab.

# Kurzzeitvergessen

Im Vorhergehenden haben wir uns auf Testverfahren konzentriert, die zur Bestimmung der Gedächtniskapazität dienen. Obwohl solche Verfahren seit 60 oder 70 Jahren angewandt werden, entwickelte sich ein größeres Interesse am Kurzzeitgedächtnis erst Ende der fünfziger Jahre, nachdem John Brown[8] in England und die beiden Petersons[9] in den Vereinigten Staaten Studien veröffentlicht hatten, aus denen hervorging, daß selbst Buchstaben- oder Zahlenreihen, die die Aufnahmekapazität eines Probanden nicht überschreiten, vergessen werden, wenn man ihn daran hindert, sie in Gedanken zu wiederholen oder in irgendeiner Weise zu »üben«. Die Petersons präsentierten ihren Testpersonen Gruppen von jeweils drei unzusammenhängenden Konsonanten. Unmittelbar nachdem die Probanden sie gelesen hatten, wurde ihnen eine Rechenaufgabe gestellt. Nach einer Zeitspanne von drei bis 18 Sekunden forderten die Wissenschaftler sie dann auf, sich an die drei Konsonanten zu erinnern. Anschließend wurde das Verfahren mit je drei anderen Konsonanten und erneutem Rechnen mehrmals wiederholt. Versuchen Sie es selbst mit dem Material im Kasten auf Seite 174 oben. Wie Sie sehen, ist es in sechs Spalten angeordnet. Beginnen Sie mit der linken Spalte, indem Sie die Zahlen abdecken und die drei Konsonanten B, K und Q laut lesen. Verdecken Sie dann die Buchstaben und führen Sie die einfache Rechenaufgabe aus. Daraufhin decken Sie die ganze Spalte ab und gehen weiter zur nächsten, et cetera. Wenn Sie alle Spalten auf diese Weise durchgemacht haben, schreiben Sie aus dem Gedächtnis für jede Spalte die drei Konsonanten und die Summe auf. Im übernächsten Absatz erfahren Sie Näheres zum Testergebnis.

Die Resultate des Peterson-Versuchs und eines von Murdock[10] durchgeführten Tests, bei dem drei unzusammenhängende Wörter erinnert werden sollten, zeigt das Diagramm auf Seite 176. Offensichtlich verlaufen die betreffenden Vergessenskurven sehr ähnlich, woraus man schließen kann, daß - wie beim Messen der Gedächtnisspanne - auch in diesem Fall die Anzahl der strukturierten Gruppen und nicht die der Buchstaben ausschlaggebend ist.

Wie sieht es mit Ihren eigenen Ergebnissen aus? Natürlich haben Sie den Test nicht gerade unter streng kontrollierten Bedingungen durchgeführt. So wurde zum Beispiel die Zeitspanne nicht systematisch variiert, nach der Sie sich wieder an die Buchstaben erinnern sollten. Außerdem sind nicht alle Dreierkombinationen gleich schwierig. Es ist jedoch anzunehmen, daß Sie die erste Buchstabengruppe noch ganz gut wiedergeben konnten, vielleicht auch noch die zweite, daß Sie dann aber bei den nachfolgenden Schwierigkeiten hatten. So sieht jedenfalls das Durchschnittsresultat aus, und es trägt entscheidend dazu bei, den Peterson-Effekt zu erklären.

| B | L | Q | F | P | D |
|---|---|---|---|---|---|
| K | Z | X | J | K | L |
| Q | M | C | V | H | X |
| 7 | 8 | 5 | 9 | 6 | 8 |
| +9 | −2 | +8 | −4 | +3 | −5 |
| +3 | +6 | −2 | +5 | −4 | +9 |
| −6 | +3 | +9 | −7 | +9 | −4 |
| +8 | −9 | −7 | +3 | +2 | −6 |
| −3 | +7 | −3 | +6 | −7 | +7 |
| −5 | −5 | +9 | −2 | −8 | +2 |
| +4 | −2 | −7 | +8 | +5 | −4 |
| **Summe?** | **Summe?** | **Summe?** | **Summe?** | **Summe?** | **Summe?** |
| **Erinnern** | **Erinnern** | **Erinnern** | **Erinnern** | **Erinnern** | **Erinnern** |

Anfangs glaubte man aus der Art von Kurve, die sich ergibt, wenn man die Ergebnisse der Peterson- und Murdock-Experimente graphisch darstellt, schließen zu können, daß die von den drei Buchstaben erzeugte Gedächtnisspur mit der Zeit immer schwächer und somit die Wahrscheinlichkeit immer geringer wird, daß sich die Testpersonen an die betreffenden Inhalte erinnern. Dann wurde jedoch darauf hingewiesen, daß beim ersten Durchgang eines solchen Versuchs noch gute Ergebnisse erzielt werden; erst bei späteren Durchgängen tritt die drastische Verschlechterung ein, die so charakteristisch für dieses Verfahren ist. Anscheinend fällt es den Probanden schwer, die jeweils zuletzt gesehene Buchstabengruppe und die vorher präsentierten auseinanderzuhalten, und je länger die dazwischenliegende Zeit, desto größer die Verwirrung. Für den Peterson-Test kommen natürlich nicht nur Buchstaben in Frage, oft werden auch Gruppen von jeweils drei Wörtern verwendet. Wenn Sie gewillt sind, weitere

| Bär | Pferd | Zebra | Hund | Traube | Banane | Kirsche | Kupfer |
|---|---|---|---|---|---|---|---|
| Kuh | Schaf | Fuchs | Kamel | Pflaume | Orange | Zitrone | Zink |
| Löwe | Tiger | Katze | Maus | Apfel | Erdbeere | Quitte | Blei |
| 5 | 7 | 8 | 6 | 4 | 9 | 7 | 6 |
| +9 | −4 | −7 | +3 | +9 | −5 | −4 | +7 |
| −7 | +9 | +3 | −8 | −5 | +7 | +6 | −2 |
| +4 | −3 | +9 | +6 | +8 | −2 | −3 | +9 |
| −8 | +6 | −4 | +9 | −2 | +7 | +5 | −3 |
| +3 | −5 | +6 | −4 | −4 | −8 | +2 | −5 |
| +2 | −7 | −8 | −5 | −7 | +6 | −9 | +4 |
| −5 | +8 | +6 | +6 | +2 | +5 | +8 | −9 |
| **Summe?** | **Summe?** | **Summe?** | **Summe?** | **Summe?** | **Summe?** | **Summe?** | **Summe?** |
| **Erinnern** | **Erinnern** | **Erinnern** | **Erinnern** | **Erinnern** | **Erinnern** | **Erinnern** | **Erinnern** |

acht Testdurchgänge zu machen, werden Sie feststellen, daß dieses Verfahren noch eine andere Besonderheit aufweist. Führen Sie mit dem Material im Kasten auf Seite 174 unten die gleiche Aufgabe durch wie vorher; der einzige Unterschied besteht darin, daß Sie sich nun an Stelle der Buchstaben Gruppen von jeweils drei Wörtern einprägen sollen. Konzentrieren Sie sich wieder ganz auf die Spalte, mit der Sie gerade beschäftigt sind, und decken Sie die anderen ab. Lesen Sie auch diesmal das Testmaterial laut

der Kategorie »Tiere« zur Kategorie »Früchte« müßte Ihre Leistung deutlich angestiegen sein, um dann erneut zu sinken.

Warum fällt das Erinnern nach einem Wechsel der Kategorie leichter? Weil dadurch vorübergehend die Möglichkeit der Überlagerung von Wörtern, die der gleichen Kategorie angehören, ausgeschaltet wird. Diesen Vorgang bezeichnet man als *Aufhebung der proaktiven Hemmung*. Innerhalb der neuen Kategorie besteht allerdings vom zweiten

*Schüler einer traditionellen islamischen Schule lernen den Koran auswendig. Entgegen der weitverbreiteten Meinung hat Auswendiglernen keine positiven Auswirkungen auf das übrige Gedächtnis.*

und führen Sie dann die Rechenaufgabe aus. Zuletzt schreiben Sie die Wortgruppen in der richtigen Reihenfolge auf einen Zettel und überprüfen Ihr Ergebnis.

Es dürfte Ihnen wohl kaum entgangen sein, daß die Wörter nicht nach dem Zufallsprinzip ausgewählt wurden, sondern bestimmten Kategorien angehören. Und wahrscheinlich ist es Ihnen wieder leichtgefallen, sich an die erste Wortgruppe zu erinnern, während bei den nachfolgenden Ihre Leistung absank; mit einer Ausnahme: Beim Wechsel von

Durchgang an wieder die Gefahr der Interferenz. Die Technik zur Aufhebung der proaktiven Hemmung wurde von dem amerikanischen Psychologen Delos Wickens[11] entwickelt. Er hat gezeigt, daß sich jener Effekt durch eine Veränderung der verschiedensten Dimensionen erzielen läßt, so etwa durch den Übergang von Buchstaben zu Zahlen oder von großen zu kleinen Gegenständen. Allerdings ist die Wirkung in diesen Fällen nicht so drastisch wie beim Wechsel semantischer Kategorien.

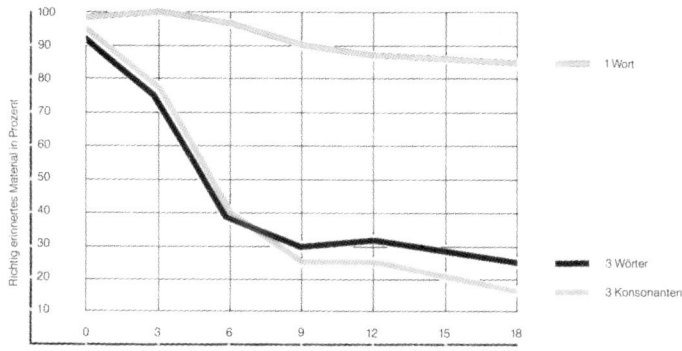

*Diese Vergessenskurven geben die Ergebnisse der Experimente von Murdoch und den Petersons wieder, die ihre Probanden daran hinderten, das Testmaterial zu »üben«. (Nach Peterson und Peterson, 1959, und Murdoch, 1961)*

## Freies Erinnern

Ein weiteres häufig angewandtes Verfahren zur Erforschung des Kurzzeitgedächtnisses ist das sogenannte *freie Erinnern*. Dabei müssen die Probanden – anders als beim *Reihenerinnern* – das Testmaterial nicht in der vorgegebenen Abfolge reproduzieren. Beim freien Erinnern werden den Versuchspersonen aber in der Regel viel mehr Testpunkte dargeboten, als sie wahrscheinlich aufnehmen können. Probieren Sie es am besten wieder selbst aus.

Schauen Sie sich die sechs Wörterlisten auf Seite 177 an und arbeiten Sie sie durch, indem Sie sie in mäßigem Tempo laut lesen und dabei das jeweils zuletzt gelesene Wort mit einem Blatt Papier abdecken. Am Ende jeder Spalte finden Sie entweder die Anweisung »Erinnern«, die Sie befolgen, indem Sie die Wörter in beliebiger Reihenfolge aufschreiben, oder eine einfache Rechenaufgabe, welche Sie ausführen, bevor Sie versuchen, sich an die Listen zu entsinnen. Für das Erinnern sollten Sie jeweils ungefähr eine Minute aufwenden; Sie werden sehen, daß diese Zeit ausreicht, um sich

einen Teil der Wörter ins Gedächtnis zurückzurufen. Was Ihnen danach noch einfällt, schreiben Sie nicht mehr auf. Gehen Sie alle sechs Listen durch, bevor Sie Ihr Ergebnis überprüfen. Denken Sie daran, daß die Reihenfolge keine Rolle spielt. Werten Sie zuerst die Listen 1–3 aus, indem Sie feststellen, wie oft Sie sich an das erste Wort erinnern konnten, wie oft an das zweite, das dritte und so weiter. Dann werten Sie auf die gleiche Weise die Listen 4–6 aus.

Vermutlich haben Sie bei den ersten drei Spalten festgestellt, daß Sie sich an die letzten ein oder zwei Wörter besser erinnern konnten als an jene, die am Anfang oder in der Mitte der Liste stehen. Bei den Listen 4–6 war diese Tendenz wahrscheinlich nicht mehr zu verzeichnen. Natürlich ist Ihr Ergebnis unter derart unkontrollierten Bedingungen nicht sehr eindeutig ausgefallen. Würde aber eine große Versuchsgruppe mit einer beträchtlichen Zahl von Wörterlisten getestet, dann sähe das Ergebnis so aus wie auf Seite 178 im linken Diagramm dargestellt. Die Kurve, die den Zusammen-

| Liste 1 | Liste 2 | Liste 3 | Liste 4 | Liste 5 | Liste 6 |
|---|---|---|---|---|---|
| *Barrikade* | *Armsessel* | *Eiszapfen* | *Stolz* | *Pergament* | *Grabmal* |
| *Kinder* | *Glühwürmchen* | *Lehrer* | *Steigbügel* | *Gold* | *Gnom* |
| *Diät* | *Nebengebäude* | *Niere* | *Bösewicht* | *Baronin* | *Bühne* |
| *Melone* | *Troll* | *Etikett* | *Tierkreis* | *Leber* | *Patriarch* |
| *Blatt* | *Händeschütteln* | *Schlagersänger* | *Wild* | *Diener* | *Diplom* |
| *Meter* | *Reif* | *Trichter* | *Schiedsrichter* | *Diwan* | *Minnesänger* |
| *Reise* | *Elefant* | *Teppich* | *Anfänger* | *Handelszentrum* | *Mayonnaise* |
| *Mohair* | *Kürbis* | *Heuballen* | *Gerichtssaal* | *Holz* | *Fallgitter* |
| *Phönix* | *Friedhof* | *Rutsche* | *Hobby* | *Schlucht* | *Deich* |
| *Armbrust* | *Kapsel* | *Kanzleisprache* | *Masern* | *Fensterscheibe* | *Abbild* |
| *Alligator* | *Akte* | *Einfaltspinsel* | *Menschenfresser* | *Armada* | *Tiger* |
| *Türglocke* | *Paket* | *Theater* | *Sträußchen* | *Getränk* | *Lohn* |
| *Schal* | *Schauspielhaus* | *Schablone* | *Film* | *Blumentopf* | *Yacht* |
| *Menü* | *Fähre* | *Urne* | *Klammer* | *Lotion* | *Made* |
| *Nebelschleier* | *Knödel* | *Nacktschnecke* | *Krug* | *Bogenschütze* | *Inspektor* |
| | *Mantel* | | *Kopfschmuck* | *Apotheke* | *Entstellung* |
| **Erinnern** | **Erinnern** | **Erinnern** | 3 | 9 | 6 |
| | | | +7 | −5 | −3 |
| | | | −6 | +6 | +7 |
| | | | +5 | +3 | −2 |
| | | | −4 | −1 | +9 |
| | | | −1 | +4 | +5 |
| | | | +2 | −8 | −8 |
| | | | +9 | −2 | +4 |
| | | | −8 | +7 | −1 |
| | | | **Erinnern** | **Erinnern** | **Erinnern** |

hang zwischen der Position eines Wortes in der Liste und der Wahrscheinlichkeit ausdrückt, mit der es erinnert wird, bezeichnet man als *Reihenpositionskurve.* Freies Erinnern ohne dazwischengeschaltete Aufgabe ergibt eine sehr klare und charakteristische Kurve, die auf mittlerer Höhe beginnt, einen flachen Mittelteil aufweist und bei den letzten ein oder zwei Reihengliedern steil ansteigt. Eine solche Kurve erhält man bei den unterschiedlichsten Testbedingungen, mit kurzen oder langen Listen, mit Wörtern oder sinnlosem Material, bei schneller oder langsamer Präsentation und sogar unabhängig davon, ob der Proband nüchtern oder betrunken ist. Auch scheint das Ergebnis nicht auf den westlichen Kulturkreis begrenzt zu sein: Bei Schülern in einem marokkanischen Dorf, die im Unterricht Koranabschnitte auswendig lernen mußten, ergab sich genau dieselbe Kurve, als sie mit unzusammenhängendem Material getestet wurden.[12]

Die Kurve im rechten Schaubild zeigt das, was Sie wohl bei Ihren letzten drei Testdurchgängen auch selbst feststellen konnten: Das Ergebnis sieht ganz anders aus, wenn unmittelbares Erinnern verhindert wird. Schon eine kurze Unterbrechung wirkt sich auf die Tendenz, die letzten beiden Punkte der Liste besser zu erinnern, negativ aus. Diese Tendenz wird *Neuaufnahmeeffekt* genannt, weil sie das Erinnern des zuletzt präsentier-

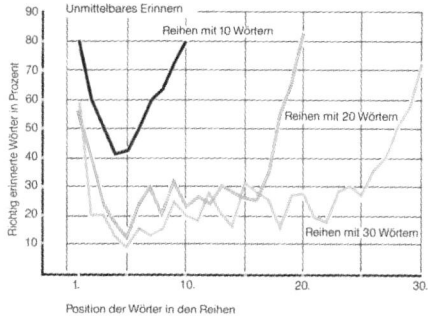

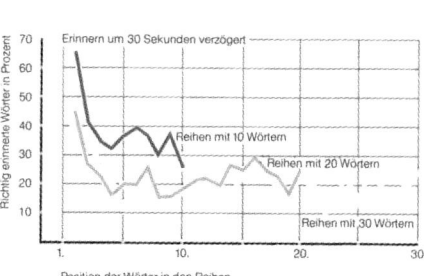

*Das linke Diagramm veranschaulicht die Tendenz, daß die letzten Testpunkte einer Liste recht gut erinnert werden. Allerdings verschwindet dieser sogenannte Neuaufnahmeeffekt, wenn – wie in der rechten Graphik dargestellt – das Erinnern verzögert wird. Schon nach 30 Sekunden sinkt die Leistung auch bei den Punkten am Ende der Liste drastisch ab. (Nach Postman und Phillips, 1965)*

ten, neuesten Materials betrifft. Sie bewirkt einen deutlichen Knick in der Kurve und bleibt unbeeinflußt von vielen anderen Faktoren, die sich normalerweise auf die Testleistung auswirken. So werden zum Beispiel vertraute Wörter im allgemeinen besser erinnert als seltene, erzeugen aber keinen ausgeprägteren Neuaufnahmeeffekt. Langsames Präsentieren des Testmaterials führt gewöhnlich zu einer Leistungssteigerung, hat jedoch ebenfalls keinen Einfluß auf diesen Effekt. An Wörter, die konkrete Gegenstände bezeichnen, kann man sich gewöhnlich besser erinnern als an abstrakte Begriffe, aber auch hier ist keine Verstärkung des Neuaufnahmeeffekts zu beobachten. Aufgehoben werden kann er allerdings sehr leicht, indem man eine ablenkende Aufgabe, wie etwa das Zusammenzählen von fünf Zahlen, zwischenschaltet. Weil sich der Neuaufnahmeeffekt so deutlich von der sonstigen Kurve abhebt, ist schon oft die Vermutung geäußert worden, daß er auf dem Kurzzeitgedächtnis basiert, während der Rest der Kurve eine Funktionsweise des Langzeitgedächtnisses widerspiegelt.

## Sind Kurzzeit- und Langzeitgedächtnis zwei getrennte »Abteilungen«?

In den sechziger Jahren war die Frage, ob Lang- und Kurzzeitgedächtnis zwei getrennte Systeme oder nur verschiedene Aspekte eines einheitlichen Systems darstellen, Gegenstand einer der Hauptkontroversen in der experimentellen Psychologie. Bis dahin hatte man diesen Punkt wohl zum Teil deshalb nicht diskutiert, weil diejenigen, die das Langzeitgedächtnis erforschten, sich nicht mit dem Kurzzeitgedächtnis befaßten und umgekehrt. Während jener Zeit wurden Experimente über das Langzeitgedächtnis vorwiegend von einer Gruppe eng zusammenarbeitender nordamerikanischer Wissenschaftler durchgeführt, die hauptsächlich sinnloses Material verwendeten und eher darum bemüht waren, das Verhältnis zwischen verschiedenen Variablen zu bestimmen, als Theorien aufzustellen. Die wenigen von ihnen hervorgebrachten Theorien basierten auf dem einfachen Konzept der Assoziationen und der Interferenz zwischen diesen. Zur selben Zeit konzentrierten sich Psychologen in Großbritannien verstärkt auf

*Wenn man ein Puzzle zusammensetzt, muß man im Geist das Gesamtbild vor Augen haben; andernfalls kann man nur auf gut Glück herumprobieren.*

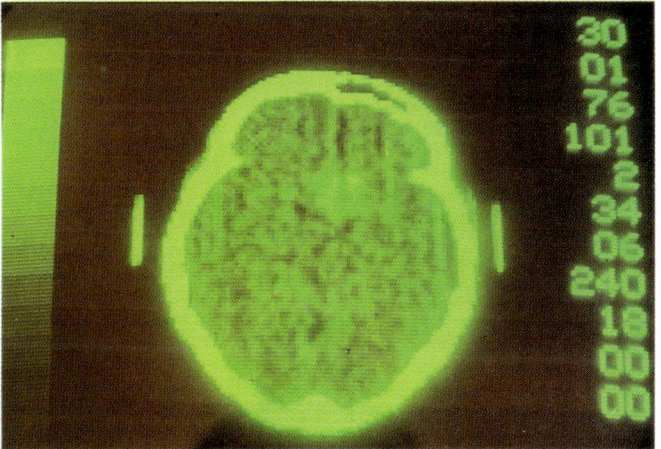

*Bei der Computertomographie wird das Gehirn Schicht für Schicht mit Röntgenstrahlen abgetastet. Beeinträchtigungen des Kurzzeitgedächtnisses hängen oft mit einer Schädigung der linken Hemisphäre zusammen.*

die Untersuchung des Kurzzeitgedächtnisses, und zwar im Zusammenhang mit praktischen Problemen wie beispielsweise dem Entwerfen von Kodes. Sowohl in Großbritannien als auch in den USA waren die Erforscher des Kurzzeitgedächtnisses sehr daran interessiert, Erklärungsmodelle zu entwickeln, die oft aus der damals gerade aufblühenden Computertechnik abgeleitet wurden. Erst nachdem die Petersons eine einfache und elegante Methode zur Messung des Kurzzeitvergessens eingeführt hatten, ergab sich für beide Gruppen eine gemeinsame Fragestellung: Mußte man von zwei getrennten Gedächtnissystemen ausgehen, oder konnten alle beobachteten Phänomene an Hand der Prinzipien erklärt werden, die man damals dem Langzeitgedächtnis zugrunde legte? Die zweite Ansicht vertrat Arthur Melton[13], ein angesehener Vertreter der traditionellen nordamerikanischen Gedächtnisforschung, in einer Arbeit, welche zum Auslöser für eine ganze Reihe von Versuchen wurde, die eine oder die andere These zu untermauern.

Die Frage ist aber noch immer umstritten. Ich selbst bin der Meinung, daß die zur Verfügung stehenden Daten zu komplex sind, um in eine einzelne, in sich geschlossene Theorie eingeordnet werden zu können. Die Auffassung von den zwei getrennten Systemen ist in der Tat nicht unproblematisch, allerdings nur, wenn man zu stark vereinfacht. Ich glaube sogar, daß es mehr als zwei »Abteilungen« des Gedächtnisses gibt. Auch das Kurzzeitgedächtnis ist kein einheitliches System; vielmehr stellt es eine Mischung oder Verbindung mehrerer Untersysteme dar, die zeitweise zusammenarbeiten. Diese Thematik ist jedoch zu komplex, um hier ausführlich diskutiert zu werden. Bevor ich näher darauf eingehe, weshalb zur Erklärung des Gedächtnisses eine differenziertere Theorie erforderlich ist, möchte ich im folgenden einige der Beweise für das Vorhandensein zweier separater Systeme erläutern.

Zunächst einmal spricht für zwei getrennte Systeme die bereits erwähnte Tatsache, daß bei einer Reihe von Gedächtnistests zwei ganz verschiedene Tendenzen festzustellen sind. Am deutlichsten zeigen sich diese beim freien Erinnern, wo sich der Neuaufnahmeeffekt als sehr störanfällig erweist und schon bei geringfügiger Interferenz nicht mehr auftritt, während das Behalten früher präsentierten Materials dadurch nicht beeinträchtigt wird. Andererseits ist das Erinnern früher dargebotenen Testmate-

rials zahlreichen Einflüssen unterworfen, für die bekanntermaßen auch das Langzeitgedächtnis empfänglich ist. Dazu gehören unter anderem: Präsentationsgeschwindigkeit (langsames Darbieten führt zu besserem Behalten), Vertrautheit der Wörter (vertraute Begriffe werden leichter erinnert), Ablenkung durch eine zwischengeschaltete andere Aufgabe (wodurch die Leistung beim Erinnern der Wörter absinkt) und Faktoren wie das Alter der Probanden (ältere Testpersonen können weniger Wörter behalten als junge). Doch keine dieser Variablen hat einen Einfluß auf den Neuaufnahmeeffekt. Eine einfache Erklärung dafür wäre, daß sie das Langzeit-, nicht aber das Kurzzeitgedächtnis beeinflussen.

Einen weiteren Hinweis auf zwei getrennte Gedächtnissysteme liefern Probanden mit Gehirnschädigungen. Sie leiden manchmal unter sehr spezifischen Gedächtnisstörungen. Vielen von Amnesie Betroffenen (s. Kap. 9) fällt es zum Beispiel schwer, neues Lernmaterial aufzunehmen. Außerdem sind sie unfähig, Wörterlisten frei zu erinnern, und haben auch im Alltag große Schwierigkeiten, sich zurechtzufinden. Sie vergessen immer wieder, wo sie gerade sind, und werden die Frage nach dem Wochentag oder der Zusammensetzung ihres Frühstücks häufig nicht beantworten können. Aber selbst amnestische Patienten haben keine Schwierigkeiten, sich im Test an das zuletzt präsentierte Material zu erinnern, während die Wiedergabe des ersten Teils der Wörterlisten stark beeinträchtigt ist. Sie besitzen oft auch eine gute Aufnahmekapazität, und manche von ihnen erzielen beim Peterson-Test die durchschnittlichen Ergebnisse. In einigen Fällen lassen sich jedoch entgegengesetzte Symptome beobachten: Die Aufnahmekapazität ist auf zwei oder drei Elemente beschränkt, der Neuaufnahmeeffekt auf eines, und die Leistung beim Peterson-Test ist extrem schlecht, besonders bei akustischer Präsentation. Trotz alledem kann die Lernfähigkeit ganz normal sein.

Bei diesen beiden unterschiedlichen Patientengruppen liegen natürlich verschiedenartige Gehirnschäden vor. Die Störung des Kurzzeitgedächtnisses beruht auf einer Verletzung der linken Hemisphäre in der Nähe des Sprachzentrums, so daß die betreffenden Patienten auch sprachliche Probleme haben können. Dagegen sind bei Patienten mit gestörtem Langzeitgedächtnis in der Regel beide Gehirnhälften beschädigt, meist im Bereich der Schläfenlappen des Kortex und tieferliegender Strukturen wie Hippocampus und Mamillarkörpern. Die Tatsache, daß bei Aufgaben, mit denen man das Langzeitgedächtnis testet, sehr schlechte Ergebnisse erzielt werden, während Aufgaben zur Prüfung des Kurzzeitgedächtnisses keine größeren Probleme bereiten - und umgekehrt -, erhärtet die These, daß zwei getrennte Gedächtnissysteme existieren.

Abschließend läßt sich in diesem Kontext noch ein dritter Punkt anführen: Aus bestimmten Experimenten geht hervor, daß verbales Material im Kurzzeitgedächtnis weitgehend auf der Basis von Sprachlauten, im Langzeitgedächtnis aber nach seiner Bedeutung verarbeitet wird. In den frühen sechziger Jahren führte R.Conrad[14] im Zusammenhang mit der Erstellung von Buchstabenkodes für das britische Postministerium Gedächtnistests durch und entdeckte dabei ein interessantes Phänomen. Er präsentierte seinen Versuchspersonen Reihen unzusammenhängender Konsonanten, die sie anschließend möglichst fehlerlos in der richtigen Folge aufschreiben sollten. Conrad stellte fest, daß Fehler nach bestimmten Gesetzmäßigkeiten auftraten: Obwohl er die Testbuchstaben optisch darbot, wurden sie beim Aufschreiben mit ähnlich klingenden Buchstaben verwechselt, das heißt, *B* wurde eher mit *D* als mit *R* verwechselt. Weiter zeigte Conrad, daß beim Erinnern von Reihen, die sich aus Buchstaben mit ähnlichem Klang zusammensetzen, wie etwa *P, D, G, I, B*, mehr Fehler unterlaufen als beispielsweise bei einer Reihe wie *K, X, R, Y, L, F*. Er wies nach, daß Entsprechendes auch für ähnlich klingende Wörter gilt, woraus man wiederum schließen kann, daß auch sie eher auf der Basis der Laute als an Hand des optischen Eindrucks erinnert werden.

## Akustische Reize

Conrads Ergebnisse legten den Schluß nahe, das Kurzzeitgedächtnis bediene sich eines akustischen oder zumindest auf der Sprache beruhenden Kodes. Dagegen ließ sich allerdings einwenden, daß *jede* Form von Ähnlichkeit Verwirrung erzeuge und Buchstaben sich rein zufällig im Klang ähnlicher seien als vom optischen Eindruck her oder in irgendeiner anderen Hinsicht. Zur Überprüfung dieser Möglichkeit habe ich ein sehr einfaches Experiment durchgeführt[15], bei dem die Wirkung ähnlichen Klangs mit der Wirkung ähnlicher Bedeutung verglichen werden sollte. Ich präsentierte den Testpersonen Reihen von jeweils fünf Wörtern, die sie anschließend in der richtigen Folge aufschreiben sollten; im Grunde wurde hier also die Gedächtnisspanne gemessen. Versuchen Sie es selbst mit den Wörterlisten des folgenden Kastens, indem Sie eine Spalte nach der anderen lesen und jede unmittelbar danach aus dem Gedächtnis aufschreiben. Wenn Sie alle Spalten durch haben, überprüfen Sie, wie viele davon Sie innerhalb der einzelnen Listen richtig wiedergaben.

| | | Liste A | | |
|---|---|---|---|---|
| *Seide* | *Seite* | *Weine* | *Seile* | *Weile* |
| *Weile* | *Weine* | *Weite* | *Weide* | *Seile* |
| *Weite* | *Seile* | *Seile* | *Kleine* | *Seite* |
| *Seile* | *Seide* | *Kleine* | *Seide* | *Kleine* |
| *Weide* | *Weite* | *Weile* | *Weine* | *Weine* |
| **Erinnern** | **Erinnern** | **Erinnern** | **Erinnern** | **Erinnern** |

| | | Liste B | | |
|---|---|---|---|---|
| *Feder* | *Kuh* | *Lack* | *Heu* | *Laus* |
| *Laus* | *Lack* | *Heu* | *Lack* | *Ritt* |
| *Tag* | *Laus* | *Bar* | *Kuh* | *Kuh* |
| *Heu* | *Ritt* | *Ritt* | *Feder* | *Loch* |
| *Lack* | *Loch* | *Kuh* | *Ritt* | *Tag* |
| **Erinnern** | **Erinnern** | **Erinnern** | **Erinnern** | **Erinnern** |

| | | Liste C | | |
|---|---|---|---|---|
| *gut* | *lieb* | *brav* | *niedlich* | *süß* |
| *süß* | *brav* | *niedlich* | *brav* | *artig* |
| *nett* | *süß* | *nett* | *lieb* | *lieb* |
| *niedlich* | *artig* | *artig* | *gut* | *goldig* |
| *brav* | *goldig* | *lieb* | *artig* | *nett* |
| **Erinnern** | **Erinnern** | **Erinnern** | **Erinnern** | **Erinnern** |

| | | Liste D | | |
|---|---|---|---|---|
| *faul* | *spät* | *dünn* | *alt* | *stark* |
| *stark* | *dünn* | *heiß* | *tief* | *alt* |
| *heiß* | *alt* | *spät* | *sicher* | *spät* |
| *alt* | *faul* | *sicher* | *faul* | *sicher* |
| *tief* | *heiß* | *stark* | *dünn* | *dünn* |
| **Erinnern** | **Erinnern** | **Erinnern** | **Erinnern** | **Erinnern** |

Es wird Ihnen nicht entgangen sein, daß die Wörter in den oben angeführten Listen verschiedenen Kategorien angehören. Die Substantive in Liste A sind sich im Klang ähnlich - *Weine, Weide, Weite, Weile, Kleine, Seile, Seide, Seite.* Liste B enthält ebenso häufige, aber im Klang unterschiedliche Hauptwörter - *Feder, Laus, Tag, Heu, Lack, Kuh, Ritt, Loch.* Liste C enthält Adjektive ähnlicher Bedeutung - *gut, lieb, nett, brav, artig, süß, niedlich, goldig* - und Liste D Adjektive mit unterschiedlicher Bedeutung -

*alt, faul, spät, stark, dünn, tief, heiß, sicher.* Konnten Sie in bezug auf diese Kategorien Unterschiede in Ihrer Testleistung feststellen?

Bei meinem Experiment wurde zweierlei deutlich: 1. Conrads Ergebnisse wurden bestätigt, das heißt, meinen Probanden fiel es wesentlich schwerer, sich an die ähnlich klingenden Wörter zu erinnern als an die anderen. 2. Ähnliche Wortbedeutung hatte nur einen geringfügigen Einfluß auf die Testleistung. Die Versuchspersonen schienen sich also viel mehr am Klang als an der Bedeutung zu orientieren. Anscheinend war Conrads Vermutung, daß das Kurzzeitgedächtnis in engem Zusammenhang mit dem Sprechen steht, zutreffend. Aber wie sieht es mit dem Langzeitgedächtnis aus?

Zur Prüfung des Langzeitgedächtnisses wandte ich dasselbe Verfahren an, erweiterte die Listen jedoch auf zehn Wörter. Außerdem wurden die Testpersonen durch Unterbrechung nach jeder Präsentation am Auswendiglernen gehindert. Damit aber trotzdem ein Lerneffekt zustande kam, bot ich die Listen viermal dar und prüfte dann nach 20 Minuten, wieviel davon erinnert wurde. Unter diesen Bedingungen wirkte sich die Ähnlichkeit im Klang nicht mehr aus; jetzt hatten meine Probanden die größten Schwierigkeiten mit den Adjektiven ähnlicher Bedeutung. Oder anders ausgedrückt, mein Langzeitgedächtnistest schien auf der Wortbedeutung, nicht auf akustischen Merkmalen zu basieren.

Zu ähnlichen Ergebnissen führten auch andere Experimente.[16] Sie scheinen ebenfalls darauf hinzuweisen, daß das Kurzzeitgedächtnis auf die Lautcharakteristika eines Textes anspricht, während das Langzeitgedächtnis diese Informationen nicht beachtet und statt dessen die Wortbedeutung festhält.

## Der Kurzzeitgedächtnis-Speicher

Um das Jahr 1970 hatte sich überwiegend die Auffassung durchgesetzt, daß Lang- und Kurzzeitgedächtnis zwei getrennte Systeme darstellen. Hinsichtlich ihrer genauen Funktionsweise und ihrer Beziehung zueinander gab es zwar die unterschiedlichsten Thesen, aber die meisten orientierten sich an einem Erklärungsmodell, das Richard Atkinson und Richard Shiffrin[17], zwei amerikanische Psychologen, 1968 vorgestellt hatten. Nach diesem Konzept besteht das Gedächtnis aus drei Hauptkomponenten. Das Langzeitgedächtnis ist für die Speicherung von Informationen über längere Zeitspannen zuständig. Eingabe und Abruf von Informationen laufen über das Kurzzeitgedächtnis, das somit eine Steuerungsfunktion ausübt. Die Eingabe in das Kurzzeitgedächtnis selbst erfolgt über eine Reihe von *sensorischen Registern,* das heißt mit den Sinneszellen gekoppelten Mikrospeichern. Diese Register bilden ein System zur Auswahl und

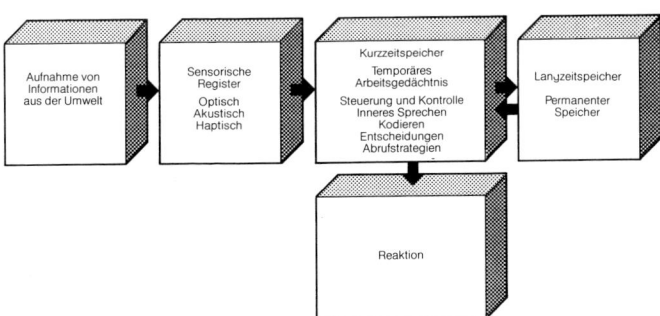

*Die Verbindungen zwischen Langzeit- und Kurzzeitgedächtnis. (Nach Atkinson und Shiffrin, 1968)*

Auswertung sensorischer Informationen und müssen als wesentliche »Bausteine« der Wahrnehmung betrachtet werden. Die auf Seite 183 abgedruckte schematische Darstellung der Vorgänge im Gehirn veranschaulicht das von Atkinson und Shiffrin entwickelte Modell. Im Mittelpunkt des Modells steht der *Kurzzeitgedächtnis-Speicher.* Es wird unterschieden zwischen dem Kurzzeit*gedächtnis,* das für eine Reihe von Aufgaben im Zusammenhang mit dem Erinnern kleiner Informationsmengen über einen kurzen Zeitraum zuständig ist, und dem Kurzzeit*speicher.* Dieses Konzept dient zur Erklärung von Ergebnissen, die bei Kurzzeitgedächtnistests erzielt wurden. Wahrscheinlich kommen bei jedem Experiment, das auf die Untersuchung des temporären Arbeitsgedächtnisses abzielt, nicht nur der Kurzzeitspeicher, sondern weitere Faktoren, besonders das Langzeitgedächtnis, ins Spiel. Ein extremes Beispiel dafür ist folgendes: Angenommen, ich würde Sie bei einem Test zur Bestimmung der Gedächtnisspanne auffordern, sich die Reihe *1, 2, 3, 4, 5, 6,*

*7, 8, 9, 10* einzuprägen, dann wären Sie wohl mit absoluter Sicherheit in der Lage, sie korrekt wiederzugeben, obgleich Sie kaum eine Aufnahmekapazität von zehn Elementen haben dürften. Und nach fünf Minuten könnten Sie die Reihe immer noch richtig reproduzieren, woraus man schließen kann, daß die Gedächtnisleistung in diesem Fall weitgehend vom Langzeitspeicher abhängt. Viele Kurzzeitgedächtnistests weisen eindeutig auch eine Langzeitkomponente auf, was die theoretische Interpretation unweigerlich erschwert. Dies trifft beispielsweise für die Technik zur Aufhebung der proaktiven Hemmung zu (s. S. 175), die den Wechsel von einer Kategorie zur anderen beinhaltet. Dabei werden die Versuchspersonen zwar üblicherweise nach wenigen Sekunden zum Erinnern aufgefordert, aber das Testmaterial wird dennoch im Langzeitgedächtnis gespeichert. Einige meiner Experimente haben gezeigt, daß die Probanden sogar nach einer Woche noch viele der präsentierten Wörter in Erinnerung hatten.

# Die Ebenen der Verarbeitung

Während das Modell von Atkinson und Shiffrin oder davon abgeleitete Erklärungsversuche sich Anfang der siebziger Jahre großer Beliebtheit erfreuten, ist in den letzten Jahren die von Fergus Craik und Robert Lockhart[18] entwickelte Theorie von den *Ebenen der Verarbeitung* (s. Kap. 7) in den Vordergrund gerückt.
Atkinson und Shiffrin hatten die Auffassung vertreten, daß neues Lernmaterial ausschließlich über den Kurzzeitspeicher, der Informationen auf vielfältige Weise verarbeiten kann, ins Langzeitgedächtnis gelangt. Am eingehendsten befaßten sie sich mit der Methode des sogenannten *inneren Sprechens,* wobei das

Lernmaterial im Geist ständig wiederholt wird. Je länger das Material im Kurzzeitspeicher verbleibt, desto größer, glaubten sie, sei die Wahrscheinlichkeit, daß es anschließend ins Langzeitgedächtnis aufgenommen würde.
Eine solche Auffassung ist freilich problematisch. Wie bereits erwähnt, können hirngeschädigte Patienten ein sehr schlechtes Kurzzeit-, aber ein normales Langzeitgedächtnis besitzen. Wenn der einzige Weg ins Langzeitgedächtnis durch den Kurzzeitspeicher führen würde, müßte jemand, dessen Kurzzeitspeicherkapazität fast gleich Null ist, dabei logischerweise enorme Schwierigkeiten haben. In der Praxis erweist sich dies je-

*Morsetelegraphie (Aus: A. Ganet, Natural Philosophy, London 1887). Wer einen Morseapparat bedient, muß sich ebenso wie ein Maschineschreiber oder ein Klavierspieler nicht nur auf sein Kurzzeit-, sondern auch in starkem Maße auf sein Langzeitgedächtnis verlassen.*

doch als unzutreffend, denn jene Patienten zeigen nicht nur eine normale Lernfähigkeit, sondern scheinen auch im Alltag erstaunlich gut zurechtzukommen. Dieser Sachverhalt, der die These von Atkinson und Shiffrin eindeutig widerlegt, wurde nicht so ernstgenommen, wie es meiner Meinung nach angebracht wäre, was vielleicht daran liegt, daß die beschriebene Gedächtnisstörung selten vorkommt und deshalb nur unzureichend verstanden wird.

Mehr Einfluß hatte wohl ein ähnliches Problem, das sich aus Experimenten mit gesunden Testpersonen ergab. Craik und Watkins[19] führten eine Untersuchung durch, deren Ziel es war, den Zusammenhang zwischen dem Verbleiben von Lernmaterial im Kurzzeitgedächtnis und der Wahrscheinlichkeit, mit der es in den Langzeitspeicher übergeht, zu bestimmen. Sie ließen ihre Probanden Wörterreihen über einen kurzen oder langen Zeitraum behalten. Nachdem sie eine große Anzahl Wörter präsentiert hatten, forderten die Wissenschaftler ihre Testpersonen ohne Vorwarnung auf, sich an möglichst viele davon zu erinnern. Die Frage war, ob Wörter, die über einen längeren Zeitraum behalten worden waren, mit größerer Wahrscheinlichkeit ins Langzeitgedächtnis übergingen, wie es das Modell von Atkinson und Shiffrin nahelegte. Das Experiment bestätigte diese Vermutung jedoch nicht. Wörter, die sich die Probanden längere Zeit gemerkt hatten, wurden nicht besser erinnert als die nur kurzfristig behaltenen.

Nach Craik und Lockhart war die Annahme, das auf sprachlicher Kodierung basierende Kurzzeitgedächtnis gäbe Informationen in den Langzeitspeicher ein, unzutreffend. Das von ihnen vorgeschlagene Modell ging statt dessen von einem Kurzzeit- oder primären Gedächtnissystem aus, das über vielfältige Möglichkeiten verfügt, Material zu verarbeiten - vom einfachen Aufnehmen der visuellen Merkmale eines gedruckten Wortes über das Üben in Form von innerem Sprechen oder Beachten seines Klangs bis hin zu differenziertem Kodieren auf der Grundlage der Wortbedeutung. Laut Craik und Lockhart führen all diese Prozesse zum Langzeitlernen, aber das Ausmaß des Lernens hängt letztlich von der Verarbeitungsart ab: »Tiefes« Verarbeiten auf der Bedeutungsebene führt zu besserem Behalten als »flaches«.

Die Theorie von den Ebenen der Verarbeitung befaßt sich im wesentlichen mit der Bedeutung des Kodierens beim Lernen sowie dem Zusammenhang zwischen der Verarbeitungsform und der Wahrscheinlichkeit, mit der das betreffende Material später erinnert wird. Somit ist sie in erster Linie eine Theorie des Langzeitgedächtnisses. Sie geht zwar von einem für das Kodieren zuständigen primären oder Kurzzeitgedächtnissystem aus, nennt dazu aber keine Einzelheiten. Die Theorie von Craik und Lockhart schenkt der Kurzzeitkomponente so wenig Beachtung, daß oft irrtümlich angenommen wird, sie faßten das Gedächtnis als einheitliches System auf, und in den Fällen, in denen es ihnen gelang, Zusammenhänge zwischen dem Kodieren und dem Langzeitgedächtnis aufzuzeigen, wurden ihre Ergebnisse manchmal geradezu als Beweis *gegen* das Vorhandensein zweier getrennter Systeme ausgelegt. Eigentlich hat die Beschäftigung mit den Verarbeitungsebenen einen Rückfall in die fünfziger Jahre mit sich gebracht, das heißt, Langzeit- und Kurzzeitgedächtnis werden jetzt wieder getrennt untersucht. Die Forschungen, die von den Verarbeitungsebenen ausgingen, konzentrieren sich inzwischen mehr und mehr auf die Frage, welche Faktoren das Abrufen aus dem Langzeitgedächtnis bestimmen, während die Untersuchungen über das Kurzzeitgedächtnis sich mit Problemen der Aufmerksamkeit und der Rolle des Kurzzeitgedächtnisses bei anderen Aufgaben, wie etwa Lesen und Kopfrechnen, befassen.

# 11. Das Arbeitsgedächtnis

In diesem Kapitel werde ich mir erlauben, etwas ausführlicher auf den Hauptgegenstand meines persönlichen Forschungsinteresses einzugehen. Meinem Ansatz liegt die Prämisse zugrunde, daß ein Modell oder eine Theorie dann nützlich ist, wenn sie dazu beiträgt, ein Problem in den Griff zu bekommen. So gesehen kommt die Vorstellung von einem Arbeitsgedächtnis der Realität zwar nicht unbedingt näher als die Zweiteilung in Lang- und Kurzzeitgedächtnis, aber die größere Flexibilität jener Hypothese ermöglicht es, die Vielfalt der bemerkenswerten kognitiven Fähigkeiten des Menschen besser zu erfassen.

Anfang der siebziger Jahre nahmen mein Kollege Graham Hitch und ich ein langwieriges Forschungsprojekt in Angriff, das vom *Medical Research Council* finanziert wurde. Untersuchungsgegenstand war die Beziehung zwischen Lang- und Kurzzeitgedächtnis. Wir waren recht skeptisch im Hinblick auf den damaligen Stand der Kurzzeitgedächtnisforschung. Sie erlebte gerade eine Phase großer Popularität; die psychologischen Zeitschriften waren voll von Kurzzeitgedächtnistests, bei denen eine erstaunliche Menge unterschiedlicher Techniken eingesetzt wurde und die auf einer beunruhigenden Vielzahl von Erklärungsmodellen basierten. So enthielt zum Beispiel ein einziges, 1970 veröffentlichtes Buch Beiträge 13 verschiedener Autoren, von denen jeder ein anderes Modell des Kurzzeitgedächtnisses vorstellte.[1] Sie konnten wohl kaum alle recht haben. Natürlich hatten die diversen Erklärungsversuche vieles miteinander gemeinsam. Trotzdem fühlten wir uns wie jene mittelalterlichen Gelehrten, die ihre Zeit mit Diskussionen darüber zubrachten, wie viele Engel auf einer Nadelspitze Platz haben.

Wir beschlossen deshalb, uns mit einer einzigen grundlegenden Frage zu beschäftigen: Wozu dient das Kurzzeitgedächtnis? Seine mögliche Funktion war bereits ziemlich eingehend diskutiert worden, und im allgemeinen war man sich darüber einig, daß es als *Arbeitsgedächtnis* dient, das heißt als System, mit dessen Hilfe mehrere Informationen gleichzeitig festgehalten und zueinander in Beziehung gesetzt werden können. Ein solches System erweist sich beispielsweise als nützlich, wenn man einen gesprochenen Satz zu verstehen versucht, dessen Anfang erst dann vollständig verarbeitet werden kann, wenn der Schluß bekannt ist. Dazu folgende Illustration: »Vor der Fahrt sprach der Kapitän seiner Mannschaft Mut zu: ›Diesmal können uns die Spanier nicht gefährlich werden‹, sagte er, ›ihr bester Mann muß wegen einer Verletzung pausieren‹/›ihr bestes Schiff liegt zur Reparatur auf der Werft‹.« Erst am Schluß wird klar, ob es sich um eine Sportmannschaft oder um eine Schiffsbesatzung handelt.

Für zahlreiche Aufgaben, wie etwa Kopfrechnen, logisches Argumentieren und Problemlösen, ist eine vorübergehende Speicherung von Informationen erforderlich. Und es ist sicher auch kein Zufall, daß bei allen Versuchen, komplexe geistige Funktionen des Menschen von Computern simulieren zu lassen, letztendlich eine Art Arbeitsgedächtnis benötigt wurde; eine einzelne Komponente des gesamten informationsverarbeitenden Systems mußte die Aufgabe erfüllen, Material festzuhalten und zu handhaben. Wenn das Kurzzeitgedächtnis dieselbe Funktion erfüllen kann, stellt es ohne Zweifel eine sehr wichtige Komponente des menschlichen Verstandes dar. Doch obwohl viele Wissenschaftler diese Möglichkeit in Betracht gezogen hatten, gab es keine Beweise dafür. Graham Hitch und ich wollten versuchen, das zu ändern.[2]

## Die Kapazitätsgrenzen

Eines der ersten Probleme, mit dem wir konfrontiert wurden, beruhte auf der mangelnden Übereinstimmung der Ansichten über die charakteristischen Merkmale des Kurzzeitgedächtnisses. Es hätte sehr viel Zeit in Anspruch genommen, sämtliche Erklärungsmodelle zu überprüfen. Glücklicherweise waren zwei Punkte unumstritten: Das Kurzzeitgedächtnis verfügt über eine begrenzte Speicher- und Verarbeitungskapazität, und bei Tests zur Untersuchung der Gedächtnisspanne wird in erster Linie das Kurzzeitgedächtnis beansprucht.

Daraus ergab sich folgende Überlegung: Wenn das Kurzzeitgedächtnis tatsächlich als Arbeitsgedächtnis fungierte, dann mußten unsere Probanden bei voller Auslastung ihrer Kapazität durch das Erinnern von Zahlenreihen große Schwierigkeiten haben, gleichzeitig andere Informationen zu verarbeiten, wie es etwa beim logischen Denken oder Verstehen erforderlich wäre (auch wenn man normalerweise nicht davon ausgeht, daß solche Aufgaben das Gedächtnis beanspruchen). Diese Hypothese stützt sich auf die Vorstellung, daß das Kurzzeitgedächtnissystem mit dem Kontrollturm eines großen Flughafens verglichen werden kann, der für die Koordinierung aller Starts und Landungen verantwortlich ist. Unser Versuchsaufbau entsprach gewissermaßen der Überlastung des Kontrollraums durch besonders dringliche Aufgaben, die erledigt werden mußten, bevor man zur Routine zurückkehren konnte. Dabei war ein drastisches Absinken der Leistung zu erwarten.

Bei der Aufgabe, welche wir unsere Testpersonen ausführen ließen, während sie die Zahlenreihen erinnerten, handelte es sich um eine verbale Denkaufgabe, die es wert ist, etwas näher erläutert zu werden. Während der sechziger Jahre erwachte bei den Psychologen und Linguisten ein reges Interesse an der Grammatik und der Syntaxverarbeitung. Eine Reihe von Experimenten zeigte, daß aktive Sätze wie »Der Junge warf den Ball« schneller verarbeitet werden als passive Sätze wie »Der Ball wurde von dem Jungen geworfen« oder negative wie »Der Junge warf den Ball nicht«.[3] Etwa zur selben Zeit interessierte ich mich auch für die Auswirkungen der sogenannten Stickstoffnarkose auf Tiefseetaucher. Dabei handelt es sich um eine Benommenheit, die sich einstellt, wenn die Taucher sich in mehr als 30 Meter Tiefe aufhalten. Um diese Wirkungen zu untersuchen, brauchte ich eine einfache Denkaufgabe, die unter Wasser ausgeführt werden konnte. Sie durfte nicht viel Zeit in Anspruch nehmen, da nur ein begrenzter Aufenthalt in der Tiefe möglich ist, und sie sollte mit geringem Lernaufwand verbunden sein. Deshalb griff ich auf die von den Psycholinguisten entwikkelten Methoden zurück und arbeitete einen Logiktest aus. Den Tauchern wurden Sätze präsentiert, die eine Aussage über die Reihenfolge der beiden Buchstaben A und B beinhalteten. Jedem Satz folgte das Buchstabenpaar *AB* oder *BA* nach, und die Probanden sollten ent-

sich als sehr geeignet für meine Zwecke, und alle geprüften Taucher konnten ihn nach kurzem Üben ausführen. Indem ich zählte, wie viele Sätze sie in drei Minuten richtig bewerten konnten, ließ sich ohne großen Aufwand messen, wie sich ihre geistigen Fähigkeiten in der Tiefe bewährten. Außerdem erwies sich der Test als ausreichend »empfindlich«, das heißt, er ermöglichte es, eine Beeinträchtigung der geistigen Fähigkeiten schon in einer Tiefe von 30 Metern festzustellen,

*Wim Klein, der »menschliche Computer«, ist Spezialist im Schnellrechnen. Die Zahl an der Tafel stimmt genau mit dem vom Computer gelieferten Ergebnis überein.*

scheiden, ob die Aussage, die einem solchen Paar vorausging, zutreffend war. Die Sätze reichten von einfachen Aktivsätzen wie »A folgt B - *AB*«, worauf die richtige Antwort natürlich »falsch« lautet, über Passivsätze wie »A wird B nachgestellt - *BA*«, worauf die Antwort »richtig« lauten muß, bis hin zu komplizierteren Versionen wie »B wird A nicht vorangestellt - *BA*«, worauf die Antwort »falsch« lauten müßte. Der Test erwies

der geringsten Tiefe, in der sich ein Leistungsabfall überhaupt nachweisen läßt.
Doch zurück zu dem Experiment, das ich gemeinsam mit meinem Kollegen Hitch veranstaltete. Wenn das Kurzzeitgedächtnis tatsächlich am logischen Denken beteiligt war, dann mußte es unseren Versuchspersonen schwerfallen, einen der beschriebenen Satzbewertungstests auszuführen, während sie sich

gleichzeitig Zahlenreihen ins Gedächtnis zurückrufen sollten. Um sie nicht zu überfordern, ließen wir sie zunächst nur eine oder zwei Zahlen erinnern, während sie die Satzbewertung vornahmen. Da bei dieser Aufgabenstellung keinerlei Wirkung zu beobachten war, erhöhten wir die Menge der Ziffern auf sechs, was ja der durchschnittlichen Zahlenkapazität entspricht, so daß man davon ausgehen konnte, daß das Kurzzeitgedächtnis nun stark beansprucht wurde.

Im einzelnen sah das Experiment folgendermaßen aus: Jede Testperson erhielt eine sechsstellige Zahl, zum Beispiel 731928, die sie auswendig laut vor sich hin sprechen sollte. Währenddessen wurde ihr ein Satz wie »A geht B voraus – BA« gezeigt, den sie mit Hilfe zweier entsprechend beschrifteter Tasten als »wahr« oder »falsch« bewerten mußte. Zunächst waren unsere Probanden angesichts dieser erhöhten Anforderungen entsetzt, stellten dann aber zu ihrer Überraschung fest, daß sie ihnen gerecht werden konnten, wobei sowohl bei der Reproduktion der Zahlenreihe als auch bei der Satzbewertung eine sehr geringe Fehlerquote zu verzeichnen war. Allerdings wirkte sich das Erinnern der sechsstelligen Zahl dahingehend aus, daß die Satzbewertung mehr Zeit in Anspruch nahm, wenn auch in viel geringerem Maße, als wir erwartet hatten. Bewies diese Verlangsamung des logischen Denkens, daß das Kurzzeitgedächtnis als Arbeitsgedächtnis fungiert?

Nach Abwägung aller relevanten Faktoren schienen unsere Ergebnisse darauf hinzuweisen, daß der Kurzzeitspeicher an dem für logisches Denken, Verstehen und Lernen zuständigen System bis zu einem gewissen Grad beteiligt ist. Die beiden Systeme schienen sich in einigen Bereichen zu überschneiden, hingen aber keineswegs völlig von ein und demselben begrenzten Speichersystem ab. Auf Grund dieser Ergebnisse begannen wir unser Konzept des Kurzzeitgedächtnisses neu zu formulieren.

Von der Prämisse ausgehend, daß das Arbeitsgedächtnis ein komplexes und flexibles System darstellt, wollten wir versuchen, einige seiner Teilsysteme zu isolieren und dadurch zu verstehen. Als erstes setzten wir die Existenz eines zentralen Systems voraus, das für die Steuerung aller Vorgänge im Arbeitsgedächtnis zuständig ist, und nannten es *Leitzentrale*. Wir stellten die Hypothese auf, daß die Leitzentrale über eine Reihe von Hilfssystemen verfügt, an die sie einige der Kurzzeitspeicherfunktionen delegieren kann, wodurch sie einen Teil ihrer eigenen Kapazität für die Durchführung anspruchsvollerer Aufgaben im Bereich der Informationsverarbeitung freihält. Die Funktion der Leitzentrale wäre also mit der eines leitenden Angestellten vergleichbar, der Routineaufgaben an Untergebene delegieren muß, um seine ganze Aufmerksamkeit schwierigen Problemen und Entscheidungen widmen zu können.

## Die Artikulationsschleife

Sie werden sich daran erinnern, daß dem Kurzzeitgedächtnis oft zugeschrieben wird, es stütze sich auf sprachliche Kodierung. Die meisten Kurzzeitgedächtnistests beinhalten eine Form des Übens zur Erhaltung der Gedächtnisspur, und gewöhnlich dient dazu das innere Spre-

chen. Wir griffen diesen Aspekt des Gedächtnisses heraus und postulierten ein Hilfssystem, das wir *Artikulationsschleife* nannten. Als Beweis für die Existenz eines solchen Systems läßt sich zunächst der *akustische* oder *phonemische Ähnlichkeitseffekt* anführen, das heißt die Tendenz, bestimmte Testpunkte mit ähnlich klingenden zu verwechseln (etwa *F* mit *L* oder *B* mit *G*) und sich bei der Wiedergabe von Reihen, die sich aus ähnlich klingenden Elementen zusammensetzen, leichter zu irren (zum Beispiel ist *D, B, C, T, P, G* schwieriger zu behalten als *K, W, Y, L, R, Q*).

bis zu einem gewissen Grad von der Möglichkeit des Übens durch inneres Sprechen abhängt und daß der phonemische Ähnlichkeitseffekt auf diesem Üben beruht. Daraus wiederum kann geschlossen werden, daß der Effekt weniger auf der Klangähnlichkeit als auf der Artikulationsähnlichkeit des Materials

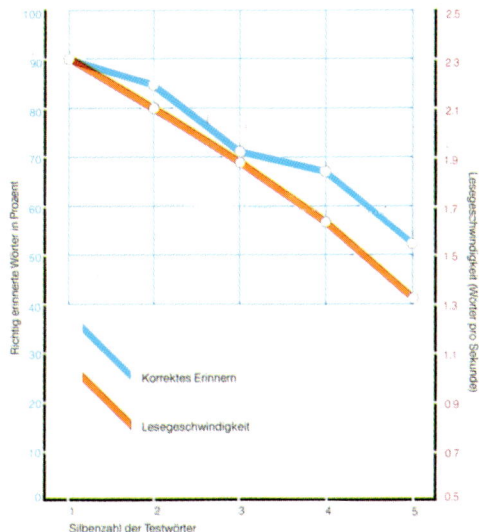

*Das Verhältnis zwischen Wortlänge und Erinnern entspricht ungefähr dem zwischen Wortlänge und Lesegeschwindigkeit, woraus sich schließen läßt, daß längere Wörter schwieriger zu erinnern sind, weil es mehr Zeit erfordert, sie auszusprechen. Anscheinend können im Arbeitsgedächtnis nur so viele Informationen einigermaßen zuverlässig gespeichert werden, wie man in zirka 1,5 Sekunden artikulieren kann. (Nach Baddeley, Thomson und Buchanan, 1975)*

Einen zweiten Beweis liefern Experimente mit der *Artikulationsunterdrückung*. Dabei werden die Probanden daran gehindert, das Testmaterial im Geist zu üben, indem man sie auffordert, ein irrelevantes Wort – etwa *das* – vor sich hinzusprechen. Die Artikulationsunterdrückung reduziert die Zahlenkapazität erheblich und verhindert das Auftreten des phonemischen Ähnlichkeitseffekts, vorausgesetzt, die Testpersonen erinnern Material, das optisch dargeboten wurde. Diese beiden Tatsachen lassen den Schluß zu, daß die Gedächtnisspanne

basiert. Deshalb redet man heute kaum noch von akustischer, sondern von phonemischer Ähnlichkeit, worin die sprachliche Grundlage dieses Effekts zum Ausdruck kommt.

Auch Experimente, die R. Conrad[4] mit von Geburt an tauben Kindern durchführte, machen deutlich, daß der sogenannte akustische Ähnlichkeitseffekt eigentlich nicht akustischer Natur ist. Als die tauben Kinder aufgefordert wurden, Buchstabenreihen zu erinnern, stellte Conrad fest, daß einigen von ihnen phonemische Verwechslungen unterliefen, anderen jedoch nicht. Da keine der Versuchspersonen jemals hatte hören können, konnte der Effekt nicht auf akustischer Ähnlichkeit beruhen. Als jedoch – unabhängig vom Test – die Lehrer der Kinder gebeten wurden, deren Sprechfähigkeit zu beurteilen, stellte sich heraus, daß phonemische Verwechslungen nur jenen Kindern unterlaufen waren, die einigermaßen gut sprechen konnten. Wahrscheinlich fanden sie es hilfreich, im Geist zu üben, während die Kinder mit weniger ausgeprägtem Sprechvermögen das nicht konnten.

Ein dritter Hinweis auf das Hilfssystem »Artikulationsschleife« ergab sich aus Experimenten, bei denen ich gemeinsam mit meinen Kollegen Thomson und Buchanan[5] den Zusammenhang zwischen Wortlänge und Gedächtnisspanne untersuchen wollte. Es stellte sich heraus, daß die Gedächtnisspanne mit zunehmender Wortlänge eindeutig sank. Sie können das selbst überprüfen, indem Sie die Wörterlisten im nachfolgenden Kasten als Testmaterial benutzen. Lesen Sie jeweils eine Spalte, ohne dabei zu reden, dann schauen Sie weg und schreiben die Wörter oder die ersten zwei oder drei Buchstaben davon auf. Für jedes richtig erinnerte Wort dürfen Sie sich einen Punkt gutschreiben.

Bestimmt konnten Sie bei den kurzen Wörtern mehr Punkte sammeln als bei den langen. Wir ließen unsere Probanden außerdem noch Reihen wie *Malta, Tschad, Kenia, Burma, Chile* und im Vergleich dazu Reihen wie *Tschechoslowakei, Guatemala, Äthiopien, Australien, Afghanistan* erinnern, um herauszufinden, ob dieser Effekt etwas damit zu tun hatte, daß einsilbige englische Wörter eher angelsächsischen, mehrsilbige eher lateinischen Ursprungs sind. Es bestand kein Zusammenhang. Wurden unsere Testpersonen jedoch am inneren Üben gehindert, indem wir sie aufforderten, permanent das Wort *das* vor sich hinzumurmeln, dann verschwand der Effekt. Wie der phonemische Ähnlichkeitseffekt hängt auch er vom Üben durch inneres Sprechen ab.

Mit Hilfe des Artikulationsschleifen-Konzepts ließen sich alle angeführten Erkenntnisse unter einen Hut bringen. Wir nahmen an, daß das innere Sprechen dazu dient, die verblassende Gedächtnisspur aufzufrischen, bevor sie unzugänglich wird. Dieser Vorgang kann unterbunden werden, indem man das Sprachsystem des Probanden durch die Aufgabe, ständig irrelevante Wörter oder Silben zu murmeln, beansprucht. Das innere Sprechen scheint nicht nur phone-

| sonst | zwei | Geld | Band | Haß |
|-------|------|------|------|-----|
| Leid | Leid | gut | Leid | Band |
| Band | gut | Leid | gut | sonst |
| Geld | Witz | zwei | Geld | zwei |
| Haß | sonst | Haß | zwei | Geld |
| **Erinnern** | **Erinnern** | **Erinnern** | **Erinnern** | **Erinnern** |

| Assoziation | beträchtlich | Universität | beträchtlich | unmittelbar |
|-------------|--------------|-------------|--------------|-------------|
| beträchtlich | Repräsentant | Repräsentant | Gelegenheit | beträchtlich |
| Repräsentant | Individuum | Assoziation | Organisation | Individuum |
| Individuum | Assoziation | Individuum | Universität | Assoziation |
| unmittelbar | Gelegenheit | unmittelbar | Repräsentant | Gelegenheit |
| **Erinnern** | **Erinnern** | **Erinnern** | **Erinnern** | **Erinnern** |

*Der Psychologe R. Conrad testet das Gedächtnis eines tauben Mädchens. Durch Variieren der gezeigten Bilder kann er beurteilen, ob das Erinnerungsvermögen dadurch unterstützt wird, daß das Kind die Namen der abgebildeten Objekte im Geist vor sich hinspricht. Das innere Sprechen ist sehr wichtig für die intellektuelle Entwicklung.*

mische Verwechslungen zu verursachen, sondern auch die Gedächtnisspanne für lange Wörter zu beschränken. Solche Wörter führen zu einer erhöhten Beanspruchung des Systems. Liegt das nur daran, daß es länger dauert, mehrsilbige Wörter zu artikulieren, oder ist jener Effekt auf ihre größere Komplexität, das heißt die größere Anzahl von Sprachlauten, zurückzuführen, durch die das Sprachsystem überlastet wird? Wir konnten diese Frage klären, indem wir die Gedächtnisspanne für zwei verschiedene Wörtergruppen testeten. Die beiden Gruppen enthielten Wörter, die in der Silben-, Buchstaben- und Phonemzahl übereinstimmten, sich aber hinsichtlich der Zeit unterschieden, welche man benötigte, um sie auszusprechen.

Unsere Probanden wurden also aufgefordert, zum einen Wörter mit langen Vokallauten, wie *Taifun* oder *Möhren,* zu erinnern, zum anderen Wörter mit derselben Silbenzahl, die sich jedoch schneller aussprechen ließen, wie *Galopp*

oder *Wickel.* Es ergab sich eindeutig, daß langsam zu sprechende Wörter schlechter erinnert werden, woraus man schließen kann, daß die Artikulationsschleife einer rein zeitlichen Begrenzung unterliegt. Diese Deutung stützt sich auch auf unsere Erkenntnis, daß zwischen der Lesegeschwindigkeit und der Gedächtnisspanne ein klarer Zusammenhang besteht: Schnell lesende Testpersonen waren - zumindest bei dieser Aufgabe - gute Erinnerer. Die Beziehung zwischen der Zeit, die zum Aussprechen von Wörtern bestimmter Länge benötigt wird, und der Gedächtnisspanne für diese Wörter läßt sich durch zwei sehr gleichmäßige Kurven darstellen (siehe Diagramm S. 191). Somit kann die Kapazität des Kurzzeitgedächtnisses neu definiert werden: Nicht die Zahl der reproduzierten Elemente, sondern die Zeitspanne ist konstant. Unsere Probanden konnten nur so viel erinnern, wie sie in 1,5 Sekunden aussprechen in der Lage waren.

Bei einer Reihe von Intelligenztests wird auch die Zahlenkapazität gemessen, und es ist sehr bemerkenswert, daß diese bis zu einem gewissen Alter zunimmt. Über die Ursache jenes Phänomens wurde viel spekuliert, aber erst eine neuere Studie von R. Nicholson[6] überprüfte die Möglichkeit, ob es einfach damit zusammenhängt, daß Kinder nicht so schnell artikulieren können wie Erwachsene. Nicholson maß deshalb so-

Zusammenhang zwischen den beiden Variablen. Natürlich muß eine solche Beziehung nicht notwendigerweise kausaler Natur sein; beide Größen können von einer dritten abhängen. Aber zumindest ermöglicht das Artikulationsschleifen-Konzept eine Erklärung dafür, daß die Gedächtnisspanne von Kindern im Laufe der Jahre zunimmt.

Eine weitere Bestätigung unserer Arbeit lieferte N. Ellis[7], ein Kollege an der Uni-

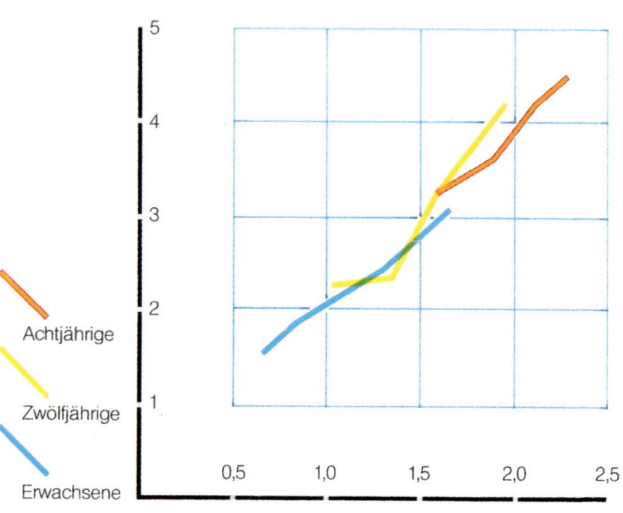

*Unsere Gedächtnisspanne nimmt bis zu einem gewissen Alter ebenso zu wie unsere maximale Sprechgeschwindigkeit. Das Verhältnis zwischen diesen beiden Variablen entwickelt sich bemerkenswert gleichförmig. (Nach Nicholson, 1981)*

Achtjährige

Zwölfjährige

Erwachsene

Sprechgeschwindigkeit (Wörter pro Sekunde)

wohl die Zahlenkapazität als auch die Sprechgeschwindigkeit von Kindern zwischen acht und zwölf Jahren und stellte fest, daß die älteren Kinder, wie erwartet, eine größere Zahlenkapazität und eine höhere Artikulationsgeschwindigkeit hatten. Aber reichte die gesteigerte Sprechgeschwindigkeit aus, um die erweiterte Zahlenkapazität zu erklären? Das obige Diagramm zeigt Nicholsons Ergebnisse: Es besteht ein klarer

versität von Bangor, Nordwales. In der Gegend um Bangor wird hauptsächlich Walisisch gesprochen, weshalb psychometrische Tests für Schulkinder, deren erste Sprache Walisisch ist, in dieser Sprache erfolgen. Ellis fand heraus, daß walisische Kinder einer bestimmten Altersklasse merkwürdigerweise nicht die Durchschnittswerte erreichten, die für die Zahlenkapazität vergleichbarer Englisch sprechender Kinder ermittelt worden waren. Lag bei den Walisern ein mysteriöser genetischer Defekt vor, der vielleicht durch einen Überfluß an Genen für Chorgesang und Rugbyspiel kompensiert wurde? Natürlich nicht! Vielmehr war die Ursache für den Leistungsunterschied darin zu sehen, daß walisische Zahlen längere Sprachlaute enthalten und deshalb langsamer ausgesprochen werden, obwohl sie dieselbe Silbenzahl aufweisen wie englische Zahlen. Ellis und sein Kollege R. A. Henneley überprüften, ob diese Tatsache die geringere Kapazität walisisch sprechender Kinder erklärte, indem sie zu dem Versuch Studenten heranzogen, die sowohl das Walisische als auch das Englische beherrschten, aber bevorzugt walisisch redeten.

Zunächst wiesen sie nach, daß die Studenten in ihrer Zweitsprache Englisch eine größere Zahlenkapazität besaßen, was die These stützte, daß der Unterschied auf Eigenheiten der Sprachen, nicht der Testpersonen beruhte. Weiter zeigten sie, daß es tatsächlich länger dauert, eine bestimmte Anzahl von Ziffern auf walisisch vorzulesen als auf englisch. Wenn man diesen Umstand beim Messen der Zahlenkapazität berücksichtigte, verschwand der Unterschied. Mit anderen Worten: Die Kapazität wurde nicht durch die Menge der Testpunkte, sondern durch die für eine Reihe benötigte Sprechdauer bestimmt. In einem weiteren Experiment ergab sich erwartungsgemäß, daß der Unterschied zwischen englischer und walisischer Zahlenkapazität auch verschwand, wenn die Probanden daran gehindert wurden, die Artikulationsschleife zu benutzen, indem man sie irrelevante Silben vor sich hin sprechen ließ.

Man kann also davon ausgehen, daß das Artikulationsschleifen-Konzept eine nützliche Arbeitshypothese darstellt. Aber welchen Zweck erfüllt dieses System? Es ist nicht sehr wahrscheinlich, daß uns die Evolution dafür ausgerüstet hat, etwa Telefonnummern zu erinnern.

Verschiedene Psychologen sind allerdings im Begriff, Aufgaben des Kurzzeitgedächtnisses zu untersuchen, bei denen die Artikulationsschleife möglicherweise eingesetzt wird. Natürlich handelt es sich dabei meistens um kognitive Aufgaben mit einer sprachlichen Komponente. Das Zählen wäre ein einfaches Beispiel dafür. Versuchen Sie die Buchstaben in der nächsten Zeile zu zählen, während Sie gleichzeitig das Wort *das* schnell vor sich hin murmeln. Schauen Sie dabei auf die Uhr und wiederholen Sie das Ganze ohne Artikulationsunterdrückung. Sie werden wohl zu dem Ergebnis gelangen, daß inneres Sprechen – zumindest in unserem Kulturkreis – beim Zählen eine wichtige Rolle spielt.

Auch beim Rechnen wird im allgemeinen die Artikulationsschleife benutzt. Graham Hitch[8] hat vor einigen Jahren begonnen, die Vorgänge, die beim einfachen Rechnen ablaufen, unter dem Gesichtspunkt des Arbeitsgedächtnisses zu analysieren, und Ellis und Hennelley[9] stellten fest, daß ihre zweisprachigen Testpersonen besonders viele Fehler machten, wenn sie auf walisisch rechneten.

Eine wichtige Funktion hat das innere Sprechen sicher auch beim Lesen. Die meisten Menschen »hören« das, was sie lesen, von einer Art inneren Stimme gesprochen, es liegt nahe, dieses Phänomen der Artikulationsschleife zuzuschreiben. Für den flüssig lesenden Erwachsenen scheint es freilich nicht mehr die gleiche Bedeutung zu besitzen wie für den Anfänger. Falls Sie noch Zweifel haben, sollten Sie die nächsten paar Sätze lesen, indem Sie gleichzeitig das Wort *das* vor sich hin murmeln. Obwohl dies ein wenig lästig sein dürfte, wird es Ihnen vermutlich nicht schwerfallen, den Inhalt der Sätze zu verstehen. Wir haben mehrere ähnlich aufgebaute Experimente durchgeführt und dabei festgestellt, daß die Artikulationsunterdrückung die Lesegeschwindigkeit der meisten Testpersonen ebensowenig beeinflußt wie ihr Textverständnis. Allerdings fällt es ihnen schwerer, absichtlich in Textpassagen eingestreute Fehler zu entdecken. Hätte ich beispielsweise in diesem Abschnitt zwei Wörter vertauscht, dann wäre es Ihnen, während Sie das innere Sprechen verhinderten, wahrscheinlich nicht aufgefallen.

Die Artikulationsschleife scheint also ein Kontrollmechanismus zu sein, der vor allem dazu dient, die Reihenfolge aufgenommener Informationen beizubehalten. Wir verwenden sie offenbar beim Lesen schwieriger Prosa (etwa eines juristischen Schriftstücks), wo genaues Verstehen unerläßlich ist; beim Lesen eines Romans dürfte sie dagegen seltener zum Einsatz kommen. Nun könnten Sie einwenden, daß Sie in diesem Fall zwar nicht auf inneres Sprechen zurückgreifen, aber dennoch beim Lesen eine Stimme zu hören glauben. Meiner Meinung nach ist diese »Stimme« auf ein anderes System zurückzuführen, nämlich auf das der *akustischen Vorstellungsbilder,* welches mit der Artikulationsschleife zwar verwandt, aber nicht identisch ist.

## Akustische Vorstellungsbilder

Wir verfügen ohne Zweifel über ein System, das es uns ermöglicht, uns die Stimme berühmter Sänger, das Geräusch der Brandung oder ein Symphonieorchester beim Stimmen der Instrumente vorzustellen. All dies sind Töne beziehungsweise Geräusche, die wir selbst nicht reproduzieren können, so daß unsere Vorstellungsbilder wohl kaum auf innerem Artikulieren beruhen. Experimente haben gezeigt, daß Testpersonen, denen eine Reihe von Wörtern gezeigt wird, sich vorstellen können, diese Wörter entweder von einer männlichen oder einer weiblichen Stimme ausgesprochen zu hören.[10] Hatten sie sich vorgestellt, ein bestimmtes Wort von einer weiblichen Stimme dargeboten zu bekommen, dann erkannten sie es auch eher wieder, wenn es zu einem späteren Zeitpunkt tatsächlich von einer Frau ausgesprochen wurde. Entsprechendes gilt natürlich für die männliche Stimme. Merkwürdigerweise scheint die eigene Stimme eine Zwitternatur zu haben, das heißt, bei Wörtern, die man selbst laut übte, hat das Geschlecht des Sprechers bei einer späteren Präsentation keinen Einfluß auf das Wiedererkennen.

Um auf das Lesen zurückzukommen:

Es wäre denkbar, daß auch zur Beurteilung des Klangs von geschriebenen Wörtern eine gewisse Form des inneren Sprechens erforderlich ist. Mein Kollege Lewis und ich[11] überprüften diese Möglichkeit vor einiger Zeit, indem wir unsere Testpersonen beurteilen ließen, ob bestimmte Wortpaare einander im Klang ähnlich waren oder nicht. Dazu wählten wir Wörter aus, die manchmal eine unterschiedliche Schreibung aufwiesen; so hätte die Antwort bei *dough* und *doe* »gleich« lauten müssen, bei *dough* und *rough* »nicht gleich«. Unsere Probanden führten dann diese Aufgabe zum Teil mit Artikulationsunterdrückung (durch ständiges Zählen von eins bis sechs), zum Teil ungestört aus.

Derselbe Zusammenhang läßt sich auch demonstrieren, indem man versucht, Pseudowörter zu lesen, die beim Aussprechen wie existierende Wörter klingen, zum Beispiel *Iakkhe* wie *Jacke* oder *Iehgl* wie *Igel.* Probieren Sie, Satz 1 ohne, Satz 2 mit Artikulationsunterdrückung zu lesen.

1) *Whenn ßih ßich dihßn Satts geschprochn fohrschthellen, dhann wehrdn ßih iehn ferschtheen.*

Murmeln Sie jetzt das Wort *das* vor sich hin und lesen Sie Satz 2.

2) *Dih maißthen Läuthe coennen dih Whoerther sellpst dhann hoehrn, whenn ßih dih Arthickullaziohn unnthertruekkn.*

Wahrscheinlich hatten Sie keine großen Schwierigkeiten, die beiden Sätze zu verstehen, was darauf hinweist, daß wir die Wörter eines Textes normalerweise nicht in Sprachlaute aufteilen und uns am Klang orientieren, wie ABC-Schützen das gewöhnlich tun. Es ist noch umstritten, welche Rolle der Laut beziehungsweise die phonologische Einheit beim flüssigen Lesen spielt, aber es gibt wohl keinen Zweifel mehr daran, daß man, um ein Wort zu verstehen, nicht in der Lage sein muß, es auszusprechen.

Besonders interessant ist in diesem Zusammenhang eine selten auftretende Gehirnschädigung (oft durch einen Schlaganfall verursacht), die zur Leseschwäche führt. Eine spezielle Form jener sogenannten Dyslexie, die »tiefe Dyslexie«, äußert sich in der Unfähigkeit, Pseudowörter wie *Fliep* oder *Spack* vorzulesen.[12] Außerdem fällt es den betreffenden Patienten schwer, abstrakte Wörter wie *Hoffnung* oder *Gerechtigkeit* laut zu lesen, während Wörter, die mit Vorstellungsbildern verknüpft werden können, wie *Schloß* oder *Posaune,* ihnen keine Schwierigkeiten bereiten. Ein bestimmter Patient konnte beispielsweise das konkrete Substantiv *inn* (= *Gasthaus)* lesen, nicht aber die viel häufiger vorkommende Präposition *in,* ebenso *bee* (= *Biene),* aber nicht *be* (= *sein).* Die Fehler, die diesen Patienten unterlaufen, sind oft insofern sehr interessant, als sie zeigen, daß es möglich ist, ein Wort ungefähr zu verstehen, ohne die zugehörigen Laute abrufen zu können; so kann

*Ein klassischer Geschicklichkeitstest, der räumliches Vorstellungsvermögen erfordert: das Aufstellen eines Klapp-Liegestuhls. Frustrierend für den, der nicht systematisch zu Werke geht - willkommener Gag für den Komiker.*

*Wie gut können Sie sich Klänge ausmalen? Sind Sie fähig, die Geräusche beziehungsweise Töne, die diese Bilder implizieren, wirklich zu hören? Auf welche Weise »hören« Sie sie? Inwieweit versuchen Sie die Klänge innerlich zu produzieren? Glauben Sie, daß Sie ein nichtverbales System für akustische Vorstellungsbilder besitzen?*

etwa *Gebet* als *Kapelle* und *Mausoleum* als *Grab* vorgelesen werden. Diese Störung beruht nicht auf einer Unfähigkeit, die Wörter auszusprechen, denn die Patienten sind ohne weiteres in der Lage, sie zu wiederholen, wenn man sie ihnen vorsagt. Anscheinend können auf Grund des optischen Reizes, den das geschriebene Wort darstellt, zwar bestimmte Aspekte seiner Bedeutung, nicht aber die zugehörigen Laute abgerufen werden.

Wir wissen über die Rolle der akustischen Vorstellungsbilder im Arbeitsgedächtnis noch immer sehr wenig. Intensiv studiert wurde jedoch in letzter Zeit die Rolle der *optischen Vorstellungen*.

## Das räumlich-visuelle Vorstellungsvermögen

In den letzten Jahren wurde – wie gesagt – den optischen Vorstellungen verstärkte Aufmerksamkeit gewidmet, und zum Teil geschah dies, weil sie beim Lernen sprachlichen Materials von großer Bedeutung sind. Gedächtnishilfen, die auf visueller Vorstellung beruhen, erleichtern das Erinnern von Zufallsreihen erheblich, und Wörter, die mit Vorstellungsbildern verknüpft werden können, prägt man sich leichter ein als abstrakte. Besonders umstritten war die Frage, ob geistige Bilder als solche gespeichert oder an Hand abstrakterer Darstellungen heraufbeschworen werden. Vertreter der erstgenannten These haben nach Ähnlichkeiten zwischen dem Vorgang des Ablesens von Informationen von einem vorgestellten Bild und dem Vorgang des Wahrnehmens gesucht und waren dabei recht erfolgreich.

Der bekannteste Vertreter dieser Richtung ist Roger Shepard[13] von der Universität Stanford in Kalifornien. Shepard hat mehrere Experimente zur Untersuchung der Ähnlichkeit zwischen der Entstehung von Vorstellungsbildern und der Wahrnehmung durchgeführt. Eines seiner frühen Experimente ist auf Seite 199 oben illustriert. Beide abgebildeten Formen könnten, wenn man sie ausschnitte, so zusammengefaltet werden, daß sie einen Würfel mit schattierter Grundfläche bilden würden. Die Aufgabe der Testpersonen bestand darin, mit Hilfe ihres Vorstellungsvermögens abzuschätzen, ob dabei die Pfeilspitzen zusammenträfen. Shepard stellte fest, daß die Zeit, die seine Probanden benötigten, um zu einem Urteil zu gelangen, ziemlich genau derjenigen entsprach, die erforderlich gewesen wäre, um ein reales Stück Papier zu einem Würfel zu falten. Es war, als ob sie den Würfel im Geist falteten.

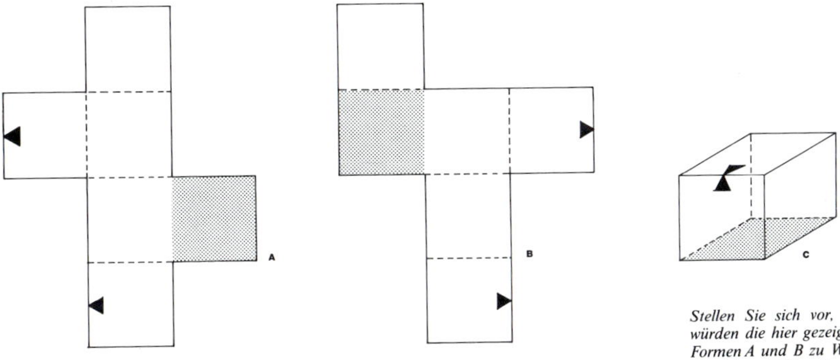


*Stellen Sie sich vor, Sie würden die hier gezeigten Formen A und B zu Würfeln falten. Träfen die beiden Pfeilspitzen dann so zusammen wie in Abbildung C? (Die Antwort finden Sie auf Seite 200.)*

Noch eleganter ließ sich ein ähnliches Phänomen demonstrieren[14], wenn als Testobjekte die nachfolgend abgebildeten, aus Würfeln zusammengesetzten Figuren verwendet wurden. Shepard forderte die Versuchspersonen auf, zu entscheiden, ob jeweils zwei dieser Figuren identisch, aber aus verschiedenen Blickrichtungen dargestellt oder unterschiedlich aufgebaut waren. Der Blickwinkel wurde dabei systematisch variiert.

Testen Sie, wie gut Sie im Geist Figuren drehen können! Die Figuren A und B sind identisch, wurden aber aus unterschiedlichen Blickrichtungen gezeichnet. Wenn Sie sich Figur B gedreht vorstellen, stimmt sie mit Figur A überein.

Ⓘ N

Figur A　　Figur B

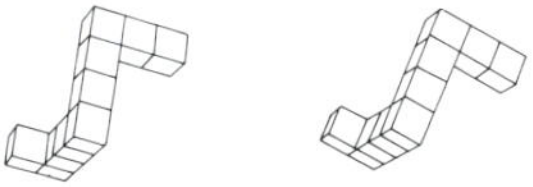

I Ⓝ

Figur C　　Figur D

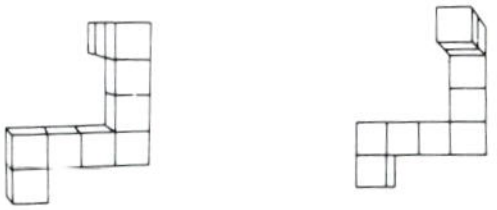

Figur C und D dagegen sind nicht identisch. Wie man sie auch dreht, sie lassen sich nicht in Übereinstimmung bringen. Versuchen Sie es mit den auf Seite 200 abgebildeten Figurenpaaren. Kreisen Sie den Buchstaben I ein, wenn Sie der Meinung sind, sie seien identisch, und N, falls Sie glauben, daß sie nicht in Übereinstimmung zu bringen sind. (Die richtigen Antworten finden Sie auf Seite 202 unten.)

*Obwohl in der Realität die Größenverhältnisse meistens stimmen, können wir vor unserem geistigen Auge mühelos solche phantastischen Szenen auftauchen lassen.*

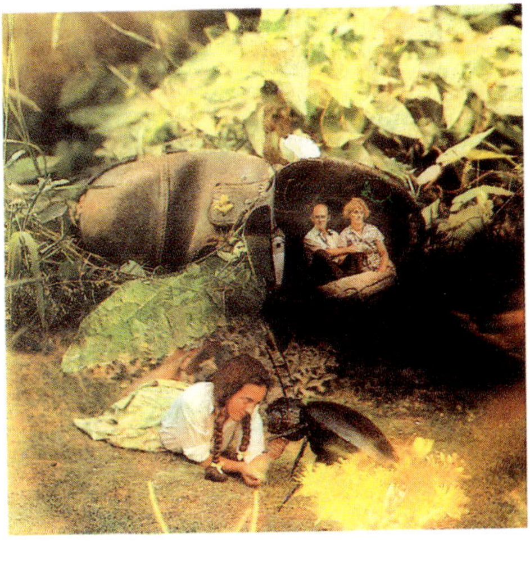

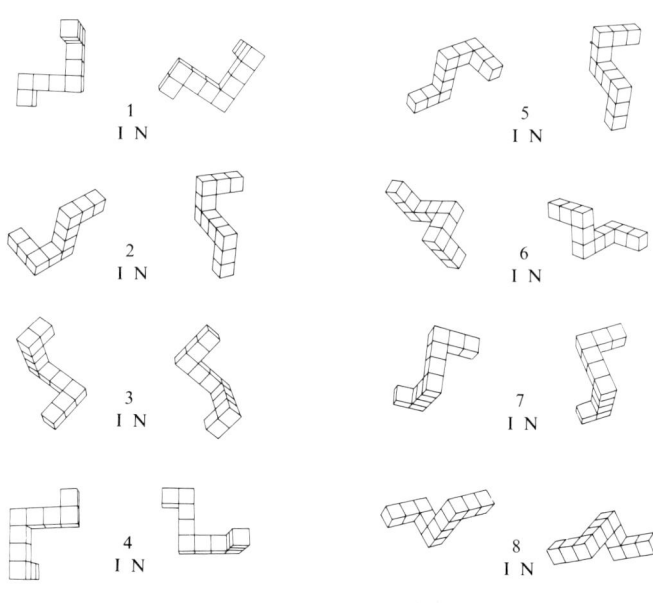

*Antwort zu der Frage auf Seite 199: Bei beiden Würfeln treffen die Pfeilspitzen aufeinander.*

Bei Shepards Probanden ergab sich eine lineare Beziehung zwischen der für den Vergleich erforderlichen Zeit und dem Grad der Winkelabweichung. Es schien, als ob sie jeweils die eine Figur in der Hand drehten, bis sie mit der anderen im selben Winkel lag, um dann ihre Entscheidung zu treffen.

Stephen Kosslyn[15] von der Universität Harvard arbeitete ein ähnliches Verfahren aus. Bei einem seiner Experimente forderte er die Testpersonen auf, sich eine Reihe von Bildern einzuprägen, wie etwa das gezeichnete Motorboot auf dieser Seite. Dann sollten sie an Hand ihres Vorstellungsbildes von jenem Boot bestimmte Detailfragen beantworten. Kosslyn zeigte, daß eine Testperson, die gerade eine Frage in bezug auf das Heck des Bootes beantwortet hatte, mehr Zeit brauchte, um etwas über den Bug zu sa-

gen, als jemand, der gerade eine Angabe über die Luke gemacht hatte. Die Probanden schienen im Geist ihren Blick über das Boot wandern zu lassen, und je größer die Strecke war, die auf diese Weise »zurückgelegt« werden mußte, desto länger dauerte es, bis sie antworten konnten.

Ein besonderes Merkmal unserer Vorstellungsbilder besteht darin, daß wir anscheinend ihre relative Größe variieren können. So sind wir beispielsweise in der Lage, eine Katze geistig als Ganzes zu sehen oder ihre Schnurrhaare oder Schwanzspitze in Großaufnahme »heranzuholen« Wenn Probanden sich bei einem Test zwei Tiere unterschiedlicher Größe vorstellen sollen, etwa einen Elefanten und einen Hasen, dann dauert es Kosslyn[16] zufolge länger, bis sie eine Frage in bezug auf das Ohr des Hasen (ein

This time Alice waited quietly until it chose to speak again in a few minutes the caterpillar took the hookah out of its mouth, and got down off the mushroom, and crawled away into the grass, merely remarking as it went: "the top will make you grow taller, and the stalk will make you grow shorter."

"The top of <u>what</u>? the stalk of <u>what</u>?" thought Alice.

"Of the mushroom," said the caterpillar, just as if she had asked it aloud, and in another moment it was out of sight.

Alice remained looking thoughtfully at the mushroom for a minute, and then picked it and carefully broke it in two,

taking the stalk in one hand, and the top in the other. "Which does the stalk do?" she said, and nibbled a little bit of it to try the next moment she felt a violent blow on her chin: it had struck her foot!

202

*Welche der beiden Formen kann zu einer Pyramide gefaltet werden?*

*Die rechte Form läßt sich auf diese Weise falten.*

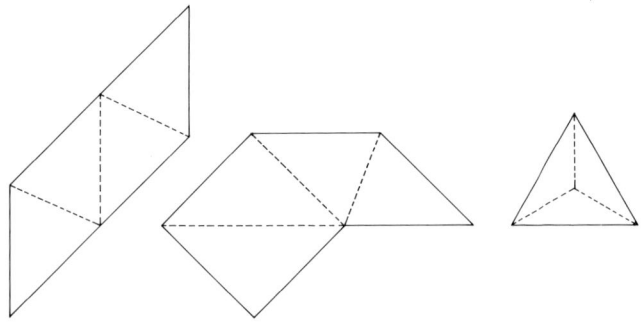

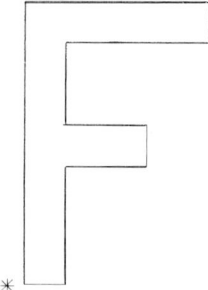

relativ kleines Detail im Vergleich zum Elefanten) beantworten können, als wenn sie sich einen Hasen und eine Fliege nebeneinander vorstellen. Da aber unsere Vorstellungskraft ausreichend flexibel ist, kann man diesen Effekt auch umdrehen, indem man sich eine Riesenfliege über einem Hasen oder einem winzigen Elefanten denkt.

All diese Phänomene zeigen, daß optische Vorstellungen sich zumindest in mancher Hinsicht wie visuelle Wahrnehmungen verhalten. Man darf sie jedoch nicht einfach als im Gehirn gespeicherte Bilder betrachten. Nehmen wir die bereits erwähnte Katze noch einmal als Beispiel: Müßte unser geistiges Bild einer Katze alle notwendigen Informationen enthalten, um genaue Angaben über jedes Schnurrhaar und jedes Fleckchen Fell machen zu können, dann wäre dazu ein sehr großer Speicheraufwand erforderlich. Es spricht manches dafür, daß uns einfach nicht so viele Informationen über Objekte, die wir uns vorstellen, zur Verfügung stehen.

Was haben optische Vorstellungen mit dem Arbeitsgedächtnis zu tun? Einige meiner Kollegen und ich nehmen an, daß räumliche Informationen mittels eines abstrakten Kodes im Langzeitgedächtnis gespeichert werden, daß diese Informationen aber über ein räumliches Hilfssystem des Kurzzeitgedächtnisses abgerufen und verarbeitet werden können. Jenes Hilfssystem benutzt teilweise dieselbe Ausrüstung, die auch für die Wahrnehmung benötigt wird, und hängt von der Leitzentrale des Arbeitsgedächtnisses ab.

Welche Beweise gibt es für eine solche These? Bei unserer Erforschung des Arbeitsgedächtnisses verließen wir uns hauptsächlich auf die Technik des gezielten Eingreifens in seine Verarbeitungsprozesse; so auch in dieser Frage. Im Falle der Vorstellungsbilder wurden wir sehr stark durch eine interessante Studie des kanadischen Psychologen Lee Brooks[17] beeinflußt. Brooks hatte einen Versuch ausgearbeitet, bei dem den Testpersonen ein Blockbuchstabe wie das

Die richtigen Antworten zu den Aufgaben von Seite 200 lauten: ① Nr. 2, 3, 6, 7, 8; Ⓝ Nr. 1, 4, 5.

*Der Domplatz in Mailand. Patienten, die eine Schädigung der rechten Gehirnhemisphäre erlitten hatten, waren in der Lage, sich diese Szene von der Kathedrale aus gesehen vorzustellen, ließen aber bei ihrer Beschreibung die linke Hälfte des Platzes weitgehend aus.*

links abgebildete F präsentiert wurde. Sie sollten im Geist den Blick an diesem Buchstaben entlangwandern lassen (links unten beginnend, dann nach oben) und jede Ecke, die zur Fuß- oder Kopflinie des Buchstabens zu rechnen war, mit »ja«, jede andere mit »nein« bezeichnen. Beim F müßte die richtige Reihenfolge also lauten: »ja, ja, ja, nein, nein, nein, nein, nein, nein, ja«. Die Probanden mußten die Aussagen entweder verbal machen oder auf die Wörter »ja« oder »nein« zeigen, die weiter unten auf der Seite standen, wobei ihnen das Zeigen viel schwerer fiel als die verbale Reaktion, so als ob es das Produzieren von Vorstellungsbildern störte. Brooks stellte

dieser Aufgabe eine zweite gegenüber, bei der den Testpersonen Sätze wie »Der Spatz in der Hand ist besser als die Taube auf dem Dach« vorgelegt wurden. Sie sollten dann jedes Wort in einem solchen Satz als Substantiv oder Nichtsubstantiv klassifizieren, so daß sich für das angeführte Beispiel folgende Reihenfolge ergäbe: »nein, ja, nein, nein, ja, nein, nein, nein, nein, ja, nein, nein, ja«. Bei dieser Aufgabenstellung fiel es den Probanden leichter, die Antworten durch Zeigen zu geben als durch verbale Äußerungen. Der Grund dafür ist evident: Bei Tests, die das optische Vorstellungsvermögen beanspruchen, stellt eine räumlich-visuelle Aufgabe wie das Zeigen eine zusätzliche Belastung des entsprechenden Hilfssystems dar, so daß für die Vorstellungsbilder nur noch ein Teil seiner Kapazität zur Verfügung steht; bei überwiegend sprachlichen Tests wie etwa der Klassifizierung von Substantiven, dem Erinnern von Sätzen oder dem Urteilen auf Grund von Syntaxkenntnissen wirkt sich die gleiche Aufgabe dagegen nicht störend aus.

Unser erstes Experiment[18] hatte eine gewisse Ähnlichkeit mit dem von Brooks, war aber zumindest teilweise von einer mich beunruhigenden persönlichen Erfahrung abgeleitet. Während meines einjährigen Aufenthaltes in den Vereinigten Staaten entwickelte ich ein lebhaftes Interesse am Football und verfolgte einmal ein Spiel im Radio, während ich auf einer kalifornischen Autobahn fuhr. Um den Spielverlauf nachvollziehen zu können, mußte ich mir das Ganze deutlich und in allen Einzelheiten ausmalen, und indem ich dies tat, bemerkte ich, daß ich mit meinem Wagen auf die andere Fahrspur geraten war. Ich wählte rasch ein Musikprogramm, behielt jene Erfahrung aber im Gedächtnis und nahm mir vor, dazu Laborversuche durchzuführen. Für diese benutzte ich dann eine ähnliche Aufgabe wie Brooks, teilweise in Verbindung mit einer zweiten, bei der es darum ging, ähnlich wie beim Lenken eines Autos eine Spur zu halten; genauer gesagt mußten die Probanden versuchen, mit einem Zeigestock einem Lichtpunkt zu folgen, der sich auf einer Kreisbahn bewegte, wobei ihr Erfolg daran gemessen wurde, wie lange sie den Kontakt halten konnten. Es war zu erwarten, daß die letztgenannte Aufgabe sich ebenso störend auf die optischen Vorstellungen auswirken würde wie Brooks' Zeigeaufgabe. Bei einem der Tests ließen wir unsere Probanden die von Brooks entwickelte Aufgabe mit verschiedenen Blockbuchstaben ausführen, das heißt, sie mußten eine obere oder untere Ecke jeweils verbal mit »ja«, andere Ecken mit

»nein« bezeichnen, während sie mit dem Zeigestock dem Lichtpunkt folgten, was ihnen große Schwierigkeiten bereitete. Ein weiterer Versuch bestätigte, daß eine Aufgabe, mit der man das Kurzzeitgedächtnis auf der Basis von Vorstellungsbildern testet, durch das Spurhalten störend beeinflußt wird, eine Aufgabe, die auf sprachlicher Kodierung beruht, jedoch nicht.

Daraus ergab sich die Frage, ob das System der Vorstellungsbilder tatsächlich visueller oder eher allgemein-räumlicher Natur ist. Die Unterscheidung zwischen visuell und räumlich ist durchaus angebracht. Ein von Geburt an blinder Mensch zum Beispiel besitzt auf Grund von Tastsinn und Bewegung dennoch ein räumliches Vorstellungsvermögen. Andererseits kann aber jemand, der die Augen geschlossen hat, an Hand des Lichts, das durch seine Lider dringt, beurteilen, ob er sich im hellen Sonnenschein oder in völliger Dunkelheit aufhält. In diesem Fall würde es sich um eine visuelle Unterscheidung handeln, die unabhängig von räumlichen Informationen getroffen werden könnte.

Bei unserem Experiment bestand die Aufgabe darin, mit Hilfe akustischer Informationen eine Spur zu halten. Dazu verbanden wir unseren Probanden die Augen und setzten sie vor ein schwingendes Pendel, an dessen Ende ein Tongeber angebracht war. Die Testpersonen erhielten eine Taschenlampe und hatten nun die Aufgabe, dem Pendel mit deren Lichtstrahl zu folgen. Wir demonstrierten ihnen, daß das Licht, wenn es dieses Ziel traf, von einer Fotozelle erfaßt wurde und daß sich dadurch der zu hörende Ton veränderte. Folglich mußten die Probanden mit verbundenen Augen eine Aufgabe räumlicher Art bewältigen, denn nur an der Veränderung des Tons konnten sie erkennen, ob der Lichtstrahl auf das Pendel fiel. Nach einigem Üben gelang es jedoch allen, diese an gewisse Gruselromane erinnernde Aufgabe zu meistern. Eine zweite Aufgabe bestand darin, die Helligkeit eines Lichtfeldes zu bewerten und eine Taste zu drücken, wenn ein besonders heller Stimulus dargeboten wurde. Wir untersuchten dann die Wirkung beider Aufgaben auf die Leistung bei einem Test, der optische Vorstellungen erforderte. Das Ergebnis war eindeutig: Die räumliche Pendelaufgabe beeinträchtigte die Leistung bei der Aufgabe mit den Vorstellungsbildern viel stärker als bei einem sprachlichen Gedächtnistest, obwohl – wegen der Augenbinde – keine visuellen Informationen aufgenommen werden konnten. Bei der Helligkeitsbewertungsaufgabe verkehrte sich dieses Resultat ins Gegenteil: Hier wurde der sprachliche Gedächtnistest stärker beeinflußt als die Aufgabe mit den Vorstellungsbildern.[19] Mit anderen Worten, das System der optischen Vorstellungen scheint eher räumlicher als rein visueller Natur zu sein. Inzwischen wurde nachgewiesen, daß Vorstellungsbilder durch nichtvisuelle Aufgaben auch gestört werden können, ohne daß man zu so ungewöhnlichen Mitteln wie unserem Pendelexperiment greifen muß. Eine Störung läßt sich genauso effektiv dadurch bewirken, daß man die Testpersonen auffordert, versteckte Tasten zu drücken. Wenn Sie eine Schreibmaschine oder einen Taschenrechner besitzen, können Sie es selbst ausprobieren, indem Sie das Gerät beispielsweise hinter einem Bücherstapel plazieren und systematisch alle Tasten von links nach rechts und von oben nach unten drükken, während Sie versuchen, die auf Seite 202 f. beschriebene Buchstabenaufgabe auszuführen.

William Phillips und seine Kollegen[20] an der Universität von Stirling (Schottland) haben gezeigt, daß optische Vorstellungen beeinträchtigt werden können, ohne daß die Probanden schwierige räumlich-visuelle Aufgaben ausführen müssen. Es genügt eine Aufgabe, die ihre allgemeine Verarbeitungskapazität stark

in Anspruch nimmt. So behindert zum Beispiel Kopfrechnen das visuelle Vorstellungsvermögen wohl deshalb, weil es hohe Anforderungen an die Leitzentrale des Arbeitsgedächtnisses stellt. Ohne volle Unterstützung durch unsere allgemeine Verarbeitungskapazität funktioniert das System der Vorstellungsbilder nicht mit größtmöglicher Effizienz.

Sämtliche in diesem Abschnitt beschriebenen Experimente bestätigen die These, daß es in unserem Gehirn einen Prozeß oder Mechanismus gibt, der räumliche Informationen abruft und verarbeitet. Wahrscheinlich erfolgt das Abrufen aus dem Langzeitgedächtnis, und das System als solches ist der Leitzentrale untergeordnet. Einige seiner Komponenten scheinen auch bei der räumlichen Wahrnehmung eingesetzt zu werden, so daß zwischen Vorstellungsbildern und Wahrnehmung Interferenz auftreten kann. Wir wissen noch relativ wenig über die neuropsychologische Grundlage des Systems, aber aus einer Reihe von medizinischen Fällen, über die Bisiach und Luzzatti[21], zwei italienische Neuropsychologen, berichteten, ergaben sich interessante Fragestellungen.

Die von Bisiach und Luzzatti untersuchten Patienten hatten alle durch einen Schlaganfall eine Schädigung der rechten Gehirnhälfte erlitten. (Patienten mit geschädigter linker Hemisphäre leiden oft an Sprachstörungen, wodurch die Kommunikation mit ihnen erschwert wird.) Sie zeigten zunächst ausnahmslos eine Tendenz, ihre linke Körperhälfte, die von der beeinträchtigten rechten Hemisphäre gesteuert wurde, zu ignorieren. Im Extremfall wird ein solcher Patient sogar behaupten, eine Hälfte seines Körpers gehöre überhaupt nicht zu ihm, und dem Arzt vorwerfen, er zwinge ihm einen fremden Arm auf. Viel häufiger kommt es allerdings vor, daß die linke Hälfte des Gesichtsfeldes ignoriert wird, obwohl sie nach Aufforderung wahrgenommen werden kann.

*Wie viele Fenster hat Ihr Haus? Die meisten Leute müssen im Geist einen Gang durch das Gebäude machen, um diese Frage beantworten zu können.*

Die Patienten von Bisiach und Luzzatti kamen alle aus der Gegend von Mailand. So bestand eine ihrer Aufgaben darin, sich vorzustellen, sie stünden vor dem Mailänder Dom, und die Szene zu beschreiben. Alle neigten dazu, die rechte Hälfte des Domplatzes sehr detailliert zu beschreiben und die linke auszulassen. Anschließend wurden sie aufgefordert, sich vorzustellen, sie gingen auf die andere Seite des Platzes, und wiederum zu beschreiben, was sie sahen. Diesmal würde also in ihrer Vorstellung der Teil des Platzes, den sie vorher ignoriert hatten, zu ihrer Rechten liegen. Unter diesen Umständen konnten sie die andere Hälfte des Domplatzes in allen Einzelheiten beschreiben, die Szenerie in der linken Hälfte ihres imaginären Gesichtsfeldes aber (die sie vorher so detailliert

dargestellt hatten) wurde praktisch vernachlässigt. Es schien, als ob die Vorstellungsbilder dieser Patienten auf eine Leinwand projiziert würden, deren linke Hälfte beschädigt war. Das Heraufbeschwören und Projizieren von Vorstellungsbildern lief reibungslos ab, doch der Mechanismus zum Ablesen der betreffenden Informationen war defekt. Bisiach hat dieses Phänomen inzwischen bei einer recht großen Zahl von Patienten untersucht. Glücklicherweise tritt es nur vorübergehend auf, das heißt, es verschwindet im Verlauf der allgemeinen Genesung. Das Phänomen der Vernachlässigung visueller Eindrücke könnte – wenn es auch noch relativ unerforscht ist – letztendlich zu interessanten Einsichten in den Prozeß führen, der den optischen Vorstellungen zugrunde liegt.

# Vorstellungsbilder und Langzeitlernen

Zuletzt haben wir uns fast ausschließlich mit der Hervorbringung und kurzzeitigen Verarbeitung von Vorstellungsbildern befaßt. Es war jedoch bereits in mehreren anderen Kapiteln davon die Rede, daß optische Vorstellungen möglicherweise auch eine große Bedeutung für das Langzeitgedächtnis haben. Dafür spricht folgendes: Zunächst einmal besteht ein enger Zusammenhang zwischen der Bildlichkeit eines Wortes und der Leichtigkeit, mit der es erinnert wird. Außerdem spielen Vorstellungsbilder eine wichtige Rolle bei der Mnemotechnik. Gibt es einen Zusammenhang zwischen dem von meinen Kollegen und mir postulierten räumlich-visuellen Hilfssystem und den Vorstellungsbildern im Langzeitgedächtnis?

Wenn dieses Hilfssystem dazu benutzt wird, Wörter, die mit Vorstellungsbildern verknüpft werden können, zu visualisieren und solche Bilder im Rahmen mnemotechnischer Strategien zu handhaben, dann müßte das Verfolgen eines Lichtpunktes beim Lernen beide Vorgänge stören. Falls aber unser räumlich-visuelles Hilfssystem in keinerlei Beziehung zu den Vorstellungsbildern im Langzeitgedächtnis steht, müßte eine visuelle Spurhalteaufgabe die Aufnahme nichtbildlichen Materials genauso stark beeinträchtigen wie die Aufnahme bildlichen Materials, und normales Auswendiglernen würde ebenso gestört wie Lernen, das mnemonische Vorstellungsbilder zu Hilfe nimmt.

Bei einem unserer Experimente versuchten wir die Auswirkung der Bildlichkeit aufzuheben, indem wir testeten, wie gut sich unsere Probanden abstrakte und konkrete Wortpaare einprägen konnten. Als abstrakte Paare benutzten wir Substantiv-Adjektiv-Verbindungen wie

*Ein Blinder liest. Erfahrene Braille-Leser »sehen« die Wörter, die ihre Fingerspitzen ertasten.*

*Stimmung-fröhlich, Idee-originell* oder *Dankbarkeit-unendlich,* als konkrete Paare Verbindungen wie *Erdbeere-reif, Kugel-rund* oder *Tisch-viereckig,* also Verknüpfungen, die bildhafte Assoziationen weckten. Jeweils der Hälfte aller Wortpaare auf der abstrakten und der konkreten Liste konnten unsere Testpersonen ihre volle Aufmerksamkeit widmen; bei der anderen Hälfte mußten sie während des Lernens die bereits erwähnte Spurhalteaufgabe ausführen, das heißt, mit dem Zeigestock einem auf einer Kreisbahn umlaufenden Lichtpunkt folgen. Die Ergebnisse waren eindeutig: Wortverbindungen, welche mit Vorstellungsbildern verknüpft werden konnten (also die konkreten), wurden erwartungsgemäß sehr viel besser erinnert als abstrakte Verbindungen; die Spurhalteaufgabe führte zu einem leichten Leistungsabfall, allerdings in gleichem Maße bei den abstrakten wie bei den konkreten Paaren. Über welchen Mechanismus die Bildlichkeit auch wirkt, er scheint nicht in unmittelbarem Zusammenhang mit dem räumlich-visuellen Hilfssystem zu stehen.

Wie sieht es mit der Verwendung von Vorstellungsbildern im Rahmen der Mnemotechnik aus? Stellen sie Anforderungen an das räumlich-visuelle Hilfssystem, oder sind die Auswirkungen der Bildlichkeit auf das Langzeitgedächtnis als völlig getrennt vom Arbeitsgedächtnis zu betrachten? Um diese Frage zu klären, wählten wir eine Gedächtnisstütze mit einer stark räumlichen Komponente. Unsere Testpersonen mußten sich eine Reihe von Örtlichkeiten einprägen und sich an jeder einzelnen bestimmte Objekte vorstellen.[22] Als Probanden wurden Studenten der Universität von Stirling herangezogen, und als »Teststrecke« verwendeten wir eine Route auf dem Campus mit zehn Stationen. Die Versuchspersonen prägten sich die Strecke ein und sollten sie anschließend dazu benützen, eine Liste von zehn Wörtern

zu erinnern. Angenommen, die erste Station war der Eingang zur Universität, die zweite der Eingang zur Cafeteria und die ersten beiden Objekte vielleicht ein Schwein und ein Fliederbaum, dann sollten sich die Studenten ein Schwein am Eingang zur Universität vorstellen sowie einen Fliederbaum, der den Eingang zur Cafeteria versperrte, und so weiter.

Wieder diente die Verfolgung des Lichtpunktes als Interferenztechnik. Und erneut war das Ergebnis eindeutig: Unter Normalbedingungen wirkte sich die Verwendung der Gedächtnishilfe sehr positiv aus, aber der Vorteil wurde völlig aufgehoben, wenn die räumliche Spurhalteaufgabe hinzukam. Anscheinend hängt die Art der Handhabung von Vorstellungsbildern, welche bei der Anwendung einer Gedächtnishilfe eingesetzt wird, vom räumlich-visuellen Hilfssystem ab. Ganz nebenbei bemerkten wir außerdem, daß unsere Testpersonen dieses System sowohl bei konkreten als auch bei abstrakten Wörtern höchst effektiv einsetzten. Wahrscheinlich brachten sie auch die abstrakten Begriffe mit bildhaften Vorstellungen in Verbindung.

Zum Langzeitgedächtnis steht die Konkretheit eines Wortes jedoch offenbar in einer anderen Beziehung. Erstens scheint sie nicht über das räumlich-visuelle Hilfssystem vermittelt zu werden, und zweitens wird sie nicht dadurch beeinflußt, daß man jemanden dazu anhält, Vorstellungsbilder zu benützen. Wahrscheinlich hat der Unterschied zwischen Abstraktem und Konkretem etwas damit zu tun, wie Wortmerkmale im semantischen Gedächtnis gespeichert werden; das heißt, konkrete Wörter sind wohl leichter zugänglich oder besser zu erkennen als abstrakte. Zur Zeit wissen wir aber noch zu wenig darüber, wie Bedeutung im semantischen Gedächtnis gespeichert wird, um mehr als spekulieren zu können.

# Die Leitzentrale

Bisher sind zwar einige der peripheren Hilfssysteme des Arbeitsgedächtnisses besprochen worden, aber von der doch so wichtigen Leitzentrale war kaum die Rede, was zum Teil daran liegt, daß wir über sie noch weniger Kenntnisse besitzen als über die Hilfssysteme. Die von meinen Kollegen und mir angewandte Strategie besteht darin, aus einem komplexen System einige seiner einfacheren Funktionen herauszugreifen, mit dem Ergebnis, daß zum Schluß ein zentraler Kern übrigbleibt, den wir jedoch nur deshalb als einheitliches System behandeln, weil wir noch nicht wissen, wie wir ihn weiter zerlegen können. Im Moment sind wir genau mit diesem Problem beschäftigt, und ich vermute, daß die Komponente, die wir bisher als Leitzentrale bezeichneten, ihrerseits wiederum mindestens zwei Untersysteme hat, von denen eines für Gedächtnisfunktionen zuständig ist, das andere für die bewußte Aufmerksamkeit. Wahrscheinlich ist das letztgenannte System für die Steuerung sowohl der zentralen Gedächtnisvorgänge als auch der anderen Hilfssysteme verantwortlich. Aber unsere Techniken zur Isolierung von Komponenten eines so komplexen Systems stehen noch am Anfang ihrer Entwicklung, und sicher sind nicht alle Psychologen der Meinung, daß unser Ansatz der fruchtbarste ist.

# 12. Wie man sein Gedächtnis verbessern kann

Wir klagen alle manchmal über unser Gedächtnis. Trotz seiner beeindruckenden Leistungen ist das Gedächtnissystem des Menschen nicht unfehlbar, und wir müssen lernen, mit seinen Unzulänglichkeiten zu leben. Anscheinend wird es gesellschaftlich viel eher akzeptiert, wenn man über Vergeßlichkeit klagt und einen sog. Fauxpas einem »furchtbar schlechten Gedächtnis« zuschreibt, als wenn man ihn auf Dummheit oder mangelndes Taktgefühl zurückführen würde. Aber wie gut kennen wir unser eigenes Gedächtnis? Offensichtlich müssen wir uns daran erinnern können, wie oft wir etwas vergessen, um fähig zu sein, unser Gedächtnis zu beurteilen. Eine der am stärksten von Amnesie betroffenen Patientinnen, die ich je getestet habe, litt am Korsakow-Syndrom, dem Gedächtnisverlust, der durch chronischen Alkoholmißbrauch bedingt ist. Im Verlaufe des Tests wurden ihr Wörterlisten präsentiert, die sie erinnern sollte. Nach jeder Liste zeigte sie sich sehr erstaunt über ihr Unvermögen, die Wörter zu reproduzieren; sie sei auf ihr Gedächtnis so stolz, sagte sie immer wieder. Anscheinend hatte sie vergessen, wie schlecht ihr Gedächtnis war![1]

Eines der Hauptprobleme bei der Beurteilung des eigenen Gedächtnisses besteht darin, daß man es im Grunde genommen mit dem anderer Leute vergleicht. Da wir aber im Normalfall keine echten Anhaltspunkte dafür haben, wie gut oder schlecht das Gedächtnis anderer Leute ist, kann leicht ein verzerrtes Bild unseres eigenen Erinnerungsvermögens entstehen.

## Das Gedächtnis im Alltag

In den letzten Jahren hat die Frage, wie man das Alltagsgedächtnis als Ganzes erfassen kann, zunehmend Interesse gefunden. Es ist ohne Zweifel sehr schwierig, hier zu einer objektiven Bewertung zu gelangen, weil das Gedächtnis bei so vielen Aufgaben zum Einsatz kommt und zudem der Lebensstil des einzelnen berücksichtigt werden muß. Man hat allerdings versucht, das Problem mit Hilfe von Fragebogen anzugehen. Einen von meinen Kollegen John Harris und Alan Sunderland[2] entworfenen Fragebogen finden Sie, in leicht abgewandelter Form, auf Seite 26 f. Versuchen Sie - falls Sie das noch nicht getan haben -, ihn auszufüllen, und tragen Sie Ihre Bewertungszahlen in die dafür vorgesehenen Kästchen ein. Bitten Sie anschließend einen guten Freund oder noch besser je-

*Das Cribbage-Brett dient dazu, den Punktestand festzuhalten. Auch bei zahlreichen anderen Spielen, vom Kegeln bis zum Bridge, werden hierzu äußere Gedächtnishilfen verwendet.*

*Linke Seite: Graffiti - Gedächtnisstütze beim Telefonieren?*

manden, der mit Ihnen zusammenlebt, Ihr Gedächtnis zu beurteilen, indem er denselben Fragebogen benützt. Stimmt Ihre eigene Einschätzung mit der Ihres Freundes oder Angehörigen überein, und wie sieht es im Vergleich zu den von Harris und Sunderland ermittelten Durchschnittswerten aus?

Angenommen, Ihr Urteil weicht von dem der mit Ihnen vertrauten Person ab; wessen Einschätzung ist dann wohl realistischer? Die Antwort auf diese Frage hängt natürlich davon ab, um welchen Bereich es sich gerade handelt. Sie selbst können zum Beispiel viel besser beurteilen, ob es Ihnen schwerfällt, der Handlung eines Theaterstücks oder eines Films zu folgen, als jemand anders, es sei denn, Sie haben mit ihm darüber gesprochen. Andererseits wird es jemandem, der mit Ihnen zusammenlebt, wahrscheinlich nicht verborgen bleiben, wenn Sie Verabredungen versäumen oder Dinge verlegen.

John Harris, Alan Sunderland und ich[3] führten in diesem Zusammenhang vor kurzem mehrere Untersuchungen über die Gedächtnisprobleme von Unfallopfern durch. Dazu wählten wir Patienten aus, die mindestens 24 Stunden lang an posttraumatischer, also durch eine Kopfverletzung verursachter Amnesie gelitten hatten und somit als mittelschwere bis schwere Fälle einzustufen waren. Bei einer Gruppe lag die Verletzung mindestens zwei Jahre zurück; eine zweite Gruppe wurde unmittelbar nach der Entlassung aus dem Krankenhaus getestet. Hinzu kam eine Kontrollgruppe: Sie bestand aus Patienten, die ebenfalls

verunglückt waren, aber keine Kopfwunden, sondern Frakturen der Gliedmaßen davongetragen hatten, so daß bei ihnen eine normale Gedächtnisleistung zu erwarten war. Allen drei Patientengruppen wurden ähnliche Fragen gestellt wie die im Fragebogen auf Seite 26 f. Zusätzlich forderten wir die Probanden auf, eine Woche lang Tagebuch zu führen und dort jeden Abend festzuhalten, ob und wann ihr Gedächtnis sie im Stich gelassen hatte. Diese Tagebücher wurden dann analysiert. Außerdem mußte jeder Patient eine Reihe von Gedächtnistests absolvieren, in denen wir verschiedene Gedächtnisfunktionen (die verbale, visuelle, Langzeit-, Kurzzeit- und semantische Komponente) prüften.

Erwartungsgemäß erzielten die ersten beiden Gruppen bei den Gedächtnistests schlechtere Ergebnisse als die Kontrollgruppe. Aber wie sah es beim Fragebogen aus? Hier führten die ehemals amnestischen Patienten nicht wesentlich mehr Schwierigkeiten im täglichen Leben an als die Patienten mit gebrochenen Gliedmaßen. Wurden jedoch die Angehörigen der am Kopf Verletzten aufgefordert, den Fragebogen aus ihrer Sicht auszufüllen, ergab sich ein anderes Bild. In den Tagebüchern dagegen notierten die Patienten der ersten beiden Gruppen mehr Gedächtnisprobleme als die Kontrollgruppe. Offenbar waren sich die ehemals an Amnesie Leidenden ihrer Schwierigkeiten durchaus bewußt und konnten Tag für Tag darüber berichten, waren aber nicht in der Lage, ein realistisches Urteil abzugeben, das sich auf eine längere Zeitspanne bezog.

## Anforderungen an das Gedächtnis

Die Tatsache, daß man sein Leben sehr unterschiedlich organisieren kann, erschwert es zusätzlich, zu bewerten, wie realistisch Menschen ihr eigenes Ge-

dächtnis einschätzen. Mancher bevorzugt ein wohlgeordnetes und behütetes Dasein, so daß an sein Gedächtnis nur geringe Anforderungen gestellt werden, während ein anderer vielleicht ein sehr aktives Leben führt und starken Belastungen ausgesetzt ist. Bei gleicher Gedächtniskapazität wird die zweite Person sicherlich viel öfter etwas vergessen als die erste. Wir fanden starke Abweichungen zwischen den Ergebnissen objektiver Gedächtnistests und den Aussagen jener Gruppe von Patienten mit Kopfverletzungen, die kurz nach der Entlassung aus dem Krankenhaus befragt wurde. Der Grund dafür ist wahrscheinlich darin zu sehen, daß diese Patienten sich in unterschiedlichen Stadien der Genesung und Wiedereingliederung in das Alltagsleben befanden. Einige von denen, die bei den Gedächtnistests am schlechtesten abschnitten, lebten noch sehr beschützt und wurden von ihren Angehörigen gepflegt und versorgt. Sie mußten sich deshalb selten auf ihr eigenes Gedächtnis verlassen. Andere Patienten – meist hatten diese geringfügigere Verletzungen davongetragen – wagten sich schon wieder hinaus, kehrten zu ihrer Arbeit zurück und setzten sich Situationen aus, in denen die Wahrscheinlichkeit, daß sie etwas vergessen würden, sehr viel größer war.

Auf ähnliche Weise läßt sich wohl die Beobachtung erklären, daß ältere Menschen oft weniger Fälle von Vergeßlichkeit angeben als jüngere: Die ersteren führen gewöhnlich ein stärker strukturiertes und geordneteres Leben. In einer Familie zum Beispiel fungiert die Mutter oft nicht nur als »Gedächtnis« für ihre eigenen Aktivitäten, sondern auch für die ihres Mannes und der Kinder. Um diese Aufgabe erfüllen zu können, muß sie in stärkerem Maße als die übrigen Familienmitglieder auf Gedächtnishilfen wie Notizbücher und Terminkalender zurückgreifen und wird deshalb auch

seltener etwas vergessen. Solche Gewohnheiten werden meistens im Alter beibehalten.

John Harris[4] untersuchte vor einiger Zeit, welche Gedächtnishilfen am häufigsten benützt werden. Er testete je eine Gruppe von Studenten und Hausfrauen. Seinen Fragebogen finden Sie – etwas abgeändert – auf Seite 214f. Vielleicht wollen Sie es selbst versuchen und Ihren Gebrauch von Gedächtnishilfen mit dem von Harris für die Testgruppen ermittelten vergleichen. Die angegebenen Nummern (1.–19.) stehen für die am häufigsten gewählten Kategorien. Harris fand, daß die beiden Gruppen insgesamt einen ähnlichen Gebrauch von Gedächtnishilfen machten, von einigen geringfügigen Unterschieden abgesehen: Die Hausfrauen schienen beispielsweise stärker dazu zu neigen, in Kalender zu schreiben, als die Studenten.

Bei Harris' Untersuchung gab fast jeder Befragte an, Gedächtnishilfen zu benützen; allerdings handelte es sich fast ausschließlich um äußere Hilfen wie Notizbücher, Kalender, Merkzettel und Zeitschaltuhren. Innere Gedächtnishilfen, wie sie bei Gedächtnistrainingskursen empfohlen werden, wurden kaum verwendet. Ich beziehe mich hier auf jene Art von Kursen, die Lorayne und Lukas konzipierten und die das Magazin *Time* als »todsichere Methode, welche Ihnen hilft, nichts mehr zu vergessen« beschreibt. Worauf bauen solche Verfahren auf? Dieses Buch soll zwar keine Anleitung zum Gedächtnistraining sein, aber es scheint mir dennoch angebracht, zumindest einige der populärsten Mnemotechniken vorzustellen, bevor wir auf die allgemeinen Grundprinzipien der Gedächtnisverbesserung zu sprechen kommen.

**Bewertungsskala**

0 = nie benützt
1 = in den letzten sechs Monaten weniger als dreimal benützt
2 = in den letzten vier Wochen weniger als dreimal benützt
3 = in den letzten zwei Wochen weniger als dreimal benützt
4 = in den letzten zwei Wochen drei- bis fünfmal benützt
5 = in den letzten zwei Wochen sechs- bis zehnmal benützt
6 = in den letzten zwei Wochen elfmal oder öfter benützt

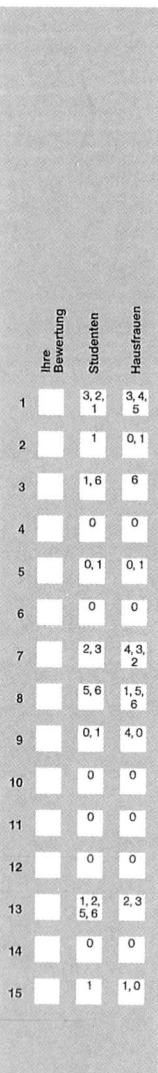

| | Ihre Bewertung | Studenten | Hausfrauen |
|---|---|---|---|
| 1 | | 3, 2, 1 | 3, 4, 5 |
| 2 | | 1 | 0, 1 |
| 3 | | 1, 6 | 6 |
| 4 | | 0 | 0 |
| 5 | | 0, 1 | 0, 1 |
| 6 | | 0 | 0 |
| 7 | | 2, 3 | 4, 3, 2 |
| 8 | | 5, 6 | 1, 5, 6 |
| 9 | | 0, 1 | 4, 0 |
| 10 | | 0 | 0 |
| 11 | | 0 | 0 |
| 12 | | 0 | 0 |
| 13 | | 1, 2, 5, 6 | 2, 3 |
| 14 | | 0 | 0 |
| 15 | | 1 | 1, 0 |

# Wie oft verwenden Sie Gedächtnishilfen?

1. *Einkaufslisten*
2. *Anfangsbuchstaben-Gedächtnishilfen:* Dazu ein Beispiel aus der Musik. Mit Hilfe des Satzes »*F*rische *B*rötchen *e*ssen *As*sessoren *des*halb * g*ern« kann man sich die b-Tonleitern des Quintenzirkels einprägen.
3. *Terminkalender*
4. *Reime:* »333 bei Issos Keilerei« hilft Schülern, sich das Jahr zu merken, in dem Alexander der Große die Perser besiegte.
5. *Die Plazierungsmethode:* Gegenstände, an die man sich erinnern will, stellt man sich an vertrauten Orten vor. Im Bedarfsfall »schaut« man im Geist an diesen Stellen nach.
6. *Auf die Hand schreiben* (oder auf andere Körperteile, aber auch auf Kleidungsstücke)
7. *Die Geschichtenmethode:* Man erfindet eine Geschichte, in der die Objekte, die erinnert werden sollen, in der richtigen Reihenfolge vorkommen.
8. *Zurückverfolgen einer Reihe von Ereignissen oder Handlungen:* Dies hilft einem, sich daran zu erinnern, wo man etwas liegengelassen hat oder wann etwas Wichtiges passiert ist.
9. *Wecker* (oder andere Geräte mit Alarmsignal): nur zum Aufwachen
10. *Zeitschaltuhr mit Alarmsignal:* nur beim Kochen
11. *Wecker* (oder andere Geräte mit Alarmsignal wie Armbanduhren, Radios, Zeitschaltuhren, Telefon, Taschenrechner): für andere Zwecke als zum Aufwachen oder beim Kochen
12. *Die Ankerwortmethode:* »eins = Heinz, zwei = Geweih, drei = Brei« und so weiter; nützlich, wenn man sich Listen von Objekten in der richtigen Reihenfolge einprägen muß (s. S. 46 f.).
13. *Zahlen in Buchstaben »übersetzen«:* etwa zum Einprägen von Telefonnummern
14. *Schriftliche Gedächtnisstützen:* zum Beispiel Notizen oder Listen mit Dingen, die noch erledigt werden müssen
15. *Assoziationen zwischen Gesichtern und Namen:* Man wandelt Namen in sinnvolle Wörter um und verknüpft sie mit einem auffallenden Merkmal im Gesicht der betreffenden Person. So könnte man sich etwa vorstellen, daß dem rotbärtigen Herrn Hiegl Hügel aus dem Bart wachsen.

16. *Alphabetisches Suchen:* Man geht das Alphabet Buchstabe für Buchstabe durch, bis man den Anfangsbuchstaben eines Namens gefunden hat. »Womit könnte der Name denn anfangen? A...B...C...D, ach ja, D! D wie Detlef.«

17. *Terminkalender verschiedenster Art, Wandtafeln, Pinnwände und so weiter*

18. *Andere Leute bitten, einen an etwas zu erinnern*

19. *Gegenstände an ungewöhnlichen Stellen aufbewahren:* Das Ungewöhnliche wirkt als Wiedererinnerungsreiz.

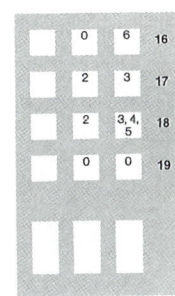

|  |  |  |
|---|---|---|
| 0 | 6 | 16 |
| 2 | 3 | 17 |
| 2 | 3, 4, 5 | 18 |
| 0 | 0 | 19 |

**Gesamt**

*Terminkalender zu benützen ist eine gute Methode, um das Gedächtnis zu entlasten. Ältere Menschen geben wohl zum Teil deshalb an, weniger zu vergessen, weil sie häufiger solche Gedächtnishilfen verwenden.*

## Optische Vorstellungen als Gedächtnishilfen

Spätestens seit der Antike werden Gedächtnishilfen verwendet, die auf visuellen Vorstellungen beruhen. Laut Cicero (der im 1. Jahrhundert v. Chr. lebte) wurde die erste Gedächtnishilfe dieser Art um das Jahr 500 v. Chr. von dem griechischen Dichter Simonides entwickelt; und zwar soll es sich folgendermaßen zugetragen haben: Ein Grieche, der bei den Olympischen Spielen im Ringen gesiegt hatte, veranstaltete zur Feier dieses Ereignisses ein Festmahl, zu dem auch Simonides geladen war, um zu Ehren des siegreichen Gastgebers eine Rede zu halten. Kurz nachdem er seine Lobrede beendet hatte, wurde Simonides weggerufen – zu seinem Glück! Denn unmittelbar nach seinem Weggang brach der Boden des Festsaals ein, und alle Gäste kamen ums Leben. Viele der Toten waren so verstümmelt, daß ihre Angehörigen sie nicht identifizieren konnten. Wie sollten sie da ein würdiges Begräbnis erhalten? Das Problem wurde dadurch gelöst, daß Simonides sich genau daran erinnern konnte, wo sich die einzelnen Gäste gerade aufgehalten hatten, als er wegging. So konnte er die Leichen identifizieren. Dies gab ihm zu denken: Wenn sein optisches Gedächtnis so gut war, konnte es ihm dann nicht auch helfen, anderes Material zu erinnern? Daraufhin entwickelte er folgende Technik: Er malte sich einen Raum in allen Einzelheiten aus und stellte sich dann verschiedene Gegenstände an markanten Punkten jenes Raumes vor. Immer wenn er die Gegenstände parat haben mußte, schaute er im Geist an den entsprechenden Stellen nach. Zahlreiche Redner der Antike – unter ihnen Cicero – übernahmen diese Technik, und sie ist noch heute in Gebrauch. Zum Beispiel benützte

sie der russische Gedächtniskünstler Schereschewski (s. S. 47 ff.). Wenn Sie es ernsthaft versuchen, werden auch Sie feststellen, daß sie sich ganz einfach und sehr effektiv anwenden läßt.

Wählen Sie zunächst zehn Stellen in Ihrer Wohnung aus, die so angeordnet sein sollten, daß sich eine natürliche Reihenfolge ergibt, etwa indem Sie sich vorstellen, vom Eingang über den Flur in die Küche zu gehen, von dort ins Schlafzimmer und so weiter. Es darf Ihnen keine Schwierigkeiten bereiten, der durch die zehn Stellen vorgegebenen Route zu folgen. Denken Sie dann an zehn Gegenstände und plazieren Sie sie im Geist an den gewählten Stellen. Wäre der erste Gegenstand beispielsweise eine Pfeife, so könnten Sie sich vielleicht vorstellen, sie rage aus Ihrem Briefkasten an der Wohnungstür, und dicke Rauchwolken hingen über der Straße. Wäre der zweite ein Kohlkopf, könnten Sie sich vorstellen, ein riesiger Kohlkopf versperre Ihren Flur et cetera. Versuchen Sie nun, an denselben zehn Stellen ähnlich eingängige Bilder mit den unten aufgeführten Gegenständen beziehungsweise Tieren und Pflanzen zu verknüpfen.

Ich habe diese spezielle Gedächtnishilfe schon oft mit Studenten ausprobiert, und sie funktioniert fast immer ausgezeichnet. Im allgemeinen ist es zwar einfacher, konkrete Wörter zu benützen, wie etwa Bezeichnungen für Ge-

*Hemd*
*Adler*
*Büroklammer*
*Rose*
*Kamera*
*Pilz*
*Krokodil*
*Taschentuch*
*Wurst*
*Hamster*

genstände, aber die Methode eignet sich auch für abstrakte Begriffe wie »Wahrheit« oder »Hoffnung«, sofern es einem gelingt, diese mit einem geeigneten Bild in Verbindung zu bringen. Die Verwendung von Vorstellungsbildern kann aber entweder durch sehr schnelles Präsentieren des Materials oder durch eine räumliche Interferenzaufgabe verhindert werden (s. Kap. 11). Sie sollten jene Technik also nicht beim Autofahren anwenden! Man kann dieselbe Folge von Stellen immer wieder benützen, solange nur das jeweils letzte Objekt an jedem der einzelnen Orte erinnert werden soll; das Erinnern früher dort plazierter Objekte unterliegt dem üblichen Interferenzeffekt, es sei denn, man verbindet sie gedanklich zu einer zusammenhangenden Kette. Zweifellos ist es auch möglich, Methoden zu entwickeln, die mehr als zehn Stellen umfassen, was sicherlich auf die Mnemotechniken der Antike und die komplizierten und etwas mystischen Verfahren des Mittelalters zutrifft. Doch versuchen Sie jetzt einmal, die zehn Objekte zu reproduzieren, die in dem Kasten aufgelistet waren. Nicht nachsehen! Verlassen Sie sich ganz auf die Vorstellungsbilder, die Sie im Zusammenhang

mit verschiedenen Stellen Ihrer Wohnung oder ihres Büros entworfen haben. Es gibt offenkundige Übereinstimmungen zwischen der Plazierungsmethode und der auf Seite 46 f. näher beschriebenen Ankerwortmethode. Der Hauptunterschied besteht darin, daß die letztere statt Stellen Zahlen verwendet und mit Hilfe von Reimen einen Zusammenhang zwischen Zahlen und Vorstellungsbildern herstellt: »eins = Heinz, zwei = Geweih« und so weiter. Zwischen diesen beiden Verfahren ist ein drittes anzusiedeln, das im 17. Jahrhundert von Henry Herdson in Cambridge entwickelt wurde.[5] Dabei wird eine Reihe von Gegenständen visualisiert, die von ihrer Form her Zahlen ähneln. So könnte etwa die Zahl Eins durch eine Kerze oder einen Turm dargestellt werden, die Zwei durch einen Schwan, die Drei durch einen Dreizack et cetera. Den ersten zu erinnernden Gegenstand würde man dann mit der Kerze in Verbindung bringen, den zweiten mit einem Schwan und so fort. In verfeinerter Form und mit einer Stellenmerkhilfe kombiniert wurde diese Technik von Gregor von Feinaigle[6], einem Gedächtniskünstler des späten 18. Jahrhunderts, verwendet.

## Verbale Gedächtnishilfen

Während die Gedächnishilfen der Antike noch hauptsächlich auf optischen Vorstellungen aufbauten, war dies später nicht mehr der Fall. So entwickelte zum Beispiel Peter Ramus[7] im 16. Jahrhundert eine Methode, bei der Informationen in Form eines hierarchischen Baumes so dargestellt wurden, daß sich abstrakte Konzepte in zunehmend konkretere Einzeldaten verzweigten. Befürworter des Ramusschen Verfahrens führten als seinen Vorteil an, daß sich der Benützer nicht zusätzlich so viele irrelevante Informationen einprägen müsse

wie bei der Plazierungs- oder Ankerwortmethode. Die Puritaner, also die sittenstrengen englischen Protestanten jener Zeit, bevorzugten verbale Mnemotechniken allerdings noch aus einem anderen Grund: Nach ihrer Auffassung waren Vorstellungsbilder sündhaft und konnten leicht »niedrige Fleischeslust« wecken.
Verbale Gedächtnishilfen fügten sich später auch gut in das viktorianische Erziehungsprinzip des Auswendiglernens ein, nach dem sich die unglücklichen Schüler Unmengen von Fakten, wie etwa

| 1 | 2 | 3 | 4 | 5 | 6 | 7 | 8 | 9 | 0 | 00 |
|---|---|---|---|---|---|---|---|---|---|----|
| B | D | G | J | L | M | P | R | T | W | St |
| C | F | H | K |   | N | Q |   | V | X |    |
|   |   |   | S |   |   | Z |   |   |   |    |

die Jahreszahlen der Thronbesteigung der verschiedenen Könige und Königinnen, einprägen mußten. Der Reverend Brayshaw, ein Schulleiter aus Yorkshire, veröffentlichte 1849 ein Buch mit dem Titel *Metrical Mnemonics (Gereimte Gedächtnishilfen).* Es enthielt eine Auswahl von Versen, in die mehr als 2000 Daten und andere wichtige Zahlen aus Physik, Astronomie, Geschichte und Geographie eingebaut waren.

Brayshaws Gedächtnishilfen lag eine Methode zugrunde, die mindestens seit dem 17. Jahrhundert in Gebrauch war. Dabei wurden Zahlen durch Konsonanten ersetzt, aus denen man dann Wörter bildete. Brayshaws Kode ist im obigen Kasten wiedergegeben.

Um eine Zahlenfolge in ein Wort zu verwandeln, wählt man für jede Ziffer einfach einen der entsprechenden Konsonanten und fügt die nötigen Vokale

Rame tuis Gallis es, quod Latio fuit olim.
Romani princeps Tullius eloquij.

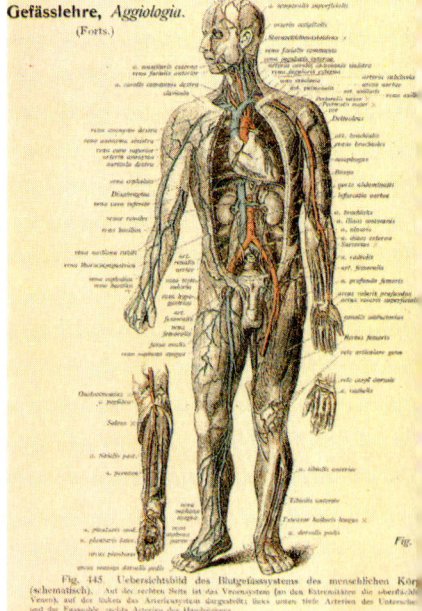

Fig. 445. Uebersichtsbild des Blutgefässsystems des menschlichen Körpers (schematisch).

*Friedhöfe - Stätten des Erinnerns.*

ein. So könnte man etwa zur Kodierung der Zahl 1618, des Jahres, in dem der Dreißigjährige Krieg ausbrach, die Konsonanten *BMBR* verwenden und daraus das Wort *BoMBeR* bilden. Da Brayshaws Daten alle nach dem Jahr 1000 n.Chr. lagen, ließ er die 1000 Jahre gewöhnlich weg. Der folgende Vers enthält Jahreszahlen, die mit verschiedenen Königen in Zusammenhang stehen:

*By* MeN, *near Hastings, William gains the crown.* – 1066
*A* RaP *in Forest New brings Rufus down.* – 1087
*Gaul's* CoaSt *first Henry hates, whose son is drowned.* – 1100
*Like* BeaGLe *Stephen fights with Maud renoun'd.* – 1135

Die Information, auf die es ankommt, steckt meistens im zweiten Wort einer Zeile, und die Zeile wird vervollständigt durch den Namen des Königs und ein einprägsames Ereignis. Glücklicherweise steht das Auswendiglernen von Jahreszahlen heute nicht mehr im Mittelpunkt des Geschichtsunterrichts. Aber man kann die Methode auch recht gut dazu benützen, sich Telefonnummern oder Postleitzahlen zu merken. Wenn es Ihnen schwerfällt, diese Art von Material zu behalten, könnte es durchaus lohnend sein, sich Brayshaws Kode einzuprägen und das Verfahren eine Zeitlang auszuprobieren; vielleicht hilft es.

Gedächtnishilfen sind noch in vielen anderen Bereichen nützlich und weit verbreitet. Nehmen wir zum Beispiel die Spektralfarben. Aus ihren Anfangsbuchstaben kann man eine ganze Reihe von Eselsbrücken bilden, von dem einfachen Akronym *ROGGBIV* (*R*ot, *O*range, *G*elb, *G*rün, *B*lau, *I*ndigo, *V*iolett) bis hin zu Merksprüchen wie »*R*itter *O*hne *G*lück *G*eraten *B*ald *I*n *V*ergessenheit«. Medizinstudenten müssen mitunter noch ebensoviel auswendig lernen wie Brayshaws Schüler (besonders im Bereich der Anatomie) und kaufen deshalb immer noch Bücher mit Gedächtnisstützen. Folgender Spruch hilft, die Hauptäste der Arteria Carotis externa (äußere Kopfschlagader) zu erinnern: *T*heo *L*ing*en* *fa*briziert *pha*ntastisch *s*chmekkende *O*chsenschwanzsuppe *au*s *t*oten

Mäusen. (A. *thy*reoidea superior, A. *lin*-gualis, A. *fa*cialis, A. *pha*ryngea ascen-dens, A. *s*ternocleidomastoidea, A. *o*cci-pitalis, A. *au*ricularis posterior, A. *tem*-poralis superficialis, A. *m*axillaris.) Man geht davon aus, daß man die einzelnen Bezeichnungen gespeichert hat, sie aber nicht zuverlässig oder nicht in der richti-gen Reihenfolge abrufen kann. Einen so originellen Merkspruch, bei dem die An-fangs- oder sogar mehrere Buchstaben als Abrufreize dienen, kann man sich leicht einprägen.

Eine in England sehr bekannte Ge-dächtnisstütze anderer Art, auf die ich nie verzichten konnte, hilft einem, die Anzahl der Tage jedes Monats zu erin-nern. Sie beginnt mit: »Dreißig Tage ha-ben September, April, Juni und Novem-ber, alle anderen einunddreißig...«, und dann fällt mir nie ein, wie es weitergeht, aber es hat etwas mit »Februar« und »Schaltjahr« zu tun.

Das Problem, wie man sich die Anzahl der Tage jedes Monats merken kann und welche Techniken verschiedene Kultu-ren dazu entwickelt haben, wird in einem ausgezeichneten Aufsatz von Hunter[8] behandelt. Danach gibt es in Italien, Frankreich und den Niederlanden ähnli-che Verse wie in England. Die Menschen

in Griechenland, Finnland, der Sowjet-union, China, Tibet und den meisten südamerikanischen Ländern benützen dagegen die Knöchel-Abzähl-Methode: Man schließt eine Hand zur Faust und zählt die Monate an den Knöcheln be-ziehungsweise den Vertiefungen dazwi-schen ab; Knöchel entsprechen langen, Vertiefungen kurzen Monaten, wobei man beim August wieder von vorn be-ginnt.

Aber es gibt auch noch ganz andere Möglichkeiten. Im iranischen Kalender beispielsweise haben die ersten sechs Monate des Jahres jeweils 31 Tage, die nächsten fünf jeweils 30, und der letzte hat 29 Tage, außer in Schaltjahren. In Thailand, das einen ähnlichen Kalender besitzt wie wir, ist die Länge eines Mo-nats an seiner Endsilbe erkennbar. Mo-nate mit 31 Tagen enden auf -*om* (Januar heißt *Magarakom*, März *Minakom* und so weiter), Monate mit 30 Tagen auf -*on* (September heißt *Kanyayon*, November *Prusjikayon* et cetera), und Februar hat die besondere Endung -*an: Kumpapan*. Kurz, in vielen Kulturen wird es als nicht ganz einfach empfunden, sich die Länge der Monate zu merken, und man ver-wendet deshalb (zumeist verbale) Ge-dächtnishilfen.

## Rituelle und mündliche Überlieferung

In den modernen westlichen Gesell-schaften werden Mnemotechniken zwar als nützlich empfunden, aber im großen und ganzen spielen sie doch eher eine untergeordnete Rolle. Und zwar aus ei-nem einfachen Grund: Wichtige Infor-mationen werden normalerweise schrift-lich oder gar auf Film oder Magnetband festgehalten. In Gesellschaften dagegen, die keine Schriftzeichen kennen, hängt die Überlieferung in starkem Maße vom menschlichen Gedächtnis ab, und es ist von großer Bedeutung, Möglichkeiten

zur Bewahrung und Weitergabe alter Traditionen zu entwickeln. Dies kann unter anderem in Form von Ritualen ge-schehen. Hunter beschreibt die rituelle Herstellung eines traditionellen japani-schen Schwertes, das zu zeremoniellen Zwecken verwendet wird. Bei dem kom-plizierten Verfahren wird jeder Schritt als ritueller Akt vollzogen. Religiöse Ri-tuale haben oft einen ähnlichen Sinn: Sie rufen den Beteiligten bestimmte Aspekte ihres Glaubens in Erinnerung. Als Bei-spiel soll ein Ausschnitt aus einem Artikel von Paul Levy dienen (am 19. April 1981 im *Observer* veröffentlicht). Er beschreibt das jüdische Passahfest:

»Der Tisch (und die Bühne für die Nacherzählung der Passahgeschichte) ist mit drei *Matzen* gedeckt, die nicht nur das ungesäuerte Brot verkörpern, das die Israeliten auf ihrer Wanderung aßen, sondern auch die Armut, unter der sie in Ägypten ebenso wie in der Wüste litten. Eine gebratene Lammkeule auf dem Tisch soll an das Passahopfer erinnern, das in früheren Zeiten jede Familie im Tempel darbrachte. Gekochte Eier symbolisieren das Festopfer, das stets noch zum Passahlamm hinzukam.

Man ißt bittere Kräuter, meist Meerrettich, um die Teilnehmer des *Seder* daran zu erinnern, daß das Leben der Sklaven in Ägypten bitter war. *Charosset,* eine Mischung aus Nüssen, Äpfeln, süßem Wein und Gewürzen, verkörpert den Mörtel, den die jüdischen Zwangsarbeiter beim Bau der ägyptischen Vorratshäuser verwendeten.

Man ißt grüne Kräuter wie Petersilie und Kresse zur Symbolisierung des Frühlings und der Erneuerung des Lebens, taucht sie aber in Salzwasser zum Gedenken an die Tränen der versklavten Hebräer.

Das Beste an der Feier sind die obligatorischen vier Gläser Wein, von denen sogar die jüngsten Teilnehmer einen Schluck nehmen. Ein zusätzliches Gedeck wird für den Propheten Elias aufgelegt, von dem man glaubt, daß er während des Seder jedes jüdische Haus besucht. Auch ihm wird ein Glas Wein eingeschenkt.

Der Wein soll nicht nur zur guten Stimmung beitragen, sondern er hat auch eine symbolische Funktion. An einer Stelle der Zeremonie werden zehn Tropfen Wein ausgegossen, die die zehn Plagen darstellen sollen, mit denen Gott die Ägypter strafte, bevor sie Moses erlaubten, die Kinder Israels aus Ägypten

zu führen. Ich kann mich noch genau daran erinnern, welche Schadenfreude sich auf dem Gesicht meines Großvaters abzeichnete, als er die Zeremonie leitete und die Heimsuchung der Ägypter durch Heuschrecken und Geschwüre symbolisch nachvollzog. Es war kurz nach dem Krieg, und sogar die Kinder wußten, daß die Ägypter, an die er dachte, die Deutschen waren.«

Gesellschaften, die keine Schrift entwickelt haben, sind auf mündliche Überlieferung angewiesen und bauen wichtige Informationen oft in Verse oder Lieder ein, die von Generation zu Generation weitergegeben werden. Oft sind auch einzelne Personen für die Bewahrung solcher Informationen verantwortlich. Bei den Ruanda in Zentralafrika etwa gibt es vier derartige Experten:[9] Der erste *(Abacurabwenge)* erinnert die Reihe der Könige und Königinnen, der zweite *(Abateekerezi)* die wichtigsten Ereignisse während der Regierungszeit der jeweiligen Monarchen, der dritte *(Abasizi)* preist die Taten und Eigenschaften der Könige, und der vierte *(Abiiru)* bewahrt die Geheimnisse der Dynastie.

Diese Art von Informationen ist sehr wichtig für die betreffende Gesellschaft, und es gibt Hinweise darauf, daß sich mit der Gesellschaft auch ihre überlieferten Legenden ändern. Goody und Watt[10] führen ein gutes Beispiel dafür an: Der Staat Gonja im Norden des heutigen Ghana wurde von mehreren Häuptlingen regiert, die sich dem Brauch nach in der Regierung des gesamten Territoriums abwechselten. Diese Praxis war in einer Legende festgelegt, der zufolge der Staatsgründer sieben Söhne hatte. Er wies jedem seiner Söhne ein Gebiet zu und befahl ihnen, abwechselnd den Staat zu regieren. Die Legende wurde um die Jahrhundertwende zum erstenmal tradiert. Aber seit jener Zeit ist die Zahl der Territorien von sieben auf fünf reduziert worden; nun heißt es, der Staatsgründer habe fünf Söhne gehabt.

In Gemeinschaften mit überwiegend mündlicher Überlieferung wird das Gedächtnis oft durch Rhythmus und Musik unterstützt. Trommelklänge dienen in großen Teilen Afrikas als Gedächtnishilfen. In vielen afrikanischen Sprachen ist die Tonhöhe ein wichtiges Merkmal, so daß zahlreiche Informationen an Hand tung etwas anders. Verschiedene Stilmittel ermöglichen es ihm, sein Thema mit dem geeigneten Rhythmus zu verknüpfen. So war es beispielsweise zu Homers Zeiten üblich, ein Schiff als ebenmäßig, abgerundet oder dunkel zu bezeichnen, aber die Wahl des Adjektivs hing jeweils davon ab, ob das Versmaß zwei, zweieinhalb oder zweidreiviertel metrische Einheiten erforderte.

*Haben Sie auch schon einmal vergessen, wo Sie Ihr Auto geparkt hatten? Das passiert ganz schnell; Sie brauchen nur in Gedanken woanders zu sein.*

festgelegter Rhythmen und Töne weitergegeben werden können. Hunter diskutiert den Einsatz von Gesang und epischer Dichtung zur Bewahrung mündlich überlieferter Bräuche recht ausführlich. Er unterstreicht jedoch, daß der Sänger oder Dichter sich nicht allein auf Auswendiglernen verläßt; seine Kunst ist viel höher entwickelt. Jedesmal wenn er eine Geschichte oder Legende erzählt, erfindet er sie innerhalb eines vorgegebenen Rahmens neu. (Ähnliches gilt für den spanischen Flamenco und den Jazz.) Der Erzähler geht von einer Reihe stark schematisierter Charaktere und Ereignisse sowie von spezifischen Rhythmen aus und kombiniert sie bei jeder Darbie-

Um die in dem Fragebogen auf Seite 214 f. aufgelisteten äußeren Gedächtnishilfen benützen zu können, muß man in den meisten Fällen entweder lesen und schreiben können (Notizblöcke, Terminkalender und so weiter) oder im Besitz technischer Geräte sein (Wecker, Zeitschaltuhren et cetera). Aber es gibt noch viele andere Möglichkeiten. Die Inkas[11] verwendeten geknotete Schnüre *(Quipu)* als Gedächtnishilfen, und ich selbst greife oft auf die verwandte, aber einfachere Methode zurück, einen Knoten in mein Taschentuch zu binden. Die australischen Eingeborenen[12] benützten gekerbte Stöcke zur Unterstützung des Gedächtnisses beim Übermit-

*Diese Seite aus der Jubiläumsausgabe der London Illustrated News aus dem Jahre 1897 erinnert an das sechzigjährige Bestehen der parlamentarischen Regierungsform in Großbritannien.*

teln von Botschaften. Obwohl sie in kleinen nomadischen Gruppen lebten, hing ihre soziale und kulturelle Identität zu einem großen Teil von gelegentlich stattfindenden Zeremonien ab, an denen mehrere Stämme teilnahmen. Die Stammesältesten beschlossen, wann eine Ze-

remonie abgehalten wurde, und bestimmten, welche Gruppen und Gruppenmitglieder dazu eingeladen werden sollten. Die Einladung selbst wurde von einem der jüngeren Männer überbracht, der dazu einen Botenstock mit sich trug. Er schaute zu, wie der Anführer der

Gruppe den Stock einkerbte, wobei eine kleine Kerbe an einem Ende den Absender und große Kerben jeweils eine Stammesgruppe bezeichneten, die man einladen wollte. Wenn die Einladung für alle Gruppenmitglieder galt, wurde der Stock von einem Ende zum anderen eingeritzt; sollten nur einige kommen dürfen, zeigte dies eine kurze Kerbe an; wollte man von einer Stammesgruppe aber nur sehr wenige einladen, wurde für jeden einzelnen eine Kerbe in den Stock eingeritzt, und der Bote mußte sich ihre Namen merken.

Wenn der Anführer die Botschaft vollständig auf dem Stock eingekerbt hatte, reichte er ihn jenem Stammesältesten weiter, der direkt neben ihm saß. Dieser besah sich die Nachricht und fügte noch Anweisungen hinzu, bevor er den Stock an die anderen Ältesten weitergab. Der Bote trug das Holz dann zu den eingeladenen Gruppen und überbrachte die Nachricht an Hand der Markierungen. Die Kerben stellten übrigens keine Schriftzeichen dar, da der Bote nicht in der Lage gewesen wäre, Nachrichten zu »lesen«, die er nicht gehört hatte. Vielmehr waren sie Wiedererinnerungsreize für eine mündliche Information.

## Unterschiedliche Gedächtnisprobleme

In Gesellschaften, in denen nur wenige Menschen lesen und schreiben können, spielt das Gedächtnis eine wesentliche Rolle, und die Fähigkeit, große Informationsmengen detailliert zu speichern, wird zu Recht hoch bewertet. Doch in Gesellschaften wie den unsrigen hat man es nicht nötig, sich ganz und gar auf sein Gedächtnis zu verlassen, ja, es wäre in manchen Fällen nicht einmal vernünftig, dies zu tun. Deshalb führen Ausschüsse Protokolle, Firmen lassen Geschäftsberichte schreiben, und Anwälte halten Abmachungen schriftlich fest, um Vorsorge zu treffen gegen die Verzerrungen und Auslassungen, zu denen das menschliche Gedächtnis manchmal neigt. Ich muß gestehen, daß ich beim Einkaufen die einzelnen Artikel schon aufschreibe, wenn es mehr als drei oder vier werden. Es ist einfach bequemer; genauso, wie es bequemer ist, einen Terminkalender zu führen und dadurch von der Unsicherheit befreit zu sein, ob man sich heute oder morgen mit jemandem treffen wollte. Es gibt jedoch Situationen, in denen so naheliegende Gedächtnishilfen wie Terminkalender und Einkaufszettel nicht angebracht sind.

Jeder hat andere Gedächtnisprobleme. Deshalb muß auch für jeden eine andere Lösung gefunden werden. Es führt kein Weg daran vorbei, sich mit jedem Problem ganz individuell auseinanderzusetzen und dabei möglichst viel gesunden Menschenverstand und Einfallsreichtum einzusetzen. Wenn es auch keine einfachen Regeln zur Gedächtnisverbesserung gibt, so lassen sich doch ein paar allgemeine Prinzipien anführen, die Ihnen helfen können, das Beste aus Ihrem Gedächtnis zu machen.

## Hilfe zur Selbsthilfe

Wie in den vorangegangenen Kapiteln hoffentlich deutlich wurde, ist das menschliche Gedächtnis ein bemerkenswert effektives Speicher- und Abrufsystem. Dennoch läßt es uns manchmal im Stich, besonders wenn wir älter werden.

Unsere Vergeßlichkeit betrifft oft recht triviale Dinge und richtet keinen großen Schaden an, so etwa, wenn wir jemandem von einem Erlebnis erzählen wollen, an dem ein gemeinsamer Freund beteiligt war, und dessen Name fällt uns nicht ein. In anderen Fällen hat die Vergeßlichkeit jedoch unter Umständen schlimmere Folgen: Eine versäumte Verabredung kann eine wichtige berufliche Beziehung beeinträchtigen oder einen Vertragsabschluß gefährden. Wenn Sie Student sind, müssen Sie sich Prüfungsstoff einprägen, und falls Sie eine Tätigkeit ausüben, bei der Sie viel mit Menschen zu tun haben, sollten Sie sich Gesichter und Namen merken können. Einerseits muß zwar gesagt werden, daß sich unser Gedächtnis insofern nicht ändern läßt, als es keine Möglichkeit gibt, es auf neurologischer Basis systematisch zu verbessern. Im Alter wird unser Gehirn unweigerlich etwas kleiner, und die Gehirnzellen büßen an Effizienz ein. Es wäre unrealistisch, anzunehmen, daß in absehbarer Zukunft alternde oder abgestorbene Gehirnzellen durch irgendeine Technik ersetzt werden könnten. Andererseits gibt es aber mehrere Möglichkeiten, das vorhandene System effektiver zu nützen.

Zunächst einmal müssen wir akzeptieren, daß das Gedächtnis kein Organ wie Herz oder Lunge ist, dessen Leistung mit einfachem »Fitneßtraining« gesteigert werden kann. In diesem Irrtum befanden sich Erzieher des 19. Jahrhunderts recht häufig, und insgeheim glauben auch heute noch viele Leute daran. So versuchen beispielsweise manche Sprachtherapeuten, Patienten mit Gedächtnisproblemen dadurch zu helfen, daß sie sie eine Wiedererinnerungsaufgabe üben lassen. Dabei wird dem Patienten in der Regel ein Tablett voller Gegenstände gezeigt, von denen er so viele wie möglich nennen soll, nachdem sie abgedeckt worden sind. Das ist gut gemeint, aber die Wahrscheinlichkeit,

daß es dem Patienten hilft, ist sehr gering.

Ian Hunter, dessen hervorragendes Buch *Memory* zwei sehr nützliche Kapitel über die Möglichkeiten der Gedächtnisverbesserung enthält, zitiert ein Experiment, das W. G. Sleight 1911 durchführte[13]: 84 zwölfjährige Schülerinnen wurden in bezug auf ihre Fähigkeit getestet, geschichtliche Daten, Listen sinnloser Silben, Gedichte, Textpassagen, Namenslisten, die Lage von Städten und Flüssen auf der Landkarte, eine Anordnung von Formen und eine Buchstabenfolge zu erinnern. Anschließend wurden die Mädchen in vier Gruppen aufgeteilt, von denen drei pro Tag eine halbe Stunde Gedächtnistraining absolvierten; bei vier Tagen in der Woche ergab das über sechs Wochen hinweg eine Gesamttrainingszeit von zwölf Stunden. Eine Gruppe lernte Gedichte auswendig, die zweite prägte sich quantitative Fakten wie naturwissenschaftliche Formeln oder geographische Entfernungen ein, während der dritten Gruppe Prosapassagen über geographische, historische und naturwissenschaftliche Themen vorgelegt wurden, deren Inhalt die Mädchen aus dem Gedächtnis wiedergeben sollten. Die vierte Gruppe fungierte als Kontrollgruppe und übte nicht. Nach Ablauf der sechs Wochen wurden alle vier Gruppen mit ähnlichem Material getestet wie am Anfang des Experiments. Die Ergebnisse waren eindeutig: Die Kontrollgruppe, die kein Gedächtnistraining absolviert hatte, zeigte genauso gute Leistungen wie die anderen drei Gruppen, deren Training somit zu keiner Leistungssteigerung geführt hatte.

Ähnlich negative Ergebnisse wurden auch bei anderen Experimenten erzielt. Eines der interessantesten führte vor einigen Jahren Daniel Wagner[14] durch. Er prüfte die Gedächtniskapazität marokkanischer Koranschüler, die in einer ländlichen Gegend lebten. Obwohl ihre Ausbildung größtenteils im Auswendig-

*Die beste Möglichkeit, zu vermeiden, daß man vergißt, wo man etwas hingelegt hat, besteht darin, es immer am selben Ort aufzubewahren. Diese junge Dame hat das Problem von Speicherung und Wiedererinnern auf originelle Weise gelöst.*

lernen – nämlich von Koranversen – bestand, zeigten sie bei Gedächtnistests, in denen anderes Material verwendet wurde, im Vergleich zu weiteren Marokkanern und zu amerikanischen Studenten relativ schlechte Leistungen. Außerdem machten sie nur wenig Gebrauch von Gedächtnishilfen.

Als Gegensatz hierzu zitiert Hunter ein im Jahre 1927 von Woodrow vorgenommenes Experiment, an dem 182 Studenten beteiligt waren. Bei einem Anfangstest mußten sie Lyrik und Prosa reproduzieren, die englische Bedeutung türkischer Wörter lernen, sich die Daten historischer Ereignisse einprägen und einen Gedächtniskapazitätstest mit Konsonanten ausführen. Danach verbrachte eine Gruppe – über vier Wochen verteilt – insgesamt drei Stunden mit dem Auswendiglernen von Gedichten und sinnlosen Silben. Eine zweite Gruppe wurde während der gleichen Zeit in der Anwendung mnemonischer Techniken auf Gedichte und sinnlose Silben unterrichtet. Eine Kontrollgruppe absolvierte keinerlei Training. Als nach Ablauf der vier Wochen die Gedächtnisleistung der Probanden erneut getestet wurde, erzielte die erste Gruppe weder bessere noch schlechtere Ergebnisse als die Kontrollgruppe. Die zweite Gruppe jedoch, die gelernt hatte, Mnemotechniken anzuwenden, zeigte durchweg bessere Resultate als die beiden anderen, und dies sogar bei Tests mit Material, das während der Trainingsperiode nicht berücksichtigt worden war. Anscheinend leisteten die erlernten Techniken ausgezeichnete Dienste.

Schön und gut, mögen Sie nun bei sich denken, aber mein Problem hat nichts mit Gedichten zu tun; wahrscheinlich kommt es auch nicht besonders oft vor, daß Sie türkische Vokabeln lernen müssen. Können Ihnen Woodrows Grundregeln wirklich helfen? Die Antwort lautet, daß diese und ähnliche Regeln Ihnen Hilfe zur Selbsthilfe bieten, vorausgesetzt, daß Sie dazu bereit sind, mit Initiative und Beharrlichkeit an die Aufgabe heranzugehen, Ihr Gedächtnis zu verbessern. Sie werden neue Gewohnheiten entwickeln müssen, was eine gewisse Anstrengung erfordert. Deshalb sollten Sie sich zunächst die Frage stellen, ob Ihnen ernsthaft daran gelegen ist, Ihr Gedächtnis zu verbessern, und wenn ja, welchen Bereich davon.

Wenn Ihnen Ihr Gedächtnis Sorgen bereitet, ist es sinnvoll, in einem Tagebuch festzuhalten, bei welchen Gelegenheiten es Sie im Stich läßt. Das hat zwei Vorteile: Erstens stellt sich dabei meistens heraus, daß Ihr Gedächtnis gar nicht so schlecht ist, wie Sie geglaubt hatten, und zweitens gibt Ihnen dieses Verfahren genauen Aufschluß darüber, in welchen Situationen Sie die größten Schwierigkeiten haben.

## Aufmerksamkeit und Interesse

Aus früher Gesagtem dürfte ersichtlich geworden sein, daß Informationen nur dann ins Langzeitgedächtnis übernommen werden, wenn man ihnen Aufmerksamkeit schenkt. Wie die BBC-Kampagne anläßlich der Änderung von Sendefrequenzen (s. S. 35 f.) gezeigt hat, muß selbst eine tausendmalige Präsentation nicht zur Speicherung des betreffenden Materials führen, wenn der Zuhörer es nicht beachtet und aktiv verarbeitet. Und daran hapert es zum Beispiel fast immer, wenn man sich die Namen neuer Bekanntschaften merken kann. Wird einem jemand vorgestellt, konzentriert man sich meist auf sein Aussehen und die in dieser Situation angebrachte Konversation, so daß sein Name oft »zum einen Ohr hinein- und zum anderen wieder hinausgeht«. Wollen Sie Ihr Gedächtnis für die Namen von Leuten verbessern, denen Sie zum erstenmal begegnet sind, dann gibt es keine andere Möglichkeit, als bei der Vorstellung ganz bewußt hinzuhören und nötigenfalls noch einmal nachzufragen. Es ist sicher weniger peinlich, unmittelbar nach der Vorstellung um eine Wiederholung des Namens zu bitten, als später eingestehen zu müssen, daß man ihn vergessen hat. Nachfragen zeugt von Interesse, während Vergessen bedeuten kann, daß Sie an dem anderen nicht genügend interessiert waren, um seinen Namen zur

Kenntnis zu nehmen beziehungsweise zu behalten. Ebenso ist es auch sinnvoll, jemanden anzusehen, wenn man ihm vorgestellt wird. Interesse am Aussehen eines Menschen, den man gerade kennengelernt hat, zu zeigen ist für den Betreffenden viel schmeichelhafter, als ihn bei einer späteren Begegnung anzustarren und sich den Kopf darüber zu zerbrechen, ob man ihm wirklich schon einmal begegnet ist, und wenn ja, wie er heißt. Wenn Sie also den Namen Ihres neuen Bekannten aufgenommen haben, sollten Sie von Zeit zu Zeit überprüfen, ob er Ihnen noch präsent ist, wobei Sie die Abstände zwischen den »Kontrollen« allmählich vergrößern. Das regelmäßige Erinnern wird Ihnen helfen, den Namen zu behalten.

Dasselbe Prinzip läßt sich anwenden, wenn Sie sich den Inhalt eines Buches einprägen wollen. Falls Sie es mit einem Auge überfliegen und mit dem anderen dem Fernsehprogramm folgen, dürfen Sie sich nicht wundern, wenn Sie von beidem nicht viel aufnehmen. Daß Schachmeister ein phänomenales Gedächtnis für Figurenkonstellationen haben und Fußballfans für die Spiele des Vorjahres, liegt unter anderem daran, daß sie dem Thema sehr großes Interesse entgegenbringen und Informationen darüber ihre ganze Aufmerksamkeit schenken.

Natürlich zeigt sich der Zusammenhang zwischen Interesse, Sachverstand und Gedächtnis nicht nur in den westlichen Kulturen. Sir Frederick Bartlett[15] berichtet über seinen Versuch, die Behauptung zu überprüfen, die Swasi in Südafrika hätten ein außerordentliches Erinnerungsvermögen, folgendes: Zunächst bat er einen Swasi-Jungen, eine Nachricht ans andere Ende des Dorfes zu überbringen. Die Nachricht enthielt zehn Elemente, und es dauerte ungefähr zwei Minuten, um den Weg zurückzulegen. Dem Jungen unterliefen zwei gröbere Fehler, was auch bei einem englischen

Jungen derselben Altersgruppe zu erwarten gewesen wäre. Zu ähnlichen Schlußfolgerungen gelangte Bartlett, nachdem er erwachsene Swasi einer Reihe von Gedächtnistests unterzogen hatte. Dann schlug ein weißer Farmer vor, daß er einen seiner Rinderhirten in bezug auf dessen Gedächtnis für Vieh testen sollte. Der Mann wurde herbeigeholt und aufgefordert, anzugeben, was für Tiere der Farmer ein Jahr zuvor gekauft hatte, und zwar mit allen Einzelheiten, die ihm noch einfielen. Er setzte sich auf die Erde und rasselte schnell neun derartige Transaktionen herunter. Hier zwei typische Beispiele: »Von Mbimbimaseko einen jungen schwarzen Ochsen mit weißer Schwanzquaste für zwei Pfund Sterling; von Ndoda Kedeli eine junge rote Färse, das Kalb einer roten Kuh, mit weißem Bauch für ein Pfund«. Die Angaben über die neun Transaktionen wurden mit den Einträgen in den Büchern des Farmers verglichen und erwiesen sich - bis auf geringfügige Abweichungen in Preis und Farbe eines einzigen Tieres - als korrekt. Der Grund für dieses bemerkenswerte Gedächtnis für Viehkäufe, von denen der Hirte übrigens keinen einzigen selbst getätigt hatte, ist darin zu sehen, daß die Swasi am Vieh sehr interessiert sind, da es in ihrem Sozialgefüge eine wichtige Rolle spielt.

Wie neues Material (etwa Sachinformationen oder Fremdsprachen) zum Lernen am besten zu organisieren ist, hängt natürlich von der Art des Materials und - wie erwähnt - vom Interesse des Lernenden ab. Ganz allgemein läßt sich aber sagen, daß es hilfreich ist, den Lernstoff so vielfältig und differenziert wie in der verfügbaren Zeit möglich zur eigenen Person und dem eigenen Hintergrund in Beziehung zu setzen. Ein gutes Beispiel dafür kann man einer jüngeren Studie von Chase, Lyon und Ericsson[16] entnehmen: Ein Proband namens S. F. übte immer wieder eine Aufgabe, bei der es um die Zahlenkapazität ging; insgesamt umfaßte die Trainingszeit - über 18 Monate verteilt - 200 Stunden. Dabei wurde er aufgefordert, seine Fähigkeit zum Reproduzieren von Zahlenreihen, die mit einer Geschwindigkeit von einer Zahl pro Sekunde präsentiert wurden, mit allen ihm zur Verfügung stehenden Mitteln zu verbessern. Nach Ablauf der 18 Monate konnte er nicht weniger als 70 Zahlen wiederholen! (Sie werden sich erinnern, daß die meisten Leute nur sechs oder sieben Zahlen schaffen, zehn und mehr sind schon außergewöhnlich.) Wie war das möglich?

Während der ersten vier Übungsstunden konnte S. F. seine Leistung kaum steigern, doch am fünften Tag erweiterte sich seine Kapazität plötzlich von acht auf zehn Zahlen und nahm von da an kontinuierlich um etwa eine Zahl pro Woche zu. Soweit mir bekannt ist, hat sie inzwischen die 80-Ziffern-Marke überschritten und steigt weiter an. Das entscheidende Ereignis während der fünften Sitzung war die Entdeckung einer Strategie zur Kodierung der präsentierten Zahlen: Der Proband war damals ein aktiver und erfolgreicher Mittel- und Langstreckenläufer und wußte sehr genau über die Zeiten für die verschiedenen Distanzen Bescheid. Also kodierte er die Zahlenreihen in Laufzeiten um. Aus *3, 4, 9, 2* wurde zum Beispiel *3 Minuten, 49,2 Sekunden - ein Beinahe-Weltrekord über 1500 Meter.* S. F. hat elf Hauptkategorien von Laufzeiten zur Verfügung (vom 800-Meter- bis zum Marathonlauf), und jede Kategorie ist ihrerseits mehrfach untergliedert. Zahlen, die höher sind als 6, machen ihm mitunter Schwierigkeiten, da eine Minute ja nur 60 Sekunden hat. In diesen Fällen benützt er andere Kodes, wie etwa Altersangaben. *8, 9, 3* würde auf diese Weise zu *89,3 Jahre - ein sehr alter Mann.* Laufzeiten machen 60 Prozent seiner Assoziationen aus, Altersangaben 25 Prozent, und der Rest besteht größtenteils aus Jahreszahlen. *1, 9, 4, 6,* wird beispiels-

weise zu *ein Jahr nach Ende des Zweiten Weltkriegs.*

Wenn solche Assoziationen auch sicher hilfreich sind, so ist doch noch eine zusätzliche Strategie erforderlich, um sie in der richtigen Reihenfolge erscheinen zu lassen. S. F. verwendet hierzu eine hierarchische Strukturierung und gruppiert die Zahlen zu jeweils dreien oder vieren zusammen.

Die Zahlenkapazität wird im allgemeinen dem Kurzzeitgedächtnis zugeschrieben. Kann man also schließen, daß S. F. über eine höchst außergewöhnliche Kurzzeitgedächtniskapazität verfügt? Dagegen spricht zweierlei: Erstens reduziert sich sein Erinnerungsvermögen von über 70 auf sechs Elemente, wenn er an Stelle der Zahlen Konsonanten wiedergeben soll. Wie man auf Grund seiner Kodierungsstrategie erwarten kann, ist S. F.'s erstaunliche Gedächtniskapazität auf Zahlenmaterial beschränkt. Zweitens unterscheidet sich seine Gedächtnisleistung von der üblichen Zahlenkapazität dadurch, daß er am Ende einer Sitzung immer noch zirka 65 Prozent des insgesamt dargebotenen Materials reproduzieren kann, während im Normalfall Probanden, die an Zahlenkapazitätstests teilnehmen, hinterher so gut wie nichts mehr in Erinnerung haben. Mit anderen Worten, S. F. scheint bei dieser traditionellen Kurzzeitgedächtnisaufgabe primär sein Langzeitgedächtnis einzusetzen. Darin gleicht er Schnellrechnern, die oft ein herausragendes Zahlengedächtnis haben. Zahlenreihen sind auf Grund ihrer numerischen Charakteristika für solche Menschen meist sehr aussagekräftig. Jemand, der von Zahlen fasziniert ist, kann mit fast jeder beliebigen Ziffernfolge vielfältige Assoziationen verknüpfen.

Ganz allgemein kann man aus S. F.'s so verblüffender Zahlenkapazität den Schluß ziehen, daß ein gutes Gedächtnis Aufmerksamkeit und Organisation des Lernmaterials erfordert, was wiederum

Interesse voraussetzt. Das ist alles ganz einfach, wenn Sie zum Beispiel einen fesselnden Bericht über eine neue Entwicklung auf Ihrem Hauptinteressengebiet lesen, aber was ist, wenn Sie Student sind und sich beim Pauken nach einem festgelegten Lernplan richten müssen? Was können Sie tun, um Ihre Aufmerksamkeit für einen Stoff, den Sie vielleicht als eher langweilig betrachten, zu erhöhen?

Zunächst sollten Sie eine Umgebung wählen, in der Sie einigermaßen ungestört arbeiten können. Jeder braucht andere Arbeitsbedingungen: Manche Leute ziehen sich völlig zurück und sind nur bei absoluter Stille zur Konzentration fähig; andere behaupten, laute Musik als Geräuschkulisse zu benötigen. Ich selbst empfinde bei einer anspruchsvollen Aufgabe gelegentliche Ablenkungen durchaus als anregend. Wenn Sie eine günstige Umgebung gefunden haben, sollten Sie regelmäßig dort arbeiten; mit einiger Übung werden Sie feststellen, daß es Ihnen zunehmend leichter fällt.

Versuchen Sie, Ihren Lesestoff so *aktiv* wie möglich aufzunehmen - nicht wie jemand, der ihn auswendig lernen will, sondern wie jemand, der dem Autor gegenüber eine kritische Haltung einnimmt; versuchen Sie, das, was er sagt, zu dem, was Sie bereits wissen, in Beziehung zu setzen. Wenn Sie den logischen Zusammenhang vermissen, sollten Sie Ihre Unzufriedenheit in Worte fassen und sich vorstellen, wie der Autor wohl auf Ihre Kritik reagieren würde. Vielleicht verstehen Sie dann besser, was er sagen will, wenn Sie ihm auch nicht zustimmen.

Für einen Text aus dem Bereich der Geschichte oder Biologie mag dies einleuchten, doch wie sieht es mit Fremdsprachen aus? Auch hier lassen sich dieselben allgemeinen Prinzipien anwenden. Wenn Sie eine Fremdsprache erlernen wollen, um sich in dem betreffenden Land verständigen zu können, ist es sinnvoll, Ihre Bemühungen nicht auf das Auswendiglernen von Grammatikregeln und Vokabeln zu beschränken, sondern Ihre Kenntnisse bereits beim Lernen aktiv anzuwenden. Malen Sie sich verschiedene Situationen aus und versuchen Sie, entsprechende Fragen und Konversa-

*Links und rechts: Zwei Möglichkeiten der Flugsimulation, im Stil der dreißiger und der achtziger Jahre. Echtes Flugtraining für Berufspiloten ist heute dreizehnmal teurer als Training am Simulator. Ganz gleich, welche Fähigkeiten man sich aneignen will, Übung ist durch nichts zu ersetzen*

tionsbeiträge zu formulieren. Das geht natürlich alles viel leichter, wenn Sie mit anderen zusammen lernen, besonders wenn diese schon weiter fortgeschritten sind. Manche Leute finden es auch hilfreich, beim Auswendiglernen von Vokabeln oder bestimmten Redewendungen optische Vorstellungen als Gedächtnishilfen zu benützen. Sprechübungen aber sind durch nichts zu ersetzen, wenn man später einmal in der Lage sein will, die Sprache aktiv anzuwenden. Achten Sie sowohl auf Klang und Rhythmus der Wortfolgen als auch auf ihre Bedeutung. Und noch etwas: Behalten Sie Ihre spezielle Motivation im Auge, das heißt, richten Sie Ihr Lernprogramm danach aus, bei welchen Gelegenheiten Sie Ihre Sprachkenntnisse später einsetzen wollen.

## Organisation

Schon im Jahre 1890 vertrat der bedeutende amerikanische Psychologe William James[17] die Ansicht, das Gedächtnis lasse sich nur dadurch verbessern, daß man die gewohnten Methoden der Datenspeicherung ändere - womit er natürlich recht hatte. Wie bereits früher erwähnt, ist das Langzeitgedächtnis mit einer riesigen Bibliothek vergleichbar; die darin gespeicherten Informationen können im Bedarfsfall nur dann abgerufen werden, wenn sie nach sinnvollen Kriterien geordnet sind. Gute Organisation ist in zweierlei Hinsicht hilfreich: Erstens wird dadurch das Lernmaterial so strukturiert, daß der Abruf eines Bruchstücks bestimmter Informationen wahrscheinlich auch den Rest zugänglich macht; und zweitens wird dadurch neu gelerntes Material zu bereits vorhandenem Wissen in Beziehung gesetzt, woraus man schließen kann, daß es um so leichter fällt, neue Informationen zu verstehen und aufzunehmen, je besser bereits vorhandenes Wissen strukturiert ist. Wenn sich ein Student einem neuen Fachgebiet widmet, hat er meistens große Schwierigkeiten, die betreffenden wissenschaftlichen Publikationen zu verstehen, während ein erfahrener Forscher in der Lage ist, diese rasch zu überfliegen und dabei die wesentlichen Informationen in einem Bruchteil der Zeit herauszuziehen. Wie sollte man neues Lernmaterial organisieren? Das hängt natürlich weitgehend von der Art des Materials ab. Im allgemeinen erweist es sich jedoch als hilfreich, es so vielfältig und differenziert wie möglich zur eigenen Person und den eigenen Interessen in Beziehung zu setzen. Angenommen, ich wollte beispielsweise den Kode meines Postbezirks – *CB2 2EF* – auswendig lernen. Welche

Assoziationen weckt er? Bei den ersten zwei Buchstaben ist es einfach: *CB* steht für Cambridge, die Stadt, in der ich lebe, und ist außerdem die Abkürzung für »Confined to Barracks« (= Kasernenarrest), so daß ich mir vorstellen könnte, mein Büro nicht verlassen zu dürfen. Die *22* könnte ich mit der Länge eines Kricketfeldes in Verbindung bringen (22 Yards) und mir ausmalen, weil ich in meinem Büro bleiben müsse, sei ich daran gehindert, ein Kricketspiel zu besuchen. Für *EF* würde es sich anbieten, die Tatsache, daß die beiden Buchstaben sowohl im Kode als auch im Alphabet an fünfter und sechster Stelle stehen, als Eselsbrücke zu benützen.

## Übung

Wie originell Ihre Strategien aber auch sein mögen, den Konsequenzen der Gesamtzeithypothese können Sie sich nicht entziehen. Sie besagt, daß der Lernerfolg vom Übungsaufwand abhängt. Dies trifft für alle Arten des Lernens zu, ob Sie nun versuchen, sich den Namen eines neuen Bekannten einzuprägen, eine Telefonnummer zu behalten oder ein schwieriges physikalisches Konzept zu verstehen. Doch es ist ratsam, die Übungszeit sinnvoll einzuteilen. Das gesamte Pensum auf wenige Marathonsitzungen zusammenzudrängen stellt keine sehr effektive Methode dar. »Weniger und dafür öfter« ist eine bessere Strategie. Es gibt ein Buch von Arnold Bennett mit dem Titel *How to Live on 24 Hours a Day (Wie man mit 24 Stunden pro Tag auskommt)*, das ich als Student gelesen habe. Soweit ich mich erinnern kann, geht es hauptsächlich darum, daß es viel mehr zu tun, zu lesen, zu lernen und zu bedenken gibt, als einem zeitlich möglich ist. Und doch gibt es so viel ungenützte Zeit in unserem Leben – Zeit, die

wir damit zubringen, auf den Bus zu warten, Geschirr zu spülen oder durch die Stadt zu gehen, wobei wir unseren Gedanken freien Lauf lassen. Bennett plädierte dafür, diese Zeit sinnvoll zu nützen, um über neue Projekte nachzudenken, anstehende Probleme zu lösen oder Lernmaterial zu üben. Da ich einer der Studenten war, die ihr Privatleben wegen der Prüfungen nicht zu kurz kommen lassen wollten, gewöhnte ich es mir an, sehr kurze, aber systematische Zusammenfassungen der Themen zu schreiben, die ich für die Prüfungen wiederholen mußte, und sie in einem kleinen Notizbuch mit mir herumzutragen. Auf diese Weise konnte ich die Wartezeit auf der Bahnsteig oder an der Haltestelle produktiv nützen. Wenn Sie absehen können, daß Sie neu zu lernendes Material in sehr unterschiedlichen Situationen anwenden werden müssen, dann sollten Sie versuchen, Ihre Übungstechniken zu variieren. Hierzu ein Beispiel aus dem akademischen Bereich: Von Prüflingen wird oft mehr erwartet als das bloße Wiederkäuen des Lehrstoffs. Gefragt ist die weniger häufige Fähigkeit, abstrakte Konzepte in unterschiedlicher Weise anzuwenden oder Zusammenhänge zwischen Konzepten zu erkennen, die in Vorlesungen und Seminaren getrennt behandelt wurden. Wenn Sie sich auf bloßes Auswendiglernen konzentrieren, ohne weiter über den Lehrstoff nachzudenken, wird es Ihnen später schwerfallen, mit dem betreffenden Material aktiv umzugehen. Alle erforderlichen Gedankenverbindungen müssen dann während der Prüfung hergestellt werden. Haben Sie jedoch beim Wiederholen des Stoffs gründlich über die jeweiligen Themen nachgedacht, Zusammenhänge hergestellt und ihre praktische Anwendung in Ihnen vertrauten Bereichen erwogen, so sind Ihre Chancen viel größer, das Beste aus der Prüfung zu machen und mehr von dem Gelernten zu behalten.

John Bransford, der diesen Punkt ausführlich behandelt[18], legt großen Wert auf sogenannte *transferfördernde Prozesse*. Damit will er sagen, daß Lerntechniken nur dann gut sind, wenn sie einen in die Lage versetzen, das Gelernte zu gegebener Zeit anzuwenden. Er führt den Fall eines Studenten an, der für das Fach »Statistik« lernte und ganz sicher war, sämtliche Einzelheiten verstanden zu haben und alle Aufgaben lösen zu können. Sobald jedoch die Reihenfolge der Aufgaben verändert wurde, kam er in Schwierigkeiten. In dem erwähnten Fach – aber nicht nur dort – kommt so etwas recht häufig vor, da man leicht der Durchführung einzelner Tests ein zu großes Gewicht beimißt und darüber die Frage vernachlässigt, welcher Test unter welchen Umständen eingesetzt wird. Deshalb ist es beim Lernen wichtig, den Überblick zu behalten und sich nicht zu schnell zufriedenzugeben. Die Versuchung ist groß, dann aufzuhören, wenn man die richtige Antwort zwar *erkennen*, aber noch nicht selbständig *formulieren*

*Links und rechts: Ob man Bewegungsabläufe, Fakten, Theorien oder Sprachen lernt – Grundvoraussetzung für den Erfolg ist regelmäßiges Üben.*

kann. Es heißt oft, die beste Art, etwas zu lernen, bestehe darin, es zu lehren: Um einem anderen bestimmte Informationen vermitteln zu können, muß man sie selbst parat haben; es genügt nicht, sie beim Lesen nur zu erkennen.

## Schlußfolgerung

Das menschliche Gedächtnissystem arbeitet erstaunlich effizient, versagt aber andererseits auch sehr häufig. Angesichts dieser Tatsache erscheint es vernünftig, alle verfügbaren Gedächtnishilfen auszunützen, um die durch solche Ausfälle bedingten Störungen möglichst gering zu halten. Wenn man äußere Hilfen gebraucht, ist es ratsam, sie kontinuierlich und systematisch anzuwenden. Notieren Sie also Verabredungen immer in Ihrem Terminkalender, schreiben Sie stets einen Einkaufszettel und so weiter. Falls Sie jedoch innere Gedächtnishilfen benützen wollen, müssen Sie darauf gefaßt sein, daß zu ihrer Einübung und Beherrschung ein gewisser Zeitaufwand erforderlich ist. Gedächtnishilfen sind wie Werkzeuge: Man kann sie erst verwenden, nachdem sie angefertigt wurden. Abschließend möchte ich mit William James konstatieren: »Von zwei Menschen mit denselben Lebensumständen und derselben Hartnäckigkeit wird derjenige das bessere Gedächtnis haben, der am meisten über seine Erfahrungen nachdenkt und systematische Zusammenhänge zwischen ihnen herstellt.«[19]

*Das Gewebe der Erinnerungen zeichnet sich durch eine um so bessere Qualität und höhere Zuverlässigkeit aus, je enger die einzelnen Fäden miteinander verwoben sind.*

# Literatur

**Einführung**

1 Hunter, I.M.L.: *Memory - Facts and Fallacies,* Baltimore 1957
2 Solso, R.: *Cognitive Psychology,* New York 1979
3 Bransford, J.D.: *Human Cognition - Learning, Understanding and Remembering,* Belmont (Kalifornien) 1979
4 Loftus, E.F.: *Eyewitness Testimony,* Cambridge (Massachusetts) 1979
5 Baddeley, A.D.: *The Psychology of Memory,* New York 1976 (deutsch: *Die Psychologie des Gedächtnisses,* Stuttgart 1979)

**1. Kapitel**

1 Tulving, E.: *Organization of Memory,* hrsg. von E.Tulving und W.Donaldson, New York 1972, S.381–403
2 Galton, F.: *Inquiries into Human Faculty and its Development,* London 1883, S.57–78
3 Bartlett, F.C.: *Remembering* (Reprint der Erstausgabe von 1932), Cambridge 1972, S.59–61
4 di Vesta, F.J., Ingersoll G. und Sunshine, P.: A factor analysis of imagery tests; in: *Journal of Verbal Learning and Verbal Behavior,* 10/1971, S.471–479
5 Conrad, R. und Hull, A.J.: Information, acoustic confusion and memory span; in: *British Journal of Psychology,* 55/1964, S.429–432

**2. Kapitel**

1 Ebbinghaus, H.: *Über das Gedächtnis,* Leipzig 1885
2 Baddeley, A.D. und Longman, D.J.A.: The influence of length and frequency of training sessions on rate of learning to type; in: *Ergonomics,* 21/1978, S.627–635
3 Landauer, T.K. und Bjork, R.A.: Optimum rehearsal patterns and name learning; in: M.M. Gruneberg, P.E.Morris und R.N.Sykes (Hrsg.): *Practical Aspects of Memory,* London 1978, S. 625–632
4 Nilsson, L.G.: *Personal Communication,* Referat auf dem 1.Kongreß der European Society for Cognitive Psychology, Nijmegen, September 1985
5 Bekerian, D.A. und Baddeley, A.D.: Saturation advertising and the repetition effect; in: *Journal of Verbal Learning and Verbal Behavior,* 19/1980, S.17–25
6 Baddeley, A.D.: *The Psychology of Memory,* New York 1976, S.307 (deutsch: *Die Psychologie des Gedächtnisses,* Stuttgart 1979)
7 Taylor, W.L.: »Cloze procedure« - a new tool for measuring readability; in: *Journalism Quarterly,* 30/1953, S.415–433

**3. Kapitel**

1 Bartlett, F.C.: *Remembering* (Reprint der Erstausgabe von 1932), Cambridge 1972, S.2–7
2 Ebd., S.65 und 70
3 Hastorf, A.H. und Cantrill, H.: They saw a game - a case study; in: *Journal of Abnormal and Social Psychology,* 97/1954, S.399–401
4 de Groot, A.: Perception and memory versus thought - some old ideas and recent findings; in:

B. Kleinsmith (Hrsg.): *Problem Solving,* New York 1966

5 Luria, A. R.: *The Mind of a Mnemonist,* New York 1968

**4. Kapitel**

1 Ebbinghaus, H.: *Über das Gedächtnis,* Leipzig 1885

2 Warrington, E. K. und Sanders, H. I.: The fate of old memories; in: *Quarterly Journal of Experimental Psychology,* 23/1971, S. 432–442

3 Woodhead, M. M. und Baddeley, A. D. (in Vorbereitung)

4 Squire, L. R. und Slater, P. C.: Forgetting in very long-term memory as assessed by an improved questionnaire technique; in: *Journal of Experimental Psychology: Human Learning and Memory,* 104/1975, S. 50–54

5 Bahrick, H. P., Bahrick, P. O. und Wittlinger, R. P.: Fifty years of memory for names and faces – a cross-sectional approach; in: *Journal of Experimental Psychology: General,* 104/1975, S. 54–75

6 Gittins, D.: Oral history, reliability and recollection; in: L. Moss und H. Goldstein (Hrsg.): *The Recall Method in Social Surveys;* Universität von London (Institute of Education), Studies in Education, Neue Serie, 9, 1979, S. 85–86

7 Linton, M.: Real world memory after six years – an in vivo study of very long-term memory; in: M. M. Gruneberg, P. E. Morris und R. N. Sykes (Hrsg.): *Practical Aspects of Memory,* London 1978, S. 69–76

8 Baddeley, A. D. und Hitch, G. J.: Recency reexamined; in: S. Dornic (Hrsg.): *Attention and Performance VI,* Hillsdale (New Jersey) 1977, S. 647–667

9 Minami, H. und Dallenbach, K. M.: The effect of activity upon learning and retention in the cockroach; in: *American Journal of Psychology,* 59/1946, S. 1–58

10 Hockey, G. J. R., Davies, S. und Gray, M. M.: Forgetting as a function of sleep at different times of day; in: *Quarterly Journal of Experimental Psychology,* 24/1972, S. 386–393

11 McGeoch, J. A. und MacDonald, W. T.: Meaningful relation and retroactive inhibition; in:

*American Journal of Psychology,* 43/1931, S. 579–588

12 Ausubel, D. P., Stager, M. und Gaite, A. J. H.: Retroactive facilitation in meaningful verbal learning; in: *Journal of Educational Psychology,* 59/1968, S. 250–256

13 Crouse, J. H.: Retroactive interference in reading prose materials; in: *Journal of Educational Psychology,* 62/1971, S. 39–44

14 Underwood, B. J.: Interference and forgetting; in: *Psychological Review,* 64/1957, S. 49–60

15 Nachzulesen in: Blakemore, C. (siehe Anm. 16)

16 Blakemore, C.: The unsolved marvel of memory; in: *The New York Times Magazine,* 6. 2. 1977, S. 88. Nachgedruckt in: *Readings in Psychology 78/79,* Guildford (Connecticut) 1979

**5. Kapitel**

1 Freud, S.: *Zur Psychopathologie des Alltagslebens,* 1. Auflage, Berlin 1901

2 Zeller, A. F.: An experimental analogue of repression – III.: The effect of induced failure and success on memory measured by recall; in: *Journal of Experimental Psychology,* 42/1951, S. 32–38

3 Levinger, G. und Clark, J.: Emotional factors in the forgetting of word associations; in: *Journal of Abnormal and Social Psychology,* 62/1961, S. 99–105

4 Yerkes, R. M. und Dodson, J. D.: The relation of strength of stimulus to rapidity of habit-formation; in: *Journal of Comparative and Neurological Psychology,* 18/1908, S. 459–482

5 Kleinsmith, L. J. und Kaplan, S.: Paired associated learning as a function of arousal and interpolated interval; in: *Journal of Experimental Psychology,* 65/1963, S. 190–193

6 Folkard, S., Monk, T. H., Bradbury, R. und Rosenthall, J.: Time of day effects in school children's immediate and delayed recall of meaningful material; in: *British Journal of Psychology,* 68/1977, S. 45–50

7 Bradley, B. P. und Morris, B. J.: Emotional factors in forgetting. Teil II eines Forschungsprojekts an der Universität von Cambridge (Department of Experimental Psychology), 1976

8 Hunter, I. M. L.: *Memory - Facts and Fallacies,* Baltimore 1957, S. 270

9 Robinson, J. O., Rosen, M., Revill, S. I., David, H. und Rus, G. A. D.: Self-administered intravenous and intramuscular pethidine; in: *Anaesthesia,* 35/1980, S. 763-770

10 Zit. nach Hunter, I. M. L.: *Memory - Facts and Fallacies,* Baltimore 1957, S. 233f.

11 Thigpen, C. H. und Cleckley, H.: *The Three Faces of Eve,* London 1957


**6. Kapitel**

1 Freedman, J. L. und Loftus, E. F.: Retrieval of words from long-term memory; in: *Journal of Verbal Learning and Verbal Behavior,* 10/1971, S. 107-115

2 Loftus, E. F. und Loftus, G. R.: Changes in memory structure and retrieval over the course of instruction; in: *Journal of Educational Psychology,* 66/1974, S. 315-318

3 Collins, A. M. und Quillian, M. R.: Experiments on semantic memory and language comprehension; in: L. W. Gregg (Hrsg.): *Cognition in Learning and Memory,* New York 1972

4 Rosch, E.: Human categorisation; in: N. Warren (Hrsg.): *Advances in Cross Cultural Psychology,* Bd. 1, London 1977

5 Bransford, J. D.: *Human Cognition - Learning, Understanding and Remembering,* Belmont (Kalifornien) 1979, S. 197

6 Bransford, J. D. und Johnson, M. K.: Contextual prerequisites for understanding - some investigations of comprehension and recall; in: *Journal of Verbal Learning and Verbal Behavior,* 11/1972, S. 717-726

7 Bruce, D. J.: The effect of listeners' anticipations on the intelligibility of heard speech; in: *Language and Speech,* 1/1958, S. 79-97

8 Bartlett, F. C.: *Remembering* (Reprint der Erstausgabe von 1932), Cambridge 1972

9 Schank, R. C.: *Scripts, Plans, Goals and Understanding - An Inquiry into Human Knowledge Structures,* Hilsdale (New Jersey) 1977

10 Whorf, B. L.: *Language, Thought and Reality,* Cambridge 1956

11 Brown, R. W. und Lenneberg, E. H.: A study in language and cognition; in: *Journal of Abnormal and Social Psychology,* 49/1954, S. 454-462

12 Rosch, E.: Universals in color naming and memory; in: *Journal of Experimental Psychology,* 93/1972, S. 10-20

13 Moar, I. T.: Mental triangulation and the nature of internal representations of space. Unveröffentlichte Dissertation, Universität von Cambridge 1978

14 Potter, M. C. und Faulconer, B. A.: Time to understand pictures and words; in: *Nature,* 253/1975, S. 437-438

15 Heidbreder, E.: The attainment of concepts - 1. Terminology and methodology; in: *Journal of General Psychology,* 35/1946, S. 173-189

16 Bransford, J. D. und Nitsch, K. E.: Coming to understand things we could not previously understand; in: J. F. Kavanagh und W. Strange (Hrsg.): *Speech and Language in the Laboratory, School and Clinic,* Cambridge (Massachusetts) 1978

17 Bransford, J. D.: *Human Cognition - Learning, Understanding and Remembering,* Belmont (Kalifornien) 1979


**7. Kapitel**

1 Tulving, E.: The effects of presentation and recall in free-recall learning; in: *Journal of Verbal Learning and Verbal Behavior,* 6/1967, S. 175-184

2 Brown, R. und McNeill, D.: The »tip of the tongue« phenomenon; in: *Journal of Verbal Learning and Verbal Behavior,* 5/1966, S. 325-337

3 Craik, F. I. M. und Lockhart, R. S.: Levels of processing - a framework for memory research; in: *Journal of Verbal Learning and Verbal Behavior,* 11/1972, S. 671-684

4 Tulving, E. und Osler, S.: Effectiveness of retrieval cues in memory for words; in: *Journal of Experimental Psychology,* 77/1968, S. 593-601

5 Tulving, E. und Thomson, D. M.: Encoding specificity and retrieval processes in episodic memory; in: *Psychological Review,* 80/1973, S. 352-373

6 Engen, T., Kuisma, J. E. und Eimas, P. D.: Short-term memory of odors; in: *Journal of Experimental Psychology,* 99/1973, S. 222-225

7 Engen, T. und Ross, B. M.: Long-term memory

of odors with and without verbal descriptions; in: *Journal of Experimental Psychology,* 100/1973, S. 221–227

8 Locke, J.: *An Essay Concerning Human Understanding* (Everyman Edition), London 1961

9 Godden, D. R. und Baddeley, A. D.: Context-dependent memory in two natural environments: on land and underwater; in: *British Journal of Psychology,* 66/1975, S. 325–331

10 Baddeley, A. D., Cuccaro, W. J., Egstrom, G., Weltman, G. und Willis, M. A.: Cognitive efficiency of divers working in cold water; in: *Human Factors,* 17/1975, S. 446–454

11 Godden, D. R., und Baddeley, A. D.: When does context influence recognition memory?; in: *British Journal of Psychology,* 71/1980, S. 99–104

12 Goodwin, D. W., Powell, B., Bremer, D., Hoine, H. und Stern, J.: Alcohol and recall – state-dependent effects in man; in: *Science,* 163/1969, S. 1358

13 Eich, J. E.: The cue-dependent nature of state-dependent retrieval; in: *Memory and Cognition,* 8/1980, S. 157–173

14 Brown, J., Lewis, V. J. und Monk, A. F.: Memorability, word frequency and negative recognition; in: *Quarterly Journal of Experimental Psychology,* 29/1977, S. 461–474

15 Camp, C. J., Lachman, J. L. und Lachman, R.: Evidence for direct-access and interferential retrieval in question answering; in: *Journal of Verbal Learning and Verbal Behavior,* 19/1980, S. 583–596

## 8. Kapitel

1 Devlin, Lord Patrick (Vorsitzender): *Report to the Secretary of State for the Home Department Committee on Evidence of Identification in Criminal Cases,* London 1976

2 Loftus, E. F.: *Eyewitness Testimony,* Cambridge (Massachusetts) 1979

3 Cattell, J. M.: Measurement of the accuracy of recollection; in: *Science,* 20/1895, S. 761–776

4 Nickerson, R. S. und Adams, M. J.: Long-term memory for a common object; in: *Cognitive Psychology,* 11/1979, S. 287–307

5 Loftus, E. F.: *Eyewitness Testimony,* Cambridge (Massachusetts) 1979, S. 171–177

6 Idzikowski, C. und Baddeley, A. D.: Fear and performance in dangerous environments; in: G. R. J. Hockey (Hrsg.): *Stress and Fatigue in Human Performance,* Chichester 1983, S. 123–144

7 Clifford, B. R. und Scott, J.: Individual and situational factors in eyewitness testimony; in: *Journal of Applied Psychology,* 63/1978, S. 352–359

8 Loftus, E. F.: *Eyewitness Testimony,* Cambridge (Massachusetts) 1979, S. 35 f.

9 Loftus, E. F. und Palmer, J. C.: Reconstruction of automobile destruction – an exemple of the interaction between language and memory; in: *Journal of Verbal Learning and Verbal Behavior,* 13/1974, S. 585–589

10 Siehe Anm. 9

11 Loftus, E. F.: Shifting human color memory; in: *Memory and Cognition,* 5/1977, S. 696–699

12 Loftus, E. F.: *Eyewitness Testimony,* Cambridge (Massachusetts) 1979, S. 118–120

13 Loftus, E. F.: *Eyewitness Testimony,* Cambridge (Massachusetts) 1979, S. 62 f.

14 Woodhead, M. M. und Baddeley, A. D.: Improving face recognition ability; in: S. Lloyd-Bostock und B. R. Clifford (Hrsg.): *Evaluating Witness Evidence,* Chichester 1983, S. 125–136

15 Yin, R.: Face recognition by brain-injured patients – a dissociable ability?; in: *Neuropsychologia,* 8/1970, S. 395–402

16 Woodhead, M. M., Baddeley, A. D. und Simmonds, D. C. V.: On training people to recognize faces; in: *Ergonomics,* 22/1979, S. 333–343

17 Penry, J.: *Looking at Faces and Remembering Them – A Guide to Facial Identification,* London 1971

18 da Vinci, L.: *Trattato della Pittura;* zit. in: E. H. Gombrich: *Art and Illusion,* London 1962, S. 294

19 Patterson, K. E. und Baddeley, A. D.: When face recognition fails; in: *Journal of Experimental Psychology: Human Learning and Memory,* 3/1975, S. 406–417

20 Davis, G., Ellis, H. und Shepherd, J.: Face recognition accuracy as a function of mode of representation; in: *Journal of Applied Psychology,* 63/1978, S. 180–187

21 Loftus, E. F.: *Eyewitness Testimony,* Cambridge (Massachusetts) 1979, S. 148–150

22 Thomson, D. M.: *Person Identification – Influencing the Outcome* (in Vorbereitung)

### 9. Kapitel

1 Russell, W. R.: *Brain, Memory, Learning – A Neurologist's View*, London 1959
2 Yarnell, P. R. und Lynch, S.: Retrograde memory immediately after conclusion; in: *Lancet*, 1/1970, S. 863–865
3 Squire, L. R. und Cohen, N. J.: Remote memory, retrograde amnesia, and the neuropsychology; in: L. S. Cermak (Hrsg.): *Human Memory and Amnesia*, Hillsdale (New Jersey) 1982
4 Rabbitt, P.: Human ageing and disturbances of memory control processes underlying »intelligent« performance of some cognitive tasks; in: J. P. Das und N. O'Connor (Hrsg.): *Intelligence and Learning*, New York 1981, S. 427–439
5 Riegel, K. F. und Riegel, M. R.: Development, drop, and death; in: *Developmental Psychology*, 6/1972, S. 306–319
6 Milner, B.: Amnesia following operation on the temporal lobes; in: C. W. M. Whitty und O. L. Zangwill (Hrsg.): *Amnesia*, London 1966
7 Baddeley, A. D. und Warrington, E. K.: Amnesia and the distinction between long- and short-term memory; in: *Journal of Verbal Learning and Verbal Behavior*, 9/1970, S. 176–189
8 Baddeley, A. D.: Amnesia – a minimal model; in: L. S. Cermak (Hrsg.): *Human Memory and Amnesia*, Hillsdale (New Jersey) 1982
9 Claparède, E.: Recognition; in: *Archives Psychologiques*, Genf 11/1911, S. 79–90

### 10. Kapitel

1 James, W.: *The Principles of Psychology*, New York 1890
2 Galton, F.: *Inquiries into Human Faculty and its Development*, London 1883, S. 146
3 Hamilton, Sir William: *Lectures on Metaphysics*, 14, 1859
4 Jacobs, J.: Experiments in »prehension«; in: *Mind*, 12/1887, S. 75–79
5 Wickelgren, W. A.: Rehearsal grouping and hierarchical organization of serial position cues in short-term memory; in: *Quarterly Journal of Experimental Psychology*, 19/1967, S. 97–102
6 Hunter, I. M. L.: An exceptional memory; in: *British Journal of Psychology*, 68/1977, S. 155–164

7 Baddeley, A. D., Conrad, R. und Thomson, W. E.: Letter structure of the English language; in: *Nature*, 186/1980, S. 414–416
8 Brown, J.: Some tests of the decay theory of immediate memory; in: *Quarterly Journal of Experimental Psychology*, 10/1958, S. 12–21
9 Peterson, L. R. und Peterson, M. J.: Short-term retention of individual verbal items; in: *Journal of Experimental Psychology*, 58/1959, S. 193–198
10 Murdock, B. B. Jr.: The retention of individual items; in: *Journal of Experimental Psychology*, 62/1961, S. 618–625
11 Wickens, D. D.: Encoding categories of words – an empirical approach to meaning; in: *Psychological Review*, 77/1970, S. 1–15
12 Wagner, D.: Memories of Morocco – the influence of age, schooling and environment on memory; in: *Cognitive Psychology*, 10/1978, S. 1–28
13 Melton, A. W.: Implications of short-term memory for a general theory of memory; in: *Journal of Verbal Learning and Verbal Behavior*, 2/1963, S. 1–21
14 Conrad, R.: Acoustic confusion in immediate memory; in: *British Journal of Psychology*, 55/1964, S. 75–84
15 Baddeley, A. D.: Short-term memory for word sequences as a function of acoustic, semantic and formal similarity; in: *Quarterly Journal of Experimental Psychology*, 18/1966, S. 362–365
16 Sachs, J. S.: Recognition memory for syntactic and semantic aspects of connected discourse; in: *Perception and Psychophysics*, 2/1967, S. 437–442
17 Atkinson, R. C. und Shiffrin, R. M.: Human memory – a proposed system, and its control processes; in: K. W. Spence (Hrsg.): *The Psychology of Learning and Motivation – Advances in Research and Theory*, Bd. 2, New York 1968, S. 89–195
18 Craik, F. I. M. und Lockhart, R. S.: Levels of processing – a framework for memory research; in: *Journal of Verbal Learning and Verbal Behavior*, 11/1972, S. 671–684
19 Craik, F. I. M. und Watkins, M. J.: The role of rehearsal in short-term memory; in: *Journal of Verbal Learning and Verbal Behavior*, 12/1973, S. 599–607

**11. Kapitel**

1 Norman, D. A. (Hrsg.): *Models of Human Memory,* New York 1970

2 Baddeley, A. D. und Hitch, G. J.: Working memory; in: G. A. Bower (Hrsg.): *The Psychology of Learning and Motivation,* Bd. 8, New York 1974, S. 47-90

3 Wason, P. C. und Johnson-Laird, P. N.: *Psychology of Reasoning - Structure and Content,* London 1972

4 Conrad, R.: Short-term memory processes in the deaf; in: *British Journal of Psychology,* 61/1970, S. 179-195

5 Baddeley, A. D., Thomson, N. und Buchanan, M.: Word length and the structure of short-term memory; in: *Journal of Verbal Learning and Verbal Behavior,* 14/1975, S. 575-589

6 Nicholson, R.: The relationship between memory span and processing speed; in: M. Friedman, J. P. Das und N. O'Connor (Hrsg.): *Intelligence and Learning,* New York 1981, S. 179-184

7 Ellis, N. C. und Hennelley, R. A.: A bilingual word-length effect - implications for intelligence testing and the relative ease of mental calculation in Welsh and English; in: *British Journal of Psychology,* 71/1980, S. 43-52

8 Hitch, G. J.: The role of short-term working memory in mental arithmetic; in: *Cognitive Psychology,* 10/1978, S. 302-323

9 Siehe Anm. 7

10 Geiselman, R. E. und Bjork, R. A.: Primary versus secondary rehearsal in imagined voices - differential effects on recognition; in: *Cognitive Psychology,* 12/1980, S. 185-205

11 Baddeley, A. D. und Lewis, V. J.: Inner active processes in reading - the inner voice, the inner ear and the inner eye; in: A. M. Lesgold und C. A. Perfetti (Hrsg.): *Interactive Processes in Reading,* Hillsdale (New Jersey) 1981, S. 107- 129

12 Patterson, K. E.: Neuropsychological approaches to the study of reading; in: *British Journal of Psychology,* 72/1981, S. 151-174

13 Shepard, R. N. und Feng, C.: A chronometric study of mental paperfolding; in: *Cognitive Psychology,* 3/1972, S. 228-243

14 Shepard, R. N. und Metzler, J.: Mental rotation of three-dimensional objects; in: *Science,* 171/1971, S. 701-703

15 Kosslyn, S. M. und Shwartz, S. P.: Empirical constraints on theories of visual mental imagery; in: J. Long und A. D. Baddeley (Hrsg.): *Attention and Performance IX,* Hillsdale (New Jersey) 1981, S. 241-260

16 Siehe Anm. 15

17 Brooks, L. R.: Spatial and verbal components in the act of recall; in: *Canadian Journal of Psychology,* 22/1968, S. 349-368

18 Baddeley, A. D., Grant, S., Wight, E. und Thomson, N.: Imagery and visual working memory; in: P. M. A. Rabbitt und S. Dornic (Hrsg.): *Attention and Performance V,* London 1975, S. 205-217

19 Baddeley, A. D. und Lieberman, K.: Spatial working memory; in: R. Nickerson (Hrsg.): *Attention and Performance VIII,* Hillsdale (New Jersey) 1980, S. 521-539

20 Phillips, W. A. und Christie, D. F. M.: Interference with visualization; in: *Quarterly Journal of Experimental Psychology,* 29/1977, S. 637-650

21 Bisiach, E. und Luzzatti, C.: Unilateral neglect of representation space; in: *Cortex,* 14/1978, S. 129-133

22 Baddeley, A. D. und Lieberman, K.: Spatial working memory; in: R. Nickerson (Hrsg.): *Attention of Performance VIII,* Hillsdale (New Jersey) 1980, S. 521-539

**12. Kapitel**

1 Sunderland, A., Harris, J. E. und Baddeley, A. D.: Do laboratory tests predict everyday memory? - A neuropsychological study; in: *Journal of Verbal Learning and Verbal Behavior,* 22/1983, S. 341-357

2 Harris, J. E. und Sunderland, A. (in Vorbereitung)

3 Baddeley, A. D., Sunderland, A. und Harris, J. E.: How well do laboratory-based tasks predict patients' performance outside the laboratory?; in: S. Corkin, K. L. Davis, J. H. Growdon, E. Usdin und R. J. Wurtman (Hrsg.): *Alzheimer's Disease - A Report of Progress in Research,* New York 1982, S. 141-148

4 Harris, J. E.: Memory aids people use - two interview studies; in: *Memory and Cognition,* 8/1980, S. 31-38

5 Hunter, I. M. L.: *Memory, Facts and Fallacies,* Baltimore 1957, S. 295-297

6 Feinaigle, G. von: *The New Art of Memory,* 3. Auflage, London 1813

7 Ramus, P.: *Scholae Rhetoricae,* Bâle 1578

8 Hunter, I. M. L.: Memory in everyday life; in: M. M. Gruneberg und P. E. Morris (Hrsg.): *Applied Problems in Memory,* London 1979, S. 1-24

9 Vansina, J.: *Oral Tradition,* Harmondsworth 1973, S. 32

10 Goody, J. und Watt, I.: The consequences of literacy; in: J. Goody (Hrsg.): *Literacy in Traditional Societies,* Cambridge 1968

11 Hunter, I. M. L.: Memory in everyday life; in: M. M. Gruneberg und P. E. Morris (Hrsg.): *Applied Problems in Memory,* London 1979, S. 1-24

12 Hunter, I. M. L.: *Memory, Facts and Fallacies,* Baltimore 1957, S. 306-310

13 Siehe Anm. 12

14 Wagner, D.: Memories of Morocco - the influence of age, schooling and environment on memory; in: *Cognitive Psychology,* 10/1978, S. 1-28

15 Bartlett, F. C.: *Remembering* (Reprint der Erstausgabe von 1932), Cambridge 1972

16 Chase, W. G., Lyon, D. R. und Ericsson, K. A.: Individual differences in memory span; in: J. P. Das und N. O'Connor (Hrsg.): *Intelligence and Learning,* New York 1981, S. 157-162

17 James, W.: *The Principles of Psychology,* New York 1980

18 Bransford, J. D.: *Human Cognition - Learning, Understanding and Remembering,* Belmont (Kalifornien) 1979, S. 205-245

19 Siehe Anm. 17

# Register